# 외국인 학습자들의
# 한국어 담화·화용 연구

## 문법의 경계 넓히기

# 외국인 학습자들의
# 한국어 담화·화용 연구

## 문법의 경계 넓히기

이해영, 박선희, 이정란, 이민경, 황선영, 하지혜, 이보라미

한국문화사

한국인들과 대화하는 외국인 한국어 학습자의 표정에서 우리는 정확한 말을 선택하려는 그들의 고충과 함께, 상황에 딱 맞아 떨어지는 말을 선택하려는 고민의 흔적도 보게 된다. 어떻게 말해야 무례하지 않은지, 어떤 표현을 사용해야 상대방이 기분 나빠하지 않은지, 너무 횡설수설하고 있지는 않은지 외국인 한국어 학습자는 꽤나 고민스럽다. 또 한국인의 발화는 모호하고, 또 얼마나 많은 지시와 생략이 난무하는가? 이해하기 참으로 난감하다.

예전에는 언어를 가르치는 교사나 배우는 학생들 모두 어휘와 문법을 배우는 것으로 충분하다고 생각했던 적이 있다. 그러나 면 대 면의 상황이 많아지는 요즘 세상에서는 그것만으로는 충분하지 않다. 표정을 통해서, 혹은 말을 빙빙 돌리면서 오히려 말하는 사람의 의도를 더 드러내기도 하는 대화의 기법에 학습자들은 빠르게 이해하고 반응해야 한다. 무엇보다도 학습자들을, 그리고 교사들을 긴장시키는 것은, 개별 어휘와 문법 항목들이 화자의 의도를 드러내고 담화에서 특별한 기능을 담당하는 장치로 사용되기도 한다는 것이다. 이제 문법적 형태도, 어휘도, 음운적 현상도 보이는 대로만 해석되지 않는다는 것을 가르쳐야 한다. 바야흐로 한국어 교육에서도 담화와 화용으로의 화려한 외출이 시작되었다.

이 책에는 이러한 고민에 푹 빠진 연구자들의 치기 어린 좌충우돌이 담겨 있다. 물론 그 좌충우돌에는 문법의 경계 넓히기라는 큰 꿈이 담겨 있다. 이 책에 수록된 글들은 저자들이 외국인 학습자를 가르치면서 느꼈던 흥미를 결국 박사 학위 논문까지 이어간 일련의 연구들이다. 논문들은 서로 제각각 다른 주제에 천착하고 있는 듯하지만 연구의 저변에는 기존의 문법적 측면, 어휘적 측면에서 바라보았던 것의 경계를 허물고 화용으로의 관점의 전환을 시도한 점에서 공통점을 가진다.

이는 언어 교육이 형태 중심의 교육에서 의사소통 능력 향상으로 바뀌면서 생겨난 변화와 맥을 같이한다. 언어의 형태를 분석하는 시각에서 말하는 사람의 의도를 파악하는 것으로 시각의 전환이 이루어졌고, 그 결과 현장에서는 문장 안에서 해결할 수 없는 여러 문제를 다루는 것이 연구자들의 과제가 되었다. 과제 해결의 핵심 키워드는 문장 밖, 화자가 존재하는 맥락에 있었다.

1부 첫 논문은 20여 년 전에 작성된 본인의 박사학위 논문을 토대로 했다. 세월의 길이만큼 문체도, 논문의 형식도 유행에 뒤떨어진 옷을 입은 듯 낡아 버려서 고칠 게 수두룩했지만, 문제 인식의 출발을 공유하고자 이 논문집에 담기로 했다. 비록 시간은 흘렀지만, 활용어미를 문법적 차원에서 다루는 것만으로는 학습에 어려움이 있다는 문제의식에서 출발하여 언어적 장치의 형태와 화용의 관계를 고정함축의 화용적 의미로 해석하고 있다는 점에서 그 당시의 고민은 오늘날까지 함께 할 수 있는 주제라 생각된다. 그리고 그 문제 해결의 키워드는 본인의 제자들인 이 책의 다른 연구자들과 공유되었다.

한국어 학습자의 지시어 의미 기능 습득을 연구한 박선희 교수는 지시의 층위를 문맥은 물론, 화자의 상념과 화맥으로 확대하여 추적하고 있다. 이 논문은 제2언어 습득 연구에서 한국어 학습자 언어의 언어맥락적 변이 현상을 밝히려는 시도라는 점에서 선발대와 같은 연구라고 말할 수 있다. 이어 한국어 습득의 관점에서 부사어 위치에 대한 한국어 학습자 이해를 다룬 하지혜 선생의 논문과 중국어권 한국어 학습자의 시제 습득을 직시의 관점에서 다룬 황선영 교수의 논문도 부사어와 시제 표현을 문법론적 관점을 넘어서 담화·화용적 입장에서 해석하고 있다. 이러한 시도 역시 과제 해결의 핵심 키워드, 화자가 존재하는 맥락에 대한 학습자들의 학습 요구로부터 시작되었다. 이렇게 문법과 화용의 긴밀하면서 일탈적 관계를 논하다 보면 사실 문법이 먼저냐, 화용이 먼저냐 하는 궁금증이 생긴다. 이정란 교수의 한국어 학습자의 양태 표현 습득을 통해 본 문법 능력과 화용 능력의 발달 관계 연구는 학습자와 교사로 하여금 문법 능력과 화용 능력의 균형 있는 발달을 꿈꾸게 한다.

1부에서 문법적 표현들의 담화·화용으로의 일탈을 이야기했다면 2부에서는 담화 그 자체에 주목하여, 담화의 응결성과 응집성을 체계적으로 분석한 이민경 선생의 논문과 이보라미 연구관의 논문을 수록하였다. 두 논문은 담화라는 공통의 관심 분야를 서로 다른 방식으로 해석하여 학문적 공동체로서의 연계점을 보여주어 흥미롭다. 무엇보다 문장 차원에서 해결되지 못한 언어의 기능에 집중하여 연구의 범위를 확대한 의미를 가진다. 이러한 일련의 연구들은 외국인 한국어 학습자들의 언어 자원인 담화를 면밀히 살피는 점에서 그 연결 고리들이 계속 발전해

나갈 것으로 기대한다.

    외국인 학습자들의 한국어 담화·화용 연구는 십여 년 전에 비하면, 제법 푸르게 성장한 나무다. 그러나 아직도 이 나무는 뿌리도 더욱 단단하게 자리 잡도록 해야 하며, 줄기도 더욱 뻗고 성장하여 더욱 울창하게 되어야 한다. 이 책은 그 시작점에서 관심을 소박하게 표현한 일군의 연구들을 보여줄 뿐이다. 앞으로도 문장에 집중했던 형태 중심의 시각에서 기능으로 확대된 외국인 한국어 학습자들의 담화·화용 연구가 계속 이어지기를 기대해 본다. 또한 이 책은 2부를 담화로 펼쳤으나 이후 다른 지면에서는 화용으로의 화려한 외출이 연이어 펼쳐지기를 기대해 본다.


저자 대표 이해영

## 제2부 담화 속에서 담화 바라보기

# 제1부
## 문법의 경계 넓히기

언어적 장치의 화용적 특징, 공손성
영어권 한국어 학습자의 지시어 의미 기능 습득
한국어 부사어 위치에 대한 화용론적 해석과 학습자의 이해
직시의 관점에서 본 중국어권 한국어 학습자의 시제 습득
문법 능력과 화용 능력의 발달 관계

활용 어미, 지시어, 부사어, 시제, 양태 표현 등 한국어의 여러 문법 항목을 문법 차원에서 다루는 것만으로는 학습에 어려움이 종종 있었다는 문제의식에서 출발, 문법적 표현들의 담화·화용으로의 일탈을 이야기하다.

# 언어적 장치의 화용적 특징, 공손성

이해영(이화여자대학교)

## 1 한국어 학습자들의 실수, 문제의 발견

한국어로 능숙하게 의사소통이 가능한 중·고급 학습자라 할지라도 대인관계 유지에 필요한 언어의 미묘한 기능을 실현하는 데에는 어려움이 있으며, 이로 인해 다양한 실수를 하기 쉽다. 이러한 실수는 상대방의 오해를 불러일으킬 수 있으며, 소통의 장애로 이어져 긍정적인 대인관계를 유지하는 데에 부정적 영향을 미칠 수 있다. 한국어 학습자들이 생산한 다음의 발화 예를 살펴보고, 대인관계 유지와 증진에 영향을 줄 수 있는 더 심각해 보이는 한국어 실수를 한번 찾아보도록 하자.

(1) 챠오: [곤부] 많이 했어요?
    우성: 아니요, 별로 못 했어요.

(2) 엘레나: 너무 더워서 아이스크림 먹으러 갈까?
    정은: 그래. 더운데 시원한 거 먹고 하자.

(3) (선생님이 학생에게 부탁을 하는 상황에서)

  선생님: 오늘 수업 끝나고 잠깐 나 좀 도와줄래?

  한스: 안 됩니다. 저는 오늘 바쁩니다.


(4) (학생이 선생님께 제안하는 상황에서)

  피터: 선생님, 점심 먹읍시다.

  선생님: 아, 그래요.


가장 심각해 보이는 실수는 무엇인가? (1)에서 챠오는 '공부'를 정확히 발음하지 못하고 [곤부]로 발음하였으며 (2)에서는 엘레나가 '더운데'로 말해야 할 것을 '더워서'라고 잘못 말하는 문법적 오류를 일으켰다. (3), (4)에서는 특정한 음운적, 어휘적, 문법적 오류가 발견되지 않는다. 그러나 (3), (4)에서는 외국인 학생이 선생님에게 부적절한 표현을 사용하는 화용적 실패pragmatic failure가 발생했다. (3)에서는 학생이 사회적 지위가 높은 선생님에게 사회문화적으로 부적절한 단정적인 태도로 '안 됩니다'를 사용하여 상대방의 체면face을 손상시켰고 (4)에서는 나이 차이가 있으면서 사회적 지위가 높은 선생님에게 식사 제안을 하면서 지나치게 직설적인 '-(으)ㅂ시다' 표현을 사용하여 상대방의 체면을 손상시켰다. 그런데 실제 한국인들이 학습자의 이러한 화용적 실패를 접하게 될 때, 이를 학습자의 한국어 지식 부족에서 기인한 것으로 보는 것이 아니라 학습자의 인성이나 태도의 문제로 오해하기에 문제가 될 수 있다(이해영, 2009:226).

화자와 청자는 자신의 체면을 손상시키고 싶지도 않을 뿐더러 다른 사람의 체면을 손상시키고 싶어하지도 않는다. 이처럼 대화는 서로 간의 체면을 유지하기 위한 방향으로 흐르며 이를 위해 화자는 대화의 목적 달성을 위한 다양한 언어적 장치를 사용하여 공손성politeness을 나타내게 된다. 이해영(1996:18)에서는 이처럼 화자와 청자의 원활한 대인관계를 유지하고 증진시킬 목적으로 수행되는 화용적 기능을 부담줄이기라고 하였다. 공손성은 상대방의 체면 손상에 집중하고 있지만, 이와 함께 상대방의 체면보다는 사실이 아닐 경우에 훼손될 화자의 체면에 대해서도 초점이 맞춰져 있다는 점에서 명명된 것이다. 다만 이 책에서는 상대방의 체면 위협을 극복하는 전략이라는 점에 집중하여, 그리고 보편적 용어 사용을 위해서 공손성으로 논의를 전개하고자 한다.

Brown & Levinson(1987:49)에서는 공손성을 사회적 관계성의 언어적 장치라고 하였는데, 대화 참여자들은 상호 간의 체면을 지키기 위해 공손성을 드러내게 되며 이것은 언어적 장치로 드러난다. 이때의 언어적 장치는 담화를 구성하는 담화 조각 segments 중에서 표층에서 확인 가능한 음운적 요소, 어휘, 문법 항목 등으로 나타난다. 또한 화용적 의도를 가지고 사용된 표현도 아우른다.[1] 공손성을 드러내기 위해 사용되는 언어적 장치들이 무엇인가를 밝힘에 있어 문법이나 어휘의 차원을 넘어선 화용적 의도에 주목하게 된다. 여기서 우리는 전통적으로 형태적, 통사적, 의미적 측면에서 다루어져 온 한국어 문법과 어휘적 표현들이 화용론의 관점에서 어떠한 기능을 할 수 있는가에 주목하는 것으로 발상의 전환이 필요하다.

한국어 학습자들은 한국인들과 대화를 할 때 무례하지 않은 표현의 사용에 대해 고민하며 어떤 언어적 장치를 사용해야 좋은지 알고 싶어 한다(이해영, 2016:92). 그러나 이러한 언어적 장치가 제대로 학습되지 않는다면 이를 적절히 발화하거나 이해하는 것은 쉽지 않은데, 이는 단지 목표 언어에 노출되는 것만으로 충분하지 않기 때문이다. Bouton(1994:167)은 학습자들이 함축을 이해하기 위해서는 교육적 개입이 중요하다고 주장한다. 비모어 화자들은 언급되지 않은 비평, 연쇄, POPE 함축, 관련성 격률 등의 함축 유형을 이해하는 데 무려 17개월이 지난 후에도 여전히 어려움을 겪고 있었다. 그뿐만 아니라 함축의 네 가지 유형 중 세 가지

---

1) 전통적인 문법론적 관점에서는 음운론적 현상이라고 할 수 있는 것도 화자의 의도에 따라 공손성을 나타내는 화용적 장치로 사용될 수 있으며, 문법 형태소도 화자의 공손성 표현 의도에 따라 화용적 장치로 사용된다. 이러한 점에서 화용론적 관점의 분류는 기능적이고 전략적이며 화자와 청자를 포함한 맥락을 중심으로 구분된다.

유형은 4년 반이라는 시간이 경과한 후에야 겨우 습득된 것으로 나타났다(이해영, 2015:250). 결국 한국어 학습자들은 공손성을 실현하기 위한 다양한 언어적 장치들을 명시적으로 학습할 필요가 있는 것이다.

학습자가 명시적으로 학습할 필요가 있는 이러한 언어적 장치들은 음운론적 현상에서부터 형태소, 통사적 구조는 물론 담화·화용적 현상, 감정의 전달에 기여하는 구어의 부차언어학적 자질에 이르기까지 전통적인 문법론에서 볼 때 다양한 층위에 속하는 것들로 구성된다. 다양하고 이질적으로 보이는 이것들은 공손성을 나타내는 화자의 태도라는 점에서 동일한 기능을 한다. 한국어에서 공손성을 나타내는 언어적 장치의 예를 들면, 형태적 층위에서는 문법 형태소의 어미를 들 수 있으며 어휘 형태소로 '주다', '보다', '싶다'와 같은 보조 동사, '글쎄', '좀', '거기'와 같은 담화표지를 들 수 있다. 통사적 층위로는 피동문과 간접의문문, 간접인용 등이 공손성을 드러내기 위한 장치로서 역할을 한다. 한편, 담화·화용적 층위에서는 생략, 간접화행, 함축 표현, 수사적 표현 등을 통해 공손성을 드러낼 수 있다. 이에 대해서는 3장에서 제시된다.

이상과 같은 논지에서 본고는 1996년에 발표된 박사논문을 토대로 학습 항목으로서의 공손성을 나타내는 언어적 장치들을 조망하되, 어휘적, 문법적 차원에서 실현되는 언어적 장치를 중심으로 살펴보고자 한다. 즉 본고는 이러한 언어적 장치를 바라보는 관점을 문법론적 관점에서의 분석에서 벗어나 문법적 형태들이 갖는 고정함축적 의미와 공손성의 실현이라는 화용적 기능에 주목하여 살펴보도록 하겠다.


## 2 형태에서 화용으로, 관점의 전환

한국어 교육 현장은 다분히 어휘와 문법이 가지고 있는 의미 학습과 그 활용 연습에 집중되어 있다. 한 예로 '-어/아 주세요'를 떠올려 보자. 한국어 교육 현장에서는 부탁하기 기능을 교수하기 위해 '-어/아 주세요'라는 명령문의 형태에 초점을 두고 가르쳐 왔다. 그런데 실제 한국어 모어 화자들은 부탁하기 기능을 실현하기 위해 '-어/아 주세요'만을 사용하지 않는다. 실내가 어두워 누군가에 불을 켜 달라고 부탁하는 상황을 떠올려 보자. 다음의 예와 같이 다양하게 표현될 것이다.

(5) 가. 불 좀 켜.
　　 나. 어둡네요.
　　 다. 불 좀 켜 줄래? 어둡지?
　　 라. 벌써 밖이 어두워졌어요.

(5가)는 명령문, (5나)는 감탄문, (5다)는 의문문, (5라)는 서술문의 형태로 다양하게 실현되고 있다. 그리고 (5가), (5나), (5다), (5라) 순으로 부탁의 직접성 또는 그 강도가 약해짐이 느껴진다. 이것은 부탁을 받는 상대방과 화자와의 관계에서 형성되어 있는 사회적 지위, 친밀감 등에 따라 달라지는 것이다. 즉 화자는 그러한 요인들에 따라 대화 상대방에게 공손하고자 하는 정도를 결정하고, 그 공손성을 실현하고자 그에 적합한 언어적 형태를 선택한다. 구체적으로 공손성이 명령의 '-어/아'와 '네요', '-어/아 줄래?', 확인의 '-지?', 진술 '어요/아요'와 같은 언어적 형태들로 실현된 것이다. 이는 화용 또한 언어적인 문법적 형태로부터 출발하며 그 형태와 화용이 불가분의 관계가 아님을 보여준다.

　형태에서 비롯된 화용적 의미는 고정함축 conventional implicature의 개념으로 설명 될 수 있다. Grice(1975:50)는 단어가 가지고 있는 의미로부터 나타나는 함축을 대화함축 conversational implicature과 변별되는 개념으로 고정함축이라고 소개하였다. 고정함축이란 어휘나 문장 구조가 지닌 고유한 속성으로 인해 함축이 고정적으로 발현되는 것이다. 가령, 한국어의 문법적 형태나 어휘가 가지고 있는 고유한 의미로 인해 특정 상황 맥락 내에서 공손성과 같은 화용적 기능을 할 수 있는데, 이러한 현상은 바로 고정함축의 발현이라고 할 수 있다[2]. 그렇기에 고정함축은 대화함축과는 달리 어휘 요소의 고유 속성이라는 특성을 갖는다. 협력원리나 하위 격률에 의존하지 않고 대화에서 발생할 필요도 없으며 해석을 위해서 특별한 맥락에 의존하지 않는다. 다만 특정 단어와 관련되어 그러한 단어가 사용될 때 추가적 의미를 전달하게 되는 것이다(송경숙, 2003:116). 어휘뿐만 아니라 아래 예문의 어미들에서도 같은 해석이 가능하다. 즉, 단정적인 표현인 (6나)의 (ㄱ)보다는 비단정적이고 말끝을 흐리는 표현 (6나)의 (ㄴ)이 공손성을 나타내는 이유는 각각의 어미가 가지고 있는 고유한 의미가 단정적이고 비단정적이라는 점에서 찾을 수 있는데, 이러한 점이 고정함축의 화용적 의미 발현이라는 점과 일치한다.

(6) 가: 이것 좀 옮겨 줄래?
　　나: ㄱ. 지금 바빠서 안 돼.
　　　　ㄴ. 지금 바빠서 안 되는데…….

이렇듯 기존에 문법의 범주에서 다루어졌던 언어적 장치들이 각자의 고유한 의미로 인해 공손성이라는 화용적 기능을 수행하고 있는데, 본장에서는 문법적 형태인 활용어미가 어떻게 공손성을 나타내게 되는지를 자세히 고찰하기 전에 공손성과 관련한 언어적 장치들을 언급하고 있는 초기의 연구들을 먼저 간략하게 살펴보면 다음과 같다.

Lakoff(1973:298-304)는 격식성, 주저함, 동등감이나 친밀도의 3가지 공손 규칙을 제시하면서 대화 참여자들이 그 규칙에 따라 여러 가지 표현을 사용하여 대화를 진행한다고 언급하고 있다. 이 가운데 격식성은 다른 사람의 일에 끼어들지 말고 간격을 유지하라는 것으로 격식을 갖추어 공손한 태도로 표현할 것을 요구한

---

2) Taguchi(2009:743)에서는 고정함축의 예로 상투적인 표현과 관용적 표현들을 제시하고 있다.

다. 이 규칙에 따르는 언어 표현들로는 피동 표현, 비인칭 표현, 존칭어, 전문 용어 등을 들 수 있다. 두 번째 규칙인 주저함은 화자가 주저하면서 확신이 없다는 듯이 전달하는 태도를 표현하는 것인데 이러한 언어적 장치로는 부가의문문, 완곡어법 등이 있다. 마지막으로 세 번째 규칙은 청·화자의 동등함이나 우정 등을 전제로 성립되는 것으로 대화를 격의 없이 만들고 친근감을 표시하는 기능과 관련된 규칙으로 볼 수 있다. 각각의 규칙을 실현하기 위한 언어적 장치들을 살펴보면 고유의 의미에서 출발하여 공손성 실현을 위한 화용적 기능을 수행하고 있음을 확인할 수 있다.

　　Brown & Levinson(1987)에 따르면 체면위협행위 face threatening act를 최소화하기 위한 최상위의 전략은 총 네 가지로 살펴볼 수 있다. 첫 번째 전략은 가장 직접적인 것으로 가령, 이 전략은 만나거나 헤어질 때 인사를 하는 경우나 화재 등의 위급한 상황에서 효과적으로 쓰이며 화자가 청자보다 우위에 있거나 동등할 경우, 청자의 체면을 위협하는 요소가 없는 경우에 사용된다. 두 번째 전략인 적극적 공손은 사람들에 의해서 존중받고 인정받고 싶어하는 적극적인 체면 유지와 관련된 것이다. 이러한 전략은 청자에 대한 과장된 관심, 인정, 동정의 표현, 집단 구성원 간의 동질감을 높이는 어휘, 동의를 구하고 반의 표시를 피하기 위한 표현 등으로 드러난다. 세 번째 전략인 소극적 공손은 자기 영역에 대한 권리, 행동의 자유, 강제로부터의 자유 등 행동하는 데 있어서의 자유를 방해 받지 않기를 원하는 기본적 욕구와 관련된 것이다. 이를 표현하기 위한 언어적 장치로는 고정된 간접표현, 담화표지, 경어, 비인칭화, 명사화 등으로 나타난다고 보았다. 마지막으로 네 번째 전략은 비공식적으로 표현하는 공손과 관련된 것으로 직접적 언급을 피하고 암시적으로 표현함으로써 화자에게 일종의 책임회피의 가능성을 열어주고 청자에게도 체면위협을 피하게 함으로써 청자 스스로 해석할 수 있도록 선택권을 주는 효과를 수반한다. 이는 암시나 힌트를 주거나, 불명료하고 중의적인 표현 등의 언어적 수단에 의해 실현될 수 있다. 물론 체면위협의 정도가 너무나 클 경우 화자는 체면위협행위를 행하지 않게 된다.

공손성과 관련한 한국어 연구는 주로 높임법의 관점에서 다루어져 왔다. 그러나 실제 언어 사용은 높임법만으로는 만족스럽게 설명할 수 없었다. 예를 들어 화계에서 최고의 높임 등급에 있는 합쇼체가 사용되어도 실제로 공손하지 않은 표현이 되기도 한다. 조준학(1979)에서는 영어의 공손한 표현들은 서술의 힘이 약하기 때문에 부드러움과 공손함을 나타낸다고 하면서 한국어의 '-던데요'를 예로 들어 비교하였고, Sohn(1986)은 간접화행을 나타내는 표현의 가장 강력한 동기를 공손성에 두고, 간접표현을 위한 전략을 분류하였다. 한편, Sohn(1988)에서는 개별적인 장치들에 대한 구체적인 고찰 및 분류는 이루어지지 않았으나 공손을 나타내는 장치로 언어적 장치와 화용적·사회언어학적 규칙에 대하여 언급하였다는 점에서 흥미롭다. 전혜영(1989)에서는 Leech(1983)의 공손 원리 polite principle를 이론적 토대로 접속어미에 대한 통사적, 화용적 고찰을 시도하고 있는데 접속어미의 화용적 기능으로서 공손에 대하여 논의하였다. 이해영(1996)은 상대와 자신의 체면을 보호하기 위한 부담줄이기의 전략들이 사용된다고 보고 부담줄이기를 위한 언어적 장치를 제시하고 있는데, 부담줄이기의 장치로 발현되는 근거를 고정함축의 개념으로 접근했다. 이에 대한 상세한 예시는 3, 4장에서 다루기로 한다.

## 3 한국어의 공손성 전달 수단, 언어적 장치들

공손성을 실현하기 위해 화자가 사용할 수 있는 구체적인 언어적 장치로는 어떠한 것들이 있을까? 한국어에서 공손성은 어휘나 문법적 형태들은 물론, 부차언어적 자질이나 의사소통의 비언어적 자질을 통해서 실현된다. 특히, 어휘나 문법적 형태는 그 분석의 층위가 주로 어휘론이나 문법론을 바탕으로 한다. 그러나 화자가 자신의 의도를 실현하고 청자에게 어떻게 받아들여질까를 고민하는 순간, 문장 안에 머물러 있는 이들 장치들은 문장을 넘어서 언어 사용의 화용적 맥락으로 그 활동 무대를 바꾸게 된다. 특히 활용어미와 같은 문법적 형태가 화용적 기능을 담당한다고 설명되어야 한다면 이는 발상의 전환이나 담론의 확장으로 보아야 할 것이다. 이와 같은 차원에서 한국어 공손성을 실현하는 언어적 장치로는 보조동사 '주다', '보다', '싶다', 담화표지 '글쎄', '좀', '저기', 피동문, 간접의문문, 간접인용 구문이 있다. 이들 각각의 화용적 의미를 살펴보도록 한다.

■ **보조동사 '주다', '보다', '싶다'**

보조동사 '주다', '보다', '싶다'는 화자의 태도를 나타내는데 특정 담화 상황에서 공손성을 드러낼 수 있다. 아래 예를 살펴보자.

(7) 이것 좀 해 주세요.

(8) (치과에서) 아 해 보세요.

(9) 가: 여긴 다른 데보다 서비스가 좋은 것 같아요.
　　나: 꼭 그렇지도 않은가 봐요.

(10) 가: 디자인도 이 정도면 괜찮지 않아?
　　　나: 난 좀 튄다 싶어.

(11) 이제는 그만둬야 하는 게 아닐까 싶습니다.

(7)~(11)은 담화 상황에서 대화 상대자에게 부담을 주는 상황이다. (7), (8)은 상대방에게 무언가를 요구하고 있고, (9)~(11)은 상대방의 의견이나 행위에 대해

반대 의사를 표현하여 대화 상대자에게 부담을 줄 수 있는 상황인 것이다. 그런데 보조동사 '주다', '보다', '싶다'를 사용하여 그 부담의 정도를 줄였다. (7)은 '이것을 하라'는 것이고 (8)은 '입을 크게 벌리라'는 요구인데 (7)에서는 보조동사 '주다'를 사용하고 (8)은 '보다'를 사용하여 그 요구의 강도를 약화시킨 것이다. (9)~(11)은 상대방의 의견이나 행위에 대한 반대 의사를 표현하는 대신에 짐작이나 추측의 태도를 표함으로써 간접적인 반의를 표하고 있다. 반대 의사는 상대방에게 부담을 줄 수 있으므로 화자는 '보다', '싶다'와 같은 보조동사를 사용하여 공손성을 실현시킨 것이다.

■ 담화표지 '글쎄', '좀', '저기'

담화표지 '글쎄', '좀', '저기' 등의 사용도 대화 상대자의 부담을 줄여서 공손성을 나타낼 수 있다. 이들 담화표지는 화자의 심리적 태도나 생각을 직접적으로 발화하는 대신 사용될 수 있는데 그를 통해 직접적인 표현으로 인해 야기될 수 있는 마찰을 피할 수 있으며 대화 상대자의 심리적 부담도 덜 수 있다. 아래 예를 살펴보자.

(12) 가: 아니 그렇게 사소한 일로 나한테 화를 내다니 정말 이해가 안 돼.
　　　나: 글쎄, 나름 이유가 있겠지.

(13) 저기, 시간 좀 있으세요?

(12가)는 대화 상대자 (12나)에게 동의를 구하는데 (12나)는 반의를 표하는 대신 담화표지 '글쎄'를 사용하여 (12가)의 동의 요구를 회피하고 있다. (13)은 뭔가를 부탁하기 위해 대화 상대자에게 시간을 내 달라고 요구하면서 담화표지 '저기'와 '좀'을 사용하여 대화 상대자를 배려하고 있다. '저기'는 곧바로 자신의 말을 꺼내

지 않고 조심스러운 태도로 말을 시작함을 알려 상대방에게 자신의 발화를 들을 수 있도록 준비를 시키는 데 사용되었다. 그로 인해 화자는 '저기'의 사용으로 상대방의 부담을 줄이는 효과를 기대할 수 있다. 그리고 '좀' 또한 상대방의 부담을 줄여줄 수 있는데 화자가 상대방에게 뭔가를 요구하게 될 경우 그 요구가 부담이 없는 것, 작은 것으로 느끼게 하고자 하는 의도로 사용된 것이다.

### ■ 피동문

피동문을 통해서 화자는 자신의 생각이나 의도를 주장하기보다는 인지된 상황이나 변화된 사태의 경험자로서 그 상황이나 사태를 전달하는 듯한 입장을 취한다. 그래서 화자는 피동문에서 자신을 긍정적으로 부각시키지 않아야 하고, 부정적으로 부각시켜서도 안 된다. 아래 예를 살펴보자.

(14) 가: 이 문제 진짜 어려워.
　　　나: 잠깐만, 어 그 문제 풀렸어.

(15) 이 부장: 김 대리, 내가 작성한 글 좀 한번 봐 줄래?
　　　김 대리: 네, 부장님. 와 좋은데요.
　　　　　　　근데 이 부분요, 좀 더 자세히 설명되면 어떨까요?

(14)에서 화자는 행위주가 아니라 인지된 상황이나 변화된 사태의 경험자가 된다. 따라서 '풀리다'와 같은 피동문을 사용하게 되면 화자가 사태를 발생시킨 것이 아니라는 것이 전제되므로 화자가 자신의 능력을 드러내는 것을 막을 수 있다. (14가)가 해결하지 못한 문제를 (14나)가 단숨에 해결하게 되면 이 대화 상황은 부담이 될 수 있는데 (14나)는 피동문을 사용하여 그러한 부담을 피한 것이다. (15)에서 김 대리는 사회적 지위가 높은 부장님과 다른 생각을 가지고 있다. 이때 김

대리가 자신의 의견을 그대로 말하면 사회적 지위가 높은 부장님과 불편한 상황에 놓이게 될 수도 있다. 그렇기에 김 대리는 자신의 의견을 약화시켜 '설명되다'라는 피동문으로 표현한 것이다.

### ■ 간접의문문

간접의문문에 사용되는 어미 '-는지'와 같은 표현 또한 공손을 나타낼 수 있다. 아래 예를 살펴보자.

(16) 지금 몇 시쯤 됐는지 아세요?

(16)에서는 '지금 몇 시쯤 됐어요?'라고 직접적으로 물을 수 있음에도 '-는지'를 사용하여 간접적으로 묻고 있다. 이처럼 자신이 알고 싶은 내용을 직접 묻지 않고 '-는지'라는 문법적 형태를 사용하게 되면 화자의 발화에 대한 의향 개입 정도가 약화되고 화자와 발화 내용 간의 거리감이 유지되면서 부담을 줄여줄 수 있다.

### ■ 간접인용 구문

간접인용 또한 부담을 줄여 공손성을 실현할 수 있는 또 다른 언어적 장치이다. 인용문은 다른 사람의 말이나 자신의 말을 시간적, 공간적인 간격을 두고 다른 사람에게 전달하고자 하는 경우에 사용되는데 단순히 이와 같은 전달의 목적만으로 사용되는 것은 아니다. 아래 예를 살펴보자.

(17) 가: 이번 계약만큼은 잘 좀 진행이 돼야 하는데, 잘 되겠죠?
　　　나: 아무래도 이번 건도 좀 어렵다고들 합니다.

(17나)는 간접인용의 형식을 취하여 화자는 '계약이 성사되기 어렵다'는 자신의 생각을 직접 발화하는 대신 다른 사람의 이야기를 전달하는 것처럼 발화함으로써, 상대방에 대한 반의를 부드럽게 전달하였다.

이상에서 살펴본 공손성을 실현하는 언어적 장치인 몇몇의 보조동사와 담화표지, 피동문, 간접의문문, 간접인용 구문은 어휘적, 문법적 차원에서 분석되어 온 전형적인 언어적 장치이다. 이처럼 특정의 어휘적, 문법적 장치들은 그 고유의 의미로 인해서 특별하게 화용적 기능으로 사용될 수 있음을 살펴보았다. 여기서 더 나아가 아래 4장에서는 문법적 분석의 대상인 한국어의 활용어미가 왜 화용적 기능을 하는 것으로 해석되어야 하는지 살펴보게 될 것이다. 이는 문장 차원의 문법적 의미 해석과 분석을 넘어서 화용적 차원의 의미와 기능을 설명하여야 한다는 본고에서 취하는 화용적 발상의 전환과 관련된다.

## 4 형태로부터 출발한 의미, 활용어미와 공손성

한국어에서 공손성을 드러내기 위한 대표적인 문법적 형태로는 활용어미를 들 수 있다. 활용어미는 그 출처나 구성상의 이유에 따른 의미를 지니고 있기 때문에 각각의 개별 형태소의 의미에 주목하여 연구가 진행되어 왔다. 이때 활용어미의 의미는 통사적인 기능과 문법적 범주를 통해 분석해야 하는데 이는 활용어미의 일차적 기능이 바로 문법적 기능이기 때문이다. 그러나 활용어미는 개별 형태소로서 의미를 가질 뿐 아니라 담화 상황과 담화 구성 요소에 대한 설명을 요구한다는 관점에서 담화·화용적 특성을 보이게 된다. 따라서 그 의미에 대한 논의는 화용적 차원까지 확대되어야 할 필요가 있다. 즉, 활용어미는 가장 문법적인 요소이면서도 화용적인 관찰의 도움으로 그 실체 파악이 가능하다는 특성을 갖는다. 따라서 문법론과 화용론 연구가 개별적으로 진행되기보다는 통합적으로 논의될 필요성이 있다고 하겠다. 활용어미가 공손성을 드러내기 위한 기능을 하게 되는지의 여부는 활용어미 개별 형태소의 의미 특성에 의해 결정된다. 따라서 본 장에서는 활용어미의 의미와 공손성의 상관성을 그 의미적 특성에 따라 살펴보는 것을 목적으로 하며, 이때, 사태에 대한 단순 제시의 기능을 갖는지, 아니면 확정 상태에 대한 비확정적 화자의 태도를 표출하는지의 두 가지 관점에서 살펴보도록 한다.

## 4.1. 사태에 대한 단순제시

화자가 자신의 의향을 강하게 드러내면 청자는 그만큼 부담스러움을 느끼게 된다. 그렇지만 화자가 자신의 의견이나 생각, 요구 등을 발화하는 경우라도 자신의 의향을 강하게 개입시키지 않고 청자에게 적절한 선택권을 부여한다면 청자는 자신의 의사에 반대를 표했거나 거부를 당했다고 하더라도 화자의 발화에 의한 거부감을 덜 느끼게 된다. 이처럼 청자에 대한 공손성을 드러내고자 하는 기능을 수행하기 위해 화자는 사태에 대해 단순히 제시하는 태도를 취하게 된다. 사태를 단순히 제시하게 되면 표면적으로는 전술 발화나 진행 중인 담화와 관련성이 없는 발화를 하는 것처럼 보일 수 있다. 그러나 청자는 화자가 관련성 있는 발화를 할 것이라는 화·청자 간의 믿음을 바탕으로 화자의 의도를 정확하게 추론해 낼 수 있게 된다. 즉, 특정한 맥락이 주어지면 화자가 원인이 되는 내용을 논리적으로 분명하게 밝히는 대신 단지 상황만을 제시하더라도 청자는 발화의 이면적인 무엇인가를 진행 중인 발화를 통해 추론하여 해석할 수 있다. 따라서 화자의 의도를 직접적으로 전달하지 않더라도 화자의 의도는 충분히 전달될 수 있고 공손성을 실현하기 위한 전략으로 활용될 수 있다.

사태의 단순제시라는 의미적 공통성을 갖는 활용어미는 상황 설명, 사태연결 제시, 원인적사태 제시, 조건적사태 제시, 선택가능사태 제시, 현재지각사태 제시,

과거지각사태 제시 등의 의미 특성으로 구분하여 살펴볼 수 있다.

### 4.1.1. '-는데', '-거든', '-는걸'과 상황 설명

상황 설명은 사태에 대한 단순제시를 통하여 공손성을 실현하는 활용어미의 의미 특성 중 하나이다. 상황 설명의 의미적 공통성을 보이는 활용어미는 화자의 주장이나 의사표명을 개입시키지 않고 단순히 배경적 사태에 대해 설명하는 화자의 서술태도를 반영한다. 이를 통해 화자는 청자에게 부담이 되는 자신의 의도나 생각을 드러내지 않고자 하는 전략을 수행하게 된다. 이와 같이 상황 설명을 그 의미 특성으로 가지면서 발화 내용을 청자에게 공손성을 드러내고자 하는 활용어미로 '-는데', '-거든', '는걸'을 들 수 있다.

■ '-는데'

'-는데'가 공손성을 드러낸다는 사실은 역시 '-는데'의 의미로부터 설명될 수 있으므로 의미에 대한 논의가 선행되어야 한다. 그런데 '-는데'는 접속어미로서 나타나는 경우와 종결어미로 나타나는 경우가 있다. 이에 각각의 경우 접속어미와 종결어미로서의 '-는데'가 갖는 고유의 의미 및 담화 상황에서 갖게 되는 함축적 의미를 알아보기로 한다.

접속어미로서의 '-는데'는 기존 연구에서 설명, 의외, 반대, 대조 등의 의미를 갖는 것으로 설명되어 왔다.

(18) 동생은 공부를 잘하는데 형은 잘 못해.

(19) 집에 가고 있는데 뒤에서 비명소리가 들렸어.

(20) 다리도 아픈데 여기서 좀 쉬어 가자.

(21) 늦었는데 택시 타야지.

(22) 벌써 30분이 지났는데 안 나오고 뭐 하니?

(23) 가: 이상한 날씨야. 4월인데 영하라니.
　　나: 이상저온 현상이래.

(18)~(23)에서 제시된 '-는데'에서 공통적으로 추출될 수 있는 고유의 의미는 '상황', '설명', 또는 '제시'이다. 즉, '-는데'는 어떠한 발화에서도 상황을 설명하는 의미를 나타낸다고 할 수 있다. 다만 상황 설명의 '-는데'는 (18)에서와 같이 대조의 의미를 보이기도 하고, (20), (21)에서와 같이 이유의 의미를 나타내기도 하며, (22), (23)과 같이 화자의 기대가 어긋남을 뜻하기도 한다. 또한, (19), (22), (23)에서처럼 단순히 어떤 사태가 발생되었을 때의 배경적 상황 설명을 보이기도 한다. 결국 '-는데'의 고유의 의미는 상황 설명이며 문맥 의미로 설명, 대조, 이유, 기대의 어긋남 등을 나타내는 것임을 알 수 있다. 그러나 '는데'의 사용은 단순히 상황 설명이라는 의미를 나타내는 것 이외에도 화자의 태도를 나타내기도 한다.

(24) 가: 밖이 너무 너무 추워.
　　나: 기온이 영하로 떨어졌는데 춥겠지.

(24)′ 기온이 영하로 떨어졌으니까 춥겠지.

(24)′에서는 밖이 춥다는 (가)의 말에 (나)가 '-니까'를 사용하여 논리적으로 인

과 관계를 따지고 있다. 그러나 (24)에서 화자는 청자로 하여금 후술되는 발화를 당연하고 거부감 없이 받아들이도록 상황을 단순히 설명적으로 제시하고 있다. 이와 같이 '-니까'가 사용된 경우와 달리 접속어미 '-는데'가 사용되는 경우 청자의 부담이 줄어드는데 이러한 공손성의 차이는 '-니까'와 '-는데'의 의미 차이에서 비롯된다. 즉 '-는데'는 화자가 단순히 상황을 설명하는 데 그친다는 태도를 취함으로써 그 상황을 바탕으로 연속될 수 있는 어떤 사태에 대한 자신의 강력한 의사표명을 피하고 있는 것이다.

한편, 종결어미로 사용되는 '-는데' 역시 접속어미로 사용되는 경우와 마찬가지로 상황 설명의 의미를 갖는다. 선행 연구에서는 '-는데'의 의미를 감탄하면서 상대방의 의견을 듣고자 하는 것이나 선행 발화나 주어진 상황에 대한 화자의 의혹으로 분석하였다. 그러나 감탄이나 놀람, 의혹 등은 문맥에 따라서 느껴지는 부수적 의미로 볼 수 있으며 이들의 기본적 의미는 상황 설명이다.

(25) 가: 누구세요?
　　나: 회창이 엄마인데요.

(26) 가: 아휴, 추워졌는데.
　　나: 두꺼운 외투 꺼내야겠네.

(25)에서는 (가)에게 자신이 누구인지를 밝힘으로써 다음에 계속될 담화를 위해 바탕이 되는 상황을 설명적으로 제시하고 있다. 한편, (26)에서는 화자 (가)가 자신이 느낀 바를 (나)에게 말하고 있다. 그러므로 '-는데'가 감탄이라는 화자의 태도를 드러낸다기보다 감탄으로 인식된 사태를 청자에게 설명적으로 제시하고 있으며, 문맥적 상황에 따라 감탄의 의미가 덧붙는 것이라고 볼 수 있다.

그러나 '-는데'가 단순히 상황을 설명적으로 제시하는 것이 아니라 화자의 발화로 인하여 청자를 곤란하게 할 수 있는 경우 청자의 부담을 줄이고자 하는 화자의 동기가 밀접한 관련을 맺는 경우가 있다.

(27) 가: 너 저 사람 정말 몰라? 지난번에 만났었잖아.
　　　나: 아, 저는 전혀 기억이 없는데요.

(28) 가: 첫 번째 안이 제일 낫겠어.
　　　나: 첫 번째에는 몇 가지 문제가 있는데요.

(29) 가: 김 선생님, 지금 해 주세요.
　　　나: 지금은 곤란한데요.

(27), (28)에서 (나)는 (가)의 생각에 대한 반대 의사를 표현하고자 하며 (29)에서는 (가)의 요구에 대한 거부를 나타내고자 한다. 이렇게 상대방에게 거부나 반의를 표명하게 되는 담화 상황에서 명백하고 단호한 표현 대신 자신의 입장이나 상태 등을 설명하고 있다. 즉, 화자는 상대로 하여금 발화에 내포된 자신의 의사를 추론해 내도록 하고 있다.

결국 접속어미와 종결어미로 사용되는 '-는데'가 부담을 줄이는 장치로 기능하게 되는 것은 '-는데'가 가진 상황 설명이라는 고유의 의미에서 기인하여 공손성의 근거로 상황 설명이 활용된 것으로 볼 수 있다.

■ '-거든'

'-거든'은 문장을 종결하는 위치에 올 때와 접속어미로 기능할 때 그 통사적 특성과 의미에 있어 차이를 보인다. 접속어미로서의 '-거든'은 실현 가능성이 있는 내용을 선행 조건으로 삼는다는 특성을 보이며 선행 조건의 의미를 가짐으로 인해서 선후행 발화 간의 순차성이나 계기성을 나타낸다. 그러나 종결어미로 사용되는 '-거든'은 화자 자신의 행위의 이유나 근거가 되는 상황을 제시하는 의미를 나타낸다.

우선 종결어미 '-거든'의 형태적 의미를 살펴보면 전화자의 질문에 대한 직접적인 대답으로서 자신의 행위의 이유나 근거가 되는 상황의 이유를 설명적으로 제시한다.

(30) 가: 어제 연락주기로 한 거 잊었어?
　　　나: 아 죄송해요. 제가 정신없이 바빴거든요.

(31) 가: 그래? 그 형님은 아버지하고 사이가 좋았고?
　　　나: 형님은 착하고 성실하고 저하곤 영 달랐거든요.

(30)의 경우 '-거든'으로 종결되는 발화문은 상대방의 질문에 대한 직접적인 대답으로 이유나 근거를 말하는 것이다. 그러나 (31)의 예에서는 직접적으로 발화되지는 않았으되, 담화 상황이나 외부적 공유지식에 의해서 존재하는 내용에 대한 대답으로서 이유나 근거가 되는 상황을 제시하기도 한다. 그러나 '-거든'이 위와 같은 의미로 사용되지 않는 경우도 있다.

(32) 내가 어제 극장에 갔었거든. 그런데 거기서 미라를 만났는데…….

(33) 거기서 10분쯤 걸어가면 서울시청이 있거든요. 그리로 나오세요.

(32), (33)에서 '-거든'은 이유나 근거를 설명하는 것은 아니지만 상황을 설명한다는 측면에서는 (30), (31)과 의미적 공통성을 찾을 수 있다. 즉, '-거든'에 의해서

종결되는 발화문은 후행하게 되는 발화를 위해 일종의 배경으로 제시된다. 화자는 이와 같이 배경적 서술을 함으로써 청자로 하여금 자신의 발화에 참여하도록 만들고 더 나아가 앞으로 전개될 자신의 발화나 행위에 대한 정당성과 공감을 얻기 위해 공유 정보를 쌓아가게 되는 것이다. 따라서 '-거든'의 고유의 의미는 공유정보로서의 상황제시라고 할 수 있으며 문맥에 따라서 설명적으로 제시되는 상황은 원인이나 근거가 될 수도 있고 배경적 서술로 제시될 수도 있다.

그러나 '-거든'은 단지 상황을 설명적으로 제시하는 의미를 나타내는 데 그 발화 동기가 있지 않은 경우가 있다. 화자는 '-거든'을 발화함으로써 갈등이나 마찰을 완화시키고 청자의 부담을 완화하고자 한다. 이와 같이 '-거든'이 사용된 발화가 부담을 줄이게 되는 것은 '-거든'이 가지고 있는 의미로 인하여 가능하다.

(34) 흔히 과학이 가치중립적이라고 생각하고들 있지만 사실 과학의 역사를 살펴보면 그렇지가 않거든요.

(35) 가: 복사 좀 부탁해요.
　　　나: 지금은 안 되는데요.
　　　가: 왜요?
　　　나: 복사기가 고장났거든요.

(34)에서는 사람들이 보편적으로 가지고 있는 생각에 대해 화자가 반대 의견을 말하고 있는 상황으로 화자는 자칫 자랑하거나 잘난척하는 것처럼 보일 수 있는 상황에서 상대방의 거부감을 제거할 수 있다. 또한 (35)에서도 '-거든'을 사용함으로써 청자로 하여금 발화내용을 공유 정보로 받아들여 이를 토대로 스스로 인과성을 부여하도록 함으로써 거부감을 덜 느끼도록 하고 있다.[3] 한편, '-는데'와 '-거

---

3) 물론 이때에도 문말 억양에 따라 부담을 오히려 강화될 수 있다. 이 글에서는 억양에 나타나는 화용적 의미는

든'은 모두 상황 설명의 의미를 갖지만 '-는데'가 사용된 경우가 청자에게 부담을 덜 주게 된다.

(36) 가: 자, 그럼 첫 번째 걸로 결정하자.
    나: ㄱ. 첫 번째에는 몇 가지 문제가 있는데.
        ㄴ. 첫 번째에는 몇 가지 문제가 있거든.

'-는데'가 사용된 발화문 (36나)의 (ㄱ)은 단순히 상황을 설명적으로 제시하고 있다. 이에 반해 (ㄴ)에서 쓰인 '-거든'은 화자가 상황을 공유정보화시키기 때문에 결국 화자의 속뜻인 주장이나 요구가 당연시 받아들여지기를 바라는 화자의 마음이 내재되어 있다. 따라서 '-거든'을 사용하면 직접적으로 주장하는 것에 비해 부담을 줄일 수는 있지만 '-는데'로 단순히 배경을 제시하고 청자 스스로 화자의 의도를 연관하여 해석해 내도록 선택권을 부여하는 것에 비해서는 다소 부담이 느껴지게 된다.

■ '-는걸'

상황 제시의 의미적 특성을 보여주는 '-는걸'은 관형사형 어미와 형식명사의 결합으로 이루어진 구조체가 어미화가 된 경우로 볼 수 있다. '-는걸'의 의미는 화자의 감탄적 진술로 논의가 되어 왔다.

(37) 우와, 많이 추워졌는걸.

---

분석되지 않았다.

(38) 가: 영희 엄마는 그래도 자식이 많으니까 좋겠더라.

　　　나: 자식이 많으면 뭘 해? 속만 썩이는걸.


(39) 건강하기는요. 독감까지 걸렸는걸요.


(37)에서 화자는 밖의 날씨가 너무 춥다는 것에 대한 느낌을 말하고 있다. 그러나 (38)과 (39)에서는 감탄의 의미보다는 상황 제시가 주요한 의미로 파악이 된다. 따라서 '-는걸'의 의미적 공통성은 감탄보다는 상황 제시로 볼 수 있으며 감탄의 의미는 상황 제시의 의미가 문맥 내에서 변화된 것으로 볼 수 있다. 그러나 이러한 상황 제시의 의미는 '-는데'와는 의미상의 차이를 보인다. '-는걸'의 경우 상황에 대한 설명 이전에 상황 그 자체를 가리킨다고 할 수 있는 반면에 '-는데'는 상황에 대한 서술에 보다 초점이 있다고 할 수 있다. '-는걸'이 상황 제시라는 의미를 가지게 되어 어떠한 담화 상황에서 '-는걸'을 사용하게 되면 화자의 발화가 청자에게 부담을 주는 것을 줄일 수 있다.


(40) 가: 요즘 취업이 너무 힘들어요. 저는 언제 취직할 수 있을지 걱정이에요.

　　　나: 에이, 상민 씨도 졸업한 지 얼마나 됐다고 그러세요?

　　　가: 벌써 6개월이나 됐는걸요.


(40)의 담화 상황에서 (가)는 (나)의 발화에 대해 반대되는 자신의 상황을 드러내고 있다. 이때 (가)가 (나)의 생각에 대해 단정적으로 부정적 의사를 표출하게 된다면 (나)는 무안함을 느낄 수 있다. 따라서 (가)는 '-는걸'을 사용함으로써 (나)가 받을 수 있는 부담을 줄이게 되는 것이다. 한편, '-는걸'과 '-는데' 모두 상황을 설명하고 제시하는 의미를 갖는 활용어미이지만 그 세부적인 의미의 차이로 인해 공손성의 정도에 있어서 차이가 발생한다.

(41) ㄱ. 손님, 영업시간 끝났는데요.

　　　ㄴ. 손님, 영업시간이 끝났는걸요.


(42) ㄱ. 첫 번째에는 몇 가지 문제가 있는데.

　　　ㄴ. 첫 번째에는 몇 가지 문제가 있는걸.


　(41)과 (42)의 (ㄱ)에서 화자는 '-는데'를 사용하여 상황에 대해 단순히 서술하는 태도를 취함으로써 사태를 파악하고 행동을 취하는 부분에 있어서는 청자에게 일임하여 자신은 관여하지 않는 태도를 보이고 있다. 그러나 (ㄴ)에서는 '-는걸'을 사용하여 단순히 상황을 서술할 때보다는 상황 그 자체를 드러내어 전달함으로써 상황이 비교적 강조되어 전달된다. 따라서 상대방이 알아차려야 하는 잘못된 사태 파악이 '-는데'의 경우보다는 강조되는 것을 알 수 있다. 결과적으로 '-는걸'은 문맥 내에서 감탄이나 설명의 의미를 보이는데 기본적 의미는 현재에 있는 상황 그 자체에 초점을 둔 상황 제시라고 볼 수 있으며, '-는걸'이 나타내는 상황 제시의 의미에 의해 공손성을 드러내기 위한 장치로 기능하게 된다.


### 4.1.2. '-고'와 사태연결의 전제

　청자는 화자로부터 단정적이며 분명한 전달을 받았을 때 부담을 느끼게 된다. 따라서 대인 관계를 고려하여 발화를 할 때 우리는 가능한 한 보다 덜 명료하고 덜 단정적으로 표현을 할 필요가 있다. 이렇게 보다 덜 명료하고 덜 단정적으로 표현하는 것은 자신의 발화를 덧붙여 말하는 것처럼 즉, 사소한 것처럼 발화하는 것에서 잘 나타날 수 있다. 다시 말해 화자가 확신에 찬 어조로 말하는 태도는 청자에게 부담이 되지만 화자가 무엇인가에 덧붙여 연결함을 전제하는 태도로 발화하게 되면 보다 공손하게 말할 수 있게 된다.

　'-고'는 대개 접속문어미로 연구가 되어 왔다. 그러나 '-고' 뒤에 언어적으로 복원되는 부분에 대한 가정이 불가능하여 '-고'를 후행접속절이 생략된 접속문의 어미라고 볼 수 없는 경우가 있다.

(43) 가: 사실 형님이 한 분 계시거든요.
　　　나: 그래? 그 형님은 아버지하고 사이가 좋았고?

(43)에 나타난 '-고'를 접속어미라고 본다면 나열의 의미를 갖게 될 것이다. 그러나 (나)의 발화에서 생략되었을 것으로 추정되는 발화 내용을 복원한다면 나열의 의미를 갖는 '-고'가 접속어미로 사용되기 어렵다. 담화 상황을 통해 (43)의 화자 (나)가 추론한 바는 '(가)는 아버지와 사이가 나빴다'는 것이다. 그렇지만 화자의 의도는 '너는 나빴니?'가 아니며 이 상황에서의 '-고' 의문문의 질문의 초점은 '-고'로 종결된 문장이 된다. 따라서 (43)의 '-고'는 접속어미가 아닌 종결어미라고 할 수 있다.

종결어미로 사용되는 '-고'를 통해서도 공손성을 드러낼 수 있다. '-고'로 발화문을 종결하게 되면 그 의미는 담화상 무언가에 연결되었을 것 같은 가정을 전제하게 된다. 그러나 여기에서 주목할 것은 화자의 발화가 청자의 부담을 증대시키고 마찰을 가져오거나 갈등을 유발할 수 있는 상황에서는 이러한 가정이 화자가 단정적인 태도로 말하고 있지 않음을 느끼게 할 수 있다는 것이다.

(44) 이제 그만 진정하시고요.

(45) 가: 지금 가니?
　　　나: 네.
　　　가: 어제처럼 너무 늦지 말고.

(44)와 (45)에서는 화자가 상대방에게 행위수행을 요구하는 상황에서 '-고'가

사용되어 직접적 명령형을 사용할 때에 비해서 상대의 부담을 줄여줌으로써 공손성을 나타내고 있다. 화자는 직접적으로 명령형을 쓰지 않고 담화의 사태 연결을 전제하는 '-고'로 발화문을 종결하여 화자가 위로한 말들 중 하나인 것처럼 포장하거나, 무언가 할 말이 더 있지만 그중에 하나를 말하는 듯한 인상을 주려고 하는 것이다.

이처럼 종결어미로 기능하는 '-고'는 상황 전체에서 추론되거나 가정될 수 있는 무언가와 연결되는 듯한 심리적 가능성을 열어 놓거나, 화자의 인식 세계 내에서 공유된 정보라고 믿어지는 어느 부분과의 연결을 가정한다. 이는 무엇인가 덧붙이는 듯한 태도를 취하여 발화에 대한 비중을 약화시킴으로써 화자가 지금 말하고 있는 내용이 비중 있는 내용이 아니며 사소한 것임을 암시하듯이 전달이 되는 것이다.

### 4.1.3. '-어서'와 원인이 되는 사태 제시

어떤 일에 대한 원인이나 이유를 밝혀주는 데 있어서도 화자의 태도에 의해 부담의 정도가 달라질 수 있다. 가령 논리적 인과성에 근거해 정확하고 직접적인 태도로 이유를 밝혀주는 것보다는 원인이 되는 상황을 단순히 제시하기만 할 경우 청자의 부담이 줄어들게 된다. 이는 화자가 제공하는 원인의 내용이 상황으로 제공됨으로써 청자는 화자가 설정한 인과 관계를 강요받지 않아도 되며, 자의적으로 그 인과성을 추론할 수 있기 때문이다. 이렇게 해석에 자의권이 부여됨에 따라 청자는 화자가 제시한 내용을 거부감 없이 받아들이게 된다. 이러한 설명적 원인 제시의 방법은 청자에게 이익이 되지 않는 일에 대해 단호하고 명백한 태도로 발화하지 말라는 전략을 수행하게 한다.

'-어서'는 주로 '-니까'와 함께 원인을 나타내는 문법적 범주로 다루어져 왔는데 '-어서'는 단순히 원인적 사태를 제시하는 의미를 나타내며 '-니까'는 인과 관계를 따져서 그 이유가 되는 내용을 당연한 결과로 주장하는 의미를 갖게 된다.

(46) ㄱ. 길이 막혀서 늦었다.

　　　ㄴ. 길이 막히니까 늦었다.


(47) ㄱ. 프림이 없어서 우유를 대신 넣었다.

　　　ㄴ. 프림이 없으니까 우유를 대신 넣었다.


(46)과 (47)의 예에서 '늦었다', '우유를 대신 넣었다'의 원인이 되는 '길이 막혔다', '프림이 없다'라는 사태를 단순히 제시하는 의미를 보일 때는 '-어서'가 사용되었다. 반면, '-니까'는 그 이유가 되는 내용에 대해 논리적 인과성을 따지고 있는 것을 확인할 수 있다. 그런데 이러한 의미적 차이는 공손성에 있어서도 차이를 가져오게 된다.


(48) 가: 또 늦어요?

　　　나: 회식이 있어서 그래.

(48)′ 회식이 있으니까 그래.


(48)에서 (나)는 '-어서'를 사용하여 늦는 원인에 대해 설명적으로 제시하고 있기 때문에 화자의 어떠한 주장이나 자신을 옹호하고자 하는 태도는 드러나지 않는다. 반면, '-니까'가 사용되는 경우 청자의 선행 발화를 귀찮아하거나 신경질적인 태도를 보이고 있다. 이러한 태도는 청자의 기본을 상하게 할 것이고 이로 인해 화자와 청자 간 마찰이 일어날 수 있음을 예측할 수 있다.


(49) 늦어서 미안해.


(49)의 예는 '-어서'가 사과의 표현에서 사용된 것으로 화자는 자신의 미안한

마음을 드러내 호의적 태도를 드러내고자 한다. 이때 따지고 주장하는 '-니까'를 사용하게 되면 화자 발화의 초점이 '늦었다'라는 이유 내용에 두어져 청자와의 문제가 생길 수도 있다.

결과적으로 '-어서'는 원인이 되는 사태에 대하여 화자의 어떠한 주장이나 의향이 배제된 채 단순히 그 사태를 제시하는 의미를 보이며 이러한 의미적 특성이 공손성을 드러내는 기능을 하는 요인이 됨을 알 수 있다.

### 4.1.4. '-면'과 조건적 사태 제시

조건을 나타내는 표현도 조건을 제시할 때 발화 내용에 대한 화자의 강한 주장이나 명백한 의사 표현이 나타나지 않는다는 관점에서 공손성을 드러내는 기능을 갖는다. '-면'은 '-거든', '-어야'와 함께 조건 접속절을 접속시키는 문법적 기능을 한다. 그러나 이들 어미는 의미에 있어서 차이를 보이게 된다.

(50) ㄱ. 올 여름에 눈이 오면 네 말 믿을게.
ㄴ. *올 여름에 눈이 오거든 네 말 믿을게.

(51) ㄱ. 전화가 오면 연락드릴게요./ 연락 주세요.
ㄴ. 전화가 오거든 연락드릴게요./ 연락 주세요.

우선 '-면'과 '-거든'의 차이를 살펴보면 '-면'은 사태의 가능성, 현실성의 여부와 관계없이 조건이나 가정을 나타내기 위해서 사용될 수 있는 반면, '-거든'은 비현실적인 사태에 대한 것은 조건으로 제시할 수 없다. (50ㄴ)에서와 같이 '-거든'은 올 여름에 눈이 온다는 비현실적 사태에 대해서는 조건으로 제시할 수 없다. 이미 발생한 사태가 아니더라도 적어도 실현 가능성이 있는 사태를 조건화하는 것으로 볼 수 있다.

또한 '-거든'은 후행 발화의 선행 조건이 된다는 특성을 갖는다. (50ㄴ)에서 '눈이 오다'는 '믿는다'의 선행 조건이 되고 있으며, (51ㄴ)에서 '전화가 오다'가 연락하겠다는 약속이나 부탁의 선행 조건이 됨을 알 수 있다.

(52) ㄱ. 가을이 오면 오곡이 익는다.
　　 ㄴ. 가을이 와야 오곡이 익는다.

(53) ㄱ. 그는 술을 마시면 잠을 잔다.
　　 ㄴ. 그는 술을 마셔야 잠을 잔다.

(52)를 보면 (ㄱ)에 비해서 (ㄴ)의 경우 '가을이 오다'라는 조건이 필수적으로 보인다. (53ㄱ)의 조건 역시 어느 정도 필수적으로 보이기는 하나 여기서 '-면'이 보여주는 필수적 조건의 의미는 자연현상의 법칙이라는 문맥적으로 파생된 의미에서 기인한다. (53ㄴ)에서는 '술을 마신다'가 '잠을 잔다'의 필수 조건으로 제시되고 있는데, (53ㄱ)에서는 단지 '그는 술을 마시게 되면 그 술을 못 이겨서 어김없이 잠을 자곤 한다'는 의미를 가진다. 이를 통해 '-면'은 '-거든'이나 '-어야'에 비해 무표적인 조건의 의미를 나타낸다는 것을 알 수 있다. 또한 문맥에 따라서 가정을 나타내거나 선행 조건의 의미가 강화될 수 있으며 필수적 조건의 의미가 덧붙을 수도 있음을 확인할 수 있다. 조건을 나타내는 접속어미들은 각기 다른 조건의 의미를 나타낸다. 그러나 접속어미 사용의 일차적 동기가 단지 조건을 제시하는 정보 전달적 기능수행을 한다고 볼 수 없는 경우를 확인할 수 있다.

(54) 가: 너 또 게임하니? 공부는 안 해?
　　 나: 이거 끝나면 할게요.

(54)′ 이거 끝나거든 할게요.

(54)″ 이거 끝나야 할 거예요.

위의 예시는 모두 텔레비전 프로가 끝남을 조건으로 하고 있다. 그러나 (54)에서 '-면'은 단순히 조건적 상황을 이야기하고 있다면 (54)′에서는 뒤의 내용이 앞선 발화의 조건이 만족될 때라는 의미를 전하게 되어 조건이 강조된 것으로 볼 수 있다. 또 (54)″은 앞선 발화가 필수적인 조건으로 만족되었을 때에야 공부를 하겠다고 말하고 있어 마찬가지로 조건이 강조되고 있다.

이렇게 조건의 내용이 선행 조건이나 필수적 조건으로 요구되면 마치 화자가 상대의 말에 토를 달거나 대꾸하는 듯한 인상을 주게 된다. 반면 무표적인 '-면'을 사용하게 되면 단순히 조건의 내용을 상황으로 제시하기만 하는 서술태도를 보임으로써 청자의 부담을 줄일 수 있게 된다.

### 4.1.5. '-든지'와 선택가능사태 제시

선택가능사태를 제시하는 것도 역시 화자가 자신의 의향을 배제시키는 방법 중 하나이다. 선택가능사태의 제시는 청자의 선택권을 보장해 주는 표현이다. 선택가능사태의 제시는 청자의 선택권을 보장해 주는 표현이다. 화자는 자신의 의향대로 주장하거나 단호하고 명백한 태도로 발화하여 청자로 하여금 화자의 요구에 응하고 행동하도록 강요하기보다는 청자 스스로가 자신의 행위를 결정하고 선택하도록 해야 한다는 전략의 수행과 관계된다.

청자에게 무엇인가를 권유하거나 요구할 때 청자에게 선택의 폭을 열어 놓는다면 청자에 대한 부담이 제거될 수 있다. 이때 선택의 의미를 갖는 활용어미의 의미 자질에 따라 공손성의 정도가 달라지는데 이는 '-거나'와 '-든지'의 의미 차이를 통해 확인할 수 있다.

(55) 가: 저녁 먹고 뭐 할 거야?

나: 컴퓨터 게임 하거나 비디오 볼 거야.

(56) 가: 저녁 먹고 뭐 할 거야?

　　　나: 컴퓨터 게임 하든지 비디오 볼 거야.

(55)의 (나)는 '컴퓨터 게임', '비디오 감상' 중 하나를 선택할 것이며 (56)의 화자 (나)는 '컴퓨터 게임', '비디오 감상' 등 여러 가지 가능한 선택 사항 중에서 어떤 것인지 결정하지는 않았으나 오락을 하면서 시간을 보낼 수 있는 것을 선택하게 되리라는 것을 알 수 있다. '-거나'가 사용되는 경우는 선택 사항이 지정되어 화자가 전달하는 발화의 초점은 '-거나'에 의해 제시된 선택 사항에 두어진다. 이러한 의미 차이는 결국 공손성에 대한 차이로 이어지게 되는데 아래의 예시에서 이를 확인할 수 있다.

(57) 가: 아니, 이렇게 많이 줘? 내가 이 많은 돈을 어디다 쓴다고

　　　나: 여행 가방을 사거나 표를 사거나 하세요.

(58) 가: 아니, 이렇게 많이 줘? 내가 이 많은 돈을 어디다 쓴다고

　　　나: 여행 가방을 사든지 표를 사든지 하세요.

(57)에서 (가)는 (나)의 발화를 듣고 아마도 돈을 주면서 생색을 낸다고 느낄 수도 있을 것이다. 그 이유는 (나)가 자신이 주는 돈을 여행 가방을 사거나 표를 사는 데에 쓰라고 지정해 주는 의미를 내포하고 있기 때문이다. 그러나 (58)에서는 화자가 제시한 여행 가방을 사는 것과 표를 사는 것은 선택해야 할 지정 사항이 아니라 여러 가지 선택 가능 사항 중의 하나로서 제시되었고 따라서 청자는 자의적으로 무엇이든 선택할 수 있음이 함의된다.

이와 같이 이접접속문을 구성하는 '-든지'의 경우에는 화자가 선택 사항을 지정하지 않고 단지 청자가 선택할 가능성이 있는 여러 사항 중의 하나를 제시하는 태도를 취함으로써 청자의 부담을 줄일 수 있다.

(59) 가: 힘만 들고 보람도 없고.
　　나: 일이 그렇게 안 맞으면 그만 두든지.

위의 예에서는 화자가 청자에게 실제로 선택권을 부여한 것은 아니나 청자에게 선택 권리를 부여한다는 입장을 취함으로써 화자의 단독적 결정에서 느껴지는 청자의 심리적 부담을 줄이면서 충고를 하고 있다. 이를 통해 청자에게 이익이 되지 않는 일을 수행하도록 강요하지 않는다는 공손성의 전략을 실현하고 있다.

### 4.1.6. '-네', '-구나/군'과 현재지각사태 제시

현재지각사태의 제시란 화자가 현재에 무엇인가를 깨닫고 알게 되었음을 나타내는 것이다. 현재지각사태에서 제시의 의미특성을 갖는 활용어미의 사용은 단순히 화자의 태도 표출에 발화의 목적이 있는 경우도 있으나 현재 지각된 사태에 대한 단순한 제시의 태도를 취함으로써 공손성을 기대하는 경우도 있다. 실제 지각된 상황의 제시에 목적이 있는 것이 아닐지라도 지각 상황에 대한 제시의 태도를 취하게 되면 화자의 주장이나 강한 발화태도를 완화할 수 있다.

■ '-네'

반말의 종결어미로 사용되는 '-네'의 의미는 감탄, 현재지각 등으로 연구되어 왔다. 그러나 '-네'의 고유의 의미가 감탄이 되기는 어려운데 다음의 예를 통해 확인할 수 있다.

(60) 오래간만이네요. 그동안 잘 지냈지요?

(60)은 반가운 사람을 오래간만에 만났을 때 감탄을 나타내는 발화라고 할 수 있다. 그러나 감탄이라는 의미적 특성은 곧 지각이 현재 일어났음을 의미하는 것이라는 점을 감안하면 위의 감탄문도 결국은 현재지각을 나타내는 것으로 볼 수 있다.

(61) 어서 오세요. 매인 몸이라서 외출이 쉽지가 않네요.

(62) 가: 내일 대학입학시험이라 10시까지 출근이야.
　　 나: 그럼 내일은 늦잠 자도 되겠네?
　　 가: 그래 봤자 1시간 늦어진 건데 무슨 늦잠을 자?

(61)은 자신을 찾아온 지인에게 자신의 상황에 대해 말하고 있다. 이때 화자는 자신의 상황을 현재지각된 사태로서 전달하고 있으며 이때 감탄의 의미는 보이지 않는다. 또한 (62)에서역시 '-네'는 감탄의 의미를 지니지 않으며 오히려 화자 (나)의 확인이나 동의를 구하려는 태도를 나타내고 있다. 그런데 이때에도 '-네'는 화자 (나)가 남편 (가)의 말을 듣고 지각한 사태를 제시하는 의미를 보인다. 즉, (62)에서 보이는 확인이나 동의 구함의 의미도 역시 사태에 대한 인지를 토대로 이루어지는 것이다.

　이상의 내용을 종합하면 '-네'의 의미적 공통성은 '어떠한 사태에 대한 화자의 현재지각'으로 볼 수 있으며 감탄 등은 단지 현재지각의 결과라고 할 수 있다. 그런데 엄밀히 말하면 '-네'의 의미는 현재지각으로 그치는 것이 아니라 현재 지각의 사태를 제시하는 것까지 내포하고 있다. 이러한 '-네'의 의미는 자연스럽게 공손성을 드러낼 수 있도록 기능하게 되는 요인이 된다. 단순히 화자가 현재사태에 대하여 인지했다는 것을 표하는 것은 자신의 발화로 인하여 청자와 거북한 관계에 놓이게 되는 것을 막아보려는 의도라고 할 수 있다.

(63) 가: 이번 중간고사는 성적이 말이 아니야.

　　 나: 그 정도면 괜찮은 점수네요.

(64) 내가 그동안 정말 많이 참았는데, 아무리 그래도 할 말은 해야겠네요.

(63)에서는 공부를 잘하던 아이가 성적이 떨어졌음을 걱정하고 있는 (가)의 발화에 대해 (나)의 생각은 그렇지 않음을 이야기하는 상황이다. 이때 (나)의 발화는 잘못 발화하면 (가)의 걱정이 쓸데없는 또는 욕심이 지나친 것이라는 의미를 전달하게 될 수도 있다. 그러므로 (나)는 현재지각사태를 제시하는 태도를 취하고 있는데 이때 (나)가 실제로 전달하고자 하는 메시지가 '그 정도면 괜찮은 점수라는 것을 깨달았음'은 아니게 된다.

(64) 역시 화자가 '-네'를 통해 의도하는 바는 '오늘 내 상태가 한 마디 하고 싶은 상황임'을 단순 제시하는 것이 아니다. 화자는 자신의 강한 의도 표출을 완화하고자 하는 동기로 이러한 표현을 선택하게 되는 것이다.

### ■ '-구나', '-군'

'-구나'와 '-군'이 사용된 많은 발화문의 의미에 감탄의 의미가 들어있는 것이 사실이다. 그러나 '-구나' 등이 사용되었더라도 감탄의 의미를 나타내지 않는 경우가 있는데 이는 '-구나' 등에서 보여지는 감탄의 의미가 고유의 의미가 아닐 가능성을 보여주는 것이라고 볼 수 있다.

'-구나'는 학교문법에서 감탄문 어미로 마음에 느낀 감동을 나타내는 것, 화자가 느낌을 가지고 서술하는 것 등으로 표현되어 있어 감탄의 느낌, 감동의 의미로 사용되고 있다. 그러나 장경희(1985)에서는 '-구나'의 핵심 의미로 [처음 앎]을 제시하였는데 이러한 관점에서 관련 예시를 살펴보면 아래와 같다.

(65) (건물을 쳐다보며) 진짜 높구나.

(65)에서 '-구나'는 감탄의 의미를 전달하고 있는 것으로 보여진다. 그러나 감탄은 어떠한 사태에 대하여 화자가 인지했을 때 수반되는 결과로 볼 수 있다. (65)에서도 '정말 높구나'는 감탄을 나타내는 동신에 화자가 현재 무언가를 지각했음을 드러내는 것임을 알 수 있다.

(66) (늦게 귀가한 아들을 보고) 좀 늦었구나. 빨리 씻고 밥 먹어라.

(67) 그래요? 그것 때문에 누님이 화가 났군요.

(68) 설악산에 벌써 첫눈이 내렸다는구나.

(66)~(68)에서는 감탄의 의미를 나타내기보다는 무엇인가 현재 사태에 대한 지각의 의미를 나타내고 있다. 그런데 '-구나', '-군'은 처음, 비로소 알게 되었음의 의미를 내포하고 있다는 점에서 '-네'와 차이를 보이게 된다.

위의 내용을 보면 '구나'의 의미적 공통성은 어떠한 사태에 대하여 화자가 처음 알게 됨이라고 할 수 있으며 감탄 등은 그 문맥적 의미라고 할 수 있다. 그런데 '-네'의 의미가 현재 지각으로 그치는 것이 아니라 이를 제시하는 것까지 내포하고 있는 것처럼 '-구나', '-군'의 의미도 처음 앎에 그치는 것이 아니라 '처음 알게 된 사태를 제시'하는 것을 의미한다.

그러나 화자가 '-구나', '-군'을 발화하는 동기가 단순히 비로소 알게 되었다는 상황을 전달하는데 발화의 목적이 있는 것이 아니라 자신이 처해 있는 상황을 지금 인지하게 된 듯한 태도를 취함으로써 특별한 효과를 기대할 수 있다.

(69) ((가)가 (나)에게 채용해 줄 것을 부탁하고 있는 상황)

　　가: 어떻게 안 되겠습니까?

　　나: 지금은 이미 사람이 있어서 좀 곤란하군요.

(69)에서 화자 (나)는 (가)의 부탁에 대한 거절로 자신도 '지금 비로소 알게 되었는데 채용이 곤란한 상황이다'라는 사태를 제시하는 태도를 보이고 있다. 즉, (나)는 지금 보니 자신이 곤란한 상황에 처해 있음을 깨닫게 되었다는 상황을 제시하고 있는 것이다. 이를 통해 (나)는 (가)에게 채용하고 싶은 마음은 있으나 상황이 곤란하다는 태도를 느끼게 한다.

(70) 가: 맘 놓으시고 한번 해 보세요

　　나: 난 안 내키는구나.

(70)′ 난 안 내켜.

(70)에서 화자 (나)는 (가)의 권유를 거절하고 있는 상황인데 거절은 상대의 심리적 부담을 야기시키기 때문에 (나)는 (가)의 입장을 배려하여 발화해야 한다. 따라서 단정적인 거절 대신 자신이 싫어하는 사실을 마치 이제 비로소 깨닫게 되었다는 태도를 취하여 단순히 상황을 제시함으로써 상대방의 심리적 불편함을 줄여주고 있다. 그러나 (70)′처럼 발화하게 되면 단호한 거절의 느낌을 갖게 된다. 그런데 '-네'와 '-구나'는 모두 현재에 지각한 사태를 제시하는 의미를 갖는 활용어미이지만 그 세부적 의미의 차이로 인해 공손성에 있어서도 차이를 보인다.

(71) 가: (자신이 작성한 계획안을 내밀면서)

　　　　이 대리, 이것 좀 봐줘, 어떤 것 같아?

　　나: ㄱ. 이거 문제가 좀 있군.

　　　　ㄴ. 이거 문제가 좀 있네.

　　　　ㄷ. 이거 문제가 좀 있어.


(71)의 (ㄱ)에서는 처음 앎의 의미가 있는 '-군'이 사용됨으로써 해당 발화가 정보로서 제공되는 정도가 강한데 이는 '-군'에 의해 발화가 신정보라는 의미를 갖게 되기 때문이다. 그러나 (ㄴ)에서는 '-네'가 사용되어 단순히 현재 지각된 사태를 제시하고 있기 때문에 '-군'이 사용된 (ㄱ)에 비해 그 정보성이 두드러지지 않는다. (71)에서 (나)의 발화가 (가)에게 부담을 야기시킬 수도 있는 담화 상황임을 고려하면 '-군'은 '-네'에 비해 그 정보성이 두드러지게 전달되므로 공손성의 정도가 덜함을 알 수 있다. 그러나 '-군'역시 현재 지각사태에 대한 제시를 나타내므로 (ㄷ)에 비하면 부담의 정도가 훨씬 약하다는 것을 알 수 있다.

## 4.1.7. '-더-'와 과거지각사태 제시

과거지각사태의 제시란 화자가 어떠한 일에 대하여 무엇인가를 깨닫고 알게 되어 그 지각사태를 제시하는 태도를 보이는 것으로, 지각의 시점이 발화의 시점보다 앞선 경우이다. '-더-'의 의미에 대해서는 다양한 연구가 진행되어 왔는데 이는 회상, 단절, 경험, 보고, 무의도적 사실의 객관적 전달, 지각 등으로 논의가 되어 왔다.


(72) 기껏 한턱낸다는 게 짜장면이더라.


(73) 그 책은 설명이 자세하지 않더라.

(74) 가: 갔다 올게요.

　　나: 그렇게 입고? 아까 보니까 밖이 무척 춥던데 옷 잘 챙겨 입어야겠더라.


(75) (꿈 이야기) 그런데 내가 그 가운데서 열심히 일을 하더라.


(76) 어제 우연히 결혼 전 사진을 봤는데 나도 옛날에는 예뻤더라.


　　위의 예시들을 보면 (72), (73), (75), (76) 등은 회상의 의미, (74)와 같은 경우는 단순히 보고하는 태도를 보인다. 또한 (73)은 과거의 일로 현재와는 단절된 상황에 대한 내용이라는 측면에서 단절의 의미를 갖는다. 또 (74), (75)는 경험의 의미를 나타낼 수 있다. 따라서 위에서 열거된 의미는 '-더-'의 고유의 의미가 아니라 문맥에서 파생되는 문맥 의미라는 것을 알 수 있다.

　　여기에서 공통적으로 추출되는 '-더-'의 의미는 지각으로 볼 수 있는데 '-네'와의 비교를 염두에 두면 현재지각이 아닌 과거지각이라고 볼 수 있다. 여기에서 과거란 발화 시점에 비해 지각의 시점이 앞섰다는 의미에서의 과거이다. 이러한 과거지각의 의미를 갖는 '-더-'의 사용은 발화를 과거지각사태로 제시하는 기능을 하게 되며 이는 공손성을 드러내는 요인이 된다.


(77) 그래? 나도 가 봤는데. 내가 보기엔 좀 작더라.


(78) 그 소설은 묘사가 너무 노골적이라서 혐오스럽더라.


(79) 아니야. 남편은 아내하기 나름이더라.


(80) 난 별로더라.

위의 예들은 모두 상대방의 생각이나 의견에 대한 반대 의사를 표하는 경우이다. 상대방에 대한 반대 의사 표명은 상대방을 곤란하게 만들거나 불쾌하게 할 수 있다. 따라서 화자는 과거에 경험되었거나 확인된 어떠한 사실에 대하여 알게 되었음을 제시함으로써 자신의 의견을 포장하고 있다. 즉, (77)~(80)의 예는 화자가 단정적인 태도로 주장하는 경우에 비해 그만큼 청자의 입장에서는 부정의 가능성도 열리게 되며 부가적으로 화자의 입장에서도 자신의 말에 대한 책임회피가 가능하게 된다. '-더-'가 '-데'의 형태로 사용된 예에서도 '-더-'의 의미와 공손성의 상관성을 살펴볼 수 있다.

(81) 가: 그러지 말고 용서하세요.
　　　나: 아무리 그러려고 해도 싫데.


(82) 가1: 이 문제 좀 풀어 볼래? 잘 안 돼.
　　　　　(잠시 후)
　　　나1: 답 나왔어.
　　　가2: 어떻게 풀었니?
　　　나2: 먼저 y를 소거하니까 되데.


(81)의 (나)는 (가)의 부탁을 거절하고 용서하기 싫다는 자신의 의도를 나타내기 위해 사용된 것이다. 또 (82)는 어려운 수학문제를 풀지 못한 친구에게 문제 푸는 방법을 가르쳐 주고 있는 상황으로 (나)의 발화는 상대방에게 열등감을 주게 될 수도 있다. 이러한 상황에서 (나2)는 자신이 알게 된 상황을 과거지각 상황을 제시함에 의해서 상대방의 부담을 줄이고 있다. 결과적으로 '-더-'가 지닌 과거지각의 고유의 의미는 과거지각사태의 제시를 통해 공손성을 드러내기 위한 기재로 활용될 수 있음을 알 수 있다.

## 4.2. 확정 사태에 대한 비확정적 태도 표출

확정 사태에 대한 화자의 태도 표출은 확인된 또는 이미 발생한 사태에 대하여 화자가 짐작이나 불확실의 태도를 나타내는 것이므로 이와 같은 의미적 특성을 갖는 활용어미들도 공손성을 드러낼 수 있는 잠재적 가능성을 갖게 된다. 화자의 비확정적 태도는 불확실, 짐작 등으로 나타나는데 비확정적 사태에 대하여 비확정적인 화자의 태도가 나타나는 것은 당연한 일이다. 그러나 화자는 실제로 확신을 갖는 내용에 대해서도 비확정적 태도를 발화하는 경우가 있는데, 이는 화자의 주장이나 의향을 완화시켜 청자를 배려하려는 화자의 동기가 드러난 것으로 볼 수 있다.

Grice의 대화 격률에 따르면 화자는 불분명하게 표현하거나 애매하게 말하지 말아야 한다는 태도의 격률maxim of manner을 지켜야 효율적인 의사소통을 수행할 수 있다. 따라서 화자가 확신하는 사태에 대해 불확실, 짐작 등의 태도를 보이는 것은 명백히 태도의 격률을 위반하는 것으로 볼 수 있다. 그러나 화자는 이러한 의도적 위반을 통해 무엇인가 다른 효과를 기대하게 되는데 이것이 바로 공손성을 드러내기 위한 방안이 된다. 이와 같이 확정적 사태에 대한 비확정적 태도를 표출함으로써 공손성을 드러내기 위해 사용되는 활용어미로는 선어말어미 '-겠-'와 종결어미 '-을지-', '-지'를 들 수 있다.

### 4.2.1. '-겠-'과 짐작의 태도 표출

'-겠-'은 미래, 의도, 가능, 능력, 짐작(또는 추정)의 의미를 갖는데 이들 의미는 짐작의 의미가 문맥 내에서 다양하게 나타나는 것으로 연구되어 왔다. 그런데 짐작(또는 추정)에 관련된 논의들도 학자에 따라 견해의 차이를 보이고 있는데 이는 그만큼 '-겠-'의 의미가 문맥에 의해 매우 다양하게 나타나고 있어 고유의 의미의 파악이 어렵다는 것을 의미한다. '-겠-'은 주로 '-을 것'과의 비교를 통해서 그 의미에 대한 논의가 이루어져 왔다. 이기용(1978)과 서정수(1978)에서는 '-겠-'과 '-을 것'이 짐작의 근거에 대한 확실성이나 객관성의 관점에서 차이를 보인다고 하였으나 이의 해석에 있어서는 서로 상반된 견해를 보였다.

그러나 '-겠-'과 '-을 것'의 고유의 의미의 차이는 짐작의 근거의 확실성이나 객관성의 차이에서 온 다고 볼 수 없다. '-겠-'과 '-을 것'은 모두 어떠한 근거를 통하여 무언가를 짐작하고 있는 화자의 태도를 보여준다. 그런데 '-을 것'이 사용되는 경우에는 짐작의 내용과 짐작의 근거간의 긴밀성이나 밀접함이 문제가 되지 않아 다소 불확실한 내용에까지 확대되어 사용될 수 있다. 또한 비교적 확실한 상황이 된다고 할지라도 '-겠-'에 비하여 짐작의 근거와 짐작의 내용사이에 긴밀한 인과성이 덜 느껴진다. 반면 '-겠-'은 짐작의 내용과 그 짐작을 가능하게 하는 근거와의 연관성이 밀접하다. 결국 '-을 것'은 그 짐작의 내용이 짐작의 근거와의 밀접한 연관성이나 긴밀성이 요구되지 않기 때문에 일반적인 추측이 가능하고 부가적으로는 화자가 발화된 짐작의 내용에 대해 책임을 느끼지 않는다. 반면 '-겠-'이 사용되는 경우 화자의 확신을 드러내기 위한 어떠한 근거가 되는 상황이 존재하게 된다.

한편, 성기철(1979)에서는 '-겠-'이 현재의 경험에 입각한 추정을, '-을 것'이 과거의 경험에 입각한 추정을 나타낸다고 하였다. 이러한 관점 역시 짐작의 내용과 짐작의 근거와의 관계에 의해서 설명이 될 수 있다. 즉, '-겠-'을 쓰면 '-을 것'에 비해 그 짐작의 내용과 짐작의 근거가 밀접한 연관성을 갖게 되어 부가적으로 현재상황에 입각한 추정의 의미가 나타날 수 있는 것이다.

또한, 장경희(1985)에서는 근거와 짐작되는 사실이 인과 관계에 있으며 짐작의 근거가 원인이 되고 짐작되는 사실은 결과가 되는 상황에서 '-겠-'이 쓰인다고 하였다. 그러나 '-을 것'의 경우에도 짐작이나 추측 자체가 일정한 근거를 바탕으로 이루어지는 것이기 때문에 짐작의 내용과 짐작의 근거 사이의 인과성만으로 '-겠-'과 '-을 것'을 구분하는 것에는 한계가 있을 것으로 보인다. 이처럼 '-을 것'과 '-겠'

을 짐작의 근거에 대한 확신의 정도성과 긴밀한 인과성의 차이로 설명하면 '-겠-'의 또다른 문맥적 의미인 미래, 가능, 능력, 의도 등을 설명할 수 있게 된다.

(83) 일이 일찍 끝나겠어.

(84) 그런 일은 나도 하겠다.

(85) 제가 가겠습니다.

(83)의 '-겠-'은 미래적인 상황을 나타내기도 하고 가능의 의미를 나타내기도 한다. 야근을 해야 하는 상황인데 모두 열심히 한 덕에 일찍 일어날 가능성이 높음을 뜻할 수도 있다. 이러한 경우 담화 상황 속의 짐작의 근거와 내용이 긴밀한 인과성에 의해 연관된다. (84)의 '-겠-'은 능력을 나타내는데 '그런 일'이 무척 쉽다는 것을 통해서 자신도 능히 해낼 수 있음을 짐작하고 있다. 한편 (85)는 언뜻 보면 지금까지 설정한 '-겠-'의 고유의 의미와 상반되는 것으로 보이나, 담화 상황에 존재하는 짐작의 근거가 되는 상황을 근거로 화자 자신의 의도를 드러내는 것으로 볼 수 있다.

위의 내용과 같이 '-겠-'은 짐작의 근거와 내용 사이에 긴밀한 인과성을 갖는 짐작의 의미를 가지며, '-을 것'은 불확실성을 나타내므로 '-겠-'과 같이 인과성의 긴밀함이 필수적으로 전제되는 것은 아니다. 그런데 '-겠-'은 비확정적 상황에 대한 짐작, 불확실의 태도를 보인다는 고유의 의미에서 벗어나 비확정적이지 않은 상황, 즉 확정사태에 대해서도 짐작의 태도를 보이는 경우가 있다.

(86) 너 그러다가 대학에 떨어지겠다.

(87) 네가 사과해야겠다.

(88) 가: 어떻게 하지? 또 지하철에 두고 왔어.

　　나: 그럼 찾기 어렵다.

(89) 가: 부장님 이건 어때요? 어제 밤샜는데.

　　나: 이것보다 좀 더 확실하고 감각적인 표현이 좋겠어.

　　　　잊지 마, 이 상품은 신세대를 겨냥한 거라고.

(90) 가: 알았어?

　　나: ㄱ. 알겠어요.

　　　　ㄴ. 모르겠어요.


　위에서 제시한 (86)~(90)에서 '-겠-'을 사용하고 있는 화자는 실제로 비확정적인 사태에 대한 짐작의 의미를 나타내는 것이 아니다. 화자는 자신의 발화 내용에 대한 확신이 있으며 상황을 확정적인 것으로 받아들이고 있다. 그럼에도 불구하고 짐작을 나타내는 '-겠-'을 쓰는 이유는 청자의 부담을 줄이고자 하는 동기가 있기 때문이다.

　(86)~(89)에서는 '-겠-'이 사용된 발화를 듣는 청자가 화자에 비해 하위이거나 적어도 동등한 경우이며 이러한 경우 화자가 '-겠-'을 사용하는 이유는 단정적 발화로 인해 생길 수 있는 부담을 줄이고자 함이다. 이는 (86)의 경우처럼 부정적 상황에 대한 상대방의 반발심을 낮추거나, (87)의 경우처럼 충고를 하는 상황에서 청자의 부담을 줄여줄 수 있다. (88)과 (89)역시 화자가 상황에 대한 확신이 있음에도 불구하고 자신의 발화 내용은 마치 비확정적인 상황에 대한 짐작의 태도를 보이고 있다고 하겠다.

(87)의 경우는 청자가 상위자의 경우인데 단정적인 표현 대신 '-겠-'을 사용하여 화자는 자신이 아직도 설명을 이해하지 못한 상태인 것으로 미루어 '그 내용'을 모르는 상황으로 짐작된다는 발화의 태도를 보인다. 결과적으로 '-겠-'의 고유의 의미는 짐작의 근거와 짐작의 내용 사이에 긴밀한 인과성을 갖는 짐작의 의미를 가지며 이러한 '-겠-'의 의미적 특성은 '-겠-'이 확정적 상황에서 발화되었을 때 부담을 줄여주는 기능을 하는 요인이 된다.

### 4.2.2. '-을걸'과 불확실의 태도 표출

'-을걸'은 구성 상 관형사형 어미와 형식명사의 융합으로 이루어진다. '-을걸'은 앞서 논의되었던 '-겠-'에 비해 보다 불확실을 나타내는 것으로 이해할 수 있다.

(91) ㄱ. (꽃봉오리가 피어 오른 것을 보고) 꽃이 피겠어.
ㄴ. *(꽃봉오리가 피어 오른 것을 보고) 꽃이 필걸.

(91ㄱ)은 짐작의 근거가 전제되어 있으며 이 전제를 근거로 밀접한 연관성을 갖는 내용을 짐작하게 된다. 그러나 (91ㄴ)처럼 '-을걸'이 사용되면 짐작의 내용과의 긴밀한 인과성이 전제된 근거가 존재하지 않으므로 짐작보다는 불확실의 의미를 나타낸다. 따라서 (91ㄴ)과 같이 긴밀한 인과성이 있는 근거가 제시되는 상황에서는 사용할 수 없게 된다.

그런데 이때 '-을걸'의 불확실의 의미는 '-을 것'과도 차이를 보이게 된다. '-을 것'은 짐작의 내용과 그 짐작을 가능하게 하는 근거와의 연관서이 밀접하지 않기 때문에 불확실한 내용에까지 확대되어 사용될 수 있다. 또한 비교적 확실한 상황이 된다고 할지라도 '-겠-'에 비하여 짐작의 근거와 짐작의 내용 사이의 인과성이 떨어진다. 그런데 '-을걸'의 경우에는 '-을 것'에 비해 더욱 불확실하여 그 근거의 전제가 요구되지 않는다. 결국 '-을걸'의 고유의 의미는 비확정적인 상황에 대한 불확실의 의미라고 할 수 있으며 일부 근거제시가 있는 문맥에서 화자의 후회하는 마음이 있다면 후회의 의미를 나타내게 된다.

앞서 제시한 바와 같이 '-을걸'이 사용되는 상황은 비확정적 상황이다. 그러나 비확정적 상황이 아닌데도 '-을걸'이 사용되어 불확실한 화자 태도를 나타내는 경우가 있는데 그 예를 들면 아래와 같다.

(92) 가: 에, 그래서 여자는 약하다, 그러나 어머니는 강하다 그런 말이 있지
　　　　않습니까?
　　　나: 아니, 아저씨. 그런 말은 이런 때 쓰는 게 아닐걸요.

(93) 가: (새로 쓴 신세대 겨냥 광고 문안을 보이면서)
　　　　이건 어때요? 어제 밤샜는데.
　　　나: 이것보다 좀 더 확실하고 감각적인 표현이 좋을걸.

(92)의 (나)는 담화 상황에서 일어난 일에 대해 (가)가 비유적으로 쓰고 있는 말이 잘못되었음을 알고 있지만 상대방의 입장을 배려하여 자신이 확신하는 상황에 대해서도 불확실의 의미를 나타내는 '-을걸'을 사용하고 있다. (93)의 경우에도 광고 문안이 성격상 감각적인 카피가 필요하다는 확신이 있는데도 '-을걸'이 사용되고 있다. 이는 역시 공손성을 드러내고자 하는 화자의 의도로부터 사용의 동기를 찾을 수 있다. 그런데 '-겠'이 사용된 경우와 '-을걸'이 사용된 경우 부담줄이기의 정도는 '-을걸'의 경우가 더 크다. 그것은 '-을걸'은 짐작이 근거가 불필요하여 불확실의 의미를 나타내기 때문이다.

### 4.2.3. '-지'와 기지정보에 대한 짐작의 태도 표출

'-지'의 의미는 문맥에 따라 매우 다양한 모습을 보이는데, '-지'를 화자의 주관

적 상념을 표시하는 것으로 간주하거나(고영근, 1976:44), 서법에 따른 의미의 차이를 강조하거나(장석진, 1973:127-130; 한길, 1991:59-66), 다양한 문맥적 의미를 제시하면서 핵심의미를 제시한 연구들이 있었다. '-지'의 고유의 의미를 알아보기 위해서는 다양한 의미들을 살펴보고 이러한 문맥 의미로부터 '-지'의 고유의 의미를 분석할 필요가 있다.

(94) 가: 미영이 집에 왔을까?
　　　나: 아직 안 왔지 아마. 3시인데.

(95) 익숙해지면 잘 가려낼 수 있지.

(96) 그렇게 해서는 못 찾지요. 좀 더 잘 기억해 보세요.

(97) 어머니가 자신의 가치를 찾았을 땐 이미 늦었지.

(98) 그렇게 고행을 거쳐야만 참다운 마나부족의 일원으로 받아들여지는 거죠.

(99) 꽃마다 독특한 아름다움이 있지.

위의 예시를 살펴보면 '-지'는 서술법에서 사용되어 (94)와 같이 짐작을 나타내거나, (95), (98), (99)와 같이 이미 알고 있는 정보내용을 진술하기 위해 쓰인다. 또한 (96)과 같이 자신의 믿음을 나타내기도 하고 (97)과 같이 과거의 회상을 진술하기도 한다.

'-지'는 이처럼 문맥에 따라 다양한 의미를 보이고 있으나 이들 의미는 공통된 의미를 바탕으로 파생된 것이다. 이러한 사실은 '-어'와의 비교를 통해 확인할 수 있는데 '-어'를 사용하는 경우는 화자가 전달되는 정보내용에 대하여 확신을 갖고 확정적으로 표현한다. 그러나 '-지'가 사용되면 그러한 확정적이고 단호한 느낌을 주지 않게 된다. 가령 (94), (95)에서는 화자가 알고 있는 정보를 진술하고 있지만 이때 진술되는 정보에 대해 화가자 확신하는 태도를 보이는 것은 아니다. (96)의 경우 정보내용에 대한 불확실성의 정도가 약하다. 하지만 그렇다고 해도 상대방이 제공한 정보의 양이 적다면 못 찾을 것이라는 보편적 믿음에 근거하여 짐작 발화를 하고 있다.

(97)은 과거의 일에 대해 회상을 하는 것이고, (98), (99)는 현재적 사실에 관계된 정보이다. (97)~(99)은 (94)에 비하면 그 확실성의 정도가 큰 것이라고 볼 수 있으나 그럼에도 불구하고 '-어'가 쓰이는 상황에 비해서는 단정적이지 않으며 그 확실성의 정도도 약하다. 결국 '-지'의 서술법에서의 의미는 이미 알게 된 내용에 대한 짐작이라는 의미를 공통적으로 갖으며 문맥에 따라서 불확실성의 정도에 차이를 보이거나 회상 또는 상황 진술의 의미가 더 부각되기도 한다.

한편, '-지'가 의문법에서 사용되는 경우가 있다. 서술문에서 '-지'는 화자가 이미 알게 된 내용에 대한 짐작의 태도를 나타내는 것이지만, 의문문에서는 짐작의 근거를 토대로 한 짐작 하에 확인을 위한 질문을 하는 데 사용된다.

(100) 어머니 집에 계시지?

(101) 점심에 뭘 먹지?

(100)의 경우는 알고 있는 내용에 대해 확인을 하기 위한 질문이며, 이때 화자는 긍정적인 대답을 기대하면서 질문하게 된다. (101)은 청자가 잘 알 수 있으리라고 짐작되는 내용에 대해 확인하기 위해 하는 질문이다. 그뿐만 아니라 '-지'는 짐작 또는 짐작의 태도를 보이는 것 외에도 약속, 다짐, 제의, 제안 등으로 제시된 내용

에 대한 행위 수행이 이루어지리라는 짐작 하에 행위 수행을 다짐, 약속, 요구하는 경우에도 쓰이게 된다.

그런데 '-지'가 이미 알고 있는 내용을 짐작하는 태도를 나타낸다고 할 때 짐작이 이루어지는 상황은 비확정적 상황이다. 그런데 확정적 상황에서도 '-지'가 사용될 수 있다. 이러한 경우는 '-지'가 화자의 또 다른 동기, 즉 청자를 배려하려는 화자의 동기에 의해 사용된 것으로 볼 수 있다.

(102) 가: 에, 그래서 여자는 약하다. 그러나 어머니는 강하다 그런 말이 있지 않습니까?

나: 그런 말은 이런 때 쓰는 게 아니지요, 아마.

(103) 우리 지난 주말에 갔던 음식점 이름이 뭐였지?

(104) 그러니까 평소에 일찍 좀 다니지.

(102)는 상대방의 생각에 대한 부정적 견해를 표출하고 있다. 그러나 '그런 말은 이런 때 쓰는 게 아니에요'라고 단정적으로 말하는 것보다 훨씬 청자의 입장을 배려하여 말하고 있음을 확인할 수 있다. 화자의 발화로 부담이 야기되는 담화 상황에서 확정적 사태에 대해 화자가 확정적으로 발화할 경우 부담이 증대된다. 그런데 이때 '-지'를 사용하게 되면 이미 알고 있는 내용에 대한 짐작이므로 '-을걸'에 비하여 덜 불확실한 화자의 태도를 나타낸다. 한편, '-겠'을 사용하여 '그게 아니겠어요'라고 한다면 여러 가지 근거를 바탕으로 짐작해 보니까 아마도 아닐 것이라고 생각된다는 짐작의 표현이 된다. 따라서 '-을걸'보다는 불확실성의 정도가 약하지만 이미 알고 있는 내용에 대해 짐작하는 의미를 가지는 '-지'에 비해서는 그 비확정적인 태도 표출의 강도가 강하므로 '-지'보다는 '-겠'의 사용이 공손

성을 표현하는데 훨씬 유용할 것이다.

(103)의 경우 '-지'는 화자가 묻는 내용을 청자가 알고 있으리라고 짐작한다는 태도를 보이고 있으며, (104)는 행위수행에 대한 요구로 인해 청자가 느낄 수 있는 부담을 완화시키기 위해 '-지'를 사용한 것으로 해석할 수 있다.

## 5 화용적 발상으로의 전환, 이후의 연구들

본고에서는 전통적으로 문법적인 범주로 다루어졌던 활용어미를 중심으로 이들 활용어미의 개별 형태소가 갖는 의미와 그 활용어미가 실현하는 공손성이 서로 관련되어 있다는 사실에 주목하였다. 특정의 활용어미가 공손성을 드러내는 것은 개별 형태소가 가지고 있는 고유의 의미에서 출발되었다는 관점에서, 형태론적 대상이 지극히 화용적인 의미로 풀이되는 예라고 할 수 있다. 이는 의사소통 관점에서 형태적, 통사적 측면의 문법과 어휘를 고찰한 것에 더해 화용적 의미에 대한 고려가 필요하다는 것을 보여준다.

이해영(1996) 이후 이와 같은 관점의 연구들은 비교적 활발하게 진행되었다. 연구들은 크게 두 가지로 분류될 수 있는데, 그 하나는 문법적 형태의 화용적 사용에 대해 고찰한 연구들로, 공손성을 드러내는 다양한 문법적 형태를 분석하고 유형 분류를 시도한 연구, 특정 문법적 형태의 화용적 의미에 주목한 연구, 양태의 측면에서 문법 항목의 화용적 기능을 살펴본 연구 등이 있다. 또 다른 관점의 연구들로는 문법적 형태의 화용적 의미 교육을 주장한 연구들을 들 수 있다. 이 연구들은 교육적 적용의 측면까지 논의되고 있다는 관점에서 흥미로운 진척이 아닐 수 없다.

한국어 교육에서는 언어적 장치가 가진 고유의 의미를 주목하여 이러한 표현이 지닌 화용적 기능을 밝히고자 한 연구들이 2000년대 이후 활발하게 진행되었다.

특히 이들 연구 영역은 어미, 접속부사, 보조사 등 다양한 문법 범주를 아우르고 있다는 점에서 고무적이다. 화용적 기능의 측면에서는 화·청자 간의 관계와 공손성을 주로 다루고 있으나 공손성 이외의 화용적 기능을 다루고 있는 연구들도 있었다.

우선 특정 문법과 어휘에 주목하지는 않더라도 거시적 관점에서 공손성을 생성해 내는 다양한 언어적 장치들에 대한 유형 분류를 시도한 연구로 김미형(2000), 윤정화(2014), 고재필(2017), 문금현(2017) 등을 들 수 있다. 김미형(2000)은 완곡하게 표현하여 상대방의 부담을 줄여주는 표현에 완곡어와 같은 어휘 범주 이외에도 문법적 형태가 활용된 범주도 있다고 하였으며, 이들 모두를 완곡표현으로 정의하고 목록화하였다. Brown & Levinson(1987)에서는 화자가 청자에 대한 체면위협의 위험을 감소시키기 위해 완화표현, 즉 헤지hedge를 사용한다고 하였는데 고재필(2017)은 완화표현을 의사소통 과정에서 참여자들이 직면할 수 있는 다양한 위협과 책임에 대한 감소를 위해 화자 스스로 발화의 강도를 낮추는 것이라고 정의하였다. 그리고 완화표현을 (1) 명제 내용에 작용하는 것, (2) 발화 수반력에 작용하는 것, (3) 화시 중심에 작용하는 것이라는 세 가지 층위로 분류하고, 형태소 및 어휘 등의 측면에서 다양한 완화표현을 제시하였다.

또한 문금현(2017)은 공손성을 나타내는 표현들을 음운, 문법, 어휘, 화용적으로 분류하여 유형화시켰다. 음운적으로는 억양과 음장에 의해서, 문법적으로는 조사(격조사와 보조사)와 어미(선어말어미, 연결어미, 종결어미)에 의해서, 어휘적으로는 호칭어, 겸양어휘, 높임어휘, 보조용언의 사용에 의해서, 화용적으로는 간접표현(요청, 거절), 부정의문문, 겸손표현, 헤지의 사용을 통해서 공손성이 생성된다고 보고 분류하였다.

한편, 윤정화(2014)는 한국어 학습자들에게 공손표현 교수의 필요성을 역설하며 화용론적 측면에서 통사론적 층위의 문법적 형태들이 어떻게 공손성을 나타낼 수 있는지 밝혔다. 한국어 교육에서도 최근 공손성의 관점에서 헤지에 대한 유형

분류를 검토한 연구들이 있다. 황선영(2016)은 요청 화행을 중심으로 형태·통사적 완화장치에 대한 분석을 통해 한국어 모어 화자와 한국어 학습자의 완화장치 사용 양상이 어떻게 나타나는지 알아보고자 하였다. 이 연구에서는 '친밀도 +, 사회적 지위 S<H인 부탁' 상황에서 한국인은 요청 시 '-(으)ㄹ까요?, -나요/-(으)ㄴ가요?, -(으)면 안 될까요?, -(으)ㄹ 수 없을까요?'를 활용한 '의문문', '-(으)ㄹ까/-나/-(으)ㄴ가 해서'로 나타나는 내포문과 보조 용언, 피동형, 과거형, 연결어미의 종결적 사용을 하는 것으로 나타났다.

이상 공손성이라는 측면에 주목하여 이를 유형화하고 문법과 화용의 연계를 찾고 교육에 연계하고자 한 연구들을 알아보았는데, 다음으로는 개별 형태소가 가진 의미에 주목하여 해당 문법적 형태를 통해 발현되는 화용적 기능을 고찰한 연구들에 대해 살펴보고자 한다. 이들 연구는 본고에서와 같이 특정 어미나 문법 항목으로부터 출발하기도 하고(박나리, 2004; 권수정, 2011; 김강희, 2017; 진정은, 2005; 조나현, 2017), 추측이나 희망 등 특정한 양태가 어떠한 문법적 요소들에 의해 드러나는가의 관점에서 검토되기도 하였다(안주호, 2004; 성미선, 2009; 이정란, 2011; 이해영, 2013).

본 연구에서와 같이 어미가 가진 의미에 주목하여 개별 어미가 지닌 의미에서 발현되는 화용적 기능을 알아보고자 한 연구로 전혜영(2002), 박나리(2004), 권수정(2011), 김강희(2017) 등을 들 수 있다. 전혜영(2002)에서는 전혜영(1989)의 논의를 확장하여 공손성을 나타내는 언어적 장치는 접속어미뿐만 아니라 종결어미 또한 그러함을 밝히고 그 예를 설명하였다. 박나리(2004)에서는 한국어 교육 문법에서 종결어미가 형태·통사적인 의미 규명에 충실했던 결과 학습자들이 구체적 발화 상황에 적절한 종결어미를 구사하는 데 어려움을 겪고 있다면서 '-어, -네, -지, -다, -구나, -단다'의 담화·화용적 의미를 살펴보고자 하였다. 권수정(2011)은 한국어 교육을 위하여 양보관계 연결어미 '-어(아)도, -더라도, -(으)ㄹ지라도, -(으)ㄴ들, -(으)ㄹ지언정, -(으)ㄹ망정'을 선정하여 통사적 특성과 함께 화용적 특성을 살펴보고자 하였다. 김강희(2017)의 연구는 종결어미 '-니'가 지니는 단순 질문 외의 화용적 기능을 알아보는 한편, '-니'가 갖는 체면위협행위로서의 기능을 밝히고 있다.

어미 이외에도 진정은(2005)에서는 '그러나, 그렇지만, 하지만, 그래도, 그럼에도 불구하고, 그런데' 등의 대립 접속부사를 대상으로, 최수정(2015)의 연구는 보조사 '(이)나'와 '(이)라도'를 대상으로 화용적인 측면에서 즉, 화자의 발화 의도, 화·청자 관계 등에 따라 어떻게 연계되는지 분석하여 기초적인 맥락 정보를 구축하고자 하였다. 또한 조나현(2017)에서는 공손성을 실현하기 위한 다양한 언어적, 비언어적 방법 중에서도 부정 표현에 주목하여 '안'이 나타내는 화용적 기능을 살펴보고자 하였다.

한편, 안주호(2004), 성미선(2009), 이정란(2011), 이해영(2013) 등의 연구에서는 공손성과 관련되는 양태표현을 다루고 있다. 안주호(2004), 성미선(2009)에서는 한국어에 나타나는 부담을 줄여주는 완곡한 표현으로서 추측표현을 지적하였다. 안주호(2004:115)에서는 완곡어법으로 사용될 수 있는 추측표현이 있는데 그 중 '것 같다'는 객관성이 미약하여 단언성이 약하다는 의미적 특성이 있어서 완곡어법으로도 사용될 수 있다고 보았다. 한국어 교육적 논의로서 이정란(2011)과 이해영(2013)은 추측표현을 상대방의 부담을 줄여주는 공손한 표현으로 화용적으로 해석하고 있다. 이정란(2011)에서는 추측표현이 제안, 거절, 요청 화행에 쓰여 공손성을 드러낼 수 있음을 밝혔고, 이해영(2013)에서는 추측표현이 추측의 의미 이외에도 요청, 거절 등의 언표내적 행위를 나타낸다고 보았는데 이때 추측표현은 공손성을 드러내기 위한 장치로 설명되고 있다.

지금까지 살펴본 바와 같이 문법적 요소의 형태적, 통사적 기능 이외에 화용적 측면을 함께 검토하는 것은 일반적인 경향이 되었으며, 문법 항목을 교육할 때 화용적 정보를 제공하는 것이 필수적이라는 주장도 많아지고 있다(방성원, 2005; 이경·류선숙, 2011; 이준호, 2015; 2017). 이러한 경향은 담화·화용적 지식을 중시하는 의사소통 중심 교실로 한국어 수업이 개선된다는 점에서 의미를 찾을 수 있다. 이준호(2017)에서는 초급 단계의 문법 항목별(조사, 어미, 복합 표현 등) 구체적인 화용 정보를 기술하고 있는데, 이러한 후속 연구를 통해 본고의 연구 결과가 교수·학습 현장에서 구체적으로 활용될 수 있는 가능성을 확인할 수 있다.

　문법적 층위에서 설명되어 온 활용어미가 화용적 특성인 공손성에 어떻게 기여하는가의 연결고리를 찾고자 했던 본고의 시도는 이후 여러 갈래에서 독자적인 영역을 구축하는 학문 영역으로 연계되었다. 개별 형태소의 의미에 주목해 문법 항목이 지닌 화용적 의미를 알아보고자 한 연구들이 꾸준히 진행되었으며, 단순히 화용적 의미를 발견하는 데에서 그치지 않고 이의 교육적 적용을 논하는 연구로 확장되고 있다. 앞으로도, 문법적 요소를 화용적으로 해석하고자 했던 발상의 전환이 공손성의 범주를 넘어 다양한 담화·화용적 측면의 연구로 확대되고, 특히 실제 학습자들에게 이를 어떻게 교육할 것인지 교수·학습의 측면에서 보다 활발한 연구가 진행되기를 기대한다.

## ■ 참고 문헌

고재필(2017). 「한국어 완화 표현 연구」, 서울대학교 석사학위논문.

권수정(2010). 「한국어 교육을 위한 양보관계 연결어미 연구」, 『인문논총』, 20, 198-231.

김강희(2017). 「의문 아닌 의문 -해라체 의문문 종결어미 '-니'의 화용 기능을 중심으로-」, 『한국문법교육학회 학술발표논문집』, 2017(1), 168-178.

김미형(2000). 「국어 완곡 표현의 유형과 언어 심리 연구」, 『한말연구』, 7, 27-63.

문금현(2017). 「한국어 공손성 표현의 생성 유형별 특징」, 『국어학』, 82, 27-66.

박나리(2004). 「한국어 교육문법에서의 종결어미 기술에 대한 한 제안 -"-어", "-네", "-지", "-다", "-구나", "-단다"의 담화 화용적 의미를 중심으로-」, 『이중언어학』, 26, 91-116.

방성원(2005). 「문법 교수 학습의 내용과 방법」, 『한국어교육론 2』, 서울: 한국문화사. 195-213.

성미선(2009). 「한국어 추측표현의 완곡어법 양상과 교육방안」, 한양대학교 석사학위논문.

송경숙(2003). 『담화화용론』, 서울: 한국문화사.

안주호(2004). 「한국어 추측 표현의 통사·의미 연구」, 『새국어교육』, 68, 97-121.

이경, 류선숙(2011). 「한국어 교재 분석을 통한 문법 과제의 화용적 측면 제고」, 『한국문법교육학회 학술발표논문집』, 2011(2), 38-50.

이준호(2015). 「한국어 문법 교육에서의 화용 정보 기술에 대한 고찰」, 『이중언어학』, 61, 215-240.

이준호(2017). 「한국어 초급 문법 항목별 화용 정보 구축 연구」, 『Journal of Korean Culture』, 36, 75-99.

이정란(2011). 「한국어 학습자의 화용 생산 능력과 이해 능력 비교 -추측, 희망 표현의 화행 실현을 중심으로-」, 『이중언어학』, 46, 297-319.

윤정화(2014). 「한국어 공손 표현 연구」, 한양대학교 박사학위논문.

이해영(1996). 「현대 한국어 활용어미의 의미와 부담줄이기의 상관성 연구」, 이화여자대학교 박사학위논문.

이해영(2009). 「외국인의 한국어 거절 화행에 대한 한국인의 반응 연구」, 『한국어교육』, 20(2), 203-228.

이해영(2013). 「태국인 학습자의 한국어 추측 표현 이해 연구」, 『이중언어학』, 53, 217-239.

이해영(2015).「한국어 화용 교육에서의 명시적 교수 가능성과 교실 적용」,『한국어교육』, 26(3), 247-266.

이해영(2016).「한국어교육에서의 비교문화적 화행 연구와 교육적 적용」,『국어국문학』, 176, 91-113.

임채훈(2016).「한국어 학습자의 함축 해석 능력에 대한 연구 -한국어 모어 화자와의 비교, 대조를 중심으로」,『이중언어학』, 63, 127-156.

전혜영(1989).「현대 한국어 접속어미의 화용론적 연구」, 이화여자대학교 박사학위논문.

전혜영(2002).「공손의 화용론」.『화용론 연구』, 서울: 태학사, 89-126.

조나현(2017).「한국어 부정 표현의 화용적 기능 연구」,『한국어와 문화』, 21, 173-205.

조준학(1979).「영어와 국어의 honorofics 비교 서설」,『영어영문학』, 72, 325-340.

진정은(2005).「외국어로서의 한국어 문법 기술을 위한 연구 -"그러나, 그렇지만, 하지만, 그래도, 그럼에도 불구하고, 그런데"의 용법을 중심으로-」,『외국어로서의 한국어 교육』, 30, 179-209.

최수정(2015).「한국어교육에서의 화용적 특성 기반 문법 교육 연구-'(이) 나'와 '(이) 라도'를 바탕으로」,『한국언어문화학』, 12(3), 211-237.

황선영(2016).「형태, 통사적 완화 장치 분석을 통한 중국어권 한국어 학습자의 간접화행 연구」,『이중언어학』, 62, 185-208.

Bouton, L. F. (1994). "Conversational implicature in a second language: Learned slowly when not deliberately taught." *Journal of Pragmatics*, *22*(2), 157-167.

Brown, P., & Levinson, S. C. (1987). *Politeness: Some universals in language usage*. Cambridge university press.

Grice, P. H. (1975). "Logic and conversation." In P. Cole & J. Morgan(Eds.), *Syntax and Semantics 3: Speech Acts,* New York: Academic Press, 41-58.

Lakoff, R. (1973). "The logic of politeness, or minding your p's and q's." *Chicago Linguistics Society*, *9*, 292-305.

Leech, G. N. (1983). *Principles of pragmatics*. London and New York: Longman.

Sohn, H. M. (1986). *Linguistic Expeditions*. Seoul: Hanshin.

Sohn, H. M. (1988). "Linguistic devices of Korean politeness." *In Papers from the sixth international conference on Korean linguistics,* 655-669.

Taguchi, N. (2009). Corpus-informed assessment of comprehension of conversational implicatures in L2 English. *TESOL Quarterly, 43*(4), 738-749.

# 영어권 한국어 학습자의 지시어 의미 기능 습득

박선희(이화여자대학교)

##  1 지시어, 멀고도 험한 한국어 학습

본 연구는 영어권 한국어 학습자들의 한국어 지시어 의미 기능 습득 양상을 밝히기 위한 것이다. 한국어 지시어 의미 기능 습득에 대한 연구는 제2언어 습득론에서 아직까지 주목을 받지 못한 영역이며 한국어 교육에서도 이에 대한 소개가 부분적인 수준에서 이루어지고 있어 연구의 필요성이 제기된다.

한국어의 지시어는 형태적으로 '이', '그', '저'를 기반으로 하는 다양한 어형을 포함하여 어휘 범주로 구성되어 있고, '현실 공간이나 정신 공간 속에서 대상을 가리키거나 확인해 내는 언어적 기능'(장경희, 2004:52)을 가지고 있다. 지시어가 가지는 기능은 지시 대상의 소재에 따라 세 개의 층위로 나뉜다. 지시 대상이 담화 현장에 물리적 실체로 존재하는 화시적 지시, 지시 대상이 현재 진행 중인 담화 내에서 전술 언급으로 존재하는 문맥적 지시, 지시 대상이 화자의 상념 속에 존재하는 상념적 지시가 그것이다. 화시적, 문맥적, 상념적 세 지시의 층위에 따라 사용되는 지시어와 개별 지시어가 담당하는 의미 기능도 다양하다. 이러한 한국어의 지시어 의미 기능 습득을 학습자들이 습득하는 것은 쉽지 않다.

학습자들의 지시어 사용과 관련된 문제는 중급 이상의 학습자들이 참여하는 한국어 담화 환경이 화시적 지시 층위에 국한되지 않고 문맥적 지시 및 상념적 지시 층위로 확대되어 있다는 데 있다. 그리고 중급 이상의 학습자들은 다양한 맥락의 담화에서 최소한의 응결성cohesion을 확보할 것으로 기대되나 학습자들에게 제공되는 지시어의 의미 기능에 대한 정보는 여전히 제한적이다. 학습자들에게 제공될 한국어 지시어 의미 기능에 대한 소개는 학습자들의 지시어 사용에 나타난 오류를 포함한 사용 양상을 검토하는 데서 시작되어야 하지만 아직까지 이에 대한 본격적인 논의가 이루어지고 있지 않은 것이 현실이다.

본 연구에서는 화시적 지시를 포함한 문맥적 지시와 상념적 지시의 세 층위를 모두 그 연구 대상으로 삼아 각 층위에서 다양한 지시 의미 기능들이 제공하는 언어맥락에서 학습자들의 지시어 사용 양상이 어떠한지를 검토하고자 한다. 그런데 각 층위별로 다양한 기능을 수행하는 지시어의 어휘 범주는 다양한 어형으로 구성되어 있어 이 모두를 연구 대상으로 포함시켜 학습자들의 지시어 사용 양상을 살피는 것은 물리적으로 불가능하기도 하고 연구 결과 얻게 될 정보가 중복적인 것이 될 가능성도 있다. 따라서 본 연구에서는 실험에 포함시킬 지시어로 형태적으로 간단하고, 통사적으로 단순한 양상을 보이면서 한국어 교재들에 나타난 교수 항목으로서 제시 빈도가 높은 것들을 택하기로 한다.

지시어 가운데 통사적 단순성을 만족시키면서 나머지 지시어들과 공유되는 의미 기능을 담당하는 지시어는 지시대명사와 지시관형사이며 이 품사에 속하는 지시어들은 한국어 교재들에서 목표 항목으로서 제시되는 빈도 또한 높다. 본 연구의 대상이 되는 지시어는 '직접구성성분'으로 '명사구'를 구성하는 지시관형사 '이', '그', '저'와 명사구가 되는 지시대명사 '이것(이거)', '그것(그거)', '저것(저거)', '여기', '거기', '저기'로 정한다. 지시어 사용에 대한 검토는 해당 언어맥락에서 학습자들이 선택한 지시어와 선택의 이유를 함께 살피는 방법을 취한다.

본 연구는 그동안 지시어 의미 기능에 대한 제시가 불충분했던 한국어 교재와 학습서에 학습자들에게 어려운 지시어 사용 언어맥락을 효과적으로 반영하게 하고 그 의미 기능에 대한 안내를 제공할 것이다. 또한 제2언어 습득 연구에서 학습자 언어의 언어맥락적 변이 현상을 밝히는 데에도 기여할 수 있을 것으로 본다.

한국어 교재들을 살펴보면 명시적으로 기술된 지시어들의 의미 기능은 주로 화시적 지시 층위가 주가 되며 문맥적 지시에 대한 것은 일부인데, 화시적 지시는 지시 대상과 화·청자의 물리적인 거리감에 의해 지시어가 분화되는 것으로 설명되어 있고 문맥적 지시에서는 '그것'과 '거기' 등 '그' 계열의 지시어 형태로 한정되어 기능면에서는 전술 언급을 지시하는 것만이 기술되어 있다. 화시적 지시만이 소개된 정보를 기반으로 학습자들이 다른 두 층위의 문맥적 지시와 상념적 지시에서도 여전히 물리적 거리감을 염두에 두어 그 결과 '저' 계열의 지시어를 지속적으로 사용할 가능성이 있다.

제2언어로서 한국어 습득 연구에서 지시어의 의미 기능에 대한 연구는 아직 이루어지지 않았다. 물론 지시어가 연구 대상의 일부로 포함되거나(정소아, 2005), 한국어 교육에서 담화상의 응결장치를 다루어야 한다는 주장(안경화, 2001)은 있었으나 지시어가 언어맥락적 조건에 따라 다른 의미 기능을 가지고 학습자들의 이에 대한 습득을 관찰한 연구는 본격화되지 못했다.

한국어 이외의 언어들을 대상으로 한 제2언어 습득 연구에서는 지시어의 의미 기능에 중점을 둔 연구들을 적은 수로 찾을 수 있는데, 일부 지시 의미 기능들에 초점을 둔 것들이 대부분이었고 지시의 세 층위를 포괄적으로 다루어 중간언어 현상을 포착하고자 했던 연구는 찾기 어려웠다. 물론 제2언어로서의 한국어 습득 연구에서와 마찬가지로 지시어가 지시 표현의 일부로서 연구 대상 가운데 포함된 예는 Kim(2005)에서도 찾을 수 있으나 논의의 주된 관심이 지시표현 전반의 발달 단계와 그 순서에 대한 것이었기 때문에 영어 지시사 'this', 'that' 각각에 대한 학습자들의 의미 기능 습득상 발달 단계나 순서를 따진 것은 아니었다.

본 연구가 관심을 갖는 지시어의 의미 기능 습득을 본격적으로 다룬 연구는 적었으나 영어 지시사의 의미 기능 가운데 문맥적 지시에 대한 제2언어 학습자들의 습득에 대한 연구로 Mauranen(1993)과 Patch-Tyson(1996)의 연구들을 들 수 있다. Mauranen(1993)의 논의는 핀란드어를 모어로 하는 화자들을 대상으로 명사구 상위 단위 지시어 사용을 살핀 결과 영어 모어 화자에 비해 학습자들의 영어 지시어의 명사구 상위단위 조응 지시의 사용 빈도가 낮고 사용의 유형도 대명사로 한정되었음을 확인했다. 이에 뒤따른 Patch-Tyson(1996)은 유럽의 다양한 언어들을 모어로 하는 학습자들을 대상으로 한 학습자 말뭉치와 영어 모어 화자들의 말뭉치에 나타난 명사구 상위 지시어의 사용을 대조하여 Mauranen(1993)과 유사한 결과를 재확인했다.

한편 일본어 습득 연구에서 지시어의 의미 기능에 대한 논의로 Sakoda(1994)가 있는데, 지시의 각 층위들에서 지시어가 가지는 의미 기능을 연구했다. 이 연구는 학습자의 모어와 목표어 간 지시어 체계의 차이가 제2언어 일본어 지시어 습득에 어떠한 영향을 끼치는지 고찰했다. 그 결과 제2언어 지시어 습득에 작용하는 요인이 모어와 목표어 간의 유사점 혹은 차이점에만 있는 것이 아니라 학습자가 습득 과정에서 수립해 가는 가설에도 있다는 점을 발견했다. 이는 제2언어 지시어 습득에 작용하는 요인에 목표어와 모어의 차이 혹은 유사점만이 아니라 학습자의 중간 언어 가설도 있다는 점을 밝혔다는 데 의의가 있다.

제1언어 습득에서 지시어 습득에 대한 논의에는 유표성 제약과 관련된 것이 있다. 제1언어 지시어 습득에서 Clerk, H. H.(1973:47-48)은 한국어의 '여기'와 '거기'에 해당하는 영어 지시어 'here'와 'there' 가운데 분포상 무표적인 'there'가 먼저 습득됨을 지적한 바 있다. 유표성의 개념이 제2언어 한국어 지시어 습득에서 어떻게 작용할 수 있을지 본 연구에서 살펴볼 수 있을 것이다.

지금까지 제2언어 습득에서 형태-기능의 대응 구조는 언어맥락적 변이라는 측면에서 연구되는 것으로 이행되어 왔으나 주로 개별적인 형태들에 집중된 것이 대부분이었다. 본 연구가 고찰하고자 하는 것은 '이', '그', '저' 계열의 지시어들이 각 지시 층위 내에서 구조적인 관계를 가지고 있다는 것과 지시어가 사용되는 각

언어맥락에서 언어맥락적 변이로 보다 지시어의 기능-형태 대응 구조를 면밀히 살피는 것이다.

본 연구는 영어권 한국어 학습자의 지시어 사용 양상을 통해 학습자들의 지시어 의미 기능 습득을 살피기 위해 다음과 같이 연구 문제를 설정한다.

연구 문제 1. 학습자들의 지시어 사용은 한국어 모어 화자들의 지시어 사용과 어떠한 차이를 가지는가?
연구 문제 2. 학습자들의 지시어 사용에 숙달도 변인이 존재하는가?
연구 문제 3. 학습자들의 지시어 사용에 언어맥락적 변이가 존재하는가?

연구 문제 1은 지시어 의미 기능이 실현되는 다양한 언어맥락에서 한국어 학습자들과 한국어 모어 화자의 지시어 사용 양상을 비교 검토하기 위한 것이다. 연구 문제 2는 학습자들의 지시어 의미 기능 습득에서 학습자 언어의 시간에 따른 변화를 확인하기 위한 것이며 이를 기반으로 발달 단계를 확인하고자 한다. 연구 문제 3은 '이', '그', '저' 계열로 분화된 지시어가 가진 의미 기능 습득에서 학습자들의 지시어 사용을 통해 언어맥락적 변이가 존재하는지를 보기 위한 것이다. 연구 문제 3은 본 연구의 연구 문제 1과 2에 대한 추가적인 해석이 될 것이다. 학습자들의 지시어 사용과 한국어 모어 화자들의 지시어 사용에 나타나는 차이나, 숙달도를 달리하는 학습자 간 지시어 사용의 차이를 언어맥락별로 재정리해서 영어권 한국어 학습자들의 지시어 사용 양상에 언어맥락적 변이를 검토할 것이다.

## 2 한국어 지시의 분류와 지시어의 의미 기능

'지시'에 대한 개념 규정은 두 입장에서 이루어질 수 있다. '지시'를 '이', '그', '저'의 형태에 기반을 둔 지시어가 수행하는 기능으로 한정하는 것과 지시 대상을 대신하는 다양한 언어 표현들이 수행하는 기능으로 확장시켜 보는 것이다. 본 연구는 전자의 입장에서 '지시'를 보는데 다음과 같은 이유에서이다. '지시'를 '이', '그', '저' 형태에 기반을 둔 어휘 범주가 수행하는 기능으로 한정하는 것은 기존 국어학계에서 일반적으로 통용되어 오던 개념 규정이기도 하고, 본 연구가 관심을 가지는 것이 결국 다양한 의미 기능을 가진 '이' 계열의 지시어, '그' 계열의 지시어, '저' 계열의 지시어 사용을 학습자들이 어떻게 하고 있는지에 대한 것이기 때문이다. 본 연구에서 '지시'는 '이', '그', '저'를 기반으로 하는 어휘들이 개체, 전술 언급, 상념 등을 가리키는 기능을 가지는 것으로 보고, '지시어'는 지시의 의미 기능을 수행하며 '이', '그', '저'를 형태의 일부분으로 포함하는 어휘들로 한정한다.

지시어의 의미 기능에 대한 논의는 80년대 이후에 활발해졌다고 할 수 있는데 장경희(1980)는 지시어의 의미 기능을 지시의 전 층위에서 본격적으로 다룬 첫 연구라고 할 수 있다. 그 이전까지 지시어의 의미 기능을 화자 혹은 화·청자를 중심으로 지시 대상과의 거리에 의한 것에 국한하여 간략히 언급했던 것과 달리 장경희(1980)는 지시의 전 층위를 다루었는데, 지시를 '실재적 지시', '기호적 지시', '상념적 지시'와 같이 셋으로 나누었다.' 김일웅(1982)의 논의에서도 지시의 세 층위를 대상으로 지시 의미 기능을 정리하였으나 그 의미 기능들 간의 관계를 구조화하거나 범주화하려는 시도는 아직 없었다.

이후 대부분의 후속 논의들은 문맥적 지시를 대용 현상의 하나로 파악해 그 통사적 측면에 관심을 둔 논의가 대부분이었다. 서정수(1975), 김일웅(1981), 우형식(1986), 양명희(1998), 신지연(1998), 이기갑(1994) 등의 논의들은 지시어를 논의의 일부로 포함시키거나 전면적으로 다루되 그 중점은 통사적인 측면에 집중된 것이었다. 이들 논의에서는 '이', '그', '저' 등의 지시어를 기반으로 하는 3인칭 대명사와 재귀 대명사 '자기', 혹은 '이러하다', '그러하다', '저러하다'등의 지시 용언과 '하다'등의 대동사가 가지는 통사적 기능을 비교 대조하는 것이 일반적이었다. 이와 같은 통사적 층위에서의 관심은 개별 문장을 넘어선 담화 층위에서 기능을 수행하는 지시어의 의미 기능을 구체적으로 논할 수 없다는 한계를 가지므로 지시어 '이', '그', '저' 계열이 가지는 다양한 의미 기능에 대해 상세한 논의를 다루지 않았다.

이 외에 지시어가 가지는 형태적인 특성에 대한 고민도 있었다. 형태 통사적 논의 가운데는 지시어의 형태적 특성이나 품사 구분에 대한 것(도수희 1965, 장경희 2002)이 있고, 지시어와 결합하는 복수 접미사 '들'이나 혹은 축소적이고 경멸조의 '요/고/조'가 가지는 형태적 특성을 언급한 논의도(장석진 1985c:87) 있었다.

본 연구에서는 선행 연구들에서 반복적으로 확인되는 장경희(1980)의 지시 구분 틀을 따르되, 다만 각 지시를 가리키는 용어를 일부 변경하여 '화시적 지시', '문맥적 지시', '상념적 지시'로 사용한다. 이와 같은 구분은 지시 대상의 소재를 기준으로 삼은 것이다. 즉, 화·청자의 발화 공간에 물리적으로 존재하는 대상을 가리키는 것이 '화시적 지시'이고, 화·청자의 담화 내에서 전술 언급으로 존재하는 대상을 가리키는 것이 '문맥적 지시'이며, 화자의 상념 속에 존재하는 대상을 가리키는 것이 '상념적 지시'가 된다. 화시적 지시와 나머지 두 지시의 가장 큰 차이점은 화시적 지시에서는 지시 대상인 물리적 실체가 화·청자가 담화를 진행하고 있는 3차원의 발화 현장에 실재하므로 지시 대상은 가시적이어야 한다는 점이다.

화시적 지시와 문맥적 지시를 구분하는 큰 특징은 지시어 '저' 계열이 쓰일 수 있는지에 있다. 화시적 지시에서 '저' 계열의 지시어가 쓰일 수 있는 것은 물리적 실체로서 발화 현장에 존재하기 때문이다. 물리적 거리감에 의해 화자에게 가까운 것 즉 화자의 영역에 소재하는 것은 '이'로, 청자의 영역에 소재하는 것은 '그'로, 화·청자 영역 밖에 소재하는 것은 '저'로 지시하는데 이때 지시는 발화 현장에 물리적으로 존재하는 실체에 대한 지시이다.

그러나 화시적 지시와 달리 문맥적 지시에서는 화·청자 영역 밖에 소재하는 대상을 가리키는 데 쓰이는 '저' 계열의 지시어가 쓰이지 않는다. 문맥적 지시에서 지시 대상은 화자나 청자에 의해 전술 언급된 것으로 화자의 영역에 속하거나 청자의 영역에 속하는 것이기 때문에 화·청자에 의해 언어적으로 언급된 적이 없는 것에 대해서는 지시어를 사용할 수 없다. 문맥적 지시에서 만약 '저' 계열을 쓰게 된다면 '저'가 의미하는 바는 화·청자 영역 밖이라는 것인데 화·청자 영역 밖은 화·청자가 진행 중인 담화 밖을 의미하므로 담화에 한 번도 언급된 적이 없는 대상을 가리키는 것이 된다. 그러나 문맥적 지시에서 지시 대상은 전술 언급된 것이므로 이전에 한 번도 언급된 적이 없는 것은 문맥적 지시에서 지시 대상이 될 수가 없다.

### ■ 화시적 지시에서 지시어의 의미 기능

화시적 지시에서 지시어의 의미 기능은 화·청자의 영역이 대립되는 상황과 화·청자의 영역이 공유되는 상황으로 나누어 살펴 볼 수 있다. 먼저, 화·청자의 영역이 대립될 때 지시 대상이 속하는 영역에 대한 판단은 물리적 지시 대상에 대한 '물리적인 거리감에 의한 판단'과 '심리적인 거리감에 의한 판단'으로 이루어질 수 있다. 화시적 지시에서 화·청자의 영역이 대립할 경우, 지시 대상의 소재에 대한 심리적인 판단은 다시 두 가지로 나뉜다. 화자가 지시 대상에 대해 가지고 있는 '관계성'에 의한 것과 지시 대상의 물리적 소재가 시간을 두고 변화한 경우 그 '시간성'이 개입된 소재 파악을 심리적으로 파악하는 것 두 가지이다.

화시적 지시에서 지시 대상의 소재를 심리적으로 파악할 수 있는 경우들은 장경희(1980), 김일웅(1982) 등에서 공통적으로 언급되었다. 지시 대상의 소재에 대한 심리적 판단을 화자와의 관계에 대한 판단에 의한 것과 지시 대상의 소재 시간에 대한 심리적 판단의 순으로 살핀다. 먼저 관계에 의한 판단은 장경희(1980)에서 든 다음과 같은 예에서 찾을 수 있다.

(1) (청자에게) 저 놈이 미쳤나? 아, 글쎄, 이 놈아, 왜 그걸 가지고 가니?

(1)은 지시 대상인 '청자'가 속하는 영역(장경희(1980)에서는 '원근개념')에 대한 판단이 화자의 심리상태에 따라 달라질 수 있음을 보인 예이다. 지시 대상이 되는 청자는 물리적으로 화자의 말소리가 들릴 거리에 있으므로 화자와 청자의 영역 안에 소재한다고 할 수 있다. 그러나 지시 대상인 청자에게 분노한 화자가 자신의 심리적 거리감을 드러내기 위해 '저'로 청자를 지시하고 있는데 여기서 주목할 것은 결국 지시 대상이 되는 인물을 물리적이 아닌 심리적으로 그 소속 영역을 판단할 수 있다는 것이다.

다음은 지시 대상의 소재 판단에 시간성이 개입하는 경우이다. 먼저 지시 대상이 구상물이고 그 물리적 소재에 변동이 있는 경우는 화·청자를 중심으로 하여 발화 현장의 한 영역에 소재한다. 먼저 발화시 이전에 화자의 영역에 물리적으로 소재했던 대상이 발화시에 이동한 경우를 살펴보자.

(2) (옆 테이블에 있다가 식당 밖으로 나가는 여자에 대해서 이야기하는 상황)
    A: {a.이, b.저} 여자 민희 닮았지?
    B: 글쎄, 민희가 훨씬 예쁘지 않아?

(2)는 발화시 이전의 지시 대상의 소재가 화자 영역이었으나 발화시에서는 지시 대상의 물리적 소재에 변동이 생긴 경우이다. 있다. (2a)의 사용은 발화시 이전을 기준으로 하여 소재에 의해 지시 대상을 가리키고 있는 예들이고 (2b)는 발화시를 기준으로 하여 지시 대상을 가리키고 있다.

한편, 다음의 예는 지시 대상이 구상물이 아닌 바, 지시어 사용에 시간성이 개재하나 그 소재를 화·청자를 중심으로 한 영역 대립 구도 속에서 정하기 어려운 경우이다.

(3) (라디오를 끄고 나서 곧) 방금 {a.이, b.그} 노래 제목이 뭐야?

(3a)의 예도 발화시 이전에 존재했던 지시 대상이 발화시에는 이미 더 이상 존재하지 않을 때 화자가 발화시 직전의 존재를 기준으로 지시어 사용을 하는 경우이다. 물론 (3b)의 '그'는 화·청자가 상념으로 공유하는 지시 대상이되 발화시에 부재하므로 상념적 지시의 예가 되겠다. (3)의 예에서처럼 지시 대상이 비구상물일 경우, 그 소재를 가시적으로 판단할 수 없고 따라서 화자의 영역 혹은 청자의 영역에 속한다고 볼 수 없다. 그렇다고 화·청자가 공유하는 영역에 속한다고도 할 수 없는데, 물리적으로 화·청자의 영역 밖 공간에 지시 대상의 소재 혹은 출처를 두는 비구상물에 대해서도 '이'로 지시가 가능하기 때문이다.

화시적 지시에서 화·청자 영역이 공유되는 상황에서 의미기능은 어떠할까? 먼저 화시적 지시에서 화·청자의 영역이 공유되는 경우가 있는지 점검한 후 이때 어떠한 의미 기능이 있는지를 점검할 수 있을 것이지만, 결론을 먼저 말하자면 화시적 지시에서 화자와 청자의 영역이 공유되는 경우는 없다고 본다. 본 연구는 그 이유를 화시적 지시에서 지시 대상의 소재가 비록 주관적으로 파악되더라도 물리적으로 분명하기 때문이라고 본다.

분포적 유표성에 의하면 대립적인 두 개의 항이 하나로 중화될 때 쓰이는 것이 무표항이 된다. 문맥적 지시와 상념적 지시의 경우 지시 대상의 소재에 대한 화·청자 영역 공유 즉 화자와 청자의 영역 대립이 이루어지는 상황에서 '그'가 쓰였다. 따라서 화시적 지시에서도 분포적 유표성에 의해 만약 화·청자의 영역이 공유에 쓰일 지시어를 선택한다면 형태상 '그'가 사용되는 것이 다른 두 지시 층위와의 관계를 고려할 때 일관성 있다. 그러나 화시적 지시에서 화·청자 영역 공유에 '그'가 쓰인다고 할 수 없다. 화시적 지시에서 화·청자가 함께 하는 공간이나 화·청자로부터 공히 가까이 있는 지시 대상에 대한 지시 상황을 화·청자 영역 공유로 상정한다고 해도 '그'가 아닌 '이'가 사용되기 때문이다.

따라서 문맥적 지시 및 상념적 지시와의 일관성 측면에서 화시적 지시에 화·청자 영역 공유가 존재한다고 보기 어렵다. 본 연구에서는 화시적 지시에서는 화·청자 영역 공유가 존재하지 않으며 화자의 영역이 확대된 것이거나 지시 대상의 물리적 소재를 화자를 중심으로 판단한 것이라고 본다.

본 연구는 화시적 지시에서 의미상 유표적인 의미 기능인 화·청자를 중심으로 한 대상의 물리적 소재 지시가 문맥적 지시와 상념적 지시의 다른 두 층위를 도출해 내는 기본이 된다고 본다. 화시적 지시에서 의미 기능들은 다음 <표 1>과 같다. (아래 표에서 '화①'와 같은 구분 표시는 추후 본 연구의 실험 문항으로 구성할 항목들이다).

〈표 1〉 화시적 지시에서 실험 항목으로 구성할 의미 기능

| 지시어 선택 | 지시 대상의 소재 판단 | | 계열 | 구분 | |
|---|---|---|---|---|---|
| | 물리적 | 심리적 | | | |
| A 물리적 판단 | 화자 영역 | · | 이 | 화① | |
| | 청자 영역 | · | 그 | 화② | |
| | 화·청자영역 밖 | · | 저 | 화③ | |
| B 물리적· 심리적 판단 교차 | 화자 영역 | 심리적 화자 영역 | 이/이* | | 관계성 |
| | | 심리적 청자 영역 | 이/그 | | |
| | | 심리적 화·청자 영역 밖 | 이/저 | 화④ | |
| | 청자 영역 | 심리적 화자 영역 | 그/이 | 화⑤ | |
| | | 심리적 청자 영역 | 그/그* | | |
| | | 심리적 화·청자 영역 밖 | 그/저 | | |
| | 화·청자 영역 밖 | 심리적 화자 영역 | 저/이 | 화⑥ | |
| | | 심리적 청자 영역 | 저/그 | | |
| | | 심리적 화·청자 영역 밖 | 저/저* | | |
| C 시간에 따른 물리적 판단 | 화자 영역 | 발화시 직전 화자 영역 | 이/이* | | 시간성 (구상물) |
| | | 발화시 직전 청자 영역 | 이/그 | | |

| 교차 | 청자 영역 | 발화시 직전 화·청자 영역 밖 | 이/저 | | |
| | | 발화시 직전 화자 영역 | 그/이 | | |
| | | 발화시 직전 청자 영역 | 그/그* | | |
| | | 발화시 직전 화·청자 영역 밖 | 그/저 | | |
| | 화·청자 영역 밖 | 발화시 직전 화자 영역 | 저/이 | 화[7] | |
| | | 발화시 직전 청자 영역 | 저/그 | | |
| | | 발화시 직전 화·청자영역 밖 | 저/저* | | |
| D<br>시간에 따른<br>물리적 판단<br>교차 | 존재 | 발화시 이전 존재 | 이/이 | | 시간성<br>(비구상물) |
| | 부재 | 발화시 이전 존재 | 그/이 | 화[8] | |

■ **문맥적 지시에서 지시어의 의미 기능**

문맥적 지시에서도 화시적 지시에서와 마찬가지로 화·청자 영역이 대립되는 상황과 화·청자 영역이 공유되는 상황으로 나누어 지시어의 의미 기능을 살펴보도록 한다. 먼저, 문맥적 지시에서 지시 대상인 전술 언급이 속하는 화자의 영역과 청자의 영역이 대립되는 상황을 살펴보도록 한다. 이는 화시적 지시에서 지시 대상이 물리적으로 '소재'하는 '물리적 공간상' 영역과는 달리 '문맥상'의 영역이 화자와 청자를 중심으로 나뉘는 것을 말한다. 문맥적 지시에서 '화·청자의 영역 대립'이 드러나는 경우는 전술 언급을 지시한다는 기본적인 기능 이외에 부가적으로 전술 언급의 주체를 강조해야 하는 상황과 화자가 지시 대상에 대한 정보상 우위를 가지고 있음을 주장하거나 혹은 청자가 그러함을 인정하는 상황이라고 하겠다.

화자의 입장에서 자신에 속하는 지시 대상은 화자에 의해 발화된 전술 언급과 지시 대상에 대한 정보 보유 측면에서 청자에 비해 자신이 우위에 있는 전술 언급이 될 것이다. 화자가 판단하기에 청자의 영역에 속하는 지시 대상은 청자에 의해 발화된 전술 언급과 지시 대상에 대한 정보 보유 측면에서 화자 자신보다 청자가 우위가 있다는 것은 인정하게 되는 전술 언급이 될 것이다.

'전술 언급의 주체 표시' 가운데, 청자에 의해 전술 언급된 것은 '그'로 지시한다는 것은 (1980), 김일웅(1982), 장석진(1985c) 등에서 공통적으로 언급되었으며 특히 화자와 청자의 순서교대가 이루어지고 화자의 순서에서 청자가 전술 언급한 지시 대상을 언급해야 하는 상황에서는 거의 예외 없이 지켜진다. 구체적인 예를 장경희(1982:172, (29)번 예문)에서 들면 다음(4)와 같다.

(4) A: 너 어제 책 샀다며? 좀 보여 줄래?
　　B: {a.*이, b.그}건 벌써 영희가 가져갔어.

청자가 전술한 대상인 '책'을 '그건'으로 언급한 경우인데 '그'만이 쓰인다고 하고 '이'로 대치될 수 없다고 했다. 그런데 화자에 의한 전술 언급은 '이'가 '그'로도 대치되는 것이 자연스럽다.

(5) 나 어제 책을 하나 샀는데 {a.이걸, b.그걸} 지하철에 놓고 내렸어.

청자의 전술 언급은 화자가 '그' 계열로 받아 지시해야 하는 반면에 (5)에서와 같이 화자 자신의 전술 언급은 '이'나 '그' 중 어떤 것이라도 문제되지 않는다. 물론 담화의 성격에 따라서 라디오 뉴스, 연설문과 같이 대중을 대상으로 한 대중성을 갖는 담화에서는 화자의 전술 언급을 지시하는 데 '이'가 지배적으로 쓰이고 개인적 담화에서는 주제가 되고 있는 대상에 대해서 '그'가 쓰이는 것이 일반적이라는 지적이 있었듯이(장경희 1982:171-172), '전술 언급의 주체 표시'라는 측면에서는 화자의 전술 언급을 표시하기 위해서 지시어 '이'가 굳이 쓰이지는 않는 것 같다. 따라서 청자의 전술 언급만 '그'로 별도로 표시된다고 할 수 있다.

'전술 언급에 대한 정보상 우위 표시'는 다음과 같이 나뉜다. 전술 언급에 대해 화자가 우위를 주장하는 경우는 '이' 계열 지시어가 쓰이고, 청자의 우위를 화자가 인정하는 경우는 '그' 계열 지시어가 쓰일 수 있다. 즉, 담화에서 어떤 지시 대상은 정보 전달과 수용의 대상이 되는데, 화자가 '이'를 사용함으로 해서 이야기와 대상에 대한 화자의 지식의 우위를 주장하는 한편, 이야기의 수용자는 '그'를 사용해 화자의 이러한 지시 대상에 대한 정보 상의 우위를 인정하는 것이다. 따라서 '이'와 '그'는 의도하는 지시 대상에 대한 화자와 청자의 권한 즉 영역에서 차별화된다고 할 수 있으며 화시적 지시에서 지시 대상의 물리적 소재에 따라 화자와 청자의 영역이 대립되었던 것과 같은 구도라고 할 수 있다.

다음으로 살펴볼 문맥적 지시에서 '화·청자의 영역 공유'는 문맥상 지시 대상이 속하는 영역이 화자와 청자의 것으로 구분되어 있지 않은 경우를 말한다. 문맥적 지시에서 굳이 화자의 영역과 청자의 영역에 대한 구분이 필요하지 않은 경우는 지시어를 통해 수행하고자 하는 기능이 전술 언급에 대한 지시라는 기본적인 것일 때와 화·청자를 구분하는 것 외에 '현장감 부여', '주제 표시', 두 개 이상의 지시 대상이 한 문맥에 출현할 때 이들 '지시 대상에 대한 구분' 등의 별도의 효과를 노릴 때이다. 화·청자의 영역이 공유되는 상황에서 지시어의 사용은 전술 언급을 지시한다는 측면에서 '조응'이라고 하겠고 먼저 지시어가 '전술 언급 지시'라는 기본적인 기능을 수행할 경우를 '일반 조응' 그리고 '조응'에 별도의 의미 기능을 지시어를 통해 실현하고자 할 때는 '효과 조응'으로 구분해 볼 수 있다.

문맥적 지시에서 '전술 언급 지시'라는 기본적 의미 기능의 수행이 어떤 지시어에 의해 이루어지는지에 대한 입장은 다르다. 장경희(1980)는 '전술 언급 지시'는 '이' 계열 혹은 '그' 계열에 의해 임의적으로 선택된다고 보는 반면, 장석진(1985c:95-96)은 '그' 계열이 '무표로 일반성 있게 쓰이고, '이' 계열은 제약을 가지고 특수하게 쓰인다'고 보는 입장이다. 김일웅(1980:81-82)도 '말할이가 특별히 지시 대상을 가깝게 표현하려는 의도가 없으면 보통 '그'로 명시화된다'고 한 바 있어 장석진(1985c)과 같은 입장에 서 있다.

다음은 지시어의 분화를 통해 문맥상 효과를 얻게 되는 경우들을 살피도록 한다. 먼저 지시어의 분화가 '지시 대상 구분'의 기능을 갖는 경우는 Oh(2002)에서 언급되었다. Oh(2002)는 담화에 등장하는 인물들에 대한 구분이 쉽지 않을 때, 이를 구분하기 위해서 인물들을 '이'와 '그'로 나누어 구분하는 것이다. 이때, 주요 인물에 대해서는 '이'를, 보조인물에 대해서는 '그'를 사용한다는 것이었다.

문맥적 지시 가운데 '주제 표시'는 장경희(1982:176)에서 지시 대상이 담화의 주제가 되어 있는 경우에 화자, 청자 모두 '이'로 지시하기도 한다는 것이다. 화청자가 공유하는 주제에 대해서 '그' 대신 '이'를 쓸 때는 현재 진행 중인 담화에서 주제로 언급되고 있는 대상이라는 점을 부각시키는 것으로 생각할 수 있다. 즉 무표적인 '그'에 비해 현재 진행 중인 담화 속에서 주제가 된다는 의미를 유표적으로 가지고 있는 것이라고 하겠다.

마지막으로 '효과 조응' 중 '현장감 부여'는 장석진(1985c)의 논의에서 찾을 수 있다. 장석진(1985c:95-96)은 '선행사를 반복해서 조응하는 데는 지정사 없이 반복하는 것이 보통이지만, 그 지시체를 강조하거나 대조할 때는 지정사를 붙인다'고 했는데, '그' 계열이 무표로 일반성 있게 쓰이고, '이' 계열은 선행한 문맥의 사건시에 화자의 참조시를 맞추어 그 안의 개체에 조응하는 기능을 갖는다고 했다. 이는 장경희(1985)에서 주제에 '이' 계열이 쓰인다고 주장된 바에 그치지 않고 시간성과 관련하여 '이' 계열의 용도를 설명하고자 한 것이다. 화자가 '이'를 사용해 과거 사태에 속하는 지시 대상에 현장감을 부여하는 것이라고 했는데, 이 또한 화시적인 지시에서의 기본 원리가 통하고 있다고 할 수 있다.

지금까지 문맥적 지시에서 의미 기능들을 화·청자 영역 공유와 대립을 중심으로 살펴보았고 그 결과는 <표 2>와 같다.

〈표 2〉 문맥적 지시의 의미 기능

| | 지시 대상의 소속 및 성격 | | 의미 기능 | 계열 | 구분 | |
|---|---|---|---|---|---|---|
| | 조응 | 효과 | | | | |
| 화·청자 영역 공유 | A. 일반 조응 | | 전술 언급 지시 | 그 | 문1 | |
| | 조응 | 지시 대상 구분 | 주요한 것(사물, 인물) | 이 | 문2 | B. 효과 조응 |
| | | | 보조적인 것(사물, 인물) | 그 | 문3 | |
| | 조응 | 주제 표시 | 주제 | 이 | 문4 | |
| | | | 주제로 이동 | 이 | 문5 | |
| | | | 주제에서 이탈 | 그 | 문6 | |
| | 조응 | 현장감 | 현장감 부여 있음 | 이 | 문7 | |
| | | | 현장감 부여 없음 | 그 | 문8 | |
| 화·청자 영역 대립 | 조응 | 화자 영역 | 화자가 전술 언급의 주체 | 이 | 문9 | C. 화·청자의 정보상 우위 및 전술 언급의 주체 |
| | | | 화자의 전술 언급에 대한 정보 상 우위 주장 | 이 | 문10 | |
| | 조응 | 청자 영역 | 청자가 전술 언급의 주체 | 그 | 문11 | |
| | | | 화자가 전술 언급에 대한 청자의 정보 상 우위 인정 | 그 | 문12 | |

### ■ 상념적 지시에서 지시어의 의미 기능

상념적 지시에서 화·청자 영역의 대립과 공유 영역은 이전 화시적 지시나 문맥적 지시처럼 명확하지는 않다. 상념적 지시에서 지시 대상의 소속 영역을 화자 영역으로 정할 수 있는 언어맥락에서는 '이' 계열 지시어가 쓰인다. 그러나 상념적 지시에서 '화자의 영역'이 강조되기는 하나 이에 대립하는 청자의 영역이 별도로 존재하지 않는다.

상념적 지시의 화·청자 영역 대립에서 청자만의 영역은 없는 것은 '상념'이라는 것이 화자의 정신적인 영역을 전제로 하는 것이기 때문이다. 청자만이 가지고 있는 상념이라면 화자가 알 수 없는 것이므로 화자가 상념의 내용으로서 지시할 수 없다.

한편, 화·청자 공유 영역에서 쓰이는 지시어에 '그' 외에 '이'나 '저'가 포함되지 않는다. 장경희(1980:177-178)는 다음 예문을 들어 화·청자가 지시 대상에 정보를 공유하고 있을 때는 '그'만이 쓰일 수 있고 화자만이 가지고 있는 정보에 대해서는 '이' 계열이나 '저' 계열도 가능함을 보여 화·청자 공유 영역에 속하는 지시 대상에 대해서 '저'가 쓰이는 것을 인정하지 않는다.

(6) A: 우리 장소를 빨리 정해야 할 텐데.

   B-a: 거기가 어떨까?

   -b: 여기가 어떨까?

   -c: 저기가 어떨까?

(7) A: 우리 장소를 빨리 정해야 할 텐데.

   B-a: 어제 너랑 갔던 거기가 어떨까?

   -b: 어제 너랑 갔던 *여기가 어떨까?

   -c: 어제 너랑 갔던 *저기가 어떨까?

(6B-b), (6B-c)의 예는 화자가 지시 대상에 대해 정보를 가지고 있는 예이고, (6B-a)는 지시 대상이 되는 상념이 화·청자의 공유 정보일 때이다. 그러나 (7)의 경우처럼 화·청자의 공유 정보임이 확연한 상황에서는 (7B-a)만이 가능함을 들어 '이'나 '저' 사용이 가능하지 않다고 했다. 위의 예는 '저'가 화·청자의 공유 영역에 쓰일 수 없을 뿐만 아니라 오히려 화자만의 상념을 지시할 때 쓰이는 것으로

기술하고 있어서 '저'에 대한 입장을 정하는 것은 쉽지 않다.

상념적 지시는 화자의 기억으로부터 회상되는 무언가를 지시하거나 적절한 어휘를 찾지 못하겠으나 마음속에 있는 뭔가를 가리키기 위해 사용될 수 있고, '이'는 지시 대상의 소재가 화자의 상념에 속해 있음을 드러내고, '그'는 화·청자의 공유 영역에 속하는 지시 대상에 쓰이거나 화자의 상념상 지시 대상이 속해 있음을 부각시킬 필요가 없는 상황에서 쓰인다고 본다.

〈표 3〉 상념적 지시 의미 기능 일람표

| 지시 대상의 소재 판단 | | 의미 기능 | 계열 | 구분 |
|---|---|---|---|---|
| 화자 영역 공유 영역 | | 상념 | 그 | 상① |
| 화·청자 영역 대립 | 화자 영역 | 화자만의 상념 | 이 | 상② |
| | 청자 영역 | · | · | |

상념적 지시에서 지시 의미 기능의 구조는 위 <표 3>과 같이 간략하다. 이들 지시 의미 간 유표적인 것은 화·청자 영역 대립이 이루어질 때로 보는데 지시 대상이 '상념'이라는 것 외에 정보의 소재가 화자의 영역인지를 고려해야 하기 때문이다. 그리고 상념적 지시에서 분포상의 유표성은 지시어의 형태상 유표성이라는 점과도 맞물리는데 화·청자의 영역에 속하는 분포상 유표적인 지시 의미 기능은 형태상 유표적인 '이' 계열로 표현된다는 점에서도 그러하다.

지금까지 한국어 지시어가 가지는 의미 기능들을 지시의 세 층위 즉 화시적 지시, 문맥적 지시, 상념적 지시로 나누어 살펴보았다. 각 층위에서 공통적으로 확인할 수 있었던 것은 화자의 영역에 속하는 것은 '이' 계열의 지시어로, 청자의 영역에 속하는 것은 '그' 계열의 지시어로 지시한다는 것이다. 화시적 지시에서 화·청자를 중심으로 한 물리적 영역 구분이 문맥적 지시와 상념적 지시에서는 담화 상의 영역 구분과 상념상의 영역 구분으로 추상화될 뿐 화·청자를 중심으로 한 영역 구분은 세 층위에서 반복된다고 본다.

한편 각 지시 층위에서 의미상 가장 기본이 되는 것들을 의미상 무표적인 의미 기능들로 분류했다. 화시적 지시에서 무표적인 의미 기능은 발화 현장에 존재하는 물리적 실체인 '인물, 사물 및 장소에 대한 지시'이며, 문맥적 지시에서는 '전술 언급에 대한 지시'이다. 그리고 상념적 지시에서는 '상념에 대한 지시'가 의미상 무표적인 것이 된다. 이들 무표적인 의미 기능에 부가되는 다양한 의미 기능들을 의미상 유표적인 의미 기능들로 구분하였다.

## ③ 연구를 위한 최적의 방법

본 연구는 영어권 한국어 학습자들의 지시어 의미 기능 습득을 연구하기 위하여 예비 실험[1])에서 피험자들의 지시어 생산과 선택을 관찰하였으며 그 결과 실험 도구를 '다지 선택 시험'과 '사고 구술'로 결정하고 다지 선택 시험과 변형된 사고 구술을 하나로 묶은 설문지의 내용과 형식을 수정 보완하여 본 실험에 임하였다.

---

1) 예비 실험은 학습자들의 지시어 의미 기능의 사용 양상을 살피기 위한 적절하고 효율적인 실험 도구를 결정하고 실험 도구의 내용 및 형식을 마련하기 위한 것이었다. 시행 기간은 총 5개월로 2005년 12월부터 2006년 4월 중순까지였는데 피험자에 대한 실험과 더불어 이를 실험 도구로 반영하는 시간까지를 모두 포함한 것이다. 2006년 4월에 2차 예비 실험의 성격을 갖는 실험에서는 한국어 모어 화자 6명과 중급 3명, 고급 4명의 학습자들을 대상으로 했으며 완성된 다지 선택 시험지를 내용적인 측면에서 재점검하기 위한 것이었다.

## ■ 연구 참여자

한국어 학습자들의 한국어 지시어 사용 양상을 한국어 모어 화자와 비교하고, 학습자의 숙달도에 따라 지시어 사용에서도 차이가 보이는지를 확인하기 위해 실험 집단은 크게 한국어 모어 화자 집단과 학습자 집단으로 둘로 나누었고, 학습자 집단은 숙달도에 따라 중급과 고급으로 나누어 구성하였다.

한국어 모어 집단은 본 연구에서 정리된 지시어의 의미 기능이 실제 사용과 동일한지를 검증하기 위해 구성되었다. 한국어 모어 집단은 서울에 거주하는 20, 30대(평균 연령 27.9세)의 성인들로, 남성 9명, 여성 21명 총 30명이었다. 20대, 30대는 사회언어학적으로 한국어의 지시어 사용을 검토하는 데 한국어 모어 화자의 대표가 될 수 있는 집단으로 판단하였다.

연구 참여자들 가운데 학습자 집단은 서울 소재 한국어 교육 기관에서 한국어를 학습하고 있는 20대, 30대(평균 연령 26세)의 남녀 성인들로, 남성 19명, 여성 22명 총 41명이었다. 참여자들은 한국어 교육 기관의 중급과 고급 학습자들을 대상으로 모집하여 구성한 후 구두 숙달도 면접(OPI)으로 다시 숙달도 판정을 실시해 본 실험의 변인 가운데 하나인 숙달도를 객관화하고자 했다. 이 가운데 한국어 학습자들을 예비 실험에서와 달리 한국에 거주하면서 한국 교육 기관에 재학 중인 영어권 학습자들로 한정했다. 예비 실험에서는 미국 내 소재한 대학교에서 한국어를 학습하고 있는 이들을 연구 참여자로 삼았었는데 이들의 교실 밖에서 한국어 사용 환경이 극히 제한되어서 자연스러운 한국어 담화 상황에 놓일 기회가 적었고 한국어 모어 화자들의 지시어 사용이 교사 담화라는 특수한 환경으로 한정되는 것이 대부분이었기 때문이다.

본 실험의 연구 참여자는 최종적으로 한국어 모어 화자 집단 남·여 30명과 한국어 학습자 집단 41명으로 구성되어 있으며 학습자 집단은 숙달도에 따라 다시 중급 학습자 20명과 고급 학습자 21명으로 구성했다.

## ■ 실험 도구

본 연구의 실험 도구는 담화 상황에 적절한 지시어를 제시한 보기 가운데서 선택하도록 한 다지 선다형 문항 37개로 구성되어 있으며 각 지시어 선택의 이유를 추가적으로 기술하도록 설계했다. 본 실험에서 사용한 설문지의 구성은 (1) 실험 안내, (2) 37개의 문항으로 구성된 23장의 질문지, (3) 인구통계학적 정보 및 연락처 기입으로 이루어져 있고 한국어 모어 화자들을 위한 한국어판과 영어권 한국어 학습자들을 위한 영어판으로 나누어 제작하였다. 한국어판과 영어판 설문지의 구조는 설문지의 구성상 인구통계학적 정보 및 연락처 기입란의 요청 정보 면에서 차이가 있는 것을 제외하면 전체적인 내용적 구성은 동일하다.

실험 안내는 다음과 같다. 'a.실험의 목적'에서는 이 연구의 목적이 지시어 사용을 살피기 위한 것으로 연구 참여자들의 언어 능력을 평가하는 것을 목적으로 하지 않음을 명시했다. 'b.설문 응답 방법'은 설문지의 각 질문지들을 읽는 순서와 문항에 답을 기입하는 방법, 지시어 선택의 이유를 제시하도록 한 요청문으로 구성되어 있다. '질문지를 읽는 순서'에서는 한국어 담화를 먼저 읽고 나서 담화에 대한 설명을 나중에 읽도록 했는데 영어판 설문지에 답변하는 한국어 학습자들이 본 실험이 모어가 아닌 한국어에서의 지시어 사용을 묻는 것임을 주지하면서 영어로 된 담화 상황에 대한 설명을 참고하도록 하기 위한 것이었다. 문항에 답을 기입하는 방법에서는 제시된 보기 가운데 문항별로 적절한 지시어를 선택해 넣거나 혹은 연구 참여자가 더 적절할 것으로 생각되는 말을 써 넣도록 안내했으며 문항의 빈칸에 지시어나 다른 말이 필요하지 않다면 'X'로 표시하도록 했다. 그리고 지시어 선택의 이유를 항목별로 적어줄 것을 요청했으며 이는 질문지에서 지시문으로 다시 제시된다.

본 실험 설문지 가운데 한 장의 질문지를 제시하면 다음 <그림 1>과 같다.

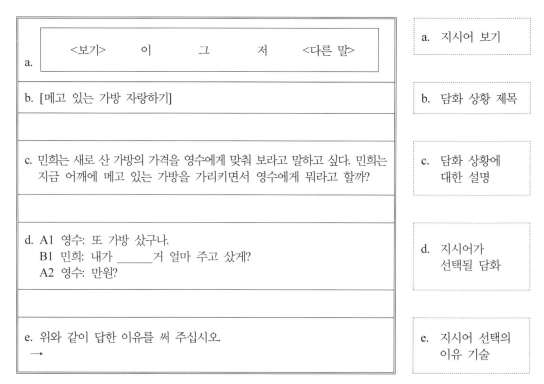

| a. | <보기> 이 그 저 <다른 말> | a. 지시어 보기 |
|---|---|---|
| b. | [메고 있는 가방 자랑하기] | b. 담화 상황 제목 |
| c. | 민희는 새로 산 가방의 가격을 영수에게 맞춰 보라고 말하고 싶다. 민희는 지금 어깨에 메고 있는 가방을 가리키면서 영수에게 뭐라고 할까? | c. 담화 상황에 대한 설명 |
| d. | A1 영수: 또 가방 샀구나.<br>B1 민희: 내가 _____거 얼마 주고 샀게?<br>A2 영수: 만원? | d. 지시어가 선택될 담화 |
| e. | 위와 같이 답한 이유를 써 주십시오.<br>→ | e. 지시어 선택의 이유 기술 |

〈그림 1〉 담화별 질문지의 구조

각 질문지는 'a.지시어 보기', 'b.담화 상황 제목', 'c.담화 상황에 대한 설명', 'd. 지시어가 선택될 담화', 'e.지시어 선택의 이유 기술 요청문'으로 구성되어 있다. 화시적 지시의 경우는 지시 대상과 화·청자 사이의 거리감을 보이는 그림을 제시할 수도 있었으나 문맥적, 상념적 지시와의 형평성을 고려해서 문자 언어적 설명 이외에 다른 수단을 사용하지 않았다.

'a.지시어의 보기'에는 다섯 개의 선택항이 있어 담화의 빈칸에 그 내용을 적어 넣도록 했다. 'b.담화 상황 제목'은 담화 상황을 쉽게 파악할 수 있도록 'c.[메고 있는 가방 자랑하기]'와 같이 명사구의 형태로 간략히 제공하되 지시 대상을 포함시켜 구성했다. 'c.담화 상황에 대한 설명'은 '①담화 참여자'와 '②담화의 내용'

및 '③지시 대상 관련 정보', '④지시어가 사용되는 화자의 대화 순서 turn taking에 주목하도록 한 질문'으로 구성되었다. '③지시 대상 관련 정보'를 통해 문항이 의도하는 의미 기능을 부각시키고자 했는데, 문항이 화시적 지시에서의 지시어 사용을 묻는 경우는 지시 대상의 소재 정보를 밝히고, 문맥적 지시에서의 지시어 사용을 묻는 경우는 화·청자의 담화가 지시 대상에 대한 것임을 밝히거나 담화 내용을 요약해서 소개할 때 화·청자의 담화 속에서 지시 대상이 거론되고 있음을 기술했다. 또, 문항이 상념적 지시에서의 지시어 사용을 묻는 경우는 담화에서 지시 대상은 화자의 상념이며 화자가 이를 탐색하는 과정에서 지시어를 포함한 화자의 발화가 이루어졌음을 밝혔다.

'd.지시어가 사용될 담화'는 대화 참여자들의 두 차례 이상의 순서 교대로 구성된 대화로 대화 참여자와 그 대화 순서를 'A, B'와 숫자로 구분해 표시했으며 지시어가 들어갈 자리를 빈칸으로 남겨 두어 연구 참여자들이 제시된 지시어들과 '<다른 말>'이나 지시어 필요 없음 표시 'X' 가운데 적절한 것을 선택해 써 넣도록 했다. 'e.지시어 선택의 이유 기술 요청문'은 연구 참여자들의 지시어 선택의 이유를 알아보기 위한 것인데 연구 참여자들의 모어로 적도록 했다.

'(3)인구통계학적 정보 및 연락처 기입란'은 연구 참여자들의 지시어 사용에 변수로 작용할 수 있는 요인들을 점검하기 위한 것이다. 영어판 설문지에 는 한국어판 설문지와 달리 'c.한국 거주 기간', 'd.연구 참여자의 가족적 출신 배경', 'e.제2언어 학습 경로', 'f.한국어 학습 방법'등을 포함하고 있다.

실험의 대상이 되는 의미 기능들은 화시적, 문맥적, 상념적 지시의 각 층위들로 나누어진다. 또한 지시의 층위 간 영향 관계를 살필 수 있도록 문맥적 지시에서 지시 대상의 의미적 내용을 사람, 사물, 장소와 같은 구체적인 것뿐만 아니라, 사건, 명제, 사실 등의 추상적인 대상으로 나누어 포함시켰다.

화시적 지시의 설문 문항은 총 16개이며 지시 대상의 소재 판단을 담화 참여자와 지시 대상과의 물리적인 거리감에 의해 내리는 경우(A)와 물리적인 거리감과 더불어 지시 대상과 화자 간의 관계성(B)이나 시간성(C, D)과 같은 심리적인 요인들에 의해 이루어질 수 있는 경우들로 나누어 설문 담화를 구성하였는데 지시어가 쓰이게 되는 명사구를 중심으로 그 구성을 보이면 다음 <표 4>와 같다.

〈표 4〉 화시적 지시에서 설문지 문항의 구성

| 지시 대상의 소재에 대한 판단 | 지시 대상의 소재 및 성격 | 실험 항목 | 설문지 문항 | 설문지 담화 상황 |
|---|---|---|---|---|
| A<br>물리적 | 화자 영역 | 화①① | 1 | 화자 가방 |
| | | | 3 | 식당 |
| | | | 4 | 식당 |
| | | 화⑩ | 36 | 화·청자 가운데 놓인 문 |
| | 청자 영역 | 화② | 8 | 청자 가까운 가방 |
| | 화·청자 영역 밖 | 화③ | 5 | 먼 CD |
| | 화·청자 영역 밖 인접 영역 | 화⑨ | 7 | 비가시적인 개 |
| B 물리적 심리적<br>(관계성) | 물리적 화자 영역<br>심리적 화·청자 밖 영역 | 화④ | 23 | 옆에 앉은 미운 친구 |
| | 물리적 청자 영역<br>심리적 화자 영역 | 화⑤ | 12 | 청자 옆 화자의 아이 |
| | 물리적 화·청자 영역 밖,<br>심리적 화자 영역 | 화⑥ | 16 | 먼 무대에 있는 화자의 아이 |
| | | | 17 | 먼 무대에 있는 화자의 아이 |
| C 물리적 심리적<br>(시간성-구상물) | 발화시 현재 화·청자 영역 밖<br>발화시 직전 화자 영역 | 화⑦ | 26 | (심리적 화자 영역)<br>멀리 있는 약혼자 |
| | | | 11 | (심리적 화자 영역 밖)<br>멀리 있는 어떤 여자 |
| D 물리적 심리적<br>(시간성-비구상물) | 발화시 현재 부재<br>발화시 직전 존재 | 화⑧ | 18 | 방금 끝난 영화 |
| | | | 19 | 방금 끝난 영화 |
| | | | 35 | 방금 끝난 노래 |

문맥적 지시의 설문지 실험 문항들은 총 17개로 문맥적 지시는 화·청자 영역 공유와 화·청자 영역 대립의 경우로 나누어 실험 결과 연구 참여자들의 지시어 선택에 분포적 유표성이 작용되는지를 본다. 화·청자 영역 공유는 전술 언급에 대한 지시라는 기본적인 의미 기능만을 가지는 A 일반 조응과 지시어 선택에 의해 현장감 부여, 주제 표시, 지시 대상 구분과 같은 기능을 수행하게 되는 B 효과 조응으로 구분하여 살핀다. 이는 의미상 유표성에 따라 지시어 사용에 차이가 있는지를 검토하기 위한 것이다. 화·청자 영역 대립의 경우는 C 청자의 영역과 D 화자의 영역으로 구분한다. 그 구성을 보이면 다음 <표 5>와 같다.

〈표 5〉 문맥적 지시에서 설문지 문항의 구성

| 지시 대상의 소재 | 지시 대상의 소재 및 성격 | | | 실험 항목 | 설문지 문항 | 설문지 담화 상황 |
|---|---|---|---|---|---|---|
| 화·청자 영역 공유 | A 단순 조응 | 전술 언급 지시 | | 문① | 2 | 병원-거기 |
| | | | | | 6 | 식당 주인아저씨-그 아저씨 |
| | | | | | 14 | 소개 받은 남자-그 남자 |
| | | 전술 언급 연상 지시 | | 문⑬ | 10 | 결혼식- 그 신부 |
| | B 효과 조응 | 현장감 부여 | | 문⑦ | 15 | 그 남자-이 남자 |
| | | 주제 | 주제 | 문④ | 20 | 영화 -이 영화 |
| | | | 주제 이동 · 화자 관련 없음 | 문⑤ | 30 | (소문에 대한 담화시작) 이 이야기→† |
| | | | 주제 이동 · 화자 관련 있음 | 문⑤ | 13 | (화자의 소개팅 이야기 시작) 이 이야가→ |
| | | | 주제에서 이탈 | 문⑥ | 33 | (담화 종료 전) 이 이야기-그 이야기 |
| | | 지시 대상 | 주요 | 문② | 22 | (주제가 된 영화) 이 영화-이 영화 |

| | | 구분 | 보조 | 문③ | 21 | (주제가 아닌 다른) 영화-그 영화 |
|---|---|---|---|---|---|---|
| 화·청자<br>영역<br>대립 | C<br>청자<br>영역 | 청자 전술 언급 | | 문⑪ | 25 | 청자가 언급한 커피숍-거기 |
| | | 정보상<br>청자<br>우위 | 명사구 | 문⑫ | 27 | 청자가 이름을 알려 준 사람- 그 사람 |
| | | | 명사구 상위 | 문⑫ | 31 | 청자가 제공하는 소문에 대한 이야기-그 이야기 |
| | D<br>화자<br>영역 | 화자 전술 언급 | | 문⑨ | 28 | 화자가 앞서 언급한 지시 대상-이 사람 |
| | | 정보상<br>우위 | 명사구 | 문⑩ | 29 | 화자가 잘 아는 회사 동료-이 사람 |
| | | | 명사구 상위 | 문⑩ | 32 | 화자가 직접 확인한 이야기-이거 |

† 지시 대상이 지시어에 후행하는 경우
• 동일 의미 기능을 수행하되 조건을 부여하여 설문지 문항으로 구성한 경우 실험 항목이 겹침 (예: ⑤, ⑦, ⑲, ⑫ 등)

상념적 지시에서는 화·청자 영역 공유와 영역 대립에 의해 전자에서는 지시 대상이 '그' 계열로, 후자에서는 화자의 영역에 속하는 것이 '이' 계열이 지시됨을 Ⅱ장에서 구분한 바 있다. 지시 대상은 사람, 사물, 장소 등이 될 수 있으나 사람과 사물과 같은 개체는 시간에 따라 이동될 수 있으므로 지시 대상의 소재에 물리적 변동이 없는 장소로 택했다. 상념적 지시의 설문지 문항 구성을 보이면 다음 <표 6>과 같다.

〈표 6〉 상념적 지시에서 설문지 문항의 구성

| | 실험 항목 | 설문지 문항 | 설문지 담화 상황 |
|---|---|---|---|
| A. 화·청자<br>영역 공유 | 상① | 24 | (화·청자가 함께 간 적이 있는 커피숍) 거기 |
| | 상③ | 9 | (화·청자가 함께 간 적이 있는 노래방) 거기 |
| B. 화·청자<br>영역 대립 | 상② | 37 | (화자가 아는 회식 장소) 여기 |
| | 상④ | 34 | (화자가 아는 노트북 가게) 여기 |

■ 실험 절차

한국어 학습자의 경우 본 실험의 전체적인 절차는 연구 참여자 선정, 연구 참여자의 한국어 숙달도 평가, 설문지 응답, 자료 분석의 순서로 이루어졌다. 한국어 모어 화자의 경우 한국어 숙달도 평가가 실험 절차에서 제외된다. 연구 참여자 선정 후 이루어진 본 실험의 절차별 세부적인 내용을 정리하면 다음 <표 7>과 같다.

〈표 7〉 본 실험 절차의 세부 내용 및 소요 시간

| 단계 | 본 실험의 절차 | | 목적 | 준비 자료 | 운영 방법 및 주의 사항 | 소요 시간 |
|---|---|---|---|---|---|---|
| 1 | 실험 안내 | | 연구 참여자 실험 참여 준비 | · | 실험 순서와 예상 소요시간 설명 | 약 5분 |
| 2 | [실험 1] 숙달도 평가 | | 학습자의 숙달도, 한국어 학습 경험과 인적 사항 등 | ■역할극 카드 ■녹음 기자재 | ACTFL OPI | 약 20분 |
| 3 | [실험 2] 설문지 | ①다지 선택 시험 (Multiple Choice test) | 연구 참여자들의 지시어 선택에 나타난 연구 참여자들의 지시 의미 기능 사용과 습득에 대한 정보 | ■응답 방법 안내 ■설문지 (지시어 선택을 묻는 총 37개 문항) | 다지 선택 시험에서 연습 항목을 하나 준비해서 연구 참여자에게 응답 방법을 설명하기 | 약 50분 ~1시간 |
| | | ②변형된 사고 구술 | 연구 참여자들의 지시어 의미 기능에 대한 파악과 지시어 선택의 이유에 대한 정보 | ■설문지 (문항별로 설문지 하단에 지시문) | · | |
| | | ③학습자 언어 학습 관련 정보 | 한국어를 포함한 언어 학습 경험 | ■설문지 (마지막 장에 포함됨) | · | 약1분 |
| 4 | 실험 마무리 | | 실험이 종료되었음을 알리고 실험 참여에 대한 사의 표현 | · | · | 약 1분 |

총 소요 시간: 약 1시간 17분~1시간 27분(한국어 학습자)
약 57분~1시간 7분(한국어 모어 화자)

## ■ 자료 분석 방법

본 실험은 양적 연구 방법과 질적 연구 방법을 병행한다. 학습자들의 지시어 사용 양상을 다지 선다형 문항을 통해 조사하고 이에 대한 통계적 처리는 카이스 퀘어를 사용했다. 본 연구에서는 한국어 숙달도에 따라 한국어 모어 화자, 한국어 고급 학습자, 한국어 중급 학습자의 세 집단으로 나누어 지시어 선택에 차이가 있었는지 여부를 점검했다. 모든 통계 자료는 유의수준 95% 내에서 검정하였으며 관찰빈도가 5이하인 경우들이 나타났으므로 정확검정 exact test을 시행하였다. 또한 집단 간 차이를 보이기 위해 연구 참여자들의 지시어 선택에 대한 빈도도 조사하였다.

한편, 연구 참여자들이 지시어 선택의 이유를 기술한 자료들은 빈도를 조사하여 분석하였다. 본 연구에서는 연구 참여자들의 지시어 선택의 표면적인 양상을 살피는 것에 그치지 않고 지시어 선택의 이유를 변형된 사고 구술을 통해 제공하도록 요청했는데 이는 연구 참여자가 한국어 지시어에 대해 가지고 있는 이해와 문항별 지시어 의미 기능 선택의 구체적인 이유들을 자료로 얻어 다지 선택 시험에서의 지시어 선택을 해석하는 데 보조 자료로 이용했다.

문항별로 집단 내에서 동일한 지시어를 선택한 연구 참여자들의 지시어 선택의 이유들은 한 자리에 모아 정리한 후 이들을 범주화했다. 연구 참여자들이 지시어 선택의 이유로 제공한 기술 내용은 어떤 지시 층위의 이유들이 고려된 것인지, 특히 어떤 의미 기능이 고려되었는지, 이유 제공의 근거가 한국어의 지시어 체계 인지 모어의 지시어 체계인지를 고려하여 범주화했다. 동일 범주 내에 속하는 이유들은 빈도수를 조사했다. 그리고 한 집단의 이유들을 이와 같은 방식으로 정리한 후 다른 집단과의 범주 일치 여부, 동일 범주에 속하는 이유의 빈도를 비교하는 방식으로 연구 참여자들의 변형된 사고 구술 자료가 이용되었다.

# 4 한국어 모어 화자와 학습자의 지시어 사용 양상

## 4.1. 화시적 지시에서의 사용

### 4.1.1. 물리적 판단의 경우

화시적 지시 층위에서 화자가 지시 대상의 소재를 물리적으로 판단하게 되는 언어맥락은 총 7개의 실험지 문항으로 구성하였다. 지시 대상의 물리적 소재가 화자 영역인 경우(설문지 문항 1번, 3번, 4번, 36번), 청자 영역인 경우(설문지 문항 8번), 화·청자 영역 밖인 경우(설문지 문항 5번), 화·청자 영역 밖 인접 영역이되 지시 대상이 비가시적인 경우(설문지 문항 7번)로 나누었다. 지시어 선택의 분포면에서 통계적으로 집단 간(한국어 모어 화자 집단, 고급 학습자 집단, 중급 학습자 집단) 유의미한 차이를 보인 문항은 지시 대상의 물리적 소재가 청자 영역인 경우(설문지 문항 8번)와 비가시적인 지시 대상인(설문지 문항 7번) 경우 두 가지였다.

지시 대상이 청자의 영역에 소재하는 경우에서 지시어 선택을 묻는 항목이 설문지 문항 8번이다. 이 언어맥락에서는 '그' 계열의 지시어가 선택된다. 실험 결과 8번 문항([친구가 놓고 간 가방 위치 알려주기] (민희 옆에 놓인 가방을 가리키면서) __8__거 아니야?)에서 연구 참여자들의 지시어 선택에서 집단 간 통계적으로 유의미한 차이가 나타났다. 중급 학습자 20명 가운데 8명, 고급 학습자 21명 가운데 10명이 '저'를 선택해서 한국어 모어 화자들의 지시어 선택이 '저'를 선택하지 않은 것과 대조가 된다.

그런데 학습자들이 한국어 모어 화자와 동일하게 '그'를 선택했다고 하더라도 그 이유는 동일하지 않았다. 한국어 모어 화자들이 '그'를 선택한 이유는 지시 대상인 '가방'이 청자인 '민희' 옆에 있기 때문 즉 a지시 대상이 청자 영역에 소재하기 때문이었다. 고급 학습자들의 '그' 선택 이유는 a지시 대상이 청자 영역에 소재하거나, c지시 대상이 화·청자로부터 근거리에 소재하거나, d지시 대상의 소재가 화자로부터 근거리는 아니지만 아주 먼 원거리에 소재하는 것도 아니기 때문이었다. 중급 학습자들은 a청자 영역에 소재하는 대상을 지시하거나, b원거리에 소재하는 가시적 인 대상을 지시하거나, d화자로부터 중거리 소재 대상을 지시하거나, 혹은 e영어 'it'에 해당하는 한국어 표현이 '그'라는 것 등이었다. b와 같이 가시성을 들어 '그'를 선택한 중급 학습자는 비가시적 대상에 대한 7번 문항에서는 비가시적인 지시 대상 에 대해 '저'를 쓴다고 답했다. 청자의 영역에 소재하는 대상 지시에 '저'를 선택한 것은 지시 대상의 소재를 화·청자를 중심으로 고려하기보다 화자를 중심으로 판단했 기 때문이라고 할 수 있다. 학습자의 모어인 영어의 화시적 지시에서는 지시 대상의 물리적 소재 판단에 화자와 지시 대상과의 거리에 의해 결정된다. 화자로부터 근거 리에 소재하는 것은 'this'로 지시하고 나머지의 경우는 'that'으로 지시하므로 한국 어 학습자가 지시 대상의 소재 판단에서 청자에 대한 고려는 배제된다.

설문지 문항 7번의 담화 상황은 지시 대상이 비가시적이며 그 구체적인 위치가 화·청자들에게 불분명하다는 점에서 다른 문항들의 언어맥락과 차이가 있다. 비가 시적인 대상에는 별도의 지시어가 쓰이지 않으므로 문항 7번에서는 '아무 말도 필요 없음(×)'이 선택될 것으로 기대된다. 실험 결과 문항 7번에서 집단 간 지시어 선택상 분포는 통계적으로 유의미한 차이가 있었으며 연구 참여자들의 지시어 선 택은 다음 <표 8>과 같다.

〈표 8〉 설문지 문항 7번에 대한 지시어 선택 빈도

| | 설문지 문항 7번 | | | | 합 |
|---|---|---|---|---|---|
| | 아무 말도 필요 없음 | 그 | 저 | 다른 말 | |
| 중급 학습자 | 4(20.0%) | 12(60.0%) | 4(20.0%) | 0(.0%) | 20(100%) |
| 고급 학습자 | 9(42.9%) | 4(19.0%) | 8(38.1%) | 0(.0%) | 21(100%) |
| 한국어 모어 화자 | 26(86.7%) | 3(10.0%) | 0(.0%) | 1(3.3%) | 31(100%) |

(df=6, $\chi^2$=34.052***, $p$=.000)

한국어 화시적 지시에서 지시 대상의 물리적 소재가 정확히 확인되지 않는다면 지시어를 사용하지 않는다. 따라서 설문지 문항 7번([개 있는 집으로 공 가지러 가는 형 말리기] 영호:__7__개가 물면 어떻게 해?)의 비가시적인 '개'에 선행하는 언어맥락에서는 별도의 지시어가 필요하지 않으며 한국어 모어 화자들이 선택한 바도 대부분 이러한 사용 양상을 보이고 있다. 그러나 학습자들은 이 외에도 '그'나 '저' 등의 지시어를 선택하는 경우가 많았고 그 결과 지시어 선택상 집단 간 통계적으로 유의미한 차이를 보였다.

연구 참여자들의 선택 이유는 a화·청자 모두 화자가 언급할 지시 대상에 대해서 알고 있어서 지시어를 굳이 쓸 필요가 없다는 것과 b비가시적인 대상에는 지시어를 사용하지 않는다는 두 가지이다. 연구 참여자들이 이유 b를 제시했다는 것은 화시적 지시를 위한 조건인 '가시성'을 인지하고 있으며 이를 명시적으로 표현했다는 점에서 주목할 만하다. 화시적 지시에서 물리적 거리감에 의해 지시어를 사용하자면 지시 대상은 화·청자에게 가시적이어야 하는데 문항 7번의 언어맥락에서 '가시성'에 대한 인식이 중급 학습자들에게는 관찰되지 않았다.

학습자들이 '그'를 택한 이유는 한국어 모어 화자들과는 차이가 있었다. 중급 학습자들과 고급 학습자들에게서 확인된 '그' 선택의 이유는 물리적 거리감이나 비가시성을 든 경우가 있는데 특히 중급 학습자들에게서 그 빈도가 높았다. 한국어 모어 화자들은 비가시적 대상 지시의 목적으로 지시어를 사용하지는 않는데 중급 학습자들은 오히려 비가시성을 들어 지시어를 사용하고 있어 한국어 모어 화자들의 지시어 사용 양상과는 차이를 보이는 것이면서 동시에 오류가 된다. 학습자들이 '저'를 택한 이유는 지시 대상인 '개'가 물리적으로 원거리에 소재하기 때문이라는 것으로 요약된다.

문항 7번에서 한국어 학습자들이 한국어 모어 화자들과 지시어 사용에서 차이를 보인 것은 비가시적인 지시 대상이더라도 그 물리적인 거리감이 파악되면 '그'나 '저' 등의 지시어를 사용할 수 있다고 생각한 것과 비가시적인 지시 대상에 대해 '그'를 사용할 수 있다고 본 것에 있다. 그러나 비가시적인 지시 대상에 지시어를 사용하지 않는 한국어에 비추어 이와 같은 학습자들의 지시어 선택과 이유들은 오류라고 할 수 있다. 비가시적인 대상에 대해서 일부 학습자들이 지시어를 사용하는 경향은 화시적 지시와 문맥적 지시 및 상념적 지시 층위 구분이 불분명할 가능성이 있음을 시사하는 것이다.

### 4.1.2. 물리적, 심리적 판단이 교차하는 경우

화시적 지시 가운데 물리적 소재 판단과 심리적 소재 판단이 교차할 수 있는 상황은 관계성, 시간성-구상물, 시간성-비구상물에 의해 심리적 소재 판단이 가능한 경우로 나누어 각 상황에서 연구 참여자들의 지시어 선택과 그 이유들을 함께 검토하도록 하겠다.

먼저 화자가 지시 대상에 대해 가지고 있는 관계상 친밀도에 따라 지시 대상에 대한 심리적 소재 파악이 이루어질 수 있는 담화 상황들을 살펴보도록 한다. 물리적으로는 화자의 영역, 심리적으로는 화·청자 영역 밖인 경우인 설문지 문항 23번은 다음과 같다. 지시 대상인 친구는 화자 옆에 앉아 있으되 화자는 심리적으로 친구에 대해 거리감을 가지고 있는 상황이다. 이 문항([친구에 대해서 불만 이야기하기] 그럴 줄 알았어. (원주가 듣든 말든 상관하지 않고 나미에게)__23__는 시험 보기 전에는 항상 공부 못했다고 하지만, 시험 볼 때마다 1등 하잖아. 우리는 뭐냐?)에서 연구 참여자들의 지시어 선택은 집단 간 통계적으로 유의미한 차이를 보였는데 다음 <표 9>와 같다.

〈표 9〉 설문지 문항 23번에서 집단 간 지시어 선택 빈도

| 애 | 설문지 문항 23번 | | | | | 합 |
| --- | --- | --- | --- | --- | --- | --- |
| | 걔 | 쟤 | 다른 말 | 선택못함† | 다른 말 | |
| 중급 학습자 | 8(40.0%) | 5(25.0%) | 5(25.0%) | 1(5.0%) | 1(5.0%) | 20(100.0%) |
| 고급 학습자 | 13(61.9%) | 0(.0%) | 8(38.1%) | 0(.0%) | 0(.0%) | 21(100.0%) |
| 한국어 모어 화자 | 12(40.0%) | 0(.0%) | 17(56.7%) | 1(3.3%) | 0(.0%) | 30(100.0%) |

(df=8, $\chi^2$=16.736** $p$=.006)
† 연구 참여자가 설문지 문항에서 제시한 <보기> 가운데 어떤 것도 선택을 하지 못한 경우임.

  한국어 모어 화자들의 지시어 선택은 '애'와 '쟤'로 수렴된다. 고급 학습자들의 지시어 선택은 한국어 모어 화자와 같이 '애'와 '쟤'로 수렴되었으나 중급 학습자들의 경우에는 '애', '쟤' 외에도 '걔'를 선택해서 지시어 선택의 종류가 여러 개로 분산되었다.

  한국어 모어 화자들이 '쟤'를 선택한 이유는 대상에 대한 심리적인 거리감 때문이었는데 중급 학습자들 가운데는 '쟤'를 영어의 3인칭 대명사인 'he'에 대응하는 형태로 파악하고 사용한 경우가 있었고 한번 언급한 대상을 다시 지시하기 위해서라는 이유를 제시한 경우도 있었다. 한국어 모어 화자들이 지시어 선택에서 지시 대상에 대한 심리적인 거리감을 중시한 데 비해 학습자들은 물리적 거리감을 중시해 지시어를 선택했다.

  설문지 문항 12번([자신의 아들에 대해서 이야기하기] (부엌에서 거실에 있는 주희와 민호를 보면서) 그래, 작년까지는 __12__가 학교에서 제일 작았는데 요즘 많이 컸어.)은 지시 대상이 물리적으로는 청자의 영역에 소재하되 심리적으로 화자의 영역에 속하는 담화 상황에 대한 것이다. 문항 12번에서 지시어 선택도 집단 간 통계적으로 유의미한 차이가 있었다.

12번 문항에 대한 연구 참여자들의 지시어 사용에서도 이전 23번과 같은 양상을 확인할 수 있었다. 지시어 선택면에서 중급 학습자들은 자유변이를 보였고 고급 학습자들은 한국어 모어 화자들의 지시어 선택 범위 내에서 지시어를 선택했다. 표면적으로는 고급 학습자들이 한국어 모어 화자들의 지시어 선택에 근접해 있어 보다 안정적인 양상을 보였다고 할 수 있다. 그러나 지시어 선택의 이유들을 점검했을 때 한국어 모어 화자들은 지시 대상에 대한 심리적인 소재 판단 비율이 높았던 반면 고급 학습자들은 한국어 모어 화자들의 수준에 이르지 못했다. 이를 통해 고급 학습자들도 지시어 사용의 내적 구조면에서는 한국어 모어 화자와 차이를 가지고 있음을 확인할 수 있었다.

설문지 문항 16번과 17번은 물리적으로는 화·청자 영역 밖에 소재하되 심리적으로는 화자의 영역에 속하는 지시 대상에 대한 것이다. 설문지 문항 16번과 17번을 통해 의도한 바는 지시 대상의 소재에 대한 물리적, 심리적 판단을 통제해서 연구 참여자들의 지시어 선택에 차이가 있는지 여부를 관찰하는 것이었다. 16번과 17번의 차이는 물리적 소재 판단이 유도되었는지 여부에 있다

16번과 17번 모두에서 지시어 선택에서 통계적으로 유의미한 집단 간 차이가 나타났는데 먼저 16번 문항에서 연구 참여자들의 지시어 선택은 다음과 같다. '얘'를 택한 연구 참여자는 한 명을 제외하고는 화자가 자신의 딸에 대한 관계상의 친밀감을 지시어를 통해 드러내기 위해서라고 했다. 물리적 소재 판단을 유도했는데도 이 연구 참여자들은 여전히 심리적 소재 판단에 의한 지시어 '얘'를 선택했는데 가족 관계상의 특수성이 물리적 소재와 관계없이 심리적 소재 판단에 의한 지시어 사용을 고정적으로 사용하도록 한 것이라고 본다.

한국어 모어 화자들 가운데 '걔'를 선택한 경우는 없었다. 그러나 학습자들에게서 '걔' 선택은 중급 학습자 5명과 고급 학습자들이 2명에 의해 나타났다. 지시 대상의 물리적 소재 판단을 '원거리'라고 한 것은 담화 상황을 적절히 파악한 것이지만 한국어 지시어 선택에서 '그' 계열을 택해 오류를 범한 것이다.

실험 결과 문항 17번의 집단 간 차이는 학습자들의 답변이 여러 가지로 분산되어 있고 한국어 모어 화자들의 답변은 '애'와 '재'로 수렴된 데 있다. 또 지시어 선택의 선호도면에서도 한국어 모어 화자들의 지시어 선택은 심리적 소재 판단에 의한 '애'로 집중된 반면 학습자들의 지시어 선택은 '애'와 '개'에서 비슷한 선택 빈도를 보인 차이도 있다.

문항 17번에서는 16번에서와 달리 '개' 선택의 빈도가 학습자들에게서 높아졌다. 학습자들이 문맥적 지시에 의해서 지시어 '개'를 택한 것은 한국어 모어 화자들이 문맥적 지시를 위해 '애'를 일부 택했으나 '개'를 선택하지는 않았던 것과 대조되며 '개'로 발화 현장에 존재하며 화자와 친밀한 관계에 있는 대상을 지시하는 것은 지시 대상이 아닌 다른 대상을 연상시킨다는 점에서 적절한 사용이라고 할 수 없다.

문항 16번과 17번의 대응을 통해 확인할 수 있는 바는 다음과 같다. 물리적 심리적 소재 판단이 교차하는 언어맥락에서 한국어 모어 화자들은 심리적 소재 판단에 의한 지시어 선택 빈도가 높았던 반면 학습자들은 물리적 소재 판단에 의해 지시어를 선택하는 빈도가 높았다는 것이다. 그런데 학습자들의 지시어 선택이 물리적 소재 판단에 의한 경우들은 청자 영역과 화·청자 영역 밖 소재 대상에 대한 지시어 선택에 문제가 있었기 때문에 오류들을 포함했다.

이제 시간성 개입에 의해 심리적 판단이 이루어질 수 있는 문항 11번과 26번을 살피도록 한다. 문항 11번과 26번은 발화시 현재 화·청자 영역 밖에 존재하지만 발화시 직전에는 화자의 영역에 있었던 지시 대상에 대한 지시어 선택을 묻는 문항들이다.

문항 11번, 26번에서 지시 대상에 대한 물리적 소재 판단과 시간성 개입에 의한 심리적 소재 판단 조건은 동일하고 관계성에 의한 심리적 판단은 달리했다. 11번 문항에 대한 실험 결과 연구 참여자들의 지시어 선택에 시간성 개입은 거의 영향을 끼치지 않았다. 그러나 26번에서 관찰한 것은 한국어 모어 화자들은 시간성 개입에 거의 영향을 받지 않고 관계성에 의한 지시어 선택을 선호하는 것이 비교적 높아진 반면 중급 학습자들이 시간성 개입에 의한 지시어 선택을 선호했다는 점이다.

이제부터 살필 문항들은 지시 대상이 영화나 음악과 같은 비구상물들이다. 물리적·심리적(시간성-비구상물)'에 해당하는 이들 지시 대상은 비록 비가시적이기는 하나 발화 현장에 물리적으로 존재한다는 점에서 화·청자의 발화 현장에 존재하지 않는 문맥적 지시나 상념적 지시에서 지시 대상이 가지는 성격과 차이가 있다. 발화시 현재 화·청자의 발화 현장에 소재하는 비구상물은 '이' 계열의 지시어로 지시하고 발화시 직전에 끝난 대상도 역시 '이' 계열의 지시어로 지시하게 되는데 앞으로 검토하게 될 문항은 발화시 직전에 끝난 대상에 대한 지시를 보기 위해 구성된 것들이다.

실험 결과 문항 18, 19번 모두에서 지시어 선택상 집단 간 통계적으로 유의미한 차이가 있었다. 실험 결과 18번과 19번 모두에서 과거 사태에 속하는 비구상물에 대해 각 집단별 지시어 선택은 '이'가 가장 높은 빈도를 차지하였으나 집단별로 차이를 보였다. 한국어 모어 화자는 18번과 19번에서 거의 '이'로 집중되었으나 학습자들의 경우는 '이' 이외에도 '그'나 '저' 등으로 분산되어 자유변이를 보였다. 이와 같이 학습자들은 지시어 선택의 이유에서 영어에서와 같은 지시 대상의 시간성 판단이나 물리적인 거리감에 의한 판단을 들어 보였다.

문항 18번과 19번에서 주목할 점은 고급 학습자들의 지시어 선택이 한국어 모어 화자들의 지시어 선택의 범주를 벗어나서 이루어졌다는 점이다. 화시적 지시의 다른 문항들과 비교했을 때 고급 학습자들에게도 종료된 사태에 속하는 비구상물에 대한 지시어 사용 언어맥락은 쉽지 않은 언어맥락임을 확인할 수 있었다.

35번 문항에서 한국어 모어 화자들 가운데 일부가 '그'를 선택한 것은 비구상물에 대한 지시에서 '화·청자의 주의 집중 여부'가 지시어 선택에 영향을 끼칠 수도 있음을 보여준다. 앞서 문항 18번에서 화·청자의 주의 집중을 받는 비구상물에 대한 지시에 한국어 모어 화자들이 '그'를 전혀 선택하지 않았던 것과 비교해 볼 수 있다.

지금까지 문항 18번, 19번, 35번을 통해 과거 사태에 속하는 비구상물에 대한 지시어 사용을 살펴보았다. 이들 문항에서는 화시적 지시와 관련된 문항들에서 고급 학습자들이 이전 화시적 지시의 문항들에서와 달리 한국어 모어 화자의 지시어 선택과 다른 양상을 보였다. 오히려 지속적으로 자유변이를 보여 왔던 중급 학습자들의 지시어 선택과 유사한 양상을 보였다. 한국어 모어 화자들과 차이를 보인 지시어 선택에서 학습자들이 제시한 이유들은 학습자들이 이러한 언어맥락에서 학습자들의 모어인 영어에 기대어 지시어를 선택하거나 지시 대상의 매개체가 되는 지시 대상과의 물리적인 거리감에 기대어 지시어를 선택한다는 것이었다.

## 4.2. 문맥적 지시에서의 사용

### 4.2.1. 화·청자 영역 공유

단순 조응에서는 네 개 문항을 검토하는데 2번, 6번, 14번은 전술 언급을 지시하는 일반적인 조응 기능과 관련된 것이고 10번은 연상 조응에 대한 것이다. 문항 2번([어제 병원에서 만난 친구 이야기하기] 준호: 나 어제 배가 아파서 병원에 갔는데 __2__에서 선생님을 만났어.)에서 지시 대상은 화자의 전술 언급인 '병원'으로 이에 대한 지시는 '그' 계열인 '거기'가 쓰인다. 실험 결과 문항 2번에서 지시어 선택상 집단 간 통계적으로 유의미한 차이가 있었는데 지시어 선택의 내용은 다음 <표 10>과 같다.

〈표 10〉 설문지 문항 2번에 대한 지시어 선택 빈도

| | 설문지 문항 2번 | | 합 |
| --- | --- | --- | --- |
| | 거기 | 저기 | |
| 중급 학습자 | 12(60.0%) | 8(40.0%) | 20(100%) |
| 고급 학습자 | 21(100.0%) | 0(.0%) | 21(100%) |
| 한국어 모어 화자 | 30(100.0%) | 0(.0%) | 30(100%) |

(df=2, $\chi^2$=18.439***, $p$=.000)

문항 2번에서 지시어 선택상 집단 간 차이는 중급 학습자가 '저기'를 택한 데 기인한다. 중급 학습자들이 한국어의 문맥적 지시에서는 사용되지 않는 '저' 계열의 지시어를 문항 2번과 같은 언어맥락에서 선택한 것은 지시 대상의 어휘적 의미가 '장소'와 관련된 데 있다고 본다. 이는 화시적 지시에서 이용되는 물리적 거리감에 의한 지시어 사용을 문맥적 지시로 확대 적용한 결과라고 볼 수 있다.

문항 2번에 대한 중급 학습자들의 '저' 선택과 같은 성향을 다른 문항들에서 확인할 수 있는데 25번 문항(청자가 언급한 '커피숍' 지시)에서도 지시 대상인 '커피숍'을 '저' 계열의 지시어로 지시한 빈도가 높았던 예가 있었다. 25번 문항에서 지시 대상은 2번과 마찬가지로 그 어휘적 의미 속성이 장소로 처소적 속성이 강하므로 이에 이끌려 물리적인 거리감에 의해 지시어를 사용하려는 경향을 보인 것이라고 할 수 있다.

지시 대상의 어휘적 의미 속성에 따라 '저' 사용에 차이가 있는지 여부는 지시 대상이 '인물'인 문항 6번에서 비교해 검토하도록 한다. 실험 결과 지시 대상이 인물인 문항 6번에서 집단 간 통계적으로 유의미한 차이는 나타나지 않아서 문항 2번에 대한 연구 참여자들의 집단 간 유의미한 차이와 달랐다. 문항 6번에서 전술 언급에 대한 지시는 '그'로 수렴되었다. '그'에 대한 높은 집중은 중급 학습자들에게서도 마찬가지였는데 앞서 문항 2번에서 중급 학습자들이 장소에 대한 지시에 '저기'를 다수 택했던 것과 대조가 된다.

설문지 문항 10번은 연상 조응의 경우이다. 문항 10번([다녀온 결혼식에 대해서 이야기하기] A1: 나 어제 철수 결혼식에 갔었는데, __10__ 신부 키가 나보다 더 크더라.)에서 지시 대상은 화자가 전술 언급한 '결혼식'과 관련이 있으며 그로부터 연상될 수 있는 '신부'이다. 10번에서 한국어 모어 화자와 고급 학습자의 지시어 선택은 동일한 양상을 보였으나 중급 학습자는 이 언어맥락에서 자유변이를 보였다. 흥미로운 것은 한국어 모어 화자들이 '아무 말도 필요 없음(×)'이 아닌 '그'를 더욱 선호해서 한국어 사용에서 기대되는 것과 거리를 보이고 오히려 고급 학습자들의 지시어 선택이 보다 한국어의 기대치에 근접해 있는 것으로 나타났다는 점이다.

연상 조응적 언어맥락에서 지시어 사용과 관련된 습득의 절차는 다음과 같이 구성해 볼 수 있다. 중급 학습자들이 '그'를 높은 빈도로 선택했던 것에서 확인되는 바와 같이 습득 초기에는 영어 정관사 'the'에 해당하는 언어 형태를 대응되는 한국어 형태로 표현하려고 하다가 고급 학습자들이 고빈도를 보인 것과 같이 점차 습득이 진행되면서 이 언어맥락에는 아무 것도 필요하지 않다는 인식에 이르게 되는 것이라고 볼 수 있다. 그리고 구체적인 이유 제시와 관련해서 중급 학습자 가운데서 이러한 지식을 비명시적으로 획득한 학습자들이 일부 있으나 고급 학습자들에 이르러서 이를 명시적인 지식으로 표현해 내는 수준에도 이르게 되었다고 할 수 있다.

다음은 지시어 선택을 통해 조응 이외에 문맥상 별도의 효과를 의도할 수 있는 효과 조응과 관련된 문항들을 검토하도록 한다. 효과 조응으로 의도하는 바는 과거 사태에 대한 '현장감 부여', '주제 표시', '유사 지시 대상과의 구분' 등이다. 먼저 현장감 부여와 관련된 문항인 15번 문항은 이야기의 진행에 따라 화자가 현장감을 부여하려는 시도를 할 때 지시어 선택이 달리 될 수도 있는 문항으로 단순 조응인 14번과 비교될 수 있다. 문항 14번의 언어맥락은 화자가 전술 언급한 '소개받은 남자'를 단순히 지시하는 경우이고 문항 15번의 언어맥락은 화자가 현장감을 부여해 진행하는 이야기에서 전술 언급된 지시 대상을 지시하는 경우이다.

실험 결과 지시어 선택 양상은 14번과 15번에서 차이가 있었다. 14번에서는 지시어 선택 분포상 집단 간 통계적으로 유의미한 차이가 나타나지 않았다. 연구 참여자들은 전술 언급 대부분 '그'를 선택했으며 일부가 '이'를 선택하고 중급 학습자들이 '저'나 '아무 말도 필요 없음(×)' 등을 선택한 예가 있었으나 선택의 분포 면에서 집단 간 큰 차이는 없었다.

효과 조응과 관련된 문항 15번에서 연구 참여자들의 지시어 선택 분포는 통계적으로 유의미한 차이를 가지는 것으로 나타났다. 문항 15번에서 한국어 모어 화자들은 이야기에 현장감을 부여하기 위해 '이'를 선택하는 비율이 43.3%로 나타났는데 단순 조응과 관련된 문항 14번에서 '이'를 선택한 빈도에 비해 증가했다. 주목할 것은 한국어 모어 화자들이 '이'를 선택하는 비율이 높았다는 것이다. 반면 학습자들은 고급 학습자들의 경우 단순 조응 문항 14번에서와 같은 수준으로 '그'를 선택하거나 중급 학습자들의 경우에는 오히려 '그'를 선택하는 빈도가 더 높아진 것이다. 이러한 한국어 모어 화자 집단과 나머지 학습자 집단이 '이'를 선택하는 빈도에서 차이를 보인 것이 문항 15번에서 지시어 선택에 집단 간 유의미한 차이를 발생시켰다고 할 수 있다.

효과 조응과 관련된 문항들 가운데서 담화 내 주제 표시와 관련된 언어맥락들을 검토하도록 한다. 문항 20번에서 연구 참여자들의 지시어 선택은 주로 '이'와 '그'에 집중되어 있어 통계적으로 유의미한 차이는 없는 것으로 나타났다. 고급 학습자가 한국어 모어 화자들의 지시어 선택에 근접해 안정적이라고 할 수 있으나 여전히 지시어 선택상 선호도면에서는 한국어 모어 화자들과는 거리가 있는 모습을 보였다. 한편 중급 학습자들은 다른 집단의 연구 참여자들과 달리 '저'를 선택해서 지시어의 종류 수로 보았을 때 자유변이를 보였는데 지시어 선택 가운데 한국어 문맥적 지시에서 허용되지 않는 '저'를 포함하고 있어 오류를 범했다. 중급 학습자들이 '저'를 택한 것은 지시 대상이 되는 영화가 물리적으로 원거리에 소재하기 때문이라는 것인데 문맥적 지시 맥락에서 지시 대상과의 물리적 거리감을 언급하는 것은 부적절한 지시어 사용이다.

후행 담화에서 주제화될 지시 대상에 대한 30번 문항과 13번 문항의 차이는 주제화될 지시 대상이 화자와 직접적인 관련성이 있는지 여부에 있다. 문항 30번의 언어맥락은 화자의 개인적인 경험에 대한 것이고, 문항 13번의 언어맥락은 화자와 직접적인 관련이 없는 소문에 대한 것이다. 이들 문항에서는 화자가 본격적으로 어떤 대상을 구체적으로 언급하기 전에 지시어를 사용해 앞으로 전개할 주제를 소개한다.

문항 30번은 화자가 회사 내에 떠도는 어떤 소문에 대해 이야기를 막 시작하려는 상황에서 이 소문을 지시어를 이용하여 언급하는 언어맥락이다. 후행하는 지시 대상을 지시하는 데 '그'를 사용할 수 있다. 실험 결과 문항 30번에서 연구 참여자들의 지시어 선택은 주로 '그'로 수렴되었으며 지시어 선택상 집단 간 통계적으로 유의미한 차이는 발견되지 않았다.

주제화될 대상이 화자와 직접적인 관련을 가지는 경우인 13번에서 화자가 후속 발화에서 주제화할 대상은 화자 본인의 소개팅 경험으로 화자와 직접적인 연관성을 가지는 것이다. 화·청자가 모두 지시 대상에 대해서 주지하고 있으며 이후 진행되는 담화에서 주제가 될 대상이다. 문항 13번에서 연구 참여자들의 지시어 선택은 문항 30번에서와 동일한 범위 내에서 이루어졌다. 그러나 지시어 선택의 선호도면에서는 30번 문항과 차이를 보였다.

30번 문항에서 한국어 모어 화자가 선호도를 보인 것은 '그'였지만 문항 13번에서는 '이' 선택 빈도가 '그'보다 더 높게 나타났다. 30번과 13번에서 이전에 검토해 온 문맥적 지시의 언어맥락들과 비교해서 주목할 점은 중급 학습자들이 '저'를 선택하지 않았다는 점이다. 이것은 지시 대상의 어휘 의미가 '소문', '이야기' 등으로 물리적인 사물이나 인물 등의 '개체'나 혹은 '장소'와 같이 그 소재를 물리적으로 가리킬 수 없는 대상이기 때문으로 보인다. 문항 30번과 13번을 통해 후행 담화에서 주제가 될 대상에 대한 지시어 사용에 '그'가 선호되며, 그 대상에 대한 정보면에서 화자가 우위에 있을 때는 한국어 모어 화자와 고급 학습자들에게서 '이'가 선호됨을 확인했다.

다음은 진행 중인 담화 내에서 다른 주제로 이동하기 전에 그때까지 주제였던 지시 대상을 언급할 때의 지시어 사용과 관련된 것으로 문항 33번이다. 문항 33번에서 한국어 모어 화자와 고급 학습자들의 지시어 선택은 '이'와 '그'로 수렴되나 중급 학습자들의 지시어 선택은 '저'를 포함하여 자유변이를 보였다. 33번 문항에서 유표적인 '주제 이탈'의 기능을 표시하기 위해 '그'를 선택한 것은 중급 학습자가 7명(33%), 고급 학습자가 6명(28.6%), 한국어 모어 화자가 12명(40%)등으로 나타났다. 무표적인 일반 조응의 기능으로 '그'가 선택된 것은 고급 학습자와 한국어 모어 화자에게서 각각 7명(33.3%)과 9명(30%)으로 확인이 되었는데 중급 학습자들에게서는 이와 같은 사용이 없었다.

　문맥적 지시에서 주제와 관련한 언어맥락에서 연구 참여자들은 주제 표시나 주제로의 이동, 주제 이탈 등의 효과 조응을 이러한 의미 기능을 드러낼 수 있는 지시어를 선택해 적극적으로 드러내기보다는 전술 언급 지시라는 무표적인 의미 기능을 표시하는 데 쓰이는 '그'를 선호하는 것으로 나타났다. 지시어 선택상 집단 간 차이는 두드러지지 않았는데 고급 학습자들의 지시어 선택은 한국어 모어 화자들의 지시어 선택 종류 내에서 이루어져 선택면에서 보다 안정적이었다고 할 수 있으나 중급 학습자들은 다른 문맥적 지시에서와 마찬가지로 자유변이를 보였다.

　지금까지 문맥적 지시에서 지시 대상의 소속 영역에 대해 화·청자 대립이 없는 언어맥락들에서 지시어 사용을 검토했다. 단순 조응과 효과 조응의 대부분의 문항들에서 한국어 모어 화자들과 고급 학습자들의 지시어 선택 범위는 일치하고 중급 학습자들은 지시어 선택 양상에서 자유변이를 보였다. 지시 대상의 어휘 의미가 장소와 관련된 문항에서 중급 학습자들이 지시 대상의 물리적 실체로부터 물리적인 거리감을 고려해 지시어를 선택하려고 한 경우가 있어 중급 학습자들에게 문맥적 지시와 화시적 지시 층위 구분이 어려움을 볼 수 있었다. 효과 조응과 관련된 언어맥락들에서 학습자들의 경우 효과 조응과 관련된 의미 기능보다는 무표적인 의미 기능을 선호하는 것으로 나타났다.

### 4.2.2. 화·청자 영역 대립

　화·청자 영역 대립은 전술 언급의 주체와 전술 언급에 대한 정보상 우위에 따라 이루어진다. 청자 영역은 전술 언급의 주체가 청자이거나 청자가 지시 대상에 대해 정보상 우위를 점하고 있는 언어맥락과 관련된 것이며, 화자 영역은 화자가 전술 언급의 주체인 경우와 화자가 지시 대상에 대해 정보상 우위를 점하고 있는 언어맥락과 관련된 것이다.

먼저 전술 언급의 주체가 청자인 문항 25번은 청자가 전술 언급한 '커피나무'를 화자가 지시하는 언어맥락이다. 청자 언급에 대한 지시는 '그' 계열의 지시어가 쓰이므로 '거기'가 선택될 수 있는 언어맥락이다. 25번 문항에서 지시어 선택은 집단 간 통계적으로 유의미한 차이가 있었는데 한국어 모어 화자와 고급 학습자들은 거의 전원이 '거기'를 선택하였다. 그러나 중급 학습자들 가운데는 '저기'를 선택한 연구 참여자가 5명 있었다. '저기' 선택 이유는 지시 대상의 물리적 소재 판단에 의한 것이다. 전술 언급에 대한 문맥적 지시에서도 중급 학습자들의 일부에서는 여전히 물리적인 거리감을 염두에 두고 지시어 사용을 하려는 경향이 유지되고 있다고 하겠다.

다음은 전술 언급의 주체가 화자인 언어맥락에 대한 문항 28번이다. 문항 28번은 화자가 자신이 지시 대상을 전술 언급했음을 드러내기 위해 지시어 '이'를 선택할 수 있는 언어맥락이다. 실험 결과 학습자들을 포함하여 대부분의 연구 참여자가 '그'에 높은 선호도를 보였는데 지시어 선택 분포상 집단 간 통계적으로 유의미한 차이가 있는 것으로 확인되었다.

흥미로운 것은 '이'를 선택한 연구 참여자들은 한국어 모어 화자와 중급 학습자들이고 고급 학습자들 가운데 '이'를 택한 사람이 전혀 없었다는 점이다. 고급 학습자들의 지시어 선택의 범위는 대부분의 문항들에서 한국어 모어 화자와 일치하였으나 이 문항에서는 오히려 중급 학습자들이 한국어 모어 화자와 궤를 같이 했다. 고급 학습자들은 전원 '그'를 택해 '그'에 대한 편향성을 보여주었다.

다음으로 살펴볼 언어맥락은 화·청자 영역 대립 가운데 지시 대상에 대한 정보상 우위와 관련된 것들이다. 먼저 청자가 정보상 우위를 점하고 있는 언어맥락을 살펴보고 이후 화자가 우위를 점하는 문항들을 검토할 것이다. 지시 대상에 대한 정보상 우위를 화자가 가지고 있으며 이를 화자가 인정해 주는 언어맥락은 문항

27번과 31번으로 나뉜다.

　문항 27번에서 연구 참여자들의 지시어 선택은 주로 '그'에 집중되었다. 그러나 집단별로 차이가 있어 한국어 모어 화자들과 고급 학습자들은 전원 '그'를 선택한 반면 중급 학습자들의 지시어 선택 가운데는 '이'나 '저'도 포함했다. 집단 간 지시어 선택에 나타난 차이는 중급 학습자들이 보인 지시어 선택상 자유변이에 의한 것이다. 중급 학습자들이 '이'를 선택한 것은 지시 대상이 화·청자 담화의 주제이기 때문이었고, '저'는 물리적 거리감에 의해 원거리 소재를 표시한 것이었다.

　청자의 지시 대상에 대한 정보상 우위를 인정하는 언어맥락이되 그 지시 대상의 성격이 개체가 아닌 경우를 문항 31번으로 검토하였다. 이때 지시 대상은 청자에 의해 전술 언급된 '이야기'였다. 문항 31번에서 지시 대상은 화자가 모르고 있던 이야기로 청자가 후속 발화에서 이야기를 지속하려는 태도를 보이고 있는 담화 상황이다. 이 맥락에서는 '이'보다는 '그' 선택이 쓰이는 것이 청자 우위를 적극적으로 인정해 주는 것이 된다. 31번에서 지시어 선택은 주로 '그'로 집중되었는데 지시어 선택에 집단 간 통계적으로 유의미한 차이가 있었다.

　먼저 고급 학습자와 한국어 모어 화자들의 지시어 선택은 '이'와 '그'로 한정되었는데 중급 학습자들의 지시어 선택은 '이'와 '그'를 포함하여 '아무 말도 필요 없음(×)'이나 '저' 선택으로 분산되는 양상을 보였다. 이처럼 중급 학습자들의 지시어 선택이 다양한 것은 이전 문항들에서와 마찬가지로 지시어 선택상 자유변이를 보이는 것이라고 할 수 있다. 고급 학습자들이 한국어 모어 화자와 지시어 선택에서 유사한 양상을 보이는 이유는 고급 학습자들이 목표어인 한국어에 근접해 안정적인 지시어 사용을 하고 있기 때문이다.

　주목할 것은 문항 31번에서 '그' 선택의 이유에서 중급 학습자들에게서도 물리적 거리감을 든 예가 없었는데 이는 이전 문맥적 지시 문항들에서 중급 학습자들이 '그'를 선택할 경우 그 이유들 가운데 지속적으로 지시 대상과의 물리적 거리감이 언급되었던 것과 비교가 된다. 이는 문항 31번 문항에서 지시 대상이 개체가 아닌 '이야기'이기 때문으로 그 물리적 처소를 파악하기 어려운 대상에 대해서 물리적 거리감을 들지 않는 것으로 보인다. 지시어 선택에 지시 대상의 어휘 의미적 속성이 작용을 하고 있음을 볼 수 있는 부분이다.

지시 대상에 대한 정보면에서 청자 우위인 문항들에서 지시어 선택은 집단 간 통계적으로 유의미한 차이를 가지는 것으로 나타났으며 주요한 요인은 중급 학습자들의 지시어 선택상 자유변이에 의한 것이었다. 그러나 지시 대상의 어휘 의미적 속성에 따라 지시어 선택이 달라짐을 확인할 수 있었다. 중급 학습자들이 인물이나 사물과 같은 개체에 대해서는 물리적 거리감에 의해 '저'를 선택했다. 그러나 개체가 아닌 '이 야기'에 대해서는 물리적 거리감에 의해 지시어를 선택하지 않았고 '저'를 선택한 예도 없었다.

이제 지시 대상에 대한 정보상 우위를 화자가 가지는 언어맥락들에 대해서 검토하도록 한다. 화자가 지시 대상에 대해서 잘 안다는 언급을 한 후 이어지는 문항 29번의 언어맥락은 화자가 이를 바탕으로 지시 대상에 대한 평가를 내리는 것이다. 화자가 대상에 대한 화자의 우위를 주장하기 위해서 '이'를 선택할 수 있는 언어맥락이다.

문항 29번에서 고빈도로 나타난 지시어는 '이'가 아닌 '그'였으며 '이'에 대한 선택은 한국어 모어 화자들에게서도 낮은 빈도를 보였다. 결국 화자의 우위 주장이라는 측면이 한국어 모어 화자들을 포함하여 학습자들에게서 지시어로 잘 실현되지 않았다고 할 수 있다. 문항 29번에서 지시어 선택은 주로 '그'에 집중되었으나 지시어 선택상 나타난 집단 간 통계적으로 유의미한 차이는 고급 학습자들이 '그'를 집중적으로 선택한 것과 중급 학습자들 가운데 한 명이 지시 대상이 발화 현장에 존재하지 않기 때문이라는 이유로 '저'를 택한 데 있다.

문항 29번에서 연구 참여자들의 지시어 사용은 고급 학습자들이 지시어 선택에서 분포상으로도 무표적인 의미 기능을 선택하는 빈도가 더 높고 분포상 유표적 의미 기능을 선택하는 데는 어려움을 가지거나 소극적임을 다시 한 번 확인하게 한다. 중급 학습자들의 지시어 선택에서 자유변이를 볼 수 있는 것은 다른 문맥적 지시에서와 동일하게 관찰되는 바였다.

다음 32번 항목은 지시 대상에 대해 화자가 정보상 우위를 점하고 있는 언어맥락이되 지시 대상이 개체가 아닌 경우이다. 문항 32번의 언어맥락은 화자가 제공한 정보에 대해 의혹을 가지고 있는 청자에게 지시 대상과 관련한 정보면에서 청자보다 자신이 우위에 있음을 주장하는 경우이다. 실험 결과 연구 참여자들의 지시어 선택은 '아무 말도 필요 없음(×)'을 선택한 한국어 모어 화자 한 명을 제외하고는 '이'와 '그'로 수렴되어 집단 간 지시어 선택에 차이가 없는 것으로 나타났다.

문맥적 지시에서 화·청자 영역 대립이 존재하는 언어맥락에서 연구 참여자들의 지시어 사용을 살펴보았다. 지시어 선택에서 32번 문항을 제외한 모든 문항에서 집단 간 통계적으로 유의미한 차이가 있는 것으로 나타났는데 이러한 차이는 대부분 중급 학습자들의 지시어 선택상 자유변이에 의한 것이었다. 특히 중급 학습자들이 문맥적 지시 언어맥락에서 허용되지 않는 '저' 계열의 지시어를 선택하는 경향이 화·청자 영역 공유의 경우에서와 마찬가지로 반복되었다. 고급 학습자들의 지시어 선택은 한국어 모어 화자들의 지시어 선택 범위 내에서 이루어졌으나 선호도면에서 차이를 보였고 특히 유표적인 의미 기능을 수행하는 지시어 선택에서 오히려 중급 학습자들보다 소극적인 경향을 나타내었다.

## 4.3. 상념적 지시에서의 사용

### 4.3.1. 화·청자 영역 공유

화·청자 영역 공유는 지시 대상이 되는 화자의 상념이 화·청자에게 공유된다고 화자가 파악한 경우이다. 지시 대상의 물리적 소재가 발화 현장에 인접해 있는 언어맥락인 문항 24번과 그렇지 않은 맥락인 문항 9번을 순서대로 검토하도록 한다.

문항 24번([차 마시러 갈 까페 생각해 내기] 혜교: 어…… __24__ 어때? 우리 지난 주 화요일에 같이 갔던 곳 있지……. 이름이 뭐더라?)은 화자가 지시 대상에 대한 정보를 청자도 공유하고 있다고 판단하고 있는 까페 이름을 생각해내려는 언어맥락이다.

화·청자 공유 정보에 대한 지시 맥락인 문항 24번에서 연구 참여자들이 주요하게 선택한 지시어는 '거기'였다. 한국어 모어 화자와 고급 학습자들 대부분이 '거기'를 선택해서 지시어 선택면에서 거의 일치했다고 할 수 있는데 중급 학습자들의 경우는 '거기' 이외에도 '여기'나 '저기'로 분산되었다

문항 24번에서 연구 참여자들의 지시어 선택은 '거기'에 집중되어 있으되 중급 학습자들과 한국어 화자들은 지시어 선택상 자유변이를 보였고 고급 학습자들은 '거기'에 편중되는 양상을 보였다. 지시어 선택의 종류로 보아서는 중급 학습자들이 고급 학습자들보다 오히려 한국어 모어 화자의 지시어 선택 양상에 근접해 있는 것으로 보였다. 중급 학습자들의 지시어 선택에 자유변이는 한국어 모어 화자의 지시어 선택 범주 내에서 이루어지더라도 지시어 사용이 한국어에 적합한 것은 늘 아님을 확인할 수 있었는데 중급 학습자들은 지시 대상의 물리적 거리감을 들어 지시어를 선택한 예가 그러했다.

다음 문항 9번([같이 갔던 노래방 생각해 내기] 철수: 어…… __9__ 어때? 우리 지난달에 혜교하고 같이 갔던 곳 있지……)은 24번과 마찬가지로 화·청자에게 공유되는 화자의 상념이되, 지시 대상이 발화 현장에 인접해 있지 않은 경우이다. 지시 대상인 '노래방'은 발화 현장에 인접해 있지 않다.

실험 결과 연구 참여자들의 지시어 선택은 '거기'에 집중되었으나 9번에 대한 지시어 선택도 이전 문항 24번에서와 마찬가지로 집단 간 통계적으로 유의미한 차이를 보였는데 그 내용은 다음과 같다.

문항 9번에서 한국어 모어 화자와 고급 학습자들이 고빈도로 선택한 지시어는 '거기'였으나 중급 학습자들의 지시어 선택은 '거기'를 포함하여 '여기', '저기'등으로 골고루 분포하고 있으며 오히려 '저기'에 대한 빈도가 더 높았다.

‘거기’를 선택한 연구 참여자들의 대부분은 한국어 모어 화자와 고급 학습자들이었는데 이 두 집단에서 제시한 지시어 선택의 이유가 동일한 것은 아니었다. 고급 학습자들이 ‘거기’를 선택한 이유는 화·청자 공유 상념이나 화자의 상념에 대한 지시라거나 혹은 상념적 지시와 관련된 것뿐만 아니라 지시 대상과의 물리적 거리감에 대한 인식 등을 이유로 제시했는데 이는 상념적 지시가 일부 고급 학습자들에게도 습득상 어려운 의미 기능이었음을 보여준다.

　문항 9번에서 ‘저기’는 대부분 중급 학습자들이 선택한 것인데 ‘저기’를 택한 연구 참여자들이 제시한 이유는 화자의 상념 지시와 관련된 것이라기보다는 주로 물리적 거리감에 의한 것이었다. ‘여기’를 선택한 예도 지시어 선택상 자유변이를 보인 중급 학습자들에 의한 것이었다. 화·청자 공유 상념 지시나 화자 상념 지시와 관련된 이유는 없었으며 주로 물리적인 거리감과 관련된 이유들이 제시되었다. 그리고 제안 상황에 쓰이는 고정 표현으로 ‘이’ 계열의 지시어가 쓰인다고 파악한 경우 등이 있었다.

　화·청자 공유 영역에서 있는 상념에 대한 지시 문항 24번과 9번에서 연구 참여자는 모두 지시어 선택상 차이를 보였다. 상념적 지시에서 ‘이’, ‘그’, ‘저’ 계열의 지시어 선택은 문법성보다는 선호도의 문제가 될 수 있는데 동일한 언어맥락에서도 중급 학습자의 지시어 선택은 자유변이를 보이고 고급 학습자의 지시어 선택은 ‘그’ 계열에 편중되어 있는 양상을 보여 지시어 선택에 있어 고급 학습자가 보수적이었다고 할 수 있다. 일부 중급 학습자에게서 나타난 물리적 거리감에 의한 지시어 선택은 지시 층위를 달리하여 추상화되지 않고 절대적인 거리감으로 사용되는 것을 보여 이들 중급 학습자의 상념적 지시에서의 지시어 사용이 화시적 지시 층위에서 무표적인 의미 기능인 물리적 거리감에 의해 운용되고 있음을 볼 수 있었다.

### 4.3.2. 화·청자 영역 대립

화·청자 영역 대립과 관련된 언어맥락은 상념적 지시에서 청자만의 상념이 존재하는 것이 불가능하므로 결국 화자 단독의 상념에 대한 지시가 된다. 문항 37번과 34번으로 연구 참여자들의 지시어 사용을 점검하는데 37번은 지시 대상이 발화 현장에 인접해 있는 경우이고 34번은 발화 현장에 인접해 있지 않은 경우가 된다.

문항 37번([회식 장소 생각해 내기] 나미: __37__어떨까? '서울식당'이라고 얼마 전에 새로 생긴 곳인데, 불고기가 진짜 맛있고 회사에서도 가까워.)은 화자 자신만의 상념을 제안 상황에서 지시하는 경우로 화자 단독 상념에 대한 지시이므로 이를 부각시키자면 '여기'가 쓰일 수 있는 언어맥락이다. 실험 결과 37번에서 지시어 선택은 집단 간 통계적으로 유의미한 차이를 보이지 않았으나 지시어 선택의 종류와 선호도에서 일치하는 것은 아니었다.

중급 학습자들은 변함없이 지시어 선택상 자유변이를 보였다. 고급 학습자들의 경우는 화·청자 영역 공유의 문항들에서 보여주었던 지시어 선택 양상과 달랐는데 화자만의 단독 상념 지시에 와서는 지시어 선택에서 자유변이를 보인다. 한국어 모어 화자들이 '거기'를 선택한 주요한 이유들은 화자 혹은 화·청자의 상념이라는 것으로 상념적 지시의 의미 기능을 수행하는 데 '그' 계열의 지시어가 쓰인다고 파악한 것이다. 그러나 중급 및 고급 학습자들 가운데는 지시 대상과의 물리적인 거리감을 들어 지시어 선택을 하는 예가 있었으며 이들 학습자들은 상념적 지시 층위와 화시적 지시 층위 구분을 미처 습득하지 못한 것이라고 할 수 있다.

문항 37번에서 '저기'를 선택한 학습자들이 이전 화·청자 영역 대립 문항들에서는 한국어 모어 화자에만 국한되어 있었지만 고급 학습자들에게서도 발견되었는데 지시어 선택의 이유면에서는 숙달도에 따른 차이가 보였다. 중급 학습자들이 '저기'를 택한 이유는 물리적인 거리감에 의한 것이었는데 고급 학습자들이 '저기'를 택한 것은 지시 대상이 화자만의 상념이라는 것이었다. 이들 고급 학습자들은 지시 대상의 소재를 물리적인 것이 아니라 추상화된 상념으로 인식하고 화자가 명확히 그 명칭을 기억해 낼 수 없는 것을 추상화된 거리감으로 파악하여 지시어를 사용한 것이라고 할 수 있다.

문항 34번은 화자만의 상념에 대한 지시이되 지시 대상이 발화 현장으로부터 인접해 있지 않은 경우이다. 문항 34번([노트북을 싸게 살 수 있는 가게 생각해 내기] 혜교: (잠시 생각하다가) 아!__34__가 좋겠다. (용준에게) 'DC 노트북'이라고 버스 타고 30분쯤 가야 되니까 좀 멀지만…… 값은 정말 싸.)에서 지시 대상이 되는 '노트북' 가게에 대해서 화자만이 알고 있으므로 이는 화자만의 상념이며 '이' 계열의 지시어가 쓰일 것으로 기대되는 언어맥락이다. 34번 문항에서는 연구 참여자들의 지시어 선택은 다른 상념적 지시 관련 문항들에서와 마찬가지로 통계적으로 유의미한 차이를 보였다.

문항 34번에서 연구 참여자들의 지시어 선택은 전반적으로 자유변이를 보였다고 할 수 있으나 지시어 선택 종류의 선호도면에서는 한국어 모어 화자와 고급 학습자들이 그 양상을 함께 하고 중급 학습자들은 이와 차이를 보였다. 대부분의 한국어 모어 화자와 고급 학습자들의 지시어 선택은 '거기'에 집중되었다. 고급 학습자들의 대부분의 경우는 화자의 상념을 지시하기 위해 '거기'를 택한다고 해서 상념적 지시의 무표적인 의미 기능에 의해 지시어를 선택했음을 확인할 수 있었다. 그러나 중급 학습자들과 마찬가지로 고급 학습자들에게서도 '거기' 선택의 이유를 물리적인 거리감으로 든 예가 있어 상념적 지시 층위 구분이 학습자들에게 쉽지 않은 영역임을 알 수 있었다.

'저기'에 대한 선택은 주로 중급 학습자들에게서 나타났는데 상념에 대한 지시의 목적으로 '저기'가 선택되었다고 한 것들도 있지만 지시 대상과의 물리적인 거리감을 든 예도 있었다. 그리고 비가시적인 대상에 대한 지시로 '저기'를 택한 것은 고급 학습자들이나 한국어 모어 화자들이 같은 이유로 '거기'를 선택했던 것과 비교가 된다. 이는 중급 학습자들이 지시 대상과의 물리적인 거리감을 비가시성을 빌어 달리 표현한 것으로 생각할 수 있는 부분이다. 즉 비가시적일수록 지시 대상이 발화 현장으로부터 떨어져 있다고 본 것으로 판단된다.

상념적 지시에서 연구 참여자들의 지시어 사용은 한국어 모어 화자들을 포함하여 화·청자 영역 대립에 의한 영향을 크게 받지 않는 것으로 나타났다. 한국어 모어 화자와 고급 학습자들은 주로 '그' 계열의 지시어를 선택하였는데 지시어 선택의 이유는 주로 화자 상념 지시와 같이 상념적 지시의 무표적인 의미 기능에 대한 것으로 화자의 단독 상념 혹은 화·청자 영역 공유 상념에 대한 명시적인 구분이 지시어 선택과 뚜렷한 관련을 가지고 있지는 않았다. 중급 학습자들의 경우는 문맥적 지시에서와 마찬가지로 지시어 선택상 자유변이를 보였는데 다른 연구 참여자 집단에서는 적은 빈도를 보였던 '저' 계열의 지시어 선택의 이유를 포함하여 지시 대상과의 물리적인 거리감이 상념적 지시어 선택에 지속적으로 고려되고 있음을 보였다.

## 5 영어권 한국어 학습자의 지시어 사용에 대한 해석

본 장에서는 한국어 모어 화자들과 영어권 한국어 학습자들을 대상으로 한 지시어 사용에 대한 실험 결과 분석을 토대로 지시어 습득 양상을 해석한다. 먼저 화시적 지시에서 지시 대상에 대한 물리적 소재 판단이 이루어지는 언어맥락에서 중급 학습자와 고급 학습자들 모두 청자 영역 소재 대상과 화·청자 영역 밖 소재 대상에 대한 지시어 사용에 한국어 모어 화자와 차이를 보였으며, 학습자들의 지시어 사용은 오류로 분석되었다. 또한 비가시적인 발화 현장의 대상에 대한 지시어 사용에서도 학습자들과 한국어 모어 화자들의 사용 양상에 차이가 있었는데 특히 중급 학습자들에게서 비가시적인 대상에 대해서도 물리적 거리감에 의한 지시어 사용 경향이 있었다. 화시적 지시에서 지시 대상에 대한 물리적 소재 판단과 심리적 소재 판단이 교차할 수 있는 문항들에서 지시어 선택은 고급 학습자들의 경우 한국어 모어 화자들이 지시어를 선택한 범위 내에서 이루어진 반면 중급 학습자들은 자유변이를 보였다. 이들 문항들에서 지시어 선택의 이유와 함께 검토한 결과 학습자들의 지시어 사용은 물리적인 소재 판단에 의한 것이 높은 빈도로 나타났다.

문맥적 지시는 화·청자 영역 대립 유무로 하위 구분했었는데, 고급 학습자들과 한국어 모어 화자들의 지시어 선택은 같은 범위에서 이루어졌으나 중급 학습자들은 지시어 선택상 자유변이를 보였다. 중급 학습자들의 지시어 선택상 자유변이는 지시 대상과의 물리적 거리감에 의해 지시어를 사용하는 경향이 반복적으로 나타났기 때문이었다. 이는 중급 학습자들이 문맥적 지시와 화시적 지시 층위 구분에 어려움을 겪고 있음을 보이는 것으로 판단할 수 있었다. 문맥적 지시에서 효과조응이나 화·청자 소속 강조와 같은 의미 기능들과 관련된 언어맥락에서 학습자들과 한국어 모어 화자들의 지시어 선택의 이유들은 주로 단순히 전술 언급 지시라는 의미 기능 이유로 제시하는 빈도가 높았으나 그 정도성에서는 차이가 있었다. 한국어 모어 화자들이 효과조응과 화·청자 소속을 강조하기 위해 지시어를 선택하는 비율이 더 높았다. 고급 학습자들은 전술 언급 지시를 지시어 선택의 이유로 제시하는 것에 편중되어 있어서 오히려 중급 학습자들보다 이러한 지시 의미 기능을 사용하는 데 소극적인 것으로 나타났다.

상념적 지시에서는 한국어 모어 화자들을 포함하여 연구 참여자들이 대부분 '그' 계열 지시어를 선택했다. 이는 화·청자 영역 대립에 의해 지시어 형태를 달리 선택하기보다는 상념적 지시라는 기본적인 의미 기능에 의거한 것이었다. 한편 학습자들의 지시어 사용에서는 한국어 모어 화자들에게서 발견되지 않았던 지시 대상과의 물리적인 거리감에 의한 지시어 사용이 포착되었다. 물리적 거리감에 의해 지시어를 선택하는 것은 문맥적 지시에서 중급 학습자들에게서만 관찰되었던 것이었는데 상념적 지시에서는 중급 학습자들과 고급 학습자들에게서도 관찰되어 사용이 두 집단으로 확대되었다.

학습자들의 지시어 사용의 특성은 한국어 숙달도에 따라서 중급 학습자와 고급 학습자 간 차이를 보이고 학습자 집단이 한국어 모어 화자들과 차이를 보이는 것도 있었다. 본 연구의 이러한 양상의 배경을 후속절들에서 밝히도록 한다. 또한 학습자들의 지시어 사용은 실험 문항으로 제공한 언어맥락에서 학습자들이 선택한 지시어 형태와 그 기능의 대응을 보이는 것이므로 이들의 구조적인 관계를 언어맥락적 변이로 검토할 것이다.

## 5.1. 한국어 모어 화자와 학습자의 지시어 사용의 차이

다양한 문항들을 통해 제공한 언어맥락들에서 한국어 모어 화자 집단과 학습자들이 주로 차이를 보였던 바는 다음과 같다. 화시적 지시에서 학습자들은 물리적 거리감에 의해 지시 대상의 소재를 판단하는 언어맥락과 물리적·심리적 대상의 소재 판단이 교차하는 언어맥락에서 각기 한국어 모어 화자들의 지시어 사용 양상과 차이가 있는 지시어 사용을 보였다. 학습자들이 지시 대상에 대한 소재 판단이 물리적, 심리적으로 교차할 수 있는 언어맥락들에서 주로 물리적인 소재 판단을 내렸기 때문에 이러한 오류는 광범위하게 나타났으므로 주목할 필요가 있다.

문맥적 지시에서 학습자들은, 한국어 모어 화자들의 지시어 사용에 비해 지시어 의미 기능에서 다양한 문맥적 효과나 화자 영역에 대한 주장을 강조하기보다는 단순히 전술 언급 지시 의미 기능을 이유로 제시하는 빈도가 높았다. 이러한 차이는 선호도에 그치지 않고 잠재적인 오류가 될 수 있는 성격을 가지고 있다.

상념적 지시에서 한국어 모어 화자와 학습자들의 지시어 사용에서의 차이는 학습자들이 물리적 거리감에 의해 지시어를 사용하려는 양상을 보인 것에서 나타났다. 물리적 거리감에 의한 지시어 사용은 중급 학습자들에 의해 문맥적 지시에서 확인되었으나 상념적 지시에서는 고급 학습자들에게서도 확인되었다.

학습자들은 청자 영역 소재 지시 대상에 대해 '저' 계열의 지시어를 선택하거나 화·청자 영역 밖 소재 지시 대상에 대해 '그' 계열의 지시어를 택해 한국어 모어 화자들이 각각 '그' 계열, '저' 계열의 지시어를 사용하는 것과 차이를 보였다. 이러한 지시어 선택상 차이는 연구 참여자들이 제시한 이유들을 점검한 결과 학습자들이 화시적 지시에서 지시 대상에 대한 물리적 소재 판단의 기준점에 청자를 포함시키지 않았기 때문으로 판단된다.

화시적 지시에서 한국어 모어 화자와 학습자들의 지시어 사용을 대응시키면 학습자들의 지시어 사용 유형을 다음 <표 11>과 같이 정리할 수 있다.

〈표 11〉 개체에 대한 물리적 소재 판단에서 학습자의 지시어 사용 유형

| | 발화 현장 내 | | | 발화 현장 밖 |
|---|---|---|---|---|
| | 화자 영역 | 청자 영역 | 화·청자 영역 밖 | |
| 한국어 모어 화자 | 이 | 그 | 저 | ×† |
| 학습자 [유형 1] | 이 | 그 | 그 | 저 |
| 학습자 [유형 2] | 이 | 이 | 그 | 저 |
| 학습자 [유형 3] | 이 | 그 | 저 | 저 |
| 학습자 [유형 4] | 이 | 그 | 그/저 | 그 |
| 학습자 [유형 5] | 이 | 그 | 그/저‡ | × |
| 학습자 [유형 6] | 이 | 그/저 | 저 | × |

† '×'는 지시어를 사용하지 않음을 의미함
‡ '그/저'는 '그' 계열과 '저' 계열의 지시어가 모두 쓰일 수 있음을 의미함
• '이', '그', '저'는 '이' 계열의 지시어, '그' 계열의 지시어, '저' 계열의 지시어를 의미함

학습자들의 화시적 지시어 체계에는 위 표에 제시한 바와 같이 다양한 유형이 존재했으므로 학습자들이 한국어 모어 화자들과는 다른 지시어 운용 원리를 가지고 지시어를 사용하고 있다고 할 수 있다. 화시적 지시에서 화자 영역에 소재하는 개체에 대한 지시에서는 한국어 모어 화자나 학습자들 모두 '이' 계열의 지시어를 사용했다. 그러나 청자 영역과 화·청자 영역 밖에 소재하는 대상에 대한 지시어

사용에서는 한국어 모어 화자와 학습자 간 차이가 존재했다. 한국어 모어 화자는 청자 영역에 소재하는 개체에 '그' 계열, 화·청자 영역 밖에 소재하는 개체에 '저' 계열 지시어를 사용했으나 학습자들의 경우는 다양한 양상을 보였다.

한국어 모어 화자들과 차이를 보인 학습자들의 지시어 사용 유형을 통해 확인할 수 있는 바는 학습자들이 지시 대상의 물리적 소재 인식에서 청자에 대한 고려가 충분하지 못하다는 것과 비가시적인 대상에 대한 지시에 지시어를 사용하려는 경향이 있다는 것으로 요약할 수 있다. 학습자들의 화시적 지시 체계에서 청자 영역을 다른 영역들과 구분하는 것이 쉽지 않은 배경은 학습자들의 모어인 영어의 화시적 지시 체계가 목표어인 한국어의 지시 체계와 일치하지 않기 때문인 것으로 설명할 수 있다.

결국 학습자들의 화시적 지시 사용에서 청자 영역에 대한 고려가 충분하지 않았던 이유는 학습자들의 모어와 목표어의 화시적 체계가 상이했기 때문이라고 할 수 있다. 학습자들은 자신의 중간언어 체계에 모어에 존재하지 않은 청자의 물리적 영역에 대한 인식을 도입해야 하는데 이러한 화시적 지시 구조가 학습자들에게 익숙하지 않았고 한국어 지시어 3원 체계를 화자를 중심으로 분화한 것이라고 할 수 있다. 그 결과 발화 현장의 화·청자를 중심으로 배분되어야 하는 3원 지시어의 영역 구분이 학습자들에 의해 가변적이거나 비문법적인 유형들을 포함하게 된 것이다.

본 절에서 살핀 한국어 모어 화자와 학습자들의 지시어 사용상 차이는 한국어 지시 의미 기능 가운데 고급 학습자들도 미처 습득하지 못한 것으로 습득의 순서상 가장 마지막에 습득될 것으로 예상되는 의미 기능들이다. 학습자들이 한국어 모어 화자들과 차이를 보인 이와 같은 지시어 사용은 물리적 거리감을 중심으로 제시된 한국어 화시적 지시 층위에 대한 명시적 소개가 학습자들에게 명확하게 인식되기에는 부족했다는 점을 지적해준다. 또한 지시 층위에 대한 구분과 그 기준이 결여된 상태에서 제시되는 단편적인 지시어 의미 기능에 대한 지시는 오히려 학습자가 잘못된 가설을 수립하는 데 영향을 끼칠 가능성이 있음을 시사한다.

## 5.2. 한국어 학습자의 숙달도 변인에 따른 지시어 사용의 차이

전반적으로 연구 참여자들의 지시어 선택 종류 수는 중급 학습자들이 가장 많고 한국어 모어 화자와 고급 학습자들의 선택의 종류 수는 유사했으나 고급 학습자들이 선택한 지시어 종류 수는 한국어 모어 화자들에 비해 더 적은 경우들이 있었다. 그리고 고급 학습자들의 지시어 선택 종류가 대부분 한국어 모어 화자들이 선택한 <보기>의 범위 내에서 이루어진 반면 중급 학습자들의 선택은 이를 벗어나서 이루어진 것이 대부분이었다.

중급 학습자들이 전반적으로 지시어 선택상 자유변이를 보여 불안정하고 고급 학습자들의 지시어 선택은 한국어 모어 화자들의 지시어 선택 범위 내에서 소극적으로 이루어지는 것은 지시어 선택상 체계적인 안정성을 획득한 것이라고 할 수 있다. 이는 중급 학습자들이 지시어 사용에 대한 나름의 학습자 가설을 수립하고 수정하는 과정에 있기 때문이며 고급 학습자들의 지시어 사용이 한국어 모어 화자들의 지시어 사용에 근접해 있기 때문이라고 할 수 있다.

중급 학습자들과 고급 학습자들의 지시어 사용에서 차이는 다음과 같이 요약할 수 있다. 먼저 화시적 지시에서 화자와 청자의 초점이 되는 대상에 '그' 계열 지시어를 사용하는 경향이 중급 학습자들에게서 관찰되었다. 문맥적 지시에서 지시 대상과의 물리적 거리감에 의해 지시어 사용 결과 '저' 계열 지시어 선택이 빈번히 나타났는데 지시 대상이 개체가 아닌 것일 때는 '저' 계열의 지시어 사용을 보이지 않다가 지시 대상이 개체일 때 '저' 계열 선택이 두드러졌다. 또 상념적 지시에서는 중급 학습자들에게서 '다른 말'을 선택하는 빈도가 상념적 지시와 관련된 모든 문항들에서 관찰되었는데 이때 '다른 말' 선택은 선호도의 문제가 아니라 해당 언어맥락에서 지시어 사용을 배제하는 것들이었다.

중급 학습자들이 화시적 지시에서 지시대명사가 쓰일 언어맥락에 '그' 계열을 사용하는 것은 지시의 층위에 따라 변함없는 형태로 쓰이는 영어 3인칭 대명사가 한국어에서도 동일한 원리로 '그' 계열의 지시어로 대응된다고 본 것이다. 이와 같은 대응 구조 파악은 이들 학습자가 한국어에 대해 가지고 있는 'it'은 '그것'에 대응된다는 선지식을 화시적 지시에 확대 적용한 것이다. 중급 학습자들이 화시적 지시와 다른 두 지시 층위를 구분하는 데 어려움을 겪고 있음을 여러 차례 확인한 바 있다. 두 지시 층위에서 한국어와 영어가 가지는 상이한 형태적 대응은 지시 층위에 대한 충분한 구분 개념이 없이는 정확히 사용하기 어려운데 현재 한국어 교재에서 영어 형태 대 한국어 형태의 형태로 제공되는 지시어 의미 기능에 대한 제시 방법은 이와 같은 잘못된 가설과 사용을 야기할 가능성을 가지고 있다고 본다.

중급 학습자와 고급 학습자의 지시어 사용에서 빈번히 목격되었던 또 다른 차이는 물리적 거리감에 의해 지시어를 사용하는 지시 층위가 달랐다는 점이다. 연구 참여자가 각 지시 층위에서 물리적 거리감에 의해 지시어를 선택한 경우를 √ 표로 표시하면 다음 <표 12>와 같다.

〈표 12〉 물리적 거리감에 의한 지시어 사용의 분포

|  | 중급 학습자 | 고급 학습자 | 한국어 모어 화자 |
|---|---|---|---|
| 화시적 지시 | ✓ | ✓ | ✓ |
| 문맥적 지시 | ✓ | · | · |
| 상념적 지시 | ✓ | ✓ | · |

중급 학습자들이 문맥적 지시에서도 '저' 계열 지시어를 사용하고 그 이유로 물리적 거리감을 들었는데 고급 학습자에게서 이와 같은 사용은 나타나지 않았었다. 그러나 지시 층위를 바꾸어 상념적 지시에 이르러서는 중급 학습자들만이 아니라 고급 학습자들의 일부에서도 물리적 거리감에 의한 '그'나 '저' 사용의 예들

을 관찰할 수 있었다.

고급 학습자들은 문맥적 지시에서는 주로 전술 언급 지시에 의해 지시어를 선택했고 상념적 지시에서는 상념이라는 점에 주목해서 지시어를 선택하고 물리적 거리감에 대한 지시어 사용이 일부 고급 학습자들에게서 확인되었다. 고급 학습자들의 경우는 문맥적 지시에서는 물리적 거리감에 의한 지시어를 사용하지 않다가 상념적 지시에서 물리적 거리감을 이유로 언급했던 것은 익숙하지 않은 지시어 사용 언어맥락에서 화시적 지시의 지시어 사용 원리에 기대고자 했기 때문이라고 할 수 있다.

중급 학습자들 가운데는 상념적 지시에서 <보기> 가운데 지시어 대신 '다른 말'을 선택하려는 경향이 지속적으로 나타났다. 이는 학습자들의 모어의 영향으로 해석된다. 한국어에서 지시어 단독으로 상념적 지시 의미 기능을 수행하는 것이 가능한 반면 영어에서는 지시어가 관형절을 동반하지 않고서는 화자의 상념을 지시하는 상념적 지시의 의미 기능을 수행하는 것이 어렵다.

대부분의 고급 학습자들은 문맥적 지시와 상념적 지시를 화시적 지시 층위로부터 구분해 내는 데 성공적이라고 할 수 있다. 그러나 한국어 모어 화자의 지시어 사용에 비교했을 때 이들이 사용하는 지시어 의미 기능은 종류면에서 전술 언급 지시나 상념처럼 지시 층위의 가장 기본적인 것들에 국한이 되어 있어서, 한국어 모어 화자들이 문맥적 효과를 드러내거나 혹은 화·청자를 중심으로 상념의 공유 여부를 강조하는 데까지는 이르지 못했다고 할 수 있다. 중급 학습자들에게는 지시 층위 구분에 대한 도움이 요구되고 고급 학습자들에게는 한국어 지시 의미 기능을 상념적 지시 층위를 포함하여 다양하게 소개할 필요가 있다.

## 5.3. 한국어 학습자의 언어맥락적 조건에 따른 지시어 사용의 차이

한국어 지시어의 의미 기능 간 구조를 지시 층위 구분과 유표성에 따라 정리될 수 있는데, 이는 지시 층위 간 관계, 분포상 유표성과 의미상 유표성에 따른 관계의 세 가지로 구조화되는데 다음 <그림 2>와 같다.

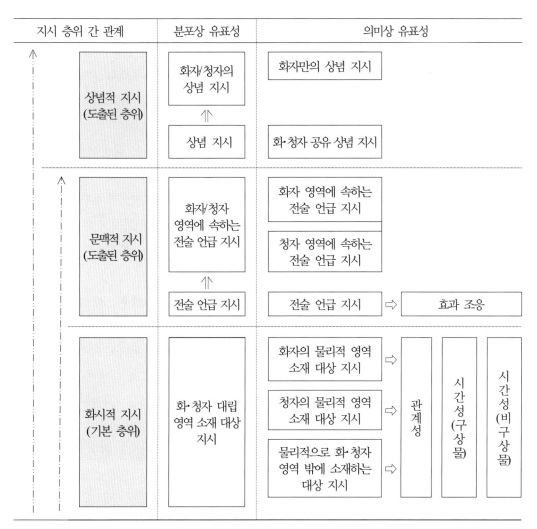

| 지시 층위 간 관계 | 분포상 유표성 | 의미상 유표성 | | | |
|---|---|---|---|---|---|
| 상념적 지시 (도출된 층위) | 화자/청자의 상념 지시 ⇑ 상념 지시 | 화자만의 상념 지시 화·청자 공유 상념 지시 | | | |
| 문맥적 지시 (도출된 층위) | 화자/청자 영역에 속하는 전술 언급 지시 ⇑ 전술 언급 지시 | 화자 영역에 속하는 전술 언급 지시 청자 영역에 속하는 전술 언급 지시 전술 언급 지시 ⇨ 효과 조응 | | | |
| 화시적 지시 (기본 층위) | 화·청자 대립 영역 소재 대상 지시 | 화자의 물리적 영역 소재 대상 지시 ⇨ 청자의 물리적 영역 소재 대상 지시 ⇨ 물리적으로 화·청자 영역 밖에 소재하는 대상 지시 ⇨ | 관계성 | 시간성 (구상물) | 시간성 (비구상물) |

- ---▷ : 화시적 지시에서 화·청자를 중심으로 한 물리적 영역 구분이 문맥적 지시와 상념적 지시에서 담화 공간과 상념의 공간으로 추상화되었음 표시
- ⇒ : 화살표 방향이 분포상 유표적인 의미 기능임을 표시
- ⇨ : 화살표 방향이 의미상 유표적인 의미 기능임을 표시

〈그림 2〉 지시어 의미 기능의 구조적 관계

각 지시 층위에서 학습자들의 지시어 선택과 그 이유들을 바탕으로 지시어 사용 양상을 검토한 결과, 중급 학습자들 가운데는 물리적 거리감이 '문맥적 지시'와 '상념적 지시'에서도 지속되었다. 고급 학습자들의 경우 문맥적 지시에서는 물리적 거리감에 의한 지시어 선택이 없었으나 상념적 지시에 이르러서는 물리적 거리감에 의한 지시어 사용이 나타났다.

화시적 지시에서 지시어 사용의 원리는 발화 현장이라는 물리적 공간을 화·청자 영역을 중심으로 분할하여 지시어를 선택하는 것인데 문맥적 지시와 상념적 지시에서는 이러한 영역이 담화 공간과 화자의 상념의 공간으로 추상화된다. 그러나 위와 같은 학습자들의 지시어 사용 양상은 학습자들이 화시적 지시 층위의 지시어 사용 원리를 다른 지시 층위에서 지시어를 사용하는 데 적용하고 있음을 보여준다.

본 연구의 이와 같은 결과는 화시적 지시가 다른 지시 층위들과 가지는 관계가 제2언어의 습득과 연관성이 있음을 보여준다. Diessel(1999) 등에서 화시적 지시 층위가 다른 지시 층위들을 도출해 내는 기본 층위가 된다고 주장한 바 있고 Clark(1978:96-97)은 제1언어 습득에서 화시적 지시 층위가 다른 지시 층위에 선행함을 보고한 바 있다. 그러나 제2언어 지시어 의미 기능 습득에서 지시 층위 간 관계에 대한 언급은 아직 이루어진 바 없었는데 본 연구의 결과로 제2언어 습득에서 지시 층위 간 관계와 습득의 방향성을 확인할 수 있었다. 결국 제1언어 습득에서와 마찬가지로 제2언어 습득에서 화시적 지시 층위가 다른 두 지시 층위에서의 지시어 사용을 도출해 내는 기반이 된다고 할 수 있을 것이다.

언어맥락적 변이라는 측면에서 중급 학습자들은 문맥적 지시의 맥락에서 전술 언급 지시와 물리적 거리감에 의한 대상 지시라는 두 가지 원리를 적용한 것이므로 문맥적 지시 층위에서 원리 적용이라는 측면에서 자유변이를 보이고 있다고 할 수 있다. 이에 비해 고급 학습자들은 문맥적 지시의 맥락에서 전술 언급 지시의 원리에 의해 지시어를 사용했으므로 한국어 모어 화자에 근접한 안정적인 사용 체계를 보였다고 할 수 있다. 상념적 지시에서는 중급 학습자와 고급 학습자들 가운데 물리적 거리감을 지시어 사용 원리로 든 예들이 포함되었으므로 두 집단 모두 지시어 사용 원리상 자유변이를 보였다고 할 수 있다. 자유변이에서 체계적인 변이로의 이행을 습득상 진전으로 보고 유사통시적인 방법으로 학습자들의 지시어 사용을 검토한다면 지시 층위에 대한 습득은 화시적 지시에서 문맥적 지시와 상념적 지시의 방향으로 전개된다고 할 수 있다.

학습자들은 유표적인 언어맥락들에서 주로 각 지시 층위의 기본적인 의미 기능에 의해 지시어를 선택했으며 이들은 무표적인 언어맥락들에서 지시어 선택에 사용되는 것들이었다. 분포상 유표적인 언어맥락들과 관련된 문맥적 지시 층위에서 학습자들이 지시어를 선택한 이유는 주로 단순히 '전술 언급 지시'에 집중하여 전술 언급의 주제나 정보상 우위가 화자 혹은 청자인지를 염두에 두지 않았다. 또한 학습자들은 상념적 지시에서도 화자만의 상념을 드러낼 수 있는 분포상 유표적인 언어맥락들에서 주로 '상념 지시'를 지시어 선택의 이유로 제시했다.

한편 의미상 유표성에 의해 의미 기능 수행이 가능한 언어맥락들에서도 무표적인 의미 기능을 선택하는 빈도가 높았다. 화시적 지시에서는 관계성이나 시간성 개입을 고려하기보다는 지시 대상이 속하는 물리적 영역 구분에 의해 지시어를 선택했고, 문맥적 지시에서는 전술 언급 지시 기능에 의해 지시어를 선택했다.

한국어 모어 화자와 학습자들의 지시어 선택 양상이 차이를 보였다. 학습자들은 지속적으로 물리적 소재 판단에 의한 지시어 선택에 고빈도를 보였고 한국어 모어 화자들은 물리적 소재 판단이 유도된 16번을 제외한 나머지 문항들에서 모두 심리적 소재 판단을 선호한 것으로 나타났다. 즉 화시적 지시에서 학습자들이 의미 기능상 유표적인 언어맥락들에서 주로 무표적인 의미 기능을 선택하는 경향을 보인 반면 한국어 모어 화자들은 주로 유표적인 의미 기능에 대한 선호도를 높게 보였다고 할 수 있다.

학습자들이 한국어 모어 화자들에 비해 의미상 유표적인 언어맥락에서 무표적인 의미 기능에 의해 지시어를 사용하는 경향이 높은 것은 문맥적 지시에서도 마찬가지로 확인되었다. 효과 조응의 다양한 유표적인 의미 기능들에서 학습자들은 반복적으로 '전술 언급' 지시 기능을 이유로 제시했다.

중급 학습자들의 지시어 선택 종류는 고급 학습자나 한국어 모어 화자에 비해 분산되어 있었다. 이는 지시어의 형태와 기능 간의 대응에 대해 다양한 학습자 가설들을 수립하고 검증하는 과정에 있음을 보였다. 이에 비해 고급 학습자들이 선택한 지시어 종류는 한국어 모어 화자의 선택 범위로 수렴되어 있었다. 그러나 분포상 유표적인 언어맥락들과 의미상 유표적인 언어맥락들에서 중급 학습자들과 동일하게 무표적인 의미 기능들을 선택하려는 경향이 있었다. 고급 학습자들이 비록 지시어 선택에서는 한국어 모어 화자들의 지시어 선택 범위 내에서 안정적이었지만 의미 기능 사용에서는 중급 학습자들의 수준에 머무르게 된 것은 현재 한국어 지시어 의미 기능에 대한 소개가 이처럼 무표적인 의미 기능을 중심으로 이루어지고 있는데 기인한다.

## 6 제안과 전망

본 연구는 학습자 언어에 나타나는 지시어와 지시어의 의미 기능 간의 대응 관계를 언어맥락적 변이 현상으로 포착해 설명하는데 목적을 두었다. 이를 위해 영어권 학습자들의 지시어 사용 양상은 언어맥락별로 한국어 모어 화자의 지시어 사용 양상과의 차이 및 한국어 숙달도에 따른 차이의 두 가지를 중심으로 검토되었다.

한국어의 지시어 의미 기능은 그동안 개별적으로 제시되어 왔으나 본 연구에서는 지시 층위 구분과 유표성에 따른 지시 의미 기능들 간의 관계에 따라 구분하였다. 지시 층위는 화시적 지시, 문맥적 지시, 상념적 지시로 나누었으며 이들 간의 관계 또한 기본 층위와 도출 층위로 나누었다. 동일 지시 층위에 속하는 다양한 의미 기능들은 분포적 유표성과 의미적 유표성에 의해 구분하였다. 분포적 유표성은 화·청자 영역 대립 유무에 의한 것이고 의미적 유표성은 각 지시 층위에서 수행되는 기본 의미 기능과 추가적인 의미 기능을 구분하는 기준이 되었다. 의미적 유표성에 의해 화시적 지시 층위는 대상에 대한 물리적 소재 판단에 의한 지시와 심리적 소재 판단에 의한 지시로 나뉘고, 문맥적 지시 층위는 단순 조응인 전술 언급 지시와 효과 조응으로 나뉘었다.

본 연구에서 검토한 지시 층위별 언어맥락에 따른 학습자들의 지시어 사용은 모어 화자들의 지시어 사용과 비교하여 다음과 같은 변이를 보였다. 모어 화자들이 지시어를 분화하는 원리는 화시적 지시 층위에서는 화·청자를 중심으로 한 물리적인 영역 구분이었으나 문맥적 지시와 상념적 지시에서는 이 영역 구분을 담화와 상념의 장에서 추상화하여 사용했다. 이에 반해 중급 학습자들은 물리적 거리감에 의한 영역 구분을 문맥적 지시와 상념적 지시로 확대 적용했으며 고급 학습자들은 물리적 거리감에 의한 영역 구분을 상념적 지시에 확대 적용했다.

학습자들은 분포상 유표적인 지시 언어맥락에서 분포상 무표적인 지시어 사용을 보여 지시어 사용에서 화·청자 대립을 드러내지 않았다. 또한 학습자들은 의미상 유표적인 지시 언어맥락에서 의미상 무표적인 의미 기능들에 의해 지시어를 사용하는 경향을 보였다. 또한 문맥적 지시에서도 '전술 언급 지시'와 같은 무표적인 의미 기능들에 의해 지시어를 사용했다.

한편 학습자들의 숙달도에 따른 지시어 사용의 차이 또한 확인되었는데 이는 지시어 선택과 지시 의미 기능 사용의 두 가지 측면으로 나누어 볼 수 있다. 지시어 선택 측면에서 중급 학습자들은 주어진 지시 언어맥락에서 자유변이를 보인 반면, 고급 학습자들은 한국어 모어 화자들의 지시어 선택 범위 내에서 지시어를 선택해 보다 안정적이었다. 고급 학습자들의 지시어 선택 양상은 한국어 모어 화자들의 지시어 선택 종류보다 더 적은 종류의 지시어들에 편중되는 현상을 보였다. 의미적 유표성이라는 측면에서 보았을 때 중급 학습자들이 의미상 유표적인 의미 기능에 의한 지시어 사용을 보였고 고급 학습자들은 대부분 의미상 무표적인 의미 기능에 의한 지시어 사용을 보였다. 이는 유표적 의미 기능 사용면에서 고급 학습자들이 소극적임을 나타내는 것으로 해석된다.

학습자들의 지시어 사용은 지시어 의미 기능 습득 초기에 제공되는 무표적인 의미 기능들에 기반을 두고 있어 숙달도가 높은 고급 학습자들도 한국어 모어 화자들의 지시어 사용과 격차를 가지고 있다. 고급 학습자들이 중급 학습자에 비해서 비교적 한국어에 적합한 지시어 선택을 했으나 지시어와 지시어의 의미 기능 대응에 있어서는 한국어 교재에 제시되고 있는 한정적이고 부분적인 지시어 사용 범위를 벗어나지 못했다고 할 수 있다.

본 연구에서 확인한 학습자들의 지시어 사용 양상은 현재 한국어 교재에서 제공되고 있는 지시어 의미 기능에 대한 제공이 양적, 질적인 측면에서 확대되고 심화될 필요를 제기한다. 그 방향은 지시 층위와 지시 의미 기능 소개를 확대하는 것과 지시 층위를 구성하는 의미 기능들 간의 구조적인 관계를 함께 소개해야 할 것이다. 먼저 지시 층위는 화시적 지시를 기반으로 하되 문맥적 지시와 상념적 지시를 포함하여야 하고 각 지시 층위에서 반복되는 화·청자를 중심으로 한 지시어 사용 원리를 설명해야 한다. 지시어 의미 기능에 대한 소개는 각 지시 층위에서 분포상 무표적이고 의미상 무표적인 것들을 기반으로 분포상 유표적이고 의미상 유표적인 것으로 전개되어야 한다.

본 연구는 지시의 세 층위와 각 층위에 속하는 의미 기능들을 대상으로 학습자들의 지시어 사용을 확인하고 그 습득 양상을 밝혔다. 본 연구에서는 한국어 지시 층위 간의 관계를 기본 층위와 도출 층위로 설명하고 동일 지시 층위에 속하는 의미 기능들 간의 관계를 분포상 유표성과 의미상 유표성에 의해 재구조화했다. 또한 본 연구의 결과를 기반으로 한국어 교육에서 제공되고 있는 지시어 의미 기능에 대한 안내를 보완하고 확충해야 할 필요성을 제기하였다. 본 연구는 지시어 사용 언어맥락에서 학습자들의 지시어 사용 양상을 관찰하였는데 이는 중간언어의 언어맥락적 변이에 대한 연구로서 가치를 가진다. 그리고 문맥 내에서 정확성의 측면에서뿐만이 아니라 유표성에 의한 것이었다는 점에서 기존의 언어맥락적 변이 연구와 차별성을 갖는다.

본 연구는 영어권 한국어 학습자들의 지시어 습득 양상을 살폈는데 이 연구 결과가 영어를 모어로 하는 특정 한국어 학습자들에 한정되지 않고 제2언어 한국어 지시어 습득에 광범위하게 나타나는 것으로 일반화될 수 있을지는 후속 연구를 통해 검증해 볼 필요가 있다. 또한 본 연구에서 제시한 지시어 사용에 대한 소개 방향을 구체적인 교수 방안의 형태로 구체화하는 작업도 후속되어야 할 것으로 본다.

## ■ 참고 문헌

김일웅(1981). 「대용의 분류」, 『언어연구』, 4, 부산대학교 어학연구소, 29-49.

김일웅(1982). 「우리말 대용어 연구」, 부산대학교 박사학위논문.

김일웅(1982). 「지시의 분류와 지시사 '이, 그, 저'의 쓰임」, 『한글』, 178, 한글학회. 53-88.

도수희(1967). 「대용언에 대하여」, 『어문연구』, 5, 67-98.

도수희(1976). 「'이', '그', '저'의 품사 문제」, 『어문연구』, 9, 81-96.

박병선(2004). 「한국어 지시관형사의 사용 양상 연구」, 『언어과학연구』, 28, 언어과학회. 61-78.

신지연(1998). 『국어 지시용언 연구』, 서울: 태학사.

안경화(2001). 「구어적 텍스트의 응결 장치 연구」, 『한국어 교육』, 12-1, 국제한국어교육학회. 137-157.

양명희(1998). 『현대국어 대용어에 대한 연구』, 서울: 태학사.

우형식(1986). 「국어 대용어에 관한 연구」, 연세대 석사학위논문.(우리말 연구 8. 홍문각에 재수록)

이기갑(1994). 「'그러하-'의 지시와 대용, 그리고 그 역사」, 『언어』, 19(2), 언어학회. 455-488.

이해영(2003). 「한국어 학습자의 시제표현 문법항목 발달패턴 연구」, 『이중언어학』, 22, 이중언어학회. 269-298.

이해영(2004). 「과제 유형에 따른 한국어 학습자의 중간언어 변이」, 『이중언어학』, 25, 이중언어학회. 255-283.

장경희(1980). 「지시어 '이, 그, 저'의 의미 분석」, 『어학연구』, 16(2), 서울대학교 어학연구소. 167-184.

장경희(2002). 「국어학의 이해 -대명사-」, 『새국어생활』, 12(2), 국립국어원. 147-161.

장경희(2004). 「국어 지시 표현의 유형과 성능」, 『한국어 의미학』, 15, 한국어의미학회. 51-70.

장석진(1972). 「Deixis의 생성적 고찰」, 『어학연구』, 8(2), 서울대학교 어학연구소, 26-43.

장석진(1985). 『화용론 연구』, 서울: 탑출판사.

정소아(2005). 「과제 유형에 따른 학습자 언어의 변이 연구-대용어의 기능을 중심으로」,

이화여자대학교 석사학위논문.

최현배(1959). 『우리말본』, 서울: 정음사.

허웅(1971). 『표준문법』, 서울: 신구문화사.

Clark, E. and Clark. H. H. (1979). "When Nouns Surface as Verbs." *Language*, *55*, 767-811.

Clark, E. (1973). "What's in a word: on the child's acquisition of semantics." *In Cognitive Development and the Acquisition of Language*. Tomothy Moore. (ed.) New york Academic press. 65-110.

Clark, H. H. (1973). "Space, Time, Semantics, and the Child." In Moor, T. E. (ed.), *Cognitive Development and the Acquisition of Language*. Academic Press.

Clark, H. H. and Clark. E. (1977). *Psychology and language: an introduction to psycholinguistics*. New York: Harcourt Brace Jovanovich

Comrie, B. (1984). "Why linguists need language acquirers." In W. Rutherford (ed.), *Typological studies in language*. Philadelpia: John Benjamins, 11-29.

Corder, S. P. (1967). "The significance of learner's errors." *International Review of Applied Linguistics*, *5*, 167-170.

Diessel, H. (1999). *Demonstratives: Form, Function, and Grammaticalization*. John Benjamins Publishing Company.

Eckman, F. (1977). "Markedness and the Constrastive Analysis Hypothesis." *Language Learning*, *27*, 315-330.

Ellis, R. (1994). *The study of Second Language Acquisition*. Oxford University Press.

Kim, Kyoungyoul. (2005). "discourse Functions of This, That, and It: An Analysis of Passing Strange." *담화와 인지*, *12*(3), 1-25.

Lyons, J. (1977). *Semantics*. Cambridge: Cambridge University Press.

Mauranen, A. (1993). *Cultural Differences in Academic Rhetoric*. Peter Lang.

Oh, Sun-Young. (2002). *Referring to people in Korean and English*. doctoral dissertation. University of California.

Sakoda, K. (1994). "On the Acquisition of Japanese Demonstratives by Korean Speakers." *Japanese/Korean Linguistics*, *4*. Center for the Study of Language Information. Lel and Stanford Junior University, 165-181.

Selinker, L. (1972). "Interlanguage." *International Review of applied Linguistics*, *10*, 209-231.

# 한국어 부사어 위치에 대한 화용론적 해석과 학습자의 이해

하지혜(이화여자대학교)

## 1 부사어 위치 학습에서 직면한 학습자의 어려움

주변에 있는 한국어 학습자들에게 한국어를 배울 때 무엇이 어렵냐고 한 번 물어보자. 어휘? 문법? 어떤 한 학습자는 분명히 알고 있는 표현인데, 대화 상대방과 서로 의미가 통하지 않을 때 가장 당황스럽다고 고백한다. 교실에서 배운 어휘, 문법, 그리고 여러 형태론적, 통사론적인 규칙들이 실제 의사소통 상황에서 적용되지 않을 때 학습자들은 당혹스럽다. 교실에서 들었던 많은 언어적 규칙들은 그럼 잘못된 것일까? 필요 없는 것일까? 어떤 것들이 학습자들을 당혹스러움에 빠트리는가? 본 연구는 학습자들의 이런 현실적인 어려움, 즉 언어 사용의 측면에서 학습자들이 겪는 소통의 어려움에 대한 관심으로 출발하고자 하였다. 그중에 하나가 어순이다. 한국어는 조사와 같은 문법적 표지로 인해 비교적 자유로운 어순을 가지는 것으로 설명되었다. 이것이 한국어 학습자에게도 충분한 설명이 될 수 있을까? 부족하다는 입장에서 본 연구는 어순, 그중에서도 부사어의 위치에 대한 미진한 설명을 보완하고 학습자들이 이에 대해 어떤 이해 양상을 보이는지 살펴보고자 하였다.

한국어 부사어는 문장 내에서 서술어(동사, 형용사, 존재사, 지정사), 수식어(관형사, 부사) 의 특정 성분을 수식하는 위치에 있음에도 문장 내에서 비교적 자유로운 위치를 가지는 것으로 분석된다. 학습자들에게 있어서 비교적 자유롭다는 특성은 제약이 있는 여타 문법 항목에 비해 쉬운 학습 항목으로 여겨지기 쉽다. 그러나 특정한 제약이 없기에 학습자들은 생산의 측면에서는 무엇을 어느 위치에 어떤 형태로 실현시킬지 판단하기 어려우며, 이해의 측면에서는 왜 그 자리에 그러한 형태로 실현되었는지를 판단하기 어려워 의미 파악에 실패하게 된다. 이러한 어려움은 결국 의사소통의 어려움으로 귀결된다. 따라서 부사어가 문장 내에서 비교적 자유로운 위치를 가진다는 개괄적인 표현은 한국어 학습자들에게 매우 위험한 단언으로 보인다. 한국어 부사어의 위치는 무조건적으로 자유롭지 않으며 그 위치에 따라 통사론적인 의미 차이가 발생하거나 화용론적인 화자의 의도 차이가 발생하기 때문이다.

부사어 위치와 관련한 이전 연구들을 먼저 살펴보자. 부사어 위치와 관련하여 국어학에서는 다각도에서 언급하고 있는데 김경훈(1996), 장영희(1996), 임유종(1997, 1999, 2005), 채희락(2002, 2004, 2005), 서정수(2005) 등에서는 개별 부사들의 통사론적인 특성을 세부적으로 살폈을 뿐만 아니라 특정 성분과의 호응 현상에 주목하여 부사 또는 부사어의 쓰임을 이해하는 데 도움을 준다. 한국어 교육에서는 특정 성분을 의사소통 상황에서의 사용의 관점으로 바라보는 것이 중요하기에 부사어에 대한 위치 제약 특성이나 특정 성분과의 호응 현상에 대한 논의는 한국어 교육에 고무적이다.

한국어 교육 분야에서는 부사어 위치 습득과 관련하여 전면적으로 다루어지지는 않았으나 부사어 오류 분석이나 사용 양상 연구에서 언급되고 있다. 부사 오류와 관련하여 강현화(2000), 유현경·서상규(2002), 이정희(2003), 홍은진(2004), 정예랜(2005) 등에서 학습자 말뭉치에 나타난 부사 사용 오류가 다루어졌다. 공통적으로 지적하고 있는 것은 학습자들이 어순 오류를 보인다는 것이다. 특히 이정희(2003:206)에서는 고급에서도 여전히 어순 오류가 나타남을 지적하였다. 이것은 그동안 그 중요성에 비해 부사어 위치 습득에 대한 교육적 관심이 부족했음을 의미한다. 부사어의 위치가 다른 학습 항목에 비해 한국어 능력에 큰 영향을 주지 않는다는 판단으로 인해 그 중요성이 간과되었기 때문일 것이다.

이와 달리 김지혜(2010), 조효설(2012), 두르순(2014), 송지혜(2015), 최형연(2015) 등은 부사가 문장 내의 특정 성분과 어울려 나타나는 현상인 호응 관계에 주목하였다. 앞서 살펴본 정예랜(2005)과 김지혜(2010), 최형연(2015)에서는 학습자들이 부정 또는 시제 표현과 호응하는 부사 습득에 어려움을 보임을 밝히고 그것의 교수·학습의 필요성을 증명하였다. 김지혜(2010), 송지혜(2015)에서도 학습자들이 호응 관계에 대한 이해가 부족하고 그 원인은 구체적인 의미 정보나 결합 정보를 학습자에게 제공하지 않았기 때문이라고 주장하였다. 이들 연구들은 구체적으로 부사의 위치에 대해 언급하지는 않았지만 부사가 다른 문장 성분과의 호응 관계에서 특정 위치를 가지고 있음을 보여주며 이러한 정보가 교수·학습 과정에서 학습자에게 명시적으로 노출되어야 함을 지적했다는 데 의미가 있다.

이상과 같은 한국어 교육에서의 연구들은 그동안 간과되었던 부사 습득에 주목하였다는 데 의의가 있으나 한계 또한 보인다. 첫째, 부사의 위치를 학습자들이 잘 습득하지 못하는 어려움이 있다는 지적에서 더 나아갈 필요가 있다. 구체적으로 학습자들이 습득에 어려움을 보이는 부사의 위치는 무엇이고 그렇다면 교수·학습 상황에서 어떤 부분을 부각하여 가르쳐야 할지에 대한 내용이 밝혀지지 못했다. 특히 품사로서의 부사만을 연구 대상으로 하여 문장 내에서 부사어로 기능하는 것들은 다루어지지 않았다.

둘째, 호응 관련 연구들은 부사의 특정 성분과의 호응 현상에 주목하였음에도 문법적 오류에 더 초점이 맞춰져 있다. 예를 들어 부사와 호응 관계에 있는 문법적 요소의 잘못된 선택으로 인한 오류나 호응 관계에 있는 문법적 요소의 형태적 오류에 초점이 있다. 따라서 부사의 위치 특성에 대한 본격적인 논의로 보기는 어려웠다.

셋째, 통사론적 층위에서 문법적으로 적합한 부사의 기본 위치[1]에 대해서는 인식하고 있었으나 화용론적 층위에서 화자의 의도에 의해 달라지는 부사의 위치에 대해서는 간과하고 있다. 실제 언어 사용은 화자의 의도에 따라 통사론적 층위에서 비문법적으로 보이는 여러 현상을 수반한다. 국어학에서 강소영(2006, 2008), 신서인(2009, 2011, 2014)은 통사론적 층위에서 비문법적인 것으로 판단될 수 있는 어순 변이를 다루면서 그러한 현상은 화자의 의도에 의한 것이므로 화용론적 층위에서 다루어져야 함을 보여준 바가 있다. 그러나 한국어 교육에서는 이에 대한 본격적인 연구가 진행되지 않았다. 화용론적 층위에서의 부사어 위치는 화자의 의도와 관련된 것이므로 학습자들이 그 의미 파악이 어려울 뿐만 아니라 원활한 의사소통을 위해 더욱 중요한 부분이기에 이에 대한 논의가 필요하다.

한편 제2언어로서의 영어 습득 영역에서도 부사 관련 연구들이 이루어져 왔다. Dissosway & Hartford(1984), Dissosway(1987), White(1991), Torlaković & Deugo(2004)는 제2언어 학습자들을 대상으로 영어 부사 습득과 관련한 연구를 진행하였는데 공통적으로 학습자들이 부사 위치 습득에 어려움이 있음을 지적하였으며 이를 개선하기 위해 그에 적합한 교수 방법을 적용하고자 하였다. Dissosway & Hartford(1984:2)는 학습자의 문어 자료에서 부사 위치 오류가 빈번함을 밝혔다. 이러한 부사 관련 오류를 극복하기 위해 교실에서의 교사 역할이 중요하다고 하였는데 교사는 부사의 형태, 부사가 속하는 의미 범주, 형용사와의 관계 그리고 부사의 위치에 유의해야 함을 주장하였다. 특히 부사의 위치는 모국어 전이가 일어날 수 있으므로 특히 유의할 것을 지적하였다. 이와 같이 제2언어 습득에서 부사 위치 습득의 어려움은 일찍이 지적된 바가 있으며 이것은 학습자 스스로 습득 가능하다기보다 교실에서의 교수·학습의 역할이 중요하다는 것이 인식되어 왔다.

---

1) 통사론적 층위에서 문법적으로 적합한 문장 성분들 간의 위치에 대해 일반적으로 기본 어순이라 지칭되며 그 외에 무표적인 어순, 중립적인 어순, 기정 어순 등으로 불린다. 본 연구에서도 통사론적 층위에서 문법적으로 적합하며 문장의 명제를 바꾸지 않는 문장 성분들의 위치 관계를 기본 어순으로 부르고자 한다.

그 이후 White(1991)에서는 프랑스인 학습자들을 대상으로 영어 부사 위치 습득을 위한 교수 효과를 검증하고자 하였다. White(1991)에서는 영어에서 주어+부사어+서술어(SAV) 어순은 가능하지만 주어+서술어+부사어+목적어(SVAO) 어순이 불가능하다는 것을 지적하면서 학습자들은 모국어의 영향으로 부사 위치 습득에 어려움이 있을 것으로 가정했다. 그러나 교실에서 그 어순에 대해 학습한 학습자들은 잘 이해할 것으로 가정했다. 그 가정을 확인하기 위해 부사 위치를 교수하는 집단과 그렇지 않은 비교 집단을 구성하여 교수 효과를 확인하였다. 그 결과, SAV 어순에 대해서는 교수 효과가 있었으나 SVAO 어순에 대해서는 교수 효과가 나타나지 않았다. SVAO 어순에 대해 교수 효과가 없었던 것은 교사들이 영어에서 불가능한 어순이므로 전혀 학습자들에게 노출을 하지 않았기 때문이었다.

Torlaković & Deugo(2004)에서는 컴퓨터 기반 외국어 학습법 Computer Assisted Language Learning, CALL을 활용한 부사 위치 교수가 학습자들에게 효과가 있는지를 검증하였는데, 그 결과 CALL의 활용은 부사 위치 교수에 효과가 있었다. White(1991)에서와 달리 Torlaković & Deugo(2004)에서 교수 효과가 있었던 것은 CALL의 장점 때문인 것으로 분석된다. Brazaitis(1992)와 McCarthy (1994)가 주장한 바와 같이 CALL은 학습자의 학습을 통제할 수 있고, 즉각적인 피드백이 가능하며, 피드백 시 면대면 피드백과 달리 학습자에게 심리적으로 부정적인 영향을 끼치지 않는다는 장점이 있기 때문이었다. White(1991)와 Torlaković & Deugo(2004)의 연구를 통해 제2언어 습득에 있어서 부사 위치 습득은 학습자들에게 어려운 것이나 교사의 명시적인 교수나 컴퓨터와 같은 시스템을 활용한 즉각적인 교수 방법은 부사 위치 습득에 효과가 있는 것으로 나타났다.

이상의 연구들로부터 우리는 부사 위치는 외국어 습득에서 어려운 학습 항목 중에 하나이면서 모국어 전이 또한 쉽게 일어나는 대상이라는 것을 확인할 수 있다. 그리고 교수·학습 현장에서 명시적으로 가르쳐지지 않을 때 더욱 혼란을 일으킬 수 있는 항목임을 타언어권에서도 확인할 수 있다. 특히 앞서 살펴본 바와 같이 제2언어로서의 한국어 습득 분야에서 부사어 위치에 대한 연구가 본격적으로 이루어지지 않았기에 한국어 학습자들에게 극복되기 어려운 항목으로 남아있다. 그렇기에 교수·학습 방안을 마련하기 위해서는 부사어 위치에 대한 학습자들의 습득 양상에 대한 고찰이 선행될 필요가 있다. 이를 위해 본 연구에서는 영어권 한국어 학습자들을 대상으로 부사어 위치에 대한 이해 양상을 살펴 그 습득이 어떻게 이루어지고 있는지 밝히고자 한다. 이에 따른 연구 문제는 다음과 같다.

> 연구 문제 1. 한국어 학습자들은 통사론적 층위의 한국어 부사어 위치를 잘 이해할 수 있는가?
> 연구 문제 2. 한국어 학습자들은 화용론적 층위의 한국어 부사어 위치를 잘 이해할 수 있는가?

학습자들은 어느 부사어가 문장 또는 발화 내에서 어느 자리에 위치 가능하며 어느 위치에서는 불가한지 그에 대한 정확한 이해가 필요하다. 이와 같은 통사론적 층위의 부사어 위치 특성을 학습자들이 잘 이해할 수 있는지를 연구 문제 1을 통해 살펴볼 것이다. 학습자들은 제한적인 위치를 가지는 부사어의 경우, 다른 경우의 수가 발생하지 않아 더욱 쉽게 이해할 수 있을 것이고 반대로 문장 내에서 여러 자리에 위치할 수 있는 부사어에 대해서는 이해에 어려움을 보일 것으로 예상된다. 연구 문제 2에서는 화자의 의도에 의해 기본 위치가 아닌 부사어의 위치를 학습자들이 한국어 모어 화자와 같이 잘 이해할 수 있는지를 살펴보겠다. 이것은 문법적 지식 이외의 화용론적 지식이 필요한 사안이므로 교수·학습 상황에서 습득 경험이 없는 학습자들은 상대적으로 더 어려움을 보일 것이다.

## 한국어 부사어의 위치에 나타난 문제

부사는 단어를 구분하기 위한 문법 범주인 품사의 하나이고 부사어는 문장 형성에 기여하는 문장 성분의 하나이다. 부사와 부사어는 다른 범주의 용어인 것이다. 그러나 부사는 형태 변화 없이[2] 용언을 수식하는 부사어로서 기능할 수 있으며 용언 이외에도 부사, 관형사 등을 수식할 수 있다[3]. 따라서 부사는 부사어와 다른 범주이지만 부사어에 포함된다. 부사 외에도 부사어로 기능하는 것이 있다. 아래 예를 살펴보자.

(1) 가. 일찍 일어났다.

　　 나. 학교에서 만나자.

　　 다. 꽤 일찍 일어났다.

(1가)는 부사 '일찍'이 문장 내에서 부사어로 기능한다. 그러나 (1나)는 명사 '학교'와 부사격 조사 '에서'가 결합한 '학교에서'가 문장 내에서 부사어로 기능하고 있다. 그리고 (1다)에서는 부사 '꽤'와 부사 '일찍'이 결합한 부사구가 문장 내에서 부사어로 기능하고 있다. 따라서 부사어에는 순수 부사[4] 외에도 부사격 조사가

---

2) 부사는 형태 변화를 하지 않으므로 일반적으로는 격조사가 결합하지 않지만 '공부를 열심히는 한다', '공부를 열심히도 하는구나', '많이들 먹었다', '빨리만 와 주세요' 등과 같이 부사에 보조사 '는, 도, 들, 만' 등이 결합할 수 있다. 이와 같이 불변화어 particle로 분류되는 부사에 보조사가 결합하는 현상은 채완(1986), 민현식(1991)에서 익히 지적된 바 있다.

3) 학교 문법에서는 부사가 용언, 체언, 관형사, 부사, 절, 문장을 수식하는 기능을 한다고 보나 김경훈(1996), 이관규(1999), 임유종(1999), 민현식(2002), 이은섭(2011) 등에서는 부사가 체언을 수식한다고 보는 것은 부사성을 위해하는 것으로 부사의 체언 수식 기능을 인정하지 않고 있다. 체언 수식 기능을 하는 것은 관형어이므로 부사가 체언을 수식할 때는 문장 내에서 관형어로 전승된 것으로 보아야 할 것이다. 그런데 '아주 미인이다', '꽤 전문가인 것 같다' 등과 같이 부사 '아주, 꽤' 등이 후행하는 체언을 수식하는 것으로 보이는데 이것은 체언에 지정사 '-이다'가 결합한 서술어이다. 따라서 본 연구에서는 '아주, 꽤' 등이 체언이 아닌 용언의 하나인 지정사를 수식하는 것으로 본다.

4) 순수 부사는 일반 부사, 단일 부사, 단순 부사, 본래 부사 등으로도 불리는데, 다른 품사로서의 지위를 지니지

결합한 것과 부사구가 있다. 본 연구에서는 이 모두를 연구 대상으로 삼는다.

부사어는 형태적, 통사적, 의미적 특성에 따라 분류될 수 있다. 형태적 특성에 따라서는 순수 부사, 파생 부사, 합성 부사로 구분된다. 통사적 특성에 따라서는 수식 대상이 무엇이냐에 따라 성분 부사와 문장 부사로 구분된다. 그런데 이들 중 특정한 문법적 요소와 호응하여 나타나는 것이 있으므로 호응 유무에 따라 호응 부사와 일반 부사5)로도 나누어 볼 수 있다. 의미적 특성에 따라서는 성상 부사, 상징 부사, 지시 부사, 부정 부사, 양태 부사 등으로 나뉜다. 이와 같은 주요 부사어 분류에 대한 내용을 정리하여 보이면 아래와 같다.


(2) 부사어 분류 요약
    가. 형태적 특성에 따른 분류
    나. 통사적 특성에 따른 분류
       ㄱ. 수식 대상에 따른 분류
       ㄴ. 호응 유무에 따른 분류
    다. 의미적 특성에 따른 분류


부사어 분류에서 부사어 위치와 관련되는 것은 (2나)와 (2다)의 분류 기준이다. (2나)와 (2다)는 문장 내에서의 부사어 위치와 관련되는데 (2다)는 부사어가 중첩되어 나타나는 부사어 어순과도 관련된다.

그런데 실제 대화 상황에서는 위치와 관련하여 다양한 변이가 일어날 수 있다. 문장 단위를 넘어선 것으로 이것은 화용론적 층위에서의 논의가 될 것이다. 강소영(2006, 2008), 신서인(2009, 2011, 2014)에서는 화용적 층위에서의 유표적인 어

---

않으며 다른 성분과의 결합도 없으며 형태 변형도 없이 다른 성분을 수식하는 기능을 하는 품사를 가리킨다. 순수 부사는 최형용(2014)에서 사용되었는데 부사 본연의 형태와 기능을 가장 잘 나타내는 표현이므로 본 연구에서도 이에 따르고자 한다.
5) 호응 부사, 일반 부사는 채희락(2002)에서 언급된 것으로 호응 유무에 따라 구분해 부른 것이다. 호응 유무를 분명히 나타낼 수 있으며 기존 논의에서 익히 사용되어 논의의 흐름에 적합하므로 이에 따르고자 한다.

순의 특징을 지적하면서 일정한 화용론적 맥락에서 다양한 어순 변이가 일어날 수 있고 부사 또한 그중 하나임을 언급한 바 있다. 아래 예문에서 보는 바와 같이 통사론적 층위에서 설명할 수 없는 부사어 위치가 한국어 모어 화자에 의해 실제로 발화되며 이것은 화자의 의도에 의한 것으로, 화자가 전달하고자 하는 특정한 의미를 가지게 된다.

(3) 가.  오늘 해야 돼.
    가′.  해야 돼 오늘.
    나.  오후에 올 수 있을까?
    나′.  올 수 있을까 오후에?

(3가)에서는 부사 '오늘'은 후행하는 동사 '하다' 또는 '해야 하-'의 절을 수식하고 있는데 이것은 통사론적 층위에서 부사의 무표적인 위치이다. 그런데 (3가′)에서는 부사 '오늘'이 피수식어인 동사 '하다' 또는 '해야 하-'의 절 뒤로 이동되었다. 이것은 부사가 피수식어를 선행하여 수식한다는 부사의 통사론적 기능에 위배되는 것이기에 유표적인 의미가 발생한다. 한국어 모어 화자라면 (3가′)에서 문말로 이동된 '오늘'에 초점이 놓이면서 문장의 명제에 담긴 화자의 의도가 강화된다는 것을 인식할 수 있다.

(3나)에서는 부사구 '오후에'는 후행하는 동사 '오다' 또는 '올 수 있-'의 절을 수식하고 있는데 이것 또한 통사론적 층위에서 부사어의 무표적인 위치이다. 그런데 (3나′)에서 부사구 '오늘에'가 피수식어인 동사 '오다' 또는 '올 수 있-'의 절 뒤로 이동되었다. (3가′)에서와 마찬가지로 이것은 부사어의 통사론적 기능에 위배되는 것이기에 유표적인 의미가 발생한다. 부탁하는 상황에서 한국어 모어 화자라면 (3나′)에서 문말로 이동된 '오후에'에 의해 문장의 명제적 의미 이상의 다른 화자의 의도를 생각하게 될 것이다. 화자는 '오후에'의 위치를 문말로 이동시킴으

로써 화자 자신이 대화 상대방에게 오후에 와 달라는 요청을 하는 것에 부담을 느끼고 자신의 요청이 부담스럽다는 것을 상대방에게 표현하여 상대방이 거절 의사를 표현하는 데 부담을 덜 느끼게 할 수 있다. 그런데 초점에 관여하는 것은 이러한 위치 또는 어순뿐만 아니라 억양, 강세, 휴지 등도 마찬가지이다. 그럼에도 불구하고 위치 또는 어순은 화자의 의도 표현에 기여하고 있으며 억양, 강세, 휴지 등과의 관계 속에서 화자의 의도에 영향을 미친다.

이상으로 부사어는 문장 내의 통사론적 층위를 벗어나 화용론적 층위에서 문말로의 이동을 보인다는 것을 알 수 있다. 이것은 화자의 의도와 관련되는데 화자의 의도를 강화 또는 약화시키는 기능을 하게 된다. 이와 같은 현상은 학습자 스스로 인식하기가 매우 어렵다. 그럼에도 불구하고 한국어 교육 현장에서는 통사론적 층위에서의 부사어의 의미와 기능이 중시되었다. 따라서 한국어 교육에서는 부사어 위치에 대해 통사론적 층위와 화용론적 층위에서의 부사어 위치를 모두 고려해야 할 것이다.


## 3 연구를 위한 최적의 방법

### ■ 연구 참여자

본 연구의 참여자는 총 60명으로 영어권 한국어 학습자 30명과 비교 대상으로서의 한국어 모어 화자 30명이었다. 최초 수집된 자료에서 모든 문항에 응답을 하지 않거나 하나의 번호만 선택하여 실험에 불성실한 태도를 보인 응답자를 제외한 후 총 60명의 자료로 확정하였다. 본 실험의 연구 참여자 정보를 보이면 아래와 같다.

| 집단 | 학습자 | 모어 화자 |
|---|---|---|
| 국적 | 영어권 | 한국 |
| 인원수(남:여) | 30명(6:24) | 30(11:19) |

부사는 한국어뿐만 아니라 다른 언어권에도 나타나는 언어 보편적인 품사 단위로 학습자들이 부사 범주를 이해하는 데 큰 어려움이 없을 것으로 여겨진다. 그러나 한국어의 어순이 비교적 자유로운 데 반해 영어는 고정적인 어순 유형으로 대별되며 한국어가 비교적 자유로운 어순임에도 불구하고 한국어의 부사어 위치 및 어순에는 제약이 나타난다. 따라서 영어권 학습자들은 부사어의 위치 및 어순 습득에 어려움을 보일 것이고 그 구체적인 양상이 어떠한지 살펴보기 위해 영어권 학습자를 대상으로 하였다.

본 연구는 문법적 능력뿐만 아니라 화용론적 능력 또한 연구 대상으로 하고 있으므로 중급 수준의 학습자들[6]을 대상으로 하였다. 서울 소재 대학 부설 언어교육 기관에서 학습 중인 영어를 모어로 하는 중급 수준의 학습자들이었으며, 국적을 보면, 미국 24명, 뉴질랜드 1명, 호주 1명, 영국 1명, 싱가포르 3명이었고 성비는 남성 6명, 여성 24명으로 그 비율에 있어서 교실 현장의 상황이 반영되었다.

비교 대상으로 한국어 모어 화자 또한 연구 참여자로 삼았다. 본 연구가 문장성분의 위치를 연구 대상으로 하므로 그에 대한 정오 판단에 있어서 연구자 직관으로부터 발생될 수 있는 오류를 없애기 위해 학습자와의 비교 집단으로 한국어 모어 화자 또한 연구 참여자로 삼았다. 한국어 모어 화자는 20~30대의 성인 남녀로 표준어를 구사하는 수도권 거주자들이었다.

---

6) 연구 참여자들이 소속된 해당 기관에서 1~2급은 초급, 3~4급은 중급, 5~6급은 고급에 해당한다. 동일한 기관 내에서 동일한 급에 배정된 학습자들이므로 숙달도에 있어서 동질한 집단으로 간주될 수 있었다.

## ■ 자료 수집 도구

본 연구는 크게 2가지의 연구 문제를 가지고 있으며 각 연구 문제 해결에 적합한 2가지 유형의 평가지를 개발하였다. 유형 1은 '문장 내 부사어 위치 찾기' 평가, 유형 2는 '상황에 맞는 부사어 위치 찾기' 평가였다. 평가지에 포함된 부사어는 21세기 세종계획 현대 구어 코퍼스에서의 사용 빈도와 학습자들이 언어 교육 기관에서 이미 학습한 것을 고려하여 연구자가 임의 선정하였으며 평가지에서 부사어가 포함된 문장은 모두 구어 발화[7]였다. 개발된 2가지 유형의 평가지는 Cronbach 검증을 통해 신뢰성을 검증하였다. 그 결과 유형별로 Cronbach의 알파 계수가 유형 1은 .925, 유형 2는 .675였다. 일반적으로 0.8~0.9 이상이면 바람직하고 0.6~0.7이면 수용할 만한 것으로 보므로(이학식·임지훈, 2011:121) 본 연구의 평가지들 모두 신뢰할 수 있었다. 평가지의 구체적인 내용을 아래에서 살펴보겠다.

## ■ 문장 내 부사어 위치 찾기

평가지 유형 1은 연구 문제 1을 해결하기 위한 것으로 학습자들이 통사론적 층위의 한국어 부사어의 위치를 어느 정도로 이해하는지 평가하기 위함이었다. 한국어 부사어는 형태적으로는 부사, 부사구, 조사 결합형으로 문장 내에서 수식 기능을 한다. 수식 대상은 절 또는 성분인데 성분은 용언(동사, 형용사, 지정사, 존재사), 관형사, 부사이다. 문장 내에서 부사어는 수식 대상과의 위치 관계에 따라 의미 차이를 만드는데 그 위치에 따라 다른 의미의 문장이 되기도 한다. 이와 같은 부사어의 위치 특성을 반영하여 평가지 유형 1을 구성하였다. 한편 한국어 문장은

---

7) 장경현(2010:101)에서 문어는 화자 지향성이 높으며 감정 표현이 거의 나타나지 않는다고 하였는데 부사어의 위치나 어순은 청자에 대한 화자의 의도·의사 또는 감정 표현과도 관련이 높으므로 구어에서의 사용이 중요하다고 하겠다. 이에 따라 본 연구에서는 학습자들의 부사어 위치에 대한 이해를 살피기 위해 구어 발화로서의 문장을 평가지에 사용하였다.

단문과 복문으로 구분된다. 복문은 다시 이어진 문장과 안은 문장으로 구분된다. 이어진 문장은 대등하게 이어진 문장, 종속적으로 이어진 문장으로, 안은 문장은 명사절, 부사절, 서술절을 안은 문장으로 나뉜다. 문장의 유형에 따라서도 부사어의 위치가 영향을 받을 수 있으므로 문장 유형을 또한 고려하여 평가지를 구성하였다. 따라서 모두 10개의 문항으로 구성되었다. 문장 유형은 단문 5개와 복문 5개로 구성되었다. 호응 유무에 따른 일반 부사어는 7개, 호응 부사어는 3개였다. 호응 부사어는 양태소 호응 부사어, 시제/상 호응 부사어, 부정소 호응 부사어로 구분되는데 일반 부사어에 비해 그 수가 많지 않으므로 이를 반영하여 구성하였다. 수식 대상에 따른 성분 수식 부사어는 6개, 절 수식 부사어는 4개였다. 가장 이상적으로는 5:5 비율로 포함해야 하나 출현 빈도, 문장 유형, 호응 유무 등을 모두 고려하여 6:4의 비율로 포함되었다. 평가지의 구성을 보이면 아래 표와 같다.

〈표 2〉 평가지 유형 1 문항 구성표

| 구분 | 부사어 | 부사어가 포함된 문장 유형 | 호응 유무 | 수식 대상 |
|---|---|---|---|---|
| 1 | 많이 | 단문 | - | 성분 |
| 2 | 다 | 단문 | - | 성분 |
| 3 | 유난히 | 단문 | - | 성분 |
| 4 | 학생에게 | 단문 | - | 성분 |
| 5 | 이번에 | 단문 | - | 절 |
| 6 | 아주 | 복문(대등하게 이어진 문장) | - | 성분 |
| 7 | 만일 | 복문(종속적으로 이어진 문장) | 호응(양태소) | 절 |
| 8 | 꽤 | 복문(서술절을 안은 문장) | - | 성분 |
| 9 | 어제 | 복문(명사절을 안은 문장) | 호응(시제/상) | 절 |
| 10 | 전혀 | 복문(부사절을 안은 문장) | 호응(부정소) | 절 |

그 문항의 예를 보이면 아래와 같다.

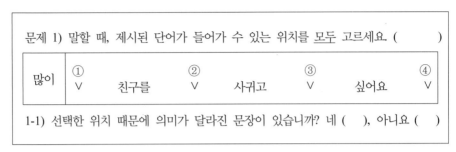

문제 1) 말할 때, 제시된 단어가 들어가 수 있는 위치를 <u>모두</u> 고르세요. (        )

| 많이 | ① ∨  친구를 | ② ∨  사귀고 | ③ ∨  싶어요 | ④ ∨ |
|------|------|------|------|------|

1-1) 선택한 위치 때문에 의미가 달라진 문장이 있습니까? 네 (     ), 아니요 (     )

〈그림 1〉 평가지 유형 1 문항 예시

각 문항은 그림 1과 같이 하위 문항(1-1)을 포함하고 있었다. 먼저 제시된 부사어를 보고 그 부사어가 문장 내에서 위치할 수 있는 자리를 중복적으로 찾아야 했으며, 이어서 그 부사어가 위치한 문장들 간에 의미 차이가 발생하는지를 찾아야 했다. 학습자들의 경우, 한국어 지문이 어려우면 정답률에 영향을 끼칠 수 있으므로 지문은 학습자의 모국어인 영어로 번역하여 제공하였으며 예시 또한 제공하여 이해를 도왔다.

■ 상황에 맞는 부사어 위치 찾기

평가지 유형 2는 연구 문제 2를 해결하기 위한 것으로 학습자들이 대화 상황에서 화자의 의도에 의한, 즉 화용론적 맥락에 따른 부사어 위치의 이동을 어느 정도로 이해할 수 있는지 살펴보기 위한 것이었다[8]. 평가지의 구성 내용을 보이면 아

---

8) 화자의 의도나 의사를 강화하거나 약화시킬 수 있는 방법 중의 하나는 강세 억양을 사용하는 것이다. 본 연구에서 대상으로 하는 부사어도 강세에 의해 그 의미에 영향을 받을 가능성이 있다. 그럼에도 불구하고 본 연구는 부사어 위치에 따른 차이만이 있는 두 문장을 보고 학습자들이 한국인들과 같이 그 의미를 이해할 수 있는지를 보고자 하였다. 본 연구의 목적이 억양의 영향이 아닌 위치에 대한 것이기 때문에 다른 요소의 영향을 최소화한 상태에서 연구 참여자들의 한국어 모어 화자와의 인식 차이를 보고자 한 것이었다.

래 표와 같다.

<표 3> 평가지 유형 2 문항 구성표

| 구분 | 부사어 위치에 따른 화자의 의도 | 부사어 제시 문장 |
|---|---|---|
| 1 | 의도/의사 강화 | 해야 돼, 오늘 |
| | | 정리해, 빨리 |
| | | 하고 싶어, 정말? |
| 2 | 의도/의사 약화 | 전화 올 거야, 아마... |
| | | 평소에 하는 게 어때요 조금씩이라도... |
| | | 혹시 올 수 있을까? 오후에라도... |
| 3 | 혼동 문항 | 요청하기 |
| | | 거절하기 |
| | | 요청하기 |
| | | 거절하기 |

총 10개의 문항으로 구성되었다. 이 중 4개 문항은 혼동 문항이었다. 화용론적 맥락에 따른 부사어 위치에 대한 것이므로 그에 적절한 상황이 제시될 필요가 있었기에 각 문항에는 모두 상황이 포함되었다. 각 문항은 2개의 질문으로 구성되었는데 질문 1은 가장 적절한 문장을 고르는 것이었고 질문 2는 부사어 위치에 따라서 두 문장이 의미 차이가 있는지를 주관식으로 묻는 것이었다. 문항의 예를 보이면 아래 그림과 같다.

※아래 문제를 읽고 답하세요.

상황) 나는 마리아와 같이 발표를 준비하고 있습니다. 마리아는 자꾸 날짜를 미루기만
하고 준비를 안하려고 합니다. **나는 오늘은 꼭 준비를 해야 한다**고 생각합니다.

1) 내가 어떻게 말하면 가장 좋을까요? (　　　)
① 오늘 해야 돼.
② 해야 돼, 오늘
③ 둘 다 상관 없다.

2) 위 문제에서, ①과 ②의 의미가 다르다면, 어떻게 다른지 쓰세요.
①은 _____
②는 _____

〈그림 2〉 평가지 유형 2 문항 예시

평가지 유형 2에 혼동 문항을 포함한 것은 선택지 ①은 부사어가 기본 위치에
나타난 문장이고 선택지 ②는 화자의 의도에 의해 부사어가 이동한 문장이며 선택
지 ③은 '모두 상관없다'였다. 유형 2의 선택지는 모두 이와 같아서 정답이 일괄적
으로 나올 가능성이 있었다. 따라서 연구 참여자들이 연구자가 의도한 답을 일괄
적으로 고를 위험성을 줄이기 위해 혼동 문항을 포함하였다. 혼동 문항의 구체적
인 예를 보이면 아래 그림과 같다.

상황) 과장님이 같이 야구를 보러 가자고 갑니다. 나는 시끄러운 곳을 싫어합니다.
과장님이 **기분 나쁘지 않게** 거절하고 싶습니다.

1) 내가 어떻게 말하면 가장 좋을까요? (　　　)
① 다음에 갈래요?
② 다음에 갈까요?
③ 다음에 가도 될까요?

〈그림 3〉 평가지 유형 3 혼동 문항 예시

■ 연구 절차 및 분석 방법

2015년 10월에 예비 실험을 거쳐 본 실험을 실시했다. 본 실험은 개인 정보 수집 및 연구 참여 동의서 작성, 평가지를 풀이하는 방법에 대한 설명, 평가 실시 순으로 이루어졌다. 평가지의 결과가 통계적으로 유의한지 확인하기 위해 IBM SPSS Statistics 21버전을 사용하여 기술 통계 분석과 적합한 통계 분석을 실시하였다. 평가지 유형 1의 첫 번째, 두 번째 질문 그리고 평가지 유형 2의 첫 번째 질문은 그 응답의 숫자가 크거나 작다는 의미가 없는 범주형 응답이었다. 따라서 두 집단의 응답이 통계적으로 유의미한 차이가 있는지 확인하기 위해서 통계 검증 방법 중 카이제곱 검증을 사용한 교차 분석을 실시하였고 유의 수준 .05에서 유의한 차이가 있는지 확인하였다. 그런데 평가지 유형 2의 두 번째 질문의 경우, 주관식 응답이었으므로 연구 참여자들이 기술한 응답들을 유사한 의미를 가진 것들끼리 범주화하여 구분해 분석하였다.

 **4  부사어 위치에 대한 한국어 학습자의 이해[9]**

본 장에서는 앞서 논의된 연구 방법을 통해 분석된 학습자들의 부사어 위치에 대한 이해 양상을 밝히고 논의하겠다. 통사론적 층위에서의 부사어 위치, 화용론적 층위에서의 부사어 위치에 대한 이해 양상으로 나누어 살펴보겠다.

---

9) 박사학위논문 하지혜(2016)에서는 통사론적 층위와 화용론적 층위로 나누어 살펴보았으나 본 내용에서는 후자에 초점을 두고 수정하였다.

## 4.1. 통사론적 층위에서의 부사어 위치

부사어는 문장 내에서 용언, 관형사, 다른 부사 등을 수식하거나 다른 문법적 요소와 호응하여 나타난다. 각 부사어는 하나 이상의 위치를 가지며 그 위치에 따라 의미 차이가 발생하기도 한다. 학습자와 한국인 집단의 위치 선택 결과와 두 집단 간의 선택에 통계적으로 유의미한 차이가 있는지 알아보기 위해 교차 분석을 실시하였다. 그 결과를 보이면 아래와 같다.

〈표 4〉 학습자 및 한국인 집단의 부사어 위치 이해

| 구분 | 항목 | 집단 | 평가지 문항 선택지[10] | | | | | | $x^2$ | 자유도 | 유의확률 |
|---|---|---|---|---|---|---|---|---|---|---|---|
| | | | ① | ② | ③ | ④ | ⑤ | ⑥ | | | |
| 1 | 많이 | 학습자 | 17 (31.5%) | 28 (51.9%) | 3 (5.6%) | 6 (11.1%) | | | 28.239* | 3 | .000 |
| | | 한국인 | 0 (0%) | 29 (58.0%) | 0 (0.0%) | 21 (42.0%) | | | | | |
| 2 | 다 | 학습자 | 18 (22.5%) | 28 (35%) | 28 (35%) | 6 (7.5%) | | | 17.416* | 3 | .001 |
| | | 한국인 | 2 (2.6%) | 30 (38.5%) | 30 (38.5%) | 16 (20.5%) | | | | | |
| 3 | 유난히 | 학습자 | 23 (40.3%) | 2 (3.5%) | 24 (42.1%) | 3 (5.3%) | 5 (8.8%) | | 7.409 | 4 | .116 |
| | | 한국인 | 28 (37.8%) | 1 (1.4%) | 30 (40.5%) | 0 (0.0%) | 15 (20.3%) | | | | |
| 4 | 아주 | 학습자 | 30 (41.1%) | 0 (0.0%) | 7 (9.6%) | 29 (39.7%) | 7 (9.6%) | | 2.031* | 4 | .017 |
| | | 한국인 | 30 (38.5%) | 1 (1.3%) | 0 (0.0%) | 30 (38.5%) | 17 (21.8%) | | | | |
| 5 | 꽤 | 학습자 | 6 (15.4%) | 23 (59%) | 10 (25.6%) | 0 (0.0%) | | | 11.389* | 3 | .010 |
| | | 한국인 | 1 (1.7%) | 30 (50.8%) | 22 (37.3%) | 6 (10.2%) | | | | | |

10) 원문자로 표시된 숫자는 평가지 문항의 선택지 번호다. 선택지 번호는 제시된 문장을 어절 단위로 문두와 문말을 포함한 것이다.

| | | | | | | | | | $x^2$ | df | p |
|---|---|---|---|---|---|---|---|---|---|---|---|
| 6 | 학생에게 | 학습자 | 18 (19.4%) | 30 (38.5%) | 9 (11.5%) | 14 (17.9%) | 7 (9.0%) | | 16.352* | 4 | .003 |
| | | 한국인 | 26 (26.3%) | 29 (29.3%) | 0 (0.0%) | 29 (29.3%) | 15 (15.2%) | | | | |
| 7 | 이번에 | 학습자 | 30 (33.7%) | 29 (32.6%) | 17 (19.1%) | 13 (14.6%) | 0 (0.0%) | | 1.264 | 3 | .738 |
| | | 한국인 | 30 (29.4%) | 30 (29.4%) | 22 (21.6%) | 20 (19.6%) | 0 (0.0%) | | | | |
| 8 | 어제 | 학습자 | 30 (34.1%) | 16 (18.2%) | 3 (3.4%) | 25 (28.4%) | 14 (15.9%) | | 2.257 | 4 | .689 |
| | | 한국인 | 30 (29.7%) | 20 (19.8%) | 1 (1.0%) | 29 (28.7%) | 21 (20.8%) | | | | |
| 9 | 만일 | 학습자 | 25 (33.8%) | 18 (24.3%) | 14 (18.9%) | 12 (16.2%) | 0 (0.0%) | 5 (6.8%) | 25.237* | 4 | .000 |
| | | 한국인 | 30 (53.6%) | 24 (42.9%) | 1 (1.8%) | 0 (0.0%) | 0 (0.0%) | 1 (1.8%) | | | |
| 10 | 전혀 | 학습자 | 1 (1.9%) | 18 (34.6%) | 25 (48.1%) | 7 (13.5%) | 1 (1.9%) | | 7.922 | 4 | .094 |
| | | 한국인 | 4 (6.7%) | 27 (45%) | 26 (43.3%) | 1 (1.7%) | 2 (3.3%) | | | | |

*$p < .05$

교차 분석 결과 1번($x^2$=28.239, df=3, $p$<.000), 2번($x^2$=17.416, df=3, $p$<.001), 4번($x^2$=2.031, $p$<.007), 5번($x^2$=11.389, $p$<.010), 6번($x^2$=16.352, $p$<.003), 9번 ($x^2$=25.237, $p$<.000) 문항에서 유의수준 .05에서 통계적으로 유의한 차이가 있었다. 이처럼 총 10개 문항 중에서 6개 문항(60%)에서 유의한 차이가 있었으므로 학습자들이 부사어 위치 이해에 어려움이 다소 있음을 알 수 있다. 그런데 어려움을 보인 6개 문항 중 5개인 1, 2, 4, 5, 6번 모두 수식 대상이 절이 아닌 성분이었다. 따라서 학습자들이 수식 대상이 성분일 경우, 그 위치 이해에 더 어려움을 보임을 알 수 있다. 특히 학습자들은 1번(많이), 4번(아주), 6번(학생에게)에서 한국인들이 한 번도 선택하지 않은 위치를 가능한 위치로 판단하였다. 1번(많이)에서는 한국인과 달리 ①, ③을 가능한 위치로 판단하였고, 4번(아주)와 6번(학생에게)에서는 한국인과 달리 ③을 가능한 위치로 판단한 것이다. '많이, 아주, 학생에게'가 초급

단계에서 학습되는 쉬운 항목임을 감안할 때 학습자들이 숙달도가 향상되었음에도 부사어 위치 이해에 혼란을 보임을 알 수 있다.

어려움을 보인 6개 문항 중 하나인 9번은 호응 부사어였다. 그러나 호응 부사어가 포함된 문항은 8, 9, 10번 3개 문항이었다. 이 중 9번 문항(33.3%)만을 어려워하였으므로 대체로 호응 부사어 위치는 잘 이해하는 것으로 보아야 한다. 호응 부사어는 호응을 이루는 요소와 동시에 출현하기에 그 위치 관계에 대한 이해가 높았을 것이다.

이상과 같이 <표 4>의 위치 선택 결과를 통해 학습자들이 한국인에 비해서는 부사어 위치를 잘 이해하지 못 하는 것을 확인할 수 있었다. 그런데 부사어는 위치가 달라짐에 따라 의미 차이도 발생한다. 학습자들이 한국인과 같이 부사어 위치에 따른 의미 차이도 잘 이해하고 있는지 확인하기 위해 평가지 유형 1에서 하위 질문으로 의미 차이가 있는지를 '네, 아니요'로 응답하게 하였다. 그 응답 결과를 교차 분석한 결과, 3번($x^2$=10.045, $p$<.007), 7번($x^2$=6.570, $p$<.037) 모두 유의수준 .05에서 통계적으로 유의한 차이가 있었다. 즉 학습자들은 3, 7번에서 부사어 위치에 따른 문장의 의미 차이를 잘 이해하지 못 했다. 이것은 <표 4>에서 보는 바와 같이 학습자들이 3, 7번의 부사어 위치를 한국인과 같이 잘 찾았을지라도 부사어 위치에 따른 의미 차이를 몰랐으므로 3, 7번의 부사어 위치 또한 잘 이해하지 못 했음을 의미한다. 결국, 학습자들은 총 10개 문항 중 8개 문항(80%)을 잘 이해하지 못했다. 따라서 학습자들은 통사론적 층위에서의 부사어 위치 이해에 어려움이 있음을 알 수 있다.

## 4.2. 화용론적 층위에서의 부사어 위치

화자는 자신의 의도를 강화하거나 또는 약화시키기 위해 통사론적 층위에서 문법적으로 적합하지 않은 다른 위치로 부사어를 위치시킬 수 있다. 화자의 의도를 강화하기 위한 부사어 위치와 화자의 의도를 약화하기 위한 부사어 위치로 나누어 학습자들의 이해 양상을 살펴보겠다.

### 4.2.1. 화자의 의도 강화를 위한 부사어 위치

화자의 의도 강화를 위해 부사어를 이동시킨 문항은 아래 표와 같이 모두 3개였다. 연구 참여자들은 평가지 유형 2의 첫 번째 문항에서 3가지 선택지인 통사론적 층위의 기본 위치(A위치), 화자의 의도에 의해 이동된 화용론적 층위의 위치(B위치), 둘 다 가능한 위치(C위치) 중 하나를 선택해야 했다.

〈표 5〉 화자의 의도 강화를 위한 부사어 위치 문항

| 구분 | 통사론적 층위의 기본 위치(A위치) | 화용론적 층위의 이동 위치(B위치) |
|---|---|---|
| 1 | <u>오늘</u> 해야 돼 | 해야 돼, <u>오늘</u> |
| 2 | <u>빨리</u> 정리해 | 정리해, <u>빨리</u> |
| 3 | <u>정말</u> 하고 싶어? | 하고 싶어, <u>정말</u>? |

화자의 의도 강화를 위한 부사어 이동에 대한 집단별 전체 응답 빈도는 아래 표와 같았다.

〈표 6〉 화자의 의도 강화를 위한 부사어 위치에 대한 응답 빈도표

| 선택 위치 | 학습자 | 한국인 |
|---|---|---|
| A위치 | 46(51%) | 9(10%) |
| B위치 | 12(13%) | 58(64%) |
| C위치 | 32(36%) | 23(26%) |
| 총합 | 90(100%) | 90(100%) |

위 표를 보면 학습자들은 A > C > B 위치 순으로 응답한 반면 한국인들은 B > C > A 위치 순으로 응답한 것을 확인할 수 있다. 이를 통해 학습자들이 의도 강화를 위해 이동된 부사어 위치에 대해 잘 이해하지 못한다고 판단할 수 있다.

문항별로 학습자들의 응답 결과가 한국인들과 통계적으로 유의미한 차이가 있는지 확인하기 위해 아래 표와 같이 교차 분석을 실시하였다.

〈표 7〉 화자의 의도 강화를 위한 부사어 위치에 대한 교차 분석 결과

| 구분 | 집단 | 평가지 문항 선택지 | | | $x^2$ | 자유도 | 유의확률 |
|---|---|---|---|---|---|---|---|
| | | A위치 | B위치 | C위치 | | | |
| 1 | 학습자 | 18(60%) | 2(6.7%) | 10(33.3%) | 21.931* | 2 | .000 |
| | 한국인 | 4(13.3%) | 18(60%) | 8(26.7%) | | | |
| 2 | 학습자 | 10(33.3%) | 6(20%) | 14(46.7%) | 20.529* | 2 | .000 |
| | 한국인 | 1(3.3%) | 23(76.7%) | 6(20%) | | | |
| 3 | 학습자 | 18(60%) | 4(13.3%) | 8(26.7%) | 17.016* | 2 | .000 |
| | 한국인 | 4(13.3%) | 17(56.7%) | 9(30%) | | | |

*$p < .05$

그 결과 1번($x^2$=21.931, $p$<.000), 2번($x^2$=20.529, $p$<.000), 3번($x^2$=17.016, $p$<.000) 모두 유의수준 .05에서 통계적으로 유의한 차이가 있었다. 각 문항에서 학습자와 한국인이 가장 높은 빈도로 선택 위치를 살펴보자. 1번에서는 학습자 60%가 A위치를 선택한 반면에 한국인 60%가 B위치를 선택하였고 2번에서는 학습자 46.7%가 C위치를 선택한 반면에 한국인 76.7%가 B위치를 선택하였고 3번에서는 학습자 60%가 A위치를 선택한 반면에 한국인 56.7%가 B위치를 선택하였다. 즉 모든 문항에서 학습자와 한국인이 가장 적합하다고 생각한 위치가 달랐다. 이를 통해 학습자들이 화자의 의도에 따른 부사어 위치에 대해 한국인과 다른 인

식을 보임을 알 수 있었다.

그런데 한국인과 같이 B위치를 선택하여 화자의 의도를 파악한 학습자들도 있었다. 이들이 화자의 의도를 명확히 파악하였는지 확인하기 위해 평가지 유형 2의 두 번째 문항에서 A위치와 B위치의 의미 차이가 있다면 어떤 차이가 있는지 주관식으로 기술하게 하였다. 아래 표는 학습자와 한국인의 그 주관식 답변을 정리한 것이다.

〈표 8〉 화자의 의도 강화를 위한 부사어 위치에 대한 의미 차이 이해

| 구분 | B위치 문장 | 학습자 | 한국인 |
|------|-----------|--------|--------|
| 1 | 해야 돼, 오늘 | 더 강조하는 느낌(5명) | 더 강조하는 느낌(16명) |
| | | 꼭 해야 되는데 다른 날보다 오늘이 더 좋음(1명) | 강조하고 명령하는 느낌(1명) |
| | | 머뭇거리는 느낌이 있음(1명) | 단호한 느낌(2명) |
| | | - | 강하고 위압적(1명) |
| | | - | 강경하게 들림(1명) |
| | 합계[11] | 5명 | 21명 |
| 2 | 정리해, 빨리 | 더 직접적이고 화가 난 느낌(2명) | 단호한 느낌(12명) |
| | | 서둘러야 할 것 같음(1명) | 단호하고 화가 난 느낌(1명) |
| | | 덜 단호함(3명) | 더 강한 느낌(9명) |
| | | A위치는 서둘러서 시작하라는 의미이고 B위치는 빠른 속도로 청소하라는 의미(1명) | 더 단정적(1명) |
| | | A위치는 빠른 속도로 청소하라는 의미이고 B위치는 청소를 시작하라는 제안의 의미(1명) | 좀 더 지시적(1명) |
| | 합계 | 3명 | 24명 |

| 3 | 하고 싶어, 정말? | 더 적극적(3명) | 의미가 더 강한 느낌(13명) |
| --- | --- | --- | --- |
| | | 더 강조하는 느낌(2명) | 더 주관적(2명) |
| | | 더 무례한 느낌(1명) | A위치는 상대방 의사 확인, B위치는 내 감정이 더 들어있음(1명) |
| | | 덜 강조하는 느낌(1명) | - |
| | | 더 조심하는 느낌(1명) | - |
| | 합계 | 6명 | 16명 |
| 전체 총합 | | 14명(15.6%) | 61명(67.8%) |

한국인의 경우 총 61명(67.8%)이 화자의 의도가 강화되었음을 '단호하다, 강하다, 단정적이다, 위압적이다, 강조한다' 등으로 표현하고 학습자의 경우 총 14명(15.6%)이 의도가 강화되었음을 '강조한다, 직접적이다, 적극적이다, 더 무례하다' 등으로 표현하였다. 위치 선택과 그 의미 이해 여부를 비교해 보면 한국인은 <표 7>에서 보는 바와 같이 B위치를 58명(64%)이 선택하고 <표 8>에서 보는 바와 같이 총 61명(67.8%)이 화자의 의도가 강화되었다고 답하였다. 한국인들은 C위치를 선택하고도 화자의 의도가 강화되었다고 답한 사람이 있었기에 B위치를 선택한 사람의 비율보다 의도 강화의 의미를 이해한 사람의 비율이 더 높았다. 학습자들의 경우는 <표 7>에서 보는 바와 같이 B위치를 총 12명(13%)이 선택하였는데 그 의미에 대해서는 <표 8>에서 보는 바와 같이 총 14명(15.6%)이 화자의 의도가 강화되었다고 이해하였다. 이를 통해 학습자들은 한국인들과는 현격한 차이로 화자의 의도가 강화되었음을 잘 인식하지 못함을 알 수 있다. 그뿐만 학습자들은 B위치에 대해 '머뭇거리는 것 같다, 더 조심하는 느낌이다, 덜 강조하는 느낌이다' 라고 하여 정반대의 의미로 인식하기도 하여 화자의 의도를 잘 파악하지 못하였다.

---

11) 위 표에서 합계란, 부사어 이동에 의한 의미 차이를 한국인과 같이 이해한 학습자 수의 총합을 의미한다.

### 4.2.2. 화자의 의도 약화를 위한 부사어 위치

화자의 의도 약화를 위해 부사어를 이동시킨 문항은 모두 3개 문항으로 아래 표와 같았다. 연구 참여자들은 평가지 유형 2의 첫 번째 문항에서 3가지 선택지인 통사론적 층위의 기본 위치(A위치), 화자의 의도에 의해 화용론적 층위의 위치(B위치), 둘 다 가능한 위치(C위치) 중 하나를 선택해야 했다.

〈표 9〉 화자의 의도 약화를 위한 부사어 위치 문항

| 구분 | 통사론적 층위의 기본 위치(A위치) | 화용론적 층위의 이동 위치(B위치) |
|---|---|---|
| 4 | 아마 전화 올 거야 | 전화 올 거야, 아마… |
| 5 | 조금씩이라도 평소에 하는 게 어때요? | 평소에 하는 게 어때요 조금씩이라도… |
| 6 | 혹시 오후에라도 올 수 있을까? | 혹시 올 수 있을까? 오후에라도… |

화자의 의도 약화를 위한 부사어 이동에 대한 집단별 전체 응답 빈도는 아래와 같았다.

〈표 10〉 화자의 의도 약화를 위한 부사어 위치에 대한 응답 빈도표

| 선택 위치 | 학습자 | 한국인 |
|---|---|---|
| A위치 | 53(59%) | 12(13%) |
| B위치 | 13(14%) | 60(67%) |
| C위치 | 24(27%) | 18(20%) |
| 총합 | 90(100%) | 90(100%) |

위 표를 보면 학습자들은 A > C > B 위치 순으로 응답한 반면 한국인들은

B > C > A 위치 순으로 응답한 것을 확인할 수 있다. 이를 통해 학습자들이 화자의 의도 약화를 위해 이동된 부사어 위치에 대해 잘 이해하지 못한다고 판단할 수 있다. 문항별로 학습자들의 응답 결과가 한국인들과 통계적으로 유의미한 차이가 있는지 확인하기 위해 아래와 같이 교차 분석을 실시하였다.

〈표 11〉 화자의 의도 약화를 위한 부사어 위치에 대한 교차 분석 결과

| 구분 | 집단 | 평가지 문항 선택지 | | | $x^2$ | 자유도 | 유의확률 |
|---|---|---|---|---|---|---|---|
| | | A위치 | B위치 | C위치 | | | |
| 4 | 학습자 | 8(26.7%) | 6(20%) | 16(53.3%) | 19.810* | 2 | .000 |
| | 한국인 | 0(0%) | 22(73.3%) | 8(26.7%) | | | |
| 5 | 학습자 | 23(76.7%) | 4(13.3%) | 3(10%) | 15.806* | 2 | .000 |
| | 한국인 | 8(26.7%) | 17(56.7%) | 5(16.7%) | | | |
| 6 | 학습자 | 22(73.3%) | 3(10%) | 5(16.7%) | 25.962* | 2 | .000 |
| | 한국인 | 4(13.3%) | 21(70%) | 5(16.7%) | | | |

*$p < .05$

분석 결과 4번($x^2$=19.810, $p$<.000), 5번($x^2$=15.806, $p$<.000), 6번($x^2$=25.962, $p$<.000) 모두 유의 수준 .05에서 통계적으로 유의미한 차이가 있었다. 각 문항별로 가장 선택 빈도가 높았던 위치를 살펴보면, 4번에서는 학습자 53.3%가 C위치를 선택한 반면에 한국인 73.3%가 B위치를 선택하였고, 5번에서는 학습자 76.7%가 A위치를 선택한 반면에 한국인 56.7%가 B위치를 선택하였으며 6번에서는 학습자 73.3%가 A위치를 선택하고 한국인 70%가 B위치를 선택하였다. 이를 통해 학습자들이 화자의 의도 약화를 위한 부사어 위치에 대해 한국인과 다른 인식을 보임을 알 수 있었다.

그런데 한국인과 같이 B위치를 선택하여 화자의 의도를 파악한 학습자들도 있었다. 이들이 화자의 의도를 명확히 파악하였는지 확인하기 위해 평가지 유형 2의 두 번째 문항에서 A위치와 B위치의 의미 차이가 있다면 어떤 차이가 있는지 주관식으로 기술하게 하였다. 아래 표는 학습자와 한국인의 그 주관식 답변을 정리한 것이다.

〈표 12〉 화자의 의도 약화를 위한 부사어 위치에 대한 의미 이해

| 구분 | B위치 문장 | 학습자 | 한국인 |
|---|---|---|---|
| 4 | 전화 올 거야, 아마… | 더 망설이는 느낌(1명) | 확신 없어 보임(12명) |
| | | 더 불확실한 느낌(2명) | 자신 없는 느낌이 강함(10명) |
| | | 바람을 나타내는 것 같음(1명) | 안 올 수도 있는 마음이 큼(1명) |
| | | - | 돌려서 말하는 느낌(1명) |
| | 합계[12] | 3명 | 24명 |
| 5 | 평소에 하는 게 어때요 조금씩이라도… | 조심스러운 느낌(2명) | 더 조심스러운 느낌(14명) |
| | | 덜 강조하는 느낌(1명) | 상대방이 부담을 덜 느낄 것 같음(1명) |
| | | - | 더 간접적으로 들림(2명) |
| | | - | 좀 더 부드러운 느낌(1명) |
| | | - | 부드럽고 조심스러운 느낌(1명) |
| | 합계 | 3명 | 19명 |

---

12) 위 표에서 합계란, 부사어 위치에 의한 의미 차이를 한국인과 같이 이해한 학습자 수의 총합을 의미한다.

| 6 | 혹시 올 수 있을까? 오후에라도… | 더 애매하게 들림(1명) | 좀 더 조심스러운 느낌(14명) |
| --- | --- | --- | --- |
| | | 덜 강조하는 느낌(1명) | 부드럽고 조심스러운 느낌(1명) |
| | | 더 사려 깊게 들림(2명) | A위치가 더 단호한 느낌(2명) |
| | | A위치는 틀린 표현(1명) | 더 간접적으로 들림(1명) |
| | 합계 | 4명 | 18명 |
| | 전체 총합 | 10명(11.1%) | 61명(67.8%) |

한국인의 경우 '확신 없어 보임, 간접적으로 들림, 조심스러운 느낌' 등으로 화자의 의도가 약화된 것으로 인식하였다. 학습자들도 '망설이는 느낌, 조심스러운 느낌, 덜 강조하는 느낌'으로 화자의 의도가 약화된 것을 느끼고 있었다. 위치 선택과 의도 이해 결과를 비교해 보면, 한국인의 경우는 <표 11>에서는 보는 바와 같이 총 60명(66.7%)이 B위치를 선택하고 그 의도 차이를 <표 12>에서 보는 바와 같이 것과 총 61명(67.8%)이 화자의 의도가 약화된 것으로 이해하고 있었다. 반면에 학습자의 경우, <표 11>에서 보는 바와 같이 총 13명(14%)이 B위치를 선택하였고 화자의 의도 약화에 대해 기술한 수는 <표 12>에서 보는 바와 같이 총 10명(11.1%)이었다. 총 13명(14%)이 B위치를 선택했음에도 10명(11.1%)만이 화자의 의도 약화를 이해하였다. 즉 학습자들은 화자의 의도 약화의 부사어 위치에 대해 한국인과 다른 이해를 보이고 있었다. 그리고 화자의 의도 강화의 부사어 위치보다도 더 잘 파악하지 못하고 있었다.

이상과 같은 결과를 살펴볼 때 학습자들은 통사론적, 화용론적 층위에서의 부사어 위치 이해에 어려움을 겪고 있음을 확인할 수 있다 특히 화용론적 층위에서의 부사어 위치가 가지는 화자의 의도를 잘 이해하지 못함으로써 상위 수준의 학습자가 갖추어야 할 의사소통 능력을 갖추기 어려울 것으로 예상된다. 이것은 모국어와 교수·학습의 영향 때문으로 판단할 수 있다. 교수·학습 현장에서 다루어지 않는다는 것은 학습자 스스로의 몫으로 남게 되는데 자가 학습이 쉽지 않은 제2언어 학습자들은 Widdowson(1978)의 주장처럼 제2언어를 사용한 의사소통 상황에서 모국어의 영향을 받기 때문이다. 이를 개선하기 위해서는 학습 요소로서 배제되었던 부사어 위치에 인식을 재고하여 교수·학습 적용 방안을 마련해야 할 것이다.

## 5 제안과 전망

본 연구는 그간의 연구에서 다루어지지 않았던 부사어 위치를 한국어 교육의 측면에서 다루었다는 데에서부터 그 의의를 찾을 수 있겠다. 부사어는 학습자의 발화를 더욱 다채롭게 만들어 보다 고급한 한국어 학습자로 발돋움하는 데 기여하는 바가 크므로 그 의미가 있었다. 또한 본 연구는 교육 현장에서 다루어야 할 부사어 위치에 대한 자료를 제공하므로 한국어 교육 현장에 기여하는 바가 있었다. 기존의 교육 현장에서 집중되어 온 단어 및 문형의 의미 이해에 대한 학습에서 나아가 부사어라는 부가어적인 요소에 대해 조명할 필요성과 위치와 같이 상대적으로 부수적인 것으로 여겨져 온 통사론적 요소에 대한 인식 고취에 기여하는 바가 있었다고 하겠다. 그리고 무엇보다 본 연구는 그간 교육 현장에서 상대적으로 도외시 되고 있었던 화용론적 층위의 학습 대상의 중요성을 다시 한 번 확인시켜 주었다는 데에도 의미가 있다. 부사어의 위치라는 학습 대상은 통사론적 층위에서만 다루어져서는 습득될 수 없는 요인이기 때문이다.

이상과 같이 부사어는 화자의 의도에 따른 위치는 화용론적 의미를 가지는 것으로서 숙달도가 높아질수록 학습자들에게 점차 중요해지는 학습 요소이다. 그럼에도 불구하고 교재와 교수·학습 현장에서 다루어지지 않아 학습자 스스로 학습해야 하는 요소로서 남아 있었다. Gass & Selinker(1994:239)에 따르면 모국어 학습자들뿐만 아니라 제2언어 학습자들도 발음, 어휘, (통사론적) 어순 이상의 화용적 의미를 이해해야 하고, 이해영(2015:249)에서 언급된 바와 같이 한국어 모어 화자들은 발음, 억양, 어휘, 문법보다도 화용적 요소에 더 민감하게 반응하므로 학습자들은 한국어의 이러한 화용적 요소들을 습득해야 한다. 본 연구를 통해서도 학습자들이 어려움을 겪고 있으며, 이에 대한 교수·학습이 이루어져야 함을 확인할 수 있었다. 그렇기에 화용적 요소에 대한 교수가 필요하다(Schmidt, 1993; Bouton, 1994; Bardorvi-Harlig, 2001; Kasper & Rose, 2002 등). 그렇다면 화용적 요소를 어떻게 가르칠 것인가? 화용적 요소를 암시적으로 가르칠 것인지, 명시적으로 가르칠 것인지에 대해서는 이해영(2015)에서와 같이 명시적 교수의 필요성이 대두되었다. 각각의 화용적 요소들의 특성에 맞도록 교재와 교수·학습 현장에서 구체적으로 어떻게 다루어야 할지는 좀 더 논의 및 연구가 필요해 보인다. 한국어 학습자 특성을 바탕으로 하여 이에 대한 구체적인 논의가 이루어져야 할 것이다.

## ■ 참고 문헌


강소영(2006). 「우측 어순 변동 구문의 실현양상과 의미기능 연구」, 『한국어의미학』, 20, 한국어의미학회, 281-303.

강소영(2008). 「어순 도치 구문의 담화 기능 분석」, 『한국어의미학』, 26, 한국어의미학회, 1-20.

강현화(2000). 「코퍼스를 이용한 부사의 어휘 교육 방안」, 『이중언어학』, 17, 이중언어학회, 61-79.

김경훈(1996). 「現代國語 副詞語 硏究」, 서울대학교 박사학위논문.

김지혜(2010). 「한국어 학습자를 위한 양태부사 '아마'와 '혹시'의 어휘 정보 연구」, 『한국어학』, 47, 한국어학회, 163-190.

두르순(2014). 「터키인 학습자를 위한 한국어 양태부사 교육 연구」, 서울대학교 석사학위논문.

민현식(1991). 「학교문법의 불규칙 활용 교육에 대하여」, 『선청어문』, 19, 서울대학교 국어교육과, 123-136.

민현식(2002). 「부사성의 문법적 의미」, 『한국어의미학』, 10, 한국어의미학회, 227-250.

서정수(2005). 『한국어의 부사』, 서울: 서울대학교출판부.

송지혜(2015). 「코퍼스 분석을 통한 정도부사의 빈도, 분포, 공기관계에 대한 연구」, 연세대학교 석사학위논문.

신서인(2009). 「어순 변이와 문장 의미 해석」, 『한국어의미학』, 28, 한국어의미학회, 105-125.

신서인(2011). 「문장부사의 위치에 대한 고찰」, 『국어학』, 60, 국어학회, 207-238.

신서인(2014). 「문장 구성 요소를 고려한 문장부사 하위 분류」, 『한국어의미학』, 44, 한국어의미학회, 89-118.

유현경·서상규(2002). 「한국어 학습자 말뭉치에 나타난 부사 사용에 대한 연구」, 『이중언어학』, 20, 이중언어학회, 215-236.

이관규(1999). 「국어의 통사론적 연구」, 한국어학회 (편). 『국어의 격과 조사』,(289-318). 서울: 월인.

이은섭(2002). 「체언 선행 부사에 대한 관견」, 『국어학』, 61호, 국어학회, 291-321.

이정희(2003). 『한국어 학습자의 오류 연구』, 서울: 박이정.

이해영(2015). 「한국어 화용 교육에서의 명시적 교수 가능성과 교실 적용」, 『한국어교육』, 26(3), 국제한국어교육학회, 247-266.

이학식·임지훈(2011). 『SPSS 18.0 매뉴얼』, 서울: 집현재

임유종(1997). 「국어 부사의 범주 정립과 호응 및 어순에 관한 연구」, 한양대학교 박사학위논문.

임유종(1999). 『한국어 부사 연구』, 서울: 한국문화사.

임유종(2005). 『수식언의 문법』, 서울: 경진문화사.

장경현(2010). 「인문언어학의 전망과 구상: 구어와 문어 문법 연구의 현황과 전망」, 『언어사실과 관점』, 26, 연세대학교 언어정보연구원, 92-120.

장영희(1996). 「조건 화식부사의 의미 통사 연구」, 『국어교육』, 91, 한국어교육학회, 331-350.

정예랜(2005). 「일본인 한국어 학습자의 부사 사용 연구-학습자 작문의 오류분석을 중심으로-」, 연세대학교 석사학위논문.

조효설(2012). 「한국어 학습자를 위한 한국어 양태부사에 대한 연구: 호응관계를 중심으로」, 숙명여자대학교 석사학위논문.

채완(1986). 『國語 語順의 硏究: 反復 및 竝列을 中心으로』, 서울: 탑출판사.

채희락(2002). 「한국어 부사어의 분류와 분포 제약-일반 부사어와 호응 부사어의 차이를 중심으로」, 『언어와 언어학』, 29, 한국외국어대학교 언어연구소, 283-323.

채희락(2004). 「호응 부사어 구문 분석」, 『언어학』, 38, 한국언어학회, 183-225.

채희락(2005). 「어휘 항목에 기인하는 무한이접성」, 『언어와 언어학』, 35, 한국외국어대학교 언어연구소, 353-373.

최형연(2015). 「중국인 한국어 학습자의 호응 부사 습득 연구」, 이화여자대학교 석사학위논문.

최형용(2013). 『한국어 형태론의 유형론』, 서울: 박이정.

홍은진(2004). 「일본인 한국어 학습자의 어휘 오류 분석」, 『사회언어학』, 12(1), 한국사회언어학회, 271-299.

Bardorvi-Harlig, K. (2001). "Evaluating the empirical evidence: grounds for instruction in pragmatics?" In: Rose, K. R. & Kasper, G., *Pragmatics in Language Teaching*. Cambridge: Cambridge University Press, 13-32.

Bouton, L. F. (1994). "Conversational implicature in the second language: Learned slowly when not deliberately taught." *Journal of Pragmatics*, 22, 157-67.

Brazaitis, K. (1992). "Computer-assisted reinforcement of grammar in an Intensive Beginners German Course." *On-CALL*, *7*(1), 203-235.

Dissosway, P. (1987). *Acquisition of the syntactic category adverb*. Bloomington: Indiana University Linguistic Club.

Dissosway P. & Hartford B. (1984). "Errors and Adverbs: What We Teach and What ESL Students Actually Do." *the Annual Meeting of the Teachers of English to Speakers of Other Languages*, *18*, 1-28.

Gass, S. M. & Selinker, L. (1994). *Second Language Acquisition*(박의재, 이정원 역, 1999). 서울: 한신문화사.

Kasper, G. & Rose, K. R. (2002). *Pragmatic Development in a Second Language*. Oxford: Blackwell.

MaCarthy, B. (1994). "Grammar drills: What CALL can and cannot do." *On-CALL*, *9*(2), 1-25.

Schmidt, R. (1993). "Consciousness, learning and interlanguage pragmatics." In: Kasper, G. & Blum-Kulka, S.(Eds.), *Interlanguage pragmatics*. New York: Oxford University Press, 21-42.

Torlaković, E. & Deugo, D. (2004). "Application of a CALL System in the Acquisition of Adverbs in English." *Computer Assisted Language Learning*, *17*(2), 203-235.

White, L. (1991). "Adverb Placement in second language acquisition: some effects of positive and negative evidence in the classroom." *Second Language Research*, *7*(2), 133-161.

Widdowson, H. G. (1978). *Teaching language as communication*. Oxford: Oxford University Press.

# 직시의 관점에서 본 중국어권 한국어 학습자의 시제 습득

황선영(숭실대학교)

## 1 개념의 시간, 표현의 시제

시제는 대표적인 문법 항목이지만 화자의 의도에 따라 선택되어 사용될 수 있으므로 기능이 항상 고정적인 것은 아니다. 하나의 시제 형태가 하나의 시간만을 가리키지 않으며, 동일한 시간이 하나의 시제로 국한되어 나타나지도 않는다.

(1) 가. 나는 어제 영화를 봤다.
　　나. 나는 지금 영화를 본다.

(2) 가. 네가 선영이 동생, <u>선욱이였니?</u>
　　나. 나는 내일 엄마한테 <u>죽었다.</u>
　　다. (축구 중계) 슛~ 아, 아쉽게 골대를 맞고 <u>벗어납니다.</u>
　　라. 내일 아침 일찍 <u>떠난다.</u>

(1)은 시제의 의미와 지시하는 시간이 일치하는 경우이다. (1가)에서는 과거 시제가 과거의 시간을 지시하고 있고, (1나)에서는 현재 시제가 현재를 지시하고 있다. 그러나 (2)에서는 시제의 기본적인 의미와 지시하는 시간이 동일하지 않다.

(2가)는 과거 시제로 나타났으나 '선욱이가 선영이의 동생'이라는 것은 변함이 없는 사실이므로 과거의 상황을 지시한다고 볼 수는 없다. (2나)에서는 '내일'이라는 미래를 나타내는 시간 부사와 과거 시제 '-았/었-'이 공기하고 있다. (2다)는 '역사적 현재 historical present' 용법으로 자주 설명되는 예로 과거 사건에 현재 시제가 나타날 수 있다는 것을 보여준다. (2라)에서는 (2나)에서와 같이 '내일' 일어날 미래 사건이 현재 시제로 표현되었다.

(2)에서 알 수 있듯이 절대적이고 객관적인 개념의 시간성 temporality과 이를 표현하는 언어적 형식인 시제가 반드시 일치하는 것은 아니다. 이와 같이 시제가 기본적 의미와 다른 시간에 선택되어 사용되는 현상은 직시적 투사 deictic projection[1]의 원리로 설명될 수 있다. 직시 deixis[2]는 언어적 요소가 발화 맥락에 직접적으로 의존하며 연결되는 현상으로 발화 맥락에 따라 해석이 달라지는 현상을 말한다. 가령, '나, 지금, 여기'와 같은 언어적 표현으로 발화 맥락 속의 인물, 시간, 장소를 가리키는 것이다. 직시적 표현 deictic expression이 사용된 발화의 해석을 위해서는 직시의 기준점 deictic center이 어디에 있는지 파악해야 하는데, 일반적으로 직시의 중심은 화자에게 있다. 그러나 화자가 특정한 목적을 위해 직시의 기준점을 이동시키는 경우가 있는데, 이를 직시적 투사라고 한다.

(3) 가. 생일 잘 보내길 바란다.
    나. 생일 잘 보냈길 바란다.

(3가)는 생일을 맞은 사람에게 생일 이전이나 생일날 아침에 할 수 있는 말이고,

---

1) Fillmore(1975)는 '직시적 투사'를 '관점의 이동 shift in points of view'이라고 하였다. 그러나 본 연구에서는 시제와 지시하는 시간의 불일치를 해석하는 데 직시의 개념을 도입하고자 하므로, 직시라는 개념이 용어에 명시적으로 드러나는 Lyons(1977)의 '직시적 투사'라는 용어를 선택해서 사용하고자 한다.

2) 'deixis'는 '화시' 혹은 '직시'로 번역된다. '화시'는 장경희(1990), 양명희(1998), 문숙영(2012) 등에서 사용되었고, '직시'는 정희자(1997), 장인봉(2002), 송경숙(2003), 박영순(2007) 등에서 사용되었다. 본 연구는 중간언어 화용론적 관점에서 논의를 진행하므로 화용론 연구에서 주로 사용된 '직시'라는 용어를 채택하였다.

(3나)는 생일이 지난 후나 생일날 저녁 이후에 할 수 있는 말이다. 그런데 (3)과 같은 말을 하는 시간과 듣는 시간, 즉 발화시 coding time와 수신시 receiving time가 동일하지 않은 상황이라면 화자는 (3가)와 같이 말할지 (3나)와 같이 말할지 결정해야 한다. 예를 들어, 시차가 있는 지역에 살고 있는 친구의 생일이 내일인데, 하루 전 날 생일 축하 편지를 쓰고 있는 상황에서 편지를 쓰는 사람은 자신의 시간에 맞추어 (3가)와 같은 표현을 선택할 수도 있고, 생일이 지난 후 편지를 받을 청자를 배려하기 위해 (3나)와 같은 표현을 선택할 수도 있다. 화자가 자신의 시간에 맞추어 (3가)와 같은 표현을 선택했다면 직시의 기준은 화자에게 있는 것이고, 청자의 시간에 맞추어 (3나)와 같은 표현을 선택했다면 청자의 시간으로 직시적 투사가 일어난 것이다. 이와 같이 화자의 의도에 따라 시간의 기준점은 수시로 변경될 수 있으며, 시제는 화자가 선택한 시간을 기준으로 표현된다.

직시적 투사의 개념을 수용하면 (2가)는 화자가 관점의 기준을 '선영이 동생의 이름을 안 시점'인 과거로 이동시킨 것으로 해석할 수 있고, (2나)는 화자의 위치를 미래로 옮겨 '엄마에게 혼난 이후의 시점'에서 발화한 것으로 해석할 수 있게 된다. 또, (2다), (2라)와 같은 역사적 현재 용법이나 확실한 미래를 현재 시제로 나타내는 용법은 화자의 관점을 과거 또는 미래로 옮겨, 화자가 이동한 시간에서 적절한 시제를 선택한 것으로 해석이 가능해진다.

화자가 옮겨간 과거나 현재 혹은 미래의 시점은 발화 상황에 따른 맥락에 의해 그 의미가 명확해진다. 화자가 특정한 목적을 가지고 사용한 시제는 시제의 기본적 의미와 같이 고정적인 것이 아니므로 한국어 학습자는 발화의 의미를 정확히 해석하고, 자신의 의도에 따라 발화하는 것이 어려울 수 있다. 특히 한국어와 형태적 유사성이 낮은 언어를 모국어로 하는 학습자에게는 더욱 어렵게 느껴질 것이다. 이러한 까닭으로 시제는 한국어 교육 현장에서 초급 단계부터 학습이 이루어지지만, 한국어 숙달도가 높아지더라도 학습자들은 시제 사용에 어려움을 겪는다고 보고돼 왔다(이정희, 2003; 이해영, 2003; 박선희, 2009).

본고에서는 학습자들에게 시제 습득이 어려운 까닭을 시제의 기본적인 의미와 시제가 지시하는 시간이 일치하지 않는 경우가 발생하기 때문이라고 본다. 그러나 지금까지 한국어 교육에서의 시제 습득 연구는 시제의 기본적인 기능에 관심이 집중되어, 하나의 시제 형태가 다양한 시간에 선택되어 사용되는 기능에 대한 관심은 부족하였다. 이에 본고에서는 시제가 기본적인 의미와 다른 시간을 지시하는 기능에 초점을 두고 한국어 학습자의 습득 양상을 살펴보고자 한다. 즉, 시간과 시제 표현의 일치 여부에 따라 중국어권 한국어 학습자들이 한국어 모어 화자와 같이 시제를 인식할 수 있는지, 발화시와 수신시가 다른 상황에서 중국어권 한국어 학습자들이 한국어 모어 화자과 같은 방식으로 시제를 사용하는지 알아보도록 하겠다.

## 2  시제 습득에 대한 연구의 흐름

한국어 학습자의 시제 습득에 대한 연구는 2000년대 들어 오류 분석의 관점에서 진행되기 시작하였다. 2000년대 초기에는 조사와 어미 전체의 오류를 보는 연구에서 하나의 문법 항목으로 시제가 언급되기도 하였고(강현화, 조민정, 2003; 고석주 외, 2004), 시제 형태소를 대상으로 학습자의 오류를 살핀 연구도 이루어졌다(이정희, 2001, 2003). 오류 분석 연구를 통해 중고급 학습자에게도 여전히 시제 오류가 많이 나타남을 확인할 수 있었으며(이정희, 2003; 박성현, 2013), 학습자들이 한국어 관형절에 나타나는 상대 시제와 절대 시제를 구분하지 못한다는 것을 알 수 있었다(유승섭, 2010; 임선영, 박소영, 2013; 한송화, 2015).

그러나 오류 분석 연구는 오류라는 결과에만 초점을 맞추기 때문에 학습자 언어가 목표어로 향해 발달해 가는 중간 과정의 내적 체계성을 밝히지 못한다는 지적을 받았다. 이에 학습자 언어의 시제 습득의 발달 패턴을 밝히고자 한 연구가 과제 변이(이해영, 2003; 이해영, 2004)와 학습 환경(최지영, 2005)을 주제로 다양한 관점에서 이루어졌다. 이와 같은 시제 형태소 습득 순서 연구를 통하여 학습자의 시제 습득 순서와 발달 양상을 살펴볼 수 있었다는 데 의의가 있다. 그러나 이 연구들은 모두 시제의 기능보다는 학습자에 의해 생산되는 형태에 초점을 두어 하나의 형태소가 다양한 기능을 한다는 것이 간과되었다. 즉, '-았/었-'이 습득되었다고 한 경우, 필수 문맥에서 문법 형태소의 정확한 사용에만 초점을 두다 보니 '-았/었-'의 어떠한 기능을 습득한 것인지에 대한 설명은 되지 않았다.

따라서 한국어 시제 습득 연구는 시상 가설 연구와 같은 언어적 맥락에 따른 연구로 이어졌다. 시상 가설은 동작류가 시제 습득에 영향을 미칠 것이라고 예측하는 가설로, 용언이 가지고 있는 의미적 속성에 따라 시제 습득에 차이가 나타날 것이라고 예상한다. 예를 들어 과거 시제는 [+종결성]의 의미 자질을 가진 동사와 의미적으로 더 자연스럽게 연결될 수 있으므로 [+종결성]의 내적 특질을 가진 동사에서 먼저 습득하게 된다는 것이다. 박선희(2009)와 장기남(2013)에서 시상 가설을 한국어에 적용해 본 결과, 습득의 전개 방향을 부분적으로 확인할 수 있었다. 그러나 시상 가설에서의 예측에 반대되는 사례가 나오거나 연구에 따라 습득 순서가 달리 나와, 서구권 언어를 대상으로 한 시상 가설을 한국어 습득에 그대로 적용하기에는 어려움이 있다는 것을 알 수 있었다. 또한 시상 가설은 연구의 범위가 문장에 한정되어 있다는 한계도 지니고 있다.

이러한 한계로 제2언어 습득에서 시제 습득에 대한 연구는 담화 차원에서 영향을 미치는 요소를 찾는 데 집중하게 된다. 시제 습득을 담화 차원으로 이끈 대표적인 연구로 담화 구조 가설 연구를 들 수 있다. 담화 구조 가설에서는 담화의 구조, 즉 전경 foreground과 배경 background[3])에 따라 시제 형태소를 다르게 사용할 것이라고 예상한다. 담화 구조 가설에 따르면 학습자들은 전경에서 과거 시제를 두드러지게 사용하고, 배경에서는 현재 시제나 진행상을 높은 빈도로 사용한다고 한다.

---

3) Hopper(1979:214-216)에 따르면 '전경'은 담화의 뼈대를 구성하는 중요한 사건이고, '배경'은 사건에 대해 설명하거나 장면을 설정하는 것이다.

담화 구조 가설을 한국어에 적용해 본 연구로 박선희(2011), 심은지(2011), 최은정(2012)를 들 수 있다. 박선희(2011)은 39명의 중, 고급 중국어권 학습자를 대상으로 '영화보고 이야기 다시 쓰기 story rewriting' 과제를 통해 담화 구조에 따른 시제 실현 유형을 보았다. 심은지(2011)에서는 다양한 담화 텍스트에서 담화 구조 가설을 확인하고자 일기와 기행문을 연구의 대상으로 삼았고, 최은정(2012)에서는 일본인 학습자를 대상으로 담화 구조 가설을 시상 가설과 연결지어 확인해 보고자 하였다. 이 세 연구 결과, 담화 구조 가설에서 주장하는 바를 부분적으로 증명할 수 있었으나 가설과 반대되는 사례들도 발견되었다. 박선희(2011)와 최은정(2012)에서는 전경에 과거 시제가 사용될 것이라고 예상한 것과 달리 현재 시제 사용이 두드러지는 경우가 나타났으며, 최은정(2012)에서는 한국어 모어 화자도 배경에서 과거 시제를 많이 사용하고 있는 것으로 나타났다. 또한 심은지(2011)에서는 Bardovi-Harlig(1995)에서의 결과와 달리 숙달도가 높아질수록 과거 시제 사용 비율이 감소한다는 것을 발견하였다4).

담화 구조 가설 연구는 기존의 탈문맥적인 환경에서 이루어진 시제 습득 연구를 담화의 차원으로 끌어들여 시제 사용에 다각적인 해석을 하고자 했다는 데 의의가 있다. 그러나 무엇을 전경으로 삼을지는 화자의 의도에 의한 것이므로 전경과 배경의 구분이 모호할 수 있으며, 담화 구조 가설을 증명하는 과정에서도 반례가 다수 발견되었다. 담화 구조 가설 연구에서 발견된 반례는 시제의 의미가 고정적인 것이 아니며, 담화 맥락이나 화자의 의도에 따라 변칙적으로 사용된다는 것을 증명해 준다. 따라서 한국어 시제 습득 연구에 새로운 접근법이 요구된다. 이에 본 연구에서는 한국어 학습자에게 시제 습득이 어려운 원인 중 하나가 담화 맥락이나 화자의 의도에 따라 해석이 달라지는 시제의 기능에 있다고 보고, 직시와 직시적 투사의 개념을 바탕으로 한국어 학습자의 시제 습득에 대해 알아보고자 한다.

---

4) Bardovi-Harlig(1995)에서는 전경:배경 비율이 2:1로 나타났는데, 심은지(2011)에서는 숙달도가 늘수록 배경의 비율이 높아지고 있었다.

# 3 연구를 위한 최적의 방법

## ■ 연구 참여자

본 연구에서는 중국어권 한국어 학습자 50명과 한국어 모어 화자 50명, 총 100명을 대상으로 자료를 수집하였다. 중국어권 한국어 학습자를 대상으로 한 것은 한국어와의 형태적 유사성이 적은 고립어를 모국어로 하는 학습자가 시제 형태소 습득에 좀 더 어려움을 겪을 것이라고 예상하였기 때문이다. 학습자 자료는 집단 내 동질성을 확보하기 위하여 동일한 교육 기관에서 한국어를 배우고 있는 3, 4급 학습자를 대상으로 편의표집 convenience 방법으로 수집하였다. 초급 학습자는 설문지의 문항을 이해하기에 어려움이 있을 수 있으며, 시제의 기본적 의미에 대한 학습이 이루어지지 않았을 것이라고 보고 대상에서 제외하였다. 실제로 연구 참여자들이 한국어를 배우는 교육 기관의 교재 및 교육 과정을 검토해 본 결과, 본 연구에서 대상으로 하는 시제 형태소는 1급의 교육 과정에 포함되어 있었다. 따라서 3급 이상 학습자는 본 연구에서 대상으로 삼은 시제 형태소에 대한 학습이 이미 이루어진 것으로 볼 수 있다. 성비는 일반적으로 여성 학습자가 많은 한국어 교육 현실이 반영되어 구성되었으며, 한국어 모어 화자 집단도 학습자 집단의 성비에 맞추어 구성하였다. 또한 연령은 표준어 구사 연령층인 20~30대로 한정하여 성별이나 연령이 변수로 작용하지 않도록 하였다.

## ■ 자료 수집 도구

학습자와 한국어 모어 화자의 자료는 시제의 인식을 알아보기 위한 선다형 설문지 Multiple Choice Questions와 시제 사용을 알아보기 위한 인터뷰를 통해 수집하였다. 인식 과제인 설문지는 총 30문항으로 구성되었으며, 시간과 시제 표현의 일치 여부에 따라 구분한 후, 각각의 동작류가 포함되도록 구성하였다. 인식 과제의 문항 개요는 <표 1>과 같다.

<표 1> 인식 과제의 문항 개요

| 구분 | 시간 | 시제 | 문항<br>(동작류) | 대상 발화 |
|---|---|---|---|---|
| 시간과<br>시제 표현이<br>일치하는<br>상황 | 과거 | 과거 | 1<br>(상태) | A: 등산 잘 다녀왔어?<br>B: 어. 그런데 어제 비가 왔잖아. 좀 힘들었어. |
| | | | 8<br>(행위) | A: 지난 주말에 뭐 했어?<br>B: 친구랑 도서관에서 시험 공부했어. |
| | | | 24<br>(완성) | A: 언제부터 서울에서 살았어?<br>B: 10살 때 우리 가족이 서울로 이사 왔어. |
| | | | 27<br>(달성) | A: 지금 컴퓨터 좀 사용할 수 있어요?<br>B: 잠깐만요. 컴퓨터를 다시 켜야 해요.<br>제가 좀 전에 껐거든요. |
| | | | 17<br>(심리인지) | A: 휴가에 제주도 잘 다녀왔어?<br>B: 어. 한라산을 등산했어. 산이 진짜 높고<br>아름답더라. 거기에서 자연의 대단함을 느<br>꼈어. |
| | 현재 | 현재 | 2<br>(상태) | A: 점심 먹으러 가자.<br>B: 나 오늘 점심 못 먹을 것 같아. 지금 배가<br>좀 아파. |
| | | | 23<br>(행위) | A: 너 동생이 한국에 갔다고 했지?<br>B: 응. 지금 이화여대에 다녀. |
| | | | 9<br>(완성) | A: 종이는 뭐로 만들어?<br>B: 나무로 만들어. |
| | | | 20<br>(달성) | A: 안 자? 뭐 해?<br>B: 모기 잡아. 모기 잡고 잘 거야. |
| | | | 5<br>(심리인지) | A: 오늘 시험 잘 볼 수 있을까요? 너무 떨려요.<br>B: 너무 긴장하지 마. 엄마는 네가 잘 할 거라고<br>믿어. |

| | | | | |
|---|---|---|---|---|
| 시간과 시제 표현이 불일치하는 상황 | 현재 | 과거 | 11 (상태) | A: 안녕하세요. 저 선영이 동생, 선욱이에요.<br>B: 아~ 네가 선영이 동생이었니? |
| | | | 25 (행위) | A: 우리 아기가 좀 전에 걸었어. 아가, 아빠한테도 보여줘 봐. 이제 걸을 수 있잖아.<br>B: (아기가 걷는 모습을 보고) 와, 우리 아기가 혼자 걸었어. |
| | | | 4 (완성) | A: 신발 예쁘다. 새로 샀어?<br>B: 응. 오늘 처음 <u>신었어</u>. |
| | | | 30 (달성) | A: 누나가 내 과자 다 먹었지? (때리면서) 내 건데 왜 누나가 다 먹어?<br>B: 너 지금 나 <u>때렸어</u>? 아파~ 그만 때려. |
| | | | 19 (심리인지) | A: 어떻게 저희 학교에 지원하시게 되었습니까?<br>B: 네. 저는 이 학교가 한국 최고의 대학이라고 <u>생각했습니다</u>. |
| | | | 12 (상태) | A: 얼마나 더 가야 도착해요?<br>B: 좀 더 자. 도착하려면 아직 <u>멀었어</u>. |
| | 미래 | 과거 | 26 (행위) | A: 이제 다시 일하러 갈까?<br>B: 좀만 더 기다려 줘. 다 <u>먹었어</u>. |
| | | | 18 (완성) | A: 어? 비 온다. 내일 소풍인데 어떻게 하지?<br>B: 우리 소풍은 다 <u>갔네</u>. |
| | | | 13 (달성) | A: 너 이번에 성적표 숨긴 거 엄마가 아신 것 같아. 엄마 내일 오시는데 어떻게 해?<br>B: 아 진짜? 난 내일 <u>죽었다</u>. |
| | | | 28 (심리인지) | A: 또 잊어버렸어? 내일 약속도 잊어버릴 거지?<br>B: 내가 내일 약속을 <u>기억했어</u>. 그럼 어떻게 할래? |
| | 과거 | 현재 | 14 (상태) | (스포츠 뉴스) A 선수가 펜싱에서 올림픽 금메달을 땄습니다. (경기하고 있는 장면) 경기 끝나기 1분 전 1점이 부족한 <u>상황입니다</u>. 이때 A 선수는 자신에게 '할 수 있다'고 이야기합니다. 그리고 바로 2점을 땄습니다. |

| | | 16<br>(행위) | (축구 경기 중계) A 선수가 공이 가는 쪽으로 <u>움직입니다.</u> 아, 상대에게 공을 빼앗겼습니다. |
|---|---|---|---|
| | | 6<br>(완성) | (일기예보) 올 여름에는 다른 해보다 비가 많이 왔는데요. 기상청에서는 태풍 때문이라고 <u>설명합니다.</u> 태풍은 다음 주까지 이어질 것이라고 합니다. |
| | | 29<br>(달성) | (육상 경기 중계) A와 B 선수 비슷하게 뛰고 있는데요. 두 사람 중 누가 먼저 결승점에 들어올까요? 아, A 선수가 먼저 <u>도착합니다.</u> A 선수가 결국 금메달을 따네요. |
| | | 21<br>(심리인지) | (뉴스) 작년에 비해 서울시 집값이 2배로 비싸졌는데요. 한국경제연구소는 앞으로도 집값이 더 올라갈 가능성이 높다고 <u>봅니다.</u> 앞으로의 상황을 더 지켜봐야 할 것 같습니다. 지금까지 ABC 뉴스 김민영이었습니다. |
| 미래 | 현재 | 7<br>(상태) | A: 내일 뭐 해? 같이 영화 볼까?<br>B: 나 내일 <u>바빠.</u> 다음 주에 보자. |
| | | 22<br>(행위) | A: 이 영화가 뭐가 슬퍼? 난 하나도 안 슬픈데?<br>B: 조금만 더 봐봐. 너도 다음 장면에서는 <u>울어.</u> |
| | | 10<br>(완성) | A: 언제 한국에 가?<br>B: 나? 3일 후에 <u>가.</u> 한국에 가서 연락할게. |
| | | 3<br>(달성) | (기내 방송) 우리 비행기는 10분 뒤 인천국제공항에 <u>도착합니다.</u> 자리에 앉아 안전벨트를 매 주세요. |
| | | 15<br>(심리인지) | A: 헤어져도 우리가 같이 보낸 추억을 영원히 잊으면 안 돼.<br>B: 어떻게 잊어? 10년, 20년 후에도 당연히 <u>기억하지.</u> |

　본 연구의 참여자는 중급 학습자였으나 설문지의 지시문과 응답 방법 소개, 담화 맥락을 중국어로 번역하여, 설문지의 이해 부족이 실험에 잘못된 변수로 작동하지 않도록 하였다. 그리고 해당 시제를 선택한 이유에 대해 쓰도록 하였다. 답변

은 한국어나 중국어로 작성하게 하였으며, 중국어는 한국어로 번역을 한 후 분석하였다.

---

A: 지난 주말에 뭐 했어?
B: 친구랑 도서관에 가서 시험 (a) 공부했어. (b) 공부해.

1) 위 대화에서 B의 밑줄 친 부분에 들어갈 수 있는 말을 고르세요.
① (a)만 가능   ② (b)만 가능   ③ (a), (b) 모두 가능   ④ (a), (b) 모두 불가능

2) 1)에서 그렇게 선택한 이유에 대해 써 주세요.

---

〈그림 1〉 인식 과제 문항의 예

상황 인식에 따른 시제의 사용을 알아보기 위해서는 직시적 투사가 일어날 수 있는 두 가지의 상황을 제시하였다. 첫 번째 상황은 화자의 경험이 주제가 되므로 직시의 중심이 화자에 놓일 가능성이 높을 것으로 예상되는 상황이었다. 이와는 반대로 두 번째 상황은 청자의 생일이 담화의 주제가 되므로 직시의 중심이 청자에게로 옮겨갈 것으로 예상되는 상황이었다. 상황 인식에 따른 시제 사용의 차이를 보는 데 목적이 있으므로 대화 상대자에 대한 변인을 통제하고자 상황 1과 상황 2의 대화 상대자는 동일 인물로 설정하였다.

---

<상황 1> 엽서 쓰기: 이번 주(10월 1일~10월 5일)에 프랑스 파리를 여행하고 있습니다. 10월 3일(오늘)에 파리에서 친구에게 여행에서 있었던 일에 대해 써서 엽서를 보내려고 합니다. 친구는 엽서를 10월 7일 경 받을 것으로 예상됩니다.

<상황 2> 음성 메시지 남기기: 미국으로 유학 간 친구에게 생일 축하 메시지 남겨 주세요. 오늘이 친구의 생일입니다. 그런데 한국은 친구 생일 날(오늘) 밤 9시이고, 친구가 유학 간 미국은 친구 생일 날(오늘) 아침 8시입니다. 생일 파티, 생일 케이크에 대해 물어보세요.

---

〈그림 2〉 생산 과제

■ 자료 분석 방법

본 연구에서는 각각의 연구 문제에 적합한 방법을 찾고자 연구 문제에 따라 분석 방법을 달리 하였으며, 정성적인 방법으로 학습자 자료를 분석한 후, 통계적 검증을 통하여 정성적 분석의 결과를 확인하는 방식으로 자료 분석이 이루어졌다. <표 2>는 연구 문제별로 자료 분석 방법을 나타낸 것이다.

〈표 2〉 자료 분석 방법

| 연구 문제 | 분석 자료 | 분석 방법 | |
|---|---|---|---|
| | | 정성 | 정량 |
| 시제 인식 | 설문지 | 빈도 분석<br>frequency analysis | 교차 분석5)<br>chi-squared test |
| | | 평균 비교 | 일원분산분석6)<br>one-way ANOVA |
| 시제 사용 | 생산 과제, 사후 인터뷰 | 빈도 분석 | 교차 분석 |

---

5) 교차 분석은 두 가지 이상의 질적 변수를 분석하기 위한 통계적 방법이다(성태제, 2007:229). 본 연구에서는 교차 분석을 통하여 각 유형에 따라 집단별로 선택한 시제에 차이가 있는지 알아보았다. 그런데 교차 분석은 획득도수 obtained frequency와 기대도수 expected frequency가 5보다 작은 칸 cell이 전체 칸 수의 20% 이하여야 한다. 이 기본 가정이 충족되지 않는 경우 교차 분석의 결과를 신뢰할 수 없다. 본 연구에서는 일차적으로는 교차 분석을 실시하고, 획득도수와 기대도수가 5보다 작은 칸이 20% 이상인 경우, Fisher의 정확 검증 Fisher's Exact Test를 실시하여 정확 검증 값을 보고하였으며, 정확 검증 값에는 '*'로 표시하였다.

6) 일원분산분석 결과로 나온 에타제곱 값을 통해 동작류가 평균 점수에 미치는 영향력도 살펴보았다. 에타제곱($\eta^2$)은 총편차제곱합 중에 집단 간 차이, 즉 독립변수에 의한 집단 간 편차의 제곱합 부분이 얼마인가를 나타내며, 이를 종속변수에 대한 독립변수의 설명력이라고 한다(성태제, 2007:152). 가령, 독립변수가 교수법이고 종속변수가 시험 점수인데 에타제곱 값이 .052가 나왔다면 종속 변수인 시험 점수의 총 변화량의 52%를 독립변수인 교수법이 설명해 준다고 해석할 수 있다. 본 연구에서는 독립변수인 동작류가 종속변수인 한국인과 같이 시제를 이해한 비율에 얼마나 영향력을 미치는지 확인하기 위하여 에타제곱 값을 구하였다.

# 4 시간과 시제 표현의 일치 여부에 따른 시제 인식

## 4.1. 시간과 시제 표현이 일치하는 상황에서의 시제 인식

시간과 시제 표현이 일치하는 상황에는 과거 사건이 과거 시제로 나타나는 경우와 현재 사건이 현재 시제로 나타나는 경우가 있다. 과거 사건이 과거 시제로 나타나는 경우는 과거 시제가 기본적인 기능으로 사용된 것이고, 현재 사건이 현재 시제로 나타나는 경우는 현재 시제가 기본적인 기능으로 사용된 것이다. 따라서 중급 이상의 학습자들은 이 유형에서 한국어 모어 화자와 같이 이해할 것이라고 예상할 수 있다.

### 4.1.1. 과거 사건이 과거 시제로 나타나는 경우

과거 사건이 과거 시제로 나타나는 경우는 과거 시제가 가장 전형적으로 나타나는 상황이다. <표 3>은 설문지 문항 중 과거 사건이 과거 시제로 나타나는 경우에 한국어 모어 화자와 중국어권 한국어 학습자가 어떠한 답변을 선택하였는지를 빈도로 나타낸 것이다[7].

〈표 3〉 과거 사건이 과거 시제로 나타나는 경우 집단별 시제에 대한 판단

| 문항<br>(동작류) | 집단 | 선택지 | | | | $x^2$ | 유의<br>확률 |
|---|---|---|---|---|---|---|---|
| | | 과거<br>시제 | 현재<br>시제 | 모두<br>가능 | 모두<br>불가 | | |
| 1<br>(상태) | KNS | 40<br>(80%) | 0<br>(0%) | 10<br>(20%) | 0<br>(0%) | 3.235 | .287* |

---

7) 집단 셀의 'KNS'는 '한국어 모어 화자 Korean native speaker(KNS)'를 가리키고, 'CKS'는 '중국어권 한국어 학습자 Chinese Korean students(CKS)'를 가리킨다.

| | | | | | | | |
|---|---|---|---|---|---|---|---|
| | CKS | 39 (78%) | 3 (6%) | 8 (16%) | 0 (0%) | | |
| 8 (행위) | KNS | 49 (98%) | 0 (0%) | 1 (2%) | 0 (0%) | 1.010 | 1.000* |
| | CKS | 50 (100%) | 0 (0%) | 0 (0%) | 0 (0%) | | |
| 24 (완성) | KNS | 50 (100%) | 0 (0%) | 0 (0%) | 0 (0%) | 2.041 | .495* |
| | CKS | 48 (96%) | 2 (4%) | 0 (0%) | 0 (0%) | | |
| 27 (달성) | KNS | 50 (100%) | 0 (0%) | 0 (0%) | 0 (0%) | 4.167 | .117* |
| | CKS | 46 (92%) | 4 (8%) | 0 (0%) | 0 (0%) | | |
| 17 (심리인지) | KNS | 46 (92%) | 1 (2%) | 3 (6%) | 0 (0%) | 3.691 | .195* |
| | CKS | 40 (80%) | 1 (2%) | 8 (16%) | 1 (2%) | | |

　　과거 시제의 기본적 기능에 대해 물은 문항에서 한국어 모어 화자와 중국어권 학습자 모두 '과거 시제만 가능'하다는 답변이 우세하였다. 구체적인 문항을 살펴보면, 한국어 모어 화자는 1번 문항을 제외하고 90% 이상의 높은 의견 일치를 보이고 있으며, 중국어권 학습자 역시 1번과 17번 문항을 세외하고는 90% 이상의 높은 일치율을 보였다. 1번과 17번의 경우에도 두 집단 모두 약 80%의 의견 일치를 보였다. 1번 문항에서는 한국어 모어 화자 20%와 중국어권 학습자 16%, 17번 문항에서는 한국어 모어 화자 6%와 중국어권 학습자 16%가 과거 시제와 현재 시제를 모두 사용할 수 있다고 답하였다. 그러나 아래 (4)와 (5)에서 볼 수 있듯이 1번 문항과 17번 문항의 발화는 현재 시제로 사용하면 어색한 문장이 된다. (4)는 1번 문항의 발화이고, (5)는 17번 문항의 발화이다.

(4) A: 등산 잘 다녀왔어?

    B: 어. <sup>?</sup>그런데 내려올 때 비가 와서 좀 <u>힘들어</u>.

(5) A: 휴가에 제주도 잘 다녀왔어?

    B: 어. 한라산을 등산했어. 산이 진짜 높고 아름답더라.

    *거기에서 자연의 대단함을 <u>느껴</u>.

그럼에도 1번 문항에서는 10명의 한국어 모어 화자가 과거 시제와 현재 시제를 모두 사용할 수 있다고 답하였고, 17번 문항에서는 3명의 한국어 모어 화자가 과거 시제와 현재 시제 둘 다 가능하다고 하였다. (6)은 1번 문항에서 둘 다 가능하다고 답한 한국어 모어 화자와 중국어권 학습자의 시제 선택 이유이다[8].

(6) 가. 등산을 할 때의 상태를 표현하고 싶을 때는 과거 시제로 말하고, 지금의 상태를 표현하고 싶을 때 현재 시제로 말하는 것 같다. (K24)

    나. 화자가 힘든 시점을 어디에 두느냐에 따라 의미가 달라질 수 있다고 생각한다. 과거 시제를 쓰면 등산을 갔을 때 비가 와서 그 때 힘들었다는 의미이고, 현재 시제를 쓰면 다녀온 후 그 영향으로 힘들다는 뜻이다. (K21, C32, C35, C47)

    다. 과거로 질문했으니까 과거 시제도 가능하고, 앞에서 '내려올 때'라고 현재 시제로 말하고 있으니까 현재 시제도 가능하다. (C17)

---

8) 답변 뒤 괄호 안의 숫자는 연구 참여자의 번호를 의미한다. 연구 참여자 번호는 자료 분석을 위하여 임의로 매긴 것이며, K는 한국어 모어 화자를, C는 중국어권 한국어 학습자를 의미한다. 가령, 'K01'이라고 하면 '한국어 모어 화자, 연구 참여자 1번'이라는 의미이다. 실험참여자 몇 명의 의견인지 확인할 수 있도록 연구 참여자 번호를 괄호 안에 제시하였다.

과거 사건을 과거 시제로 나타내는 경우는 과거 시제의 기본 의미에 대한 문항이었기 때문에 한국어 모어 화자와 중국어권 학습자 모두 쉽게 과거 시제를 선택하였다. 그러나 몇몇 한국어 화자와 학습자들은 (4)와 (5)에서 본 바와 같이 부자연스러운 발화를 보고도 화자의 의도에 따라 시점을 이동하여 표현하는 것이 가능하다고 답하였다. 이는 시간과 시제 표현의 불일치를 직시적 투사가 이루어진 것으로 해석할 수 있다는 본 연구의 입장과 맥을 같이 하는 의견이라고 볼 수 있다9).

1번과 17번 문항에서 일부 연구 참여자들이 과거 시제와 현재 시제를 모두 쓸 수 있다고 한 것을 제외하면, 모든 문항에서 한국어 모어 화자와 중국어권 학습자 집단 모두 과거 시제만 가능하다고 답하였다. 과거 사건이 과거 시제로 나타나는 경우, 중국어권 한국어 학습자와 한국어 모어 화자 간 시제 이해에 차이가 있는지 통계적으로 검증하기 위하여 교차 분석을 실시한 결과, <표 3>에서 확인할 수 있듯이 모든 문항에서 집단 간 통계적으로 유의미한 차이는 없었다. 따라서 중국어권 한국어 학습자는 한국어 모어 화자와 같이 과거 시제의 의미를 이해하고 있다고 볼 수 있으며, 학습자들이 과거 시제의 기본적인 의미에 대해서는 습득한 것으로 해석할 수 있다.

### 4.1.2. 현재 사건이 현재 시제로 나타나는 경우

현재 사건이 현재 시제로 나타나는 경우는 앞의 경우와 마찬가지로 시제가 기본적인 의미로 쓰인 유형이다. <표 4>는 현재 시제의 기본적 기능에 대해 물은 문항들에 대한 집단별 답변을 표시한 것이다.

---

9) 다른 문항에서와 달리 1번과 17번 문항에서 이와 같은 답변이 나온 것은 대상 발화의 동작류도 영향을 미친 것으로 볼 수도 있다. '힘들다'와 '느끼다'는 각각 상태동사와 심리인지동사인데, '-았/었-'에 대응하는 '了'는 상태동사와 결합할 수 없다는 제약을 가지기 때문이다.

<표 4> 현재 사건이 현재 시제로 나타나는 경우 집단별 시제에 대한 판단

| 문항<br>(동작류) | 집단 | 선택지 | | | | $x^2$ | 유의<br>확률 |
|---|---|---|---|---|---|---|---|
| | | 과거<br>시제 | 현재<br>시제 | 모두<br>가능 | 모두<br>불가 | | |
| 2<br>(상태) | KNS | 0<br>(0%) | 48<br>(96%) | 2<br>(4%) | 0<br>(0%) | 1.011 | 1.000* |
| | CKS | 1<br>(2%) | 47<br>(94%) | 2<br>(4%) | 0<br>(0%) | | |
| 23<br>(행위) | KNS | 0<br>(0%) | 50<br>(100%) | 0<br>(0%) | 0<br>(0%) | 6.383 | .027* |
| | CKS | 5<br>(10%) | 44<br>(88%) | 1<br>(2%) | 0<br>(0%) | | |
| 9<br>(완성) | KNS | 0<br>(0%) | 38<br>(76%) | 12<br>(24%) | 0<br>(0%) | 9.450 | .007* |
| | CKS | 6<br>(12%) | 26<br>(52%) | 18<br>(36%) | 0<br>(0%) | | |
| 20<br>(달성) | KNS | 0<br>(0%) | 34<br>(68%) | 16<br>(32%) | 0<br>(0%) | 21.111 | .000* |
| | CKS | 5<br>(10%) | 38<br>(76%) | 2<br>(4%) | 5<br>(10%) | | |
| 5<br>(심리인지) | KNS | 0<br>(0%) | 49<br>(98%) | 1<br>(2%) | 0<br>(0%) | 7.711 | .009* |
| | CKS | 6<br>(12%) | 41<br>(82%) | 3<br>(6%) | 0<br>(0%) | | |

현재 사건이 현재 시제로 나타난다는 것은 현재 시제의 기본 기능에 대한 것이 기도 하다. 따라서 한국어 모어 화자와 중국어권 한국어 학습자의 답변을 보면 모든 문항에서 현재 시제만 가능하다는 답변이 우세하였다.

그러나 중국어권 학습자의 답변을 보면, 약 10%의 학습자가 상태동사를 대상으로 한 2번 문항을 제외한 나머지 문항에서 과거 시제만 가능하다고 선택하였다. 한국어 모어 화자도 9번 문항에서 과거 시제도 가능하다고 판단한 사람이 24% 있었으며, 20번 문항에서는 32%가 과거 시제도 가능하다고 판단하고 있었다[10].

따라서 학습자들이 과거 시제가 가능하다고 판단한 것을 틀렸다거나 오류를 발생시켰다고 보기는 어려울 수 있다. 그럼에도 불구하고 한국어 모어 화자 중에는 현재 사건이 현재 시제로 나타난 모든 문항에 대해 과거 시제만 가능하다고 판단한 사람은 한 명도 없었으므로 현재 사건이 현재 시제로 나타나는 상황에서 과거 시제만 가능하다고 판단한 것은 주어진 맥락을 적절히 파악하지 못한 것으로 볼 수 있다. 한국어 모어 화자의 답변을 보면, 과거 시제와 현재 시제 모두 사용 가능하다고 판단한 경우에도 현재 시제 사용을 우선적으로 전제하고 있으며, 추가로 어떠한 상황에서는 과거 시제도 사용이 가능하다고 판단한 것이기 때문이다.

또한 학습자 중에는 20번 문항에서 둘 다 불가능하다고 답한 사람들이 있었다. 20번 문항에서 과거 시제와 현재 시제를 모두 쓸 수 없다고 생각하는 이유는 다음과 같았다.

(7) 가. 행동을 진행하고 있다. (C12, C13)
　　 나. '-고 있다'가 필요하다. (C20)

20번 문항은 '잡다'가 대상이 되는 발화였다. '잡다'는 달성동사로 [+종결성]과 [+순간성]이 어휘에 내재되어 있어 과거 시제와의 결합이 자연스럽다. 이에 현재 시제를 유도하기 위한 맥락을 제공하였다. 그러나 상이 두드러지는 중국어를 모국어로 하는 학습자들은 진행상 표지가 필요하다고 느꼈을 수 있다.

한국어 모어 화자와 학습자 집단 간 시제 이해에 차이가 있는지 알아보고자 교차 분석을 실시한 결과, 2번 문항을 제외하고는 모두 집단 간 차이가 통계적으로

---

10) 현재 사건이 현재 시제로 나타나는 경우, 한국어 모어 화자가 과거 시제도 가능하다고 판단한 데는 동작류도 영향을 주었을 것이다. 9번 문항은 '만들다'와 시제가 결합하는 것으로 '만들다'는 완성동사에 속한다. 그리고 20번 문항은 달성동사인 '잡다'에 시제가 결합한다. 완성동사와 달성동사는 모두 [+종결성]의 의미적 속성을 지니고 있고, 달성동사는 여기에 [+순간성]의 의미 자질까지 더 포함하고 있다. 이러한 의미적 속성으로 완성동사와 달성동사는 과거 시제와의 결합이 자연스럽다. 또, 앞에서 살펴본 과거 사건이 과거 시제로 나타나는 경우에서와 같이 직시적 투사의 관점에서 바라보고자 하는 시도도 발견할 수 있었다.

유의한 것으로 나타났다. 이러한 집단 간 차이가 발생한 데에는 중국어권 학습자의 시제 선택 이유에서 확인한 바와 같이 동작류가 영향을 미쳤음을 무시할 수 없다. 따라서 한국어와 중국어의 동작류 구분과 각각의 동작류에 결합하는 시제 제약 조건의 차이가 중국어권 한국어 학습자의 현재 시제 이해에 영향을 준 것으로 볼 수 있다.

중국어권 학습자들은 현재 시제의 기본 의미에 대해 과거 시제만큼 의견에 일치를 보이지 않았으며, 현재 시제 습득에 모국어와 관련된 동작류의 영향을 받는 모습을 확인할 수 있었다. 그러나 현재 사건이 현재 시제로 나타낸 모든 문항에서 대부분의 학습자들이 현재 시제만 가능하다고 답변했다는 점에서 과거 시제만큼은 아니지만 현재 시제의 기본적 기능에 대해서도 80% 정도는 한국어 모어 화자와 같이 이해하고 있다고 볼 수 있다.

시제가 기본적인 의미로 사용되었을 때 한국어 모어 화자와 중국어권 한국어 학습자의 시제 이해에 대해 알아본 결과, 대부분의 문항에서 학습자들도 70% 이상이 한국어 모어 화자와 같은 시제를 선택하였다. 따라서 시간과 시제 표현이 일치하는 경우, 학습자들은 한국어 모어 화자와 같이 이해하고 있다고 할 수 있다. 또한 과거 사건이 과거 시제로 나타나는 경우, 동작류에 따라 문항별 습득의 정도에 차이가 있었으며, 이러한 경향은 현재 사건이 현재 시제로 나타나는 경우에 더욱 두드러졌다.

## 4.2. 시간과 시제 표현이 불일치하는 상황에서의 시제 인식

시간과 시제 표현이 불일치하는 경우에는 '현재 사건이 과거 시제로 나타나는 경우', '미래 사건이 과거 시제로 나타나는 경우', '과거 사건이 현재 시제로 나타나는 경우', '미래 사건이 현재 시제로 나타나는 경우'가 있다. 각각의 유형에서 학습자들이 시제를 어떻게 인식하는지 알아보면서 학습자들이 어떠한 유형에 어러움을 겪는지 확인해 볼 수 있을 것이다.

### 4.2.1. 현재 사건이 과거 시제로 나타나는 경우

현재 사건이 과거 시제로 나타나는 경우에 해당하는 문항은 11번, 25번, 4번, 30번, 19번 문항이 있었다. <표 5>는 이 문항에서의 집단별 시제 선택 빈도를 나타낸 것이다.

〈표 5〉 현재 사건이 과거 시제로 나타나는 경우 집단별 시제에 대한 판단

| 문항<br>(동작류) | 집단 | 선택지 | | | | $x^2$ | 유의<br>확률 |
|---|---|---|---|---|---|---|---|
| | | 과거<br>시제 | 현재<br>시제 | 모두<br>가능 | 모두<br>불가 | | |
| 11<br>(상태) | KNS | 0<br>(0%) | 13<br>(26%) | 37<br>(74%) | 0<br>(0%) | 39.208 | .000 |
| | CKS | 0<br>(0%) | 44<br>(88%) | 6<br>(12%) | 0<br>(0%) | | |
| 25<br>(행위) | KNS | 1<br>(2%) | 9<br>(18%) | 40<br>(80%) | 0<br>(0%) | 39.408 | .000* |
| | CKS | 16<br>(32%) | 20<br>(40%) | 10<br>(20%) | 4<br>(8%) | | |
| 4<br>(완성) | KNS | 12<br>(24%) | 0<br>(0%) | 38<br>(76%) | 0<br>(0%) | 44.146 | .000 |
| | CKS | 19<br>(38%) | 23<br>(46%) | 8<br>(16%) | 0<br>(0%) | | |
| 30<br>(달성) | KNS | 19<br>(38%) | 2<br>(4%) | 29<br>(58%) | 0<br>(0%) | 39.069 | .000 |
| | CKS | 13<br>(26%) | 30<br>(60%) | 7<br>(14%) | 0<br>(0%) | | |
| 19<br>(심리인지) | KNS | 7<br>(14%) | 10<br>(20%) | 33<br>(66%) | 0<br>(0%) | 19.867 | .000 |
| | CKS | 8<br>(16%) | 30<br>(60%) | 12<br>(24%) | 0<br>(0%) | | |

11번, 25번, 4번, 30번, 19번 문항에 해당하는 발화는 현재 사건을 지시하므로 현재 시제로도 나타낼 수도 있고, 과거 시제로도 표현할 수 있는 것이었다. (8)은 11번 문항의 대상 발화이다.

(8) A: 안녕하세요. 저 선영이 동생, 선욱이에요.
　　 B: 아~ 네가 선영이 <u>동생이었니?</u>

11번 문항의 대상 발화는 '선영이 동생이 선욱이'라는 사실에는 변함이 없으므로 현재 시제로 나타나는 경우가 많다. 그러나 화자가 선영이에게 동생이 있었다는 사실을 알았던 시점으로 자신을 투사할 경우, 과거 시제로도 표현할 수 있다. 그러나 <표 5>의 답변을 보면, 한국어 모어 화자는 모든 문항에서 과거 시제와 현재 시제 모두 사용 가능하다고 답한 비율이 가장 높은 반면, 중국어권 학습자들은 모든 문항에서 현재 시제만 가능하다고 답한 비율이 가장 높았다. 한국어 모어 화자와 같이 과거 시제와 현재 시제를 모두 사용할 수 있다고 답한 학습자가 12% 있었으나 한 명의 학습자 외에는 둘 다 사용이 가능하다고 생각하는 이유를 설명하지 못하였다. 따라서 극소수를 제외한 중국어권 학습자들은 현재 시간을 과거 시제로 나타낼 수 있다는 것에 대해 이해하지 못한 것으로 보인다.

문항별로 살펴보면, 11번, 25번, 19번 문항에서 일부 한국어 모어 화자도 지시하는 시간의 영향을 받아 현재 시제만 가능하다고 답하였다. 그러나 4번과 30번 문항의 한국인 답변을 보면, 과거 시제만 가능하다는 답변이 현재 시제만 가능하다는 답변에 비해 우세하였다. 여기에는 용언의 내재적 의미가 영향을 준 것으로 보인다. 4번 문항은 완성동사인 '신다'가 포함된 발화였고, 30번 문항은 달성동사인 '때리다'가 포함된 발화였다. 달성동사는 [+종결성]과 [+순간성]을 지니며, 완성동사는 [+종결성]이라는 내재적 의미를 가지고 있다. 그래서 시상 가설에서도 과거 시제는 달성동사와 완성동사에서 먼저 나타난다는 가설을 세웠다. 또한 4번 문항의 '신다'는 '입다'류 동사로, 여기에 결합하는 '-았/었-'은 '-아/어 있다'의 축약형으로 보는 입장도 있다. 따라서 용언의 의미나 활용에 영향을 받아 한국어 모어 화자에게도 과거 시제만 가능하다는 답변이 나온 것으로 보인다.

중국어권 학습자들은 한국어 모어 화자가 모든 문항에서 과거와 현재 시제 모두 가능하다고 답한 것과 달리 현재 시제만 가능하다고 답한 사람이 가장 많았다. 학습자들이 현재 시제만 가능하다고 선택한 것은 시제 표현과 시제가 지시하는 시간이 일치해야 한다고 생각했기 때문이다. 즉, 지시하는 시간을 기준으로 시제를 선택한 것이다. 그러나 25번, 4번, 30번 문항에서는 약 20~30%의 학습자가 과거 시제만 가능하다고 선택하였다. 이는 학습자들이 동사의 상적 의미의 영향을 받았기 때문으로 보인다. 중국어에서 '走(걷다)'와 '揍(때리다)'는 [+동작성] 자질을 가지고 있으며 일반적인 상황에서 주어의 의지를 함축하고 있는 동사에 속한다(Li & Thomson, 2011:239-240). 동작이 이루어졌다는 것은 이미 동작이 시작되었다는 의미가 함축될 수 있어 학습자들이 과거 시제를 선택하게 된 것으로 볼 수 있다.

현재 사건이 과거 시제로 나타나는 경우에서 한국어 모어 화자의 의견 일치율을 보면, 각각 74%, 80%, 76%, 58%, 60%로 다른 유형에 비하여 낮게 나타났음을 알 수 있다. 이는 <표 5>에서 본 바와 같이 '모두 가능'이라고 답한 경우 외에 '과거 시제만 가능'하다거나 '현재 시제만 가능'하다고 답한 사람들이 있었기 때문이다.

한국어 모어 화자가 '모두 가능'하다고 한 답 외의 다른 답을 한 문항을 보면, 상태동사, 행위동사, 심리인지동사 문항에서는 '현재 시제만 가능하다'고 하였고, 완성동사와 달성동사에서는 '과거 시제만 가능하다'고 답하였다는 것을 알 수 있다. 이는 앞 절에서 본 현재 시제 습득에 동작류가 미치는 영향과 같은 결과로 과거 시제와 현재 시제를 모두 사용할 수 있는 상황에서 더 우선시 되고, 더 선호되는 시제는 동작류에 따라 달라진다는 것을 볼 수 있다. 다시 말해, 과거 시제와 현재 시제를 모두 사용할 수 있는 경우 [-종결성]을 지닌 상태동사, 행위동사, 심리인지동사는 현재 시제와 더 쉽게 결합하고, [+종결성]을 지닌 완성동사와 달성동사는 과거 시제와의 결합이 더 선호된다는 것이다. 따라서 시간과 시제 표현이 불일치하는 경우에도 시제의 기본적 의미나 우선 선택되는 시제는 동작류의 영향을 받는다고 해석할 수 있다. 그러나 중국어권 한국어 학습자에게서는 이러한 경향성을 발견할 수 없었다.

또, 한국어 모어 화자의 일치율이 높지 않은 편이나 모든 문항에서 60~80% 정도가 과거 시제와 현재 시제를 모두 사용할 수 있다고 답한 반면, 학습자의 의견 일치율은 각각 12%, 20%, 16%, 14%, 24%로 매우 낮았다. 이러한 집단 간 평균 차이는 통계적으로도 유의하였다. <표 5>에서 제시한 바와 같이 교차 분석 결과, $x^2$ 값은 문항별로 각각 39.208, 39.408, 44.146, 39.069, 19,867이었고, 모든 문항의 유의 확률은 .000으로 유의 수준 .05에서 집단 간 통계적으로 유의미한 차이가 있었다. 집단 간 차이가 통계적으로 유의하다는 것은 한국어 모어 화자와 중국어권 한국어 학습자들이 시제를 이해하는 데 차이가 있다는 것을 의미하며, 학습자들이 현재 사건이 과거 시제로 나타난 모든 문항에서 한국어 모어 화자와 다르게 이해하고 있다는 것을 뜻한다. 따라서 중국어권 한국어 학습자들은 현재 사건에 과거 시제가 나타낼 수 있다는 것을 이해하지 못하고 있다고 해석할 수 있겠다.

### 4.2.2. 미래 사건이 과거 시제로 나타나는 경우

미래 사건이 과거 시제로 나타나는 경우에는 설문지 12번, 26번, 18번, 13번, 28번 문항이 속해 있었다. <표 6>은 이 문항들에 대한 집단별 답변을 나타낸 것이다.

미래 사건이 과거 시제로 나타나는 문항에 대한 한국어 모어 화자의 응답을 보면 모든 문항에서 과거 시제만 가능하다고 답한 사람이 가장 많았다. 한국어 모어 화자가 과거 시제를 선택한 이유는 크게 네 가지로 나타났다. 먼저 본 연구에서의 입장과 같이 화자가 직시적 기준을 미래로 이동하여 미래 시점에서 생각할 때 과거 사건이 된다는 것이다. 그리고 미래지만 확실하거나 화자의 확신이 있는 경우, 과거 시제를 사용한다고 한 답변이 있었다. 이와 같이 미래 사건을 과거 시제로 나타내는 이유를 명확히 설명하는 경우도 있었으나 '관용적 표현'이라거나 '이유는 모르지만 더 자연스럽다'는 답변도 있었다. 한국어 모어 화자들이 이렇게 답한 것은 모국어 지식이 자동화되어 습득되기 때문이다.

〈표 6〉 미래 사건이 과거 시제로 나타나는 경우 집단별 시제에 대한 판단

| 문항<br>(동작류) | 집단 | 선택지 | | | | $x^2$ | 유의<br>확률 |
|---|---|---|---|---|---|---|---|
| | | 과거<br>시제 | 현재<br>시제 | 모두<br>가능 | 모두<br>불가 | | |
| 12<br>(상태) | KNS | 48<br>(96%) | 0<br>(0%) | 2<br>(4%) | 0<br>(0%) | 70.230 | .000* |
| | CKS | 7<br>(14%) | 38<br>(76%) | 4<br>(8%) | 1<br>(2%) | | |
| 26<br>(행위) | KNS | 44<br>(88%) | 1<br>(2%) | 4<br>(8%) | 1<br>(2%) | 42.465 | .000* |
| | CKS | 16<br>(32%) | 25<br>(50%) | 1<br>(2%) | 8<br>(16%) | | |
| 18<br>(완성) | KNS | 50<br>(100%) | 0<br>(0%) | 0<br>(0%) | 0<br>(0%) | 51.515 | .000* |
| | CKS | 16<br>(32%) | 24<br>(48%) | 4<br>(8%) | 6<br>(12%) | | |
| 13<br>(달성) | KNS | 42<br>(84%) | 0<br>(0%) | 7<br>(14%) | 1<br>(2%) | 73.497 | .000 |
| | CKS | 3<br>(6%) | 32<br>(64%) | 5<br>(10%) | 10<br>(20%) | | |
| 28<br>(심리인지) | KNS | 19<br>(38%) | 11<br>(22%) | 17<br>(34%) | 3<br>(6%) | 19.034 | .000* |
| | CKS | 7<br>(14%) | 32<br>(64%) | 8<br>(16%) | 3<br>(6%) | | |

한국인의 답변을 보면 대부분의 문항에서 미래 사건을 과거 시제로 지시하는 것이 자연스럽다고 느끼고 있었다. 그러나 28번 문항에서는 다른 문항에서와 달리 '현재 시제만 가능하다'거나 '과거 시제와 현재 시제가 모두 가능하다'고 답한 사람이 많았다. 이는 심리인지동사라는 동작류의 영향으로 현재 시제를 선택한 것일

수도 있고, 설문지를 풀면서 발화 내 시점 변화에 예민해져서 발화 맥락에 맞지 않더라도 화용적으로 해석하고자 했기 때문으로 이해할 수도 있다. 또, 현재 사건이 과거 시제로 나타난 경우에서 본 바와 같이, 지시하는 시간에 초점을 두어 현재 시제를 선택하게 된 것으로 보인다. 28번 문항의 경우에는 대상 발화 자체가 다양하게 해석될 가능성이 있기 때문에 한국어 모어 화자의 의견 일치율이 높지 않았으나 28번 문항을 제외한 다른 문항에서는 80% 이상이 과거 시제만 사용 가능하다고 답하였다.

반면, 학습자들은 본 연구에서 미래 사건이 과거 시제로 표현되는 경우로 삼은 모든 문항에서 현재 시제만 가능하다고 답한 경우가 가장 많았다. 또한 위 <표 6>에서 학습자의 답변을 보면 과거 시제와 현재 시제 모두 불가능하다는 답변이 많았다. 과거 시제와 현재 시제 모두 불가능하다고 답한 학습자들은 미래 사건은 꼭 미래 시제로 표현해야 한다고 생각하고 있었다. 따라서 중국어권 한국어 학습자들이 미래 사건에 과거 시제가 나타나는 것을 이해하지 못했다고 할 수 있다.

그러나 각 문항에서 한국어 모어 화자와 같이 과거 시제가 가능하다고 답한 학습자도 문항별로 14%, 32%, 32%, 6%, 14% 있었다. 다음은 중국어권 한국어 학습자들이 과거 시제가 가능하다고 답한 경우, 그 이유에 대해 쓴 것이다. (9)는 12번, (10)은 26번, (11)은 18번, (12)는 13번 문항에 대한 학습자들의 의견이다.

(9) 가. 먼 것을 강조하기 위해 쓴다. (C39)

　　나. TV에서 들었다. (C26)

(10) 가. 거의 다 먹었다, '곧'이라는 의미가 있다. (C3, C4, C10, C19, C22, C27, C32)

　　나. 이유는 모르지만 그렇게 쓴다, TV에서 들었다. (C24, C26)

(11) 가. 소풍은 내일이지만 미래에 갔을 거라고 이미 예상했다, 이미 지나간
     일처럼 생각한다, 미래지만 '끝났다'는 느낌이 있다. (C19, C22, C23,
     C36, C44)

    나. 한국 사람이 쓰는 걸 들었다, TV에서 들었다. (C25, C26)


(12) 가. 미래에 이미 발생했다고 생각한다, 자신의 느낌을 강조하고 싶다 (C4,
     C10, C31, C32)

    나. 그냥 자주 들었다. (C44)


소수의 학습자는 미래 사건을 과거 시제로 나타낼 수 있다는 것을 알고 있었다.
이는 이 유형의 발화에 '다 먹었어', '난 내일 죽었다'와 같이 굳어진 표현처럼
쓰이는 것이 있었던 것의 영향으로 보인다. (9)~(12)의 '나'에서도 볼 수 있듯이
학습자 중 한국인과 대화하는 시간이 많거나 한국 텔레비전 시청 시간이 길어 한
국어 상호 작용 정도가 높은 학습자의 경우, 과거 시제가 미래 사건을 나타내는
기능을 굳어진 표현으로 이해하고 있었다[11].

그러나 <표 6>에서 본 바와 같이 대부분의 한국어 모어 화자는 과거 시제를
써야 한다고 답한 반면, 학습자 대부분은 미래 사건에 대해 말하고 있으므로 현재
시제나 미래 시제를 사용해야 한다고 답하였다. 이와 같은 집단 간 이해의 차이를
통계적으로 검증해 본 결과, 모든 문항에서 유의 확률이 .000으로 유의 수준 .05에
서 집단 간 차이는 유의미하게 나타났다. 따라서 대부분의 학습자들은 과거 시제
가 미래 사건에 나타날 수 있다는 것을 이해하지 못하고 있다고 할 수 있다.

---

11) (9)~(12)의 '나' 부분을 통하여 화용적 항목의 습득에는 목표어의 상호 작용 정도가 큰 영향을 미칠 수
있다고 예상할 수 있다. 목표어 상호 작용 정도란 목표어에 노출된 정도와 목표어를 사용하는 사람들과의
교류 정도를 말하며(황선영, 2014:437), 텔레비전이나 라디오와 같은 매체를 접하는 빈도, 목표어를 사용한
빈도 등으로 점수화할 수 있다. 실제로 Bardovi-Harlig & Bastos(2011)과 황선영(2014)에서 화용적 항목의
습득에 영향을 미치는 변인을 알아본 결과, 어휘적 완화 장치와 같은 화용적 항목의 습득에는 문법적 숙달도나
거주 기간보다 목표어 상호 작용 정도가 더 큰 영향을 미친다고 보고되었다.

### 4.2.3. 과거 사건이 현재 시제로 나타나는 경우

과거 사건이 현재 시제로 나타나는 경우에 속하는 문항으로는 14번, 16번, 6번, 29번, 21번이 있었다. 다음은 이 문항에 대한 한국어 모어 화자와 중국어권 학습자 집단의 시제 선택 빈도를 나타낸 것이다.

〈표 7〉 과거 사건이 현재 시제로 나타나는 경우 집단별 시제에 대한 판단

| 문항<br>(동작류) | 집단 | 선택지 | | | | $x^2$ | 유의<br>확률 |
|---|---|---|---|---|---|---|---|
| | | 과거<br>시제 | 현재<br>시제 | 모두<br>가능 | 모두<br>불가 | | |
| 14<br>(상태) | KNS | 17<br>(34%) | 3<br>(6%) | 30<br>(60%) | 0<br>(0%) | 36.929 | .000 |
| | CKS | 27<br>(54%) | 20<br>(40%) | 3<br>(6%) | 0<br>(0%) | | |
| 16<br>(행위) | KNS | 1<br>(2%) | 14<br>(28%) | 35<br>(70%) | 0<br>(0%) | 51.912 | .000* |
| | CKS | 28<br>(56%) | 16<br>(32%) | 4<br>(8%) | 2<br>(4%) | | |
| 6<br>(완성) | KNS | 8<br>(16%) | 1<br>(2%) | 41<br>(82%) | 0<br>(0%) | 53.024 | .000* |
| | CKS | 31<br>(62%) | 13<br>(26%) | 5<br>(10%) | 1<br>(2%) | | |
| 29<br>(달성) | KNS | 10<br>(20%) | 0<br>(0%) | 40<br>(80%) | 0<br>(0%) | 56.530 | .000* |
| | CKS | 42<br>(84%) | 5<br>(10%) | 3<br>(6%) | 0<br>(0%) | | |
| 21<br>(심리인지) | KNS | 18<br>(32%) | 10<br>(20%) | 22<br>(44%) | 0<br>(0%) | 14.951 | .001 |
| | CKS | 26<br>(52%) | 19<br>(38%) | 5<br>(10%) | 0<br>(0%) | | |

과거 사건이 현재 시제로 나타나는 경우에는 앞서 현재 사건을 과거 시제로 나타냈던 것과 같이 과거 시제와 현재 시제 사용이 모두 가능하다. 한국어 모어 화자

는 이 유형에 속하는 모든 문항에서 과거 시제와 현재 시제를 모두 사용할 수 있다고 답한 사람이 가장 많았다. 그러나 둘 다 가능하다고 선택한 사람의 비율은 문항별로 각각 60%, 70%, 82%, 80%, 44%로 다른 유형에 비하여 의견 일치율이 낮았으며, 14번, 6번, 29번, 21번 문항에서는 한국인도 지시하는 시간을 좀 더 중시하여 과거 시제만 가능하다고 답한 사람이 있었다.

또한, 16번 문항에서는 다른 문항과 달리 현재 시제만 가능하다는 의견이 두 번째로 많았는데, 이는 담화 장르의 영향을 받았기 때문으로 보인다. 과거 사건을 현재 시제로 나타내는 경우는 뉴스나 일기 예보, 스포츠 중계와 같은 상황에서 자주 발생하며, 본 연구의 설문지 문항도 스포츠 뉴스와 축구 중계, 일기 예보, 뉴스로 구성되어 있었다. 문항별로 보면 14번 문항은 스포츠 뉴스였고, 16번 문항은 축구 중계, 6번 문항은 일기예보, 29번은 육상 중계, 21번 문항은 뉴스였다. 뉴스와 스포츠 중계에는 현재 시제와 과거 시제를 모두 사용할 수 있지만, 지난 사건을 보도하는 뉴스보다 현재 진행 중인 운동 경기를 중계하는 스포츠 중계에서 좀 더 현장성을 중시하게 된다. 이러한 장르적 특성으로 16번 문항은 다른 경향을 보였을 것이다. 그리고 같은 스포츠 중계를 대상으로 한 29번 문항에서 과거 시제만 가능하다는 답변이 많이 나온 것은 '도착하다'가 가지고 있는 의미적 특질의 영향을 받았기 때문으로 보인다. 다시 말해 '도착하다'는 [+순간성]을 지니고 있으므로 짧은 시간에 행위가 끝났다고 생각하여 과거 시제를 쓰게 된 것이다.

중국어권 한국어 학습자의 경우에는 한국어 모어 화자와 같이 과거 시제와 현재 시제가 모두 가능하다고 답한 사람의 비율이 각각 6%, 8%, 10%, 6%, 10%로 매우 적었다. 중국어권 한국어 학습자의 답변을 보면, 모든 문항에서 과거 시제만 가능하다는 답변이 가장 많았으며, 현재 시제만 가능하다는 답변이 그 뒤를 이어, 학습자들이 두 가지 시점 중 하나의 시점에서만 보고 있다는 것을 알 수 있었다.

소수의 학습자는 한국어 모어 화자와 같이 과거 시제와 현재 시제를 화자의 의도에 따라 사용할 수 있다는 것을 알고 있었다. 그러나 과거 시제와 현재 시제 모두 가능하다고 한 경우에도 이유를 정확히 알고 두 가지 시점을 모두 생각한 학습자가 있는 반면, 화자의 의도를 한국인과 다르게 설명한 경우도 있었다. (13)은 16번 문항에 대한 답변이고, (14)는 29번 문항에 대한 답변이었으며, (15)는 14번 문항에 대한 답변이었다.

(13) 움직인 후에 봤으면 과거 시제를 쓰고, 움직이고 있는 것 봤으면 현재 시제를 쓴다. (C31, C38)

(14) 해설이 말하는 시간에 따라 둘 다 쓸 수 있다. 도착한 후에 말하면 과거시제를 쓰고, 도착하고 있을 때 말하면 현재 시제를 쓴다. (C46)

(15) 과거의 경기 상황을 말할 땐 과거 시제를 쓰고, 지금의 경기 상황을 말할 때는 현재 시제를 쓴다. (C41)

(13)을 보면, 학습자들이 발화시만을 기준으로 시간을 파악하여 둘 다 가능하다고 답하였으나 직시적 투사의 관점에서 두 가지를 모두 선택할 수 있다고 본 것은 아니었다. (14)는 발화 맥락을 보지 않고 문장 안에서만 해석하였으며, (15)는 스포츠 뉴스 중계 상황이라는 것을 전제하지 않고 답을 하였다. 따라서 중국어권 한국어 학습자들이 과거 사건을 현재 시제로 나타낼 수 있다는 것을 이해하지 못하고 있다고 볼 수 있으며, 과거 시제와 현재 시제가 모두 가능하다고 답한 경우에도 답변의 이유에서 한국어 모어 화자와 차이를 보였다. 이러한 집단 간의 차이가 통계적으로도 유의한지 교차 분석을 통해 살펴본 결과, <표 7>에서 제시한 바와 같이 모든 문항에서 집단 간 차이가 통계적으로 유의미한 것으로 나타났다.

과거 사건을 현재 시제로 나타내는 경우는 앞서 살펴본 현재 사건을 과거 시제로 나타내는 경우와 더불어 한국어 모어 화자와 비슷한 의견을 제시한 비율이 가장 낮았으며, 집단 간 통계적 차이도 크게 나타났다. 따라서 한국어 교육 현장에서는 초급에서 시제의 기본적인 기능을 가르치는 것에만 그치지 말고, 과거 시제가 현재 사건에 나타날 수 있고, 현재 시제가 과거 사건에 나타날 수 있다는 것을 명시적으로 가르쳐야 할 것이다.

### 4.2.4. 미래 사건이 현재 시제로 나타나는 경우

마지막 유형은 미래 사건이 현재 시제로 나타나는 경우였다. 여기에는 7번, 22번, 10번, 3번, 15번 문항이 속해 있었다. 미래 사건에 현재 시제가 쓰이는 현상은 범언어적이며, 중국어에서도 이와 같은 예를 찾아볼 수 있다. 또한 한국어 교육 현장에서는 현재 시제가 미래 시간을 지시할 수 있다고 명시적으로 교수한다[12]. 모국어의 영향과 명시적인 교수의 효과로 미래 사건이 과거 시제로 나타나는 경우에서와는 달리 중국어권 학습자들이 한국어 모어 화자와 같은 방식으로 시제를 이해하는 모습을 보였다.

〈표 8〉 미래 사건이 현재 시제로 나타나는 경우 집단별 시제에 대한 판단

| 문항<br>(동작류) | 집단 | 선택지 | | | | $x^2$ | 유의<br>확률 |
|---|---|---|---|---|---|---|---|
| | | 과거<br>시제 | 현재<br>시제 | 모두<br>가능 | 모두<br>불가 | | |
| 7<br>(상태) | KNS | 0<br>(0%) | 50<br>(100%) | 0<br>(0%) | 0<br>(0%) | 5.263 | .056* |
| | CKS | 0<br>(0%) | 45<br>(90%) | 1<br>(2%) | 4<br>(8%) | | |

---

12) 한국어 학습자와 한국어 교사를 위하여 한국어 문법을 정리해 놓은 국립국어원(2005:197)을 보면, 보편적인 진리나 습관적으로 반복되는 사실, 미래에 일어날 것임이 분명한 일을 나타내야 하는 경우에 현재 시제가 사용된다고 설명하고 있다. 그러나 과거 사건에 현재 시제가 사용되는 경우나 현재 사건이나 미래 사건에 과거 시제가 사용되는 경우에 대한 설명은 없다. 또한 한국어 교재를 보면 '내일 모임에 출장 때문에 못 가요(이화여자대학교 언어교육원, 2010:57), 다음 달부터 시작해요(이화여자대학교 언어교육원, 2011:29).'와 같이 미래 사건을 현재 시제로 나타내는 예가 적지 않게 등장한다.

| 22<br>(행위) | KNS | 0<br>(0%) | 47<br>(94%) | 1<br>(2%) | 2<br>(4%) | 23.517 | .000* |
|---|---|---|---|---|---|---|---|
| | CKS | 10<br>(20%) | 26<br>(52%) | 2<br>(4%) | 12<br>(24%) | | |
| 10<br>(완성) | KNS | 0<br>(0%) | 50<br>(100%) | 0<br>(0%) | 0<br>(0%) | 5.263 | .056* |
| | CKS | 0<br>(0%) | 45<br>(90%) | 0<br>(0%) | 5<br>(10%) | | |
| 3<br>(달성) | KNS | 0<br>(0%) | 49<br>(98%) | 0<br>(0%) | 1<br>(2%) | 8.410 | .011* |
| | CKS | 2<br>(4%) | 40<br>(80%) | 1<br>(2%) | 7<br>(14%) | | |
| 15<br>(심리인지) | KNS | 0<br>(0%) | 50<br>(100%) | 0<br>(0%) | 0<br>(0%) | 13.636 | .000* |
| | CKS | 5<br>(10%) | 38<br>(76%) | 4<br>(8%) | 3<br>(6%) | | |

한국어 모어 화자의 답변을 보면 미래 사건을 현재 시제로 나타내는 유형의 모든 문항에서 100%에 가까운 의견 일치를 보이고 있었다. 중국어권 한국어 학습자들도 모든 문항에서 현재 시제만 가능하다고 답한 의견이 가장 많았다. 그러나 <표 8>을 보면 학습자의 의견 일치율은 한국인만큼 높지는 않았다. 특히 22번 문항과 3번 문항에서는 미래 시제를 사용해야 하기 때문에 가능한 게 없다는 답변이 많았다. 또한 22번 문항과 15번 문항에서는 과거 시제만 가능하다고 답한 경우도 있었다. 미래 사건이 현재 시제로 나타나는 경우 학습자들이 과거 시제만 가능하다고 선택한 이유는 발화의 의미를 잘못 해석했거나 '기억'이라는 어휘의 의미에 의존하고 있었기 때문이었다.

한국어 모어 화자와 중국어권 한국어 학습자 간 이해의 차이를 통계적으로 검증해 본 결과, 7번과 10번 문항에서는 $x^2$이 5.263이고 유의 확률이 .056으로 유의 수준 .05에서 집단 간 통계적으로 유의미한 차이는 없었다. 그러나 22번 문항과 3번 문항, 15번 문항에서는 집단 간 차이가 통계적으로 유의미한 것으로 나타났다.

이와 같은 결과가 나타난 데에는 발화의 해석을 잘못하거나 미래 사건이기 때문에 미래 시제로 표현해야 한다고 생각하는 학습자들이 있었기 때문이다. 몇 문항에서 한국인과 학습자의 시제 이해에 대한 차이가 통계적으로 유의미한 것으로 나타났으나, 전반적으로 보았을 때 모든 문항에서 학습자들이 가장 많이 선택한 답변은 한국어 모어 화자와 같이 현재 시제였다는 점에서 현재 사건을 현재 시제로 나타낼 때와 비슷한 결과가 나타났다고 할 수 있다.

## 5  담화 주제에 따른 시제 사용

발화시와 수신시가 다를 때 화자는 자신의 입장에서 발화할지 아니면 청자의 입장을 기준으로 하여 발화할지를 선택하게 된다. 본 연구에서는 발화시와 수신시가 다른 상황에서 중국어권 한국어 학습자와 한국어 모어 화자가 시간 직시의 기준을 어디에 두는지, 하나의 담화 내에서 다른 요소의 영향을 받아 변칙적으로 사용되는 경우가 있는지 알아보았다.

### 5.1. 화자의 상황 인식에 따른 시제 사용

본 연구에서는 발화시와 수신시가 다른 상황으로 엽서 쓰기 과제와 음성 메시지 남기기 과제를 제시하였다. 엽서 쓰기 과제는 자신의 여행 경험이 주제가 되는 화자 중심의 상황이었다. <표 9>는 엽서 쓰기 과제와 사후 인터뷰에서 한국어 모어 화자와 중국어권 학습자가 선택한 시간 직시의 기준을 나타낸 것이다.

| 직시의 기준 | 본 실험 | | 사후 인터뷰 | |
|---|---|---|---|---|
| | KNS | CKS | KNS | CKS |
| 화자 | 44<br>(88%) | 42<br>(84%) | 11<br>(22%) | 30<br>(66.7%) |
| 청자 | 0<br>(0%) | 1<br>(2%) | 1<br>(2%) | 4<br>(8.9%) |
| 화자/청자 | 6<br>(12%) | 7<br>(14%) | 38<br>(76%) | 11<br>(24.4%) |
| $x^2$ | 1.123 | | 25.289 | |
| 유의확률 | .774* | | .000* | |

<표 9>를 보면, 본 실험에서 한국어 모어 화자 88%, 한국어 학습자 84%가 시간 직시의 기준을 화자에 두어 두 집단 모두 시간 직시의 기준을 화자에게 두는 경향이 나타났다. (16)은 한국어 모어 화자의 자료이고, (17)은 중국어권 한국어 학습자의 자료이다.

(16) 안녕? 잘 지내고 있지? 나는 지금 파리에 있어. 오늘 예쁜 엽서를 샀는데 네 생각이 나서 엽서를 써. 네가 이 엽서를 받을 때 나도 아마 한국에 있을 거야. 어제는 에펠탑에 갔었어. 지하철도 타 봤고, 몽마르트에도 갔었어. 오늘은 루브르 박물관에 갔어. 그리고 지금은 예쁜 카페에서 마카롱도 먹고 커피도 마시고 있어. 내일은 쇼핑할 거야. 서울에서 만나면 자세히 얘기해 줄게. 서울에서 보자. (K24)

(17) 친구야, 나 지금 프랑스 파리에서 여행하고 있어. 여기에서 너에게 편지를 쓰고 있어. 좋고 맛있는 음식도 많이 있어. 저 15일에 돌아갈 건데 그 편지는 언제 그쪽에 도착할지 모르겠어. 지금 이 기분을 함께 나누고 싶다. 우리 오랫동안 못 연락했지? 편지를 받으면 꼭 연락해. (C46)

이 상황에서 발신시는 엽서를 쓰고 있는 시간이 되고, 수신시는 친구가 엽서를 받은 후 읽는 시간이 된다. (16)과 (17)에서 밑줄 친 부분을 보면 한국어 모어 화자와 중국어권 학습자 모두 현재 시제나 미래 시제를 사용함으로써 엽서를 쓰고 있는 화자의 시점에서 내용을 진행시키고 있다는 것을 알 수 있다. 본 실험에 이어 실시한 사후 인터뷰에서도 한국어 모어 화자와 학습자의 시제 선택 이유는 비슷하였다.

(18) 오늘 한 일을 쓰라고 했고, 내가 현재 느끼는 감정을 더 잘 표현하고 싶어서 나의 시간을 기준으로 한 것 같다. 만약 업무나 뭔가를 시키는 이메일이면 받는 사람 시점으로 썼을 것 같다. (K8)

(19) 프랑스에 있다는 기분을 나타내고 싶고, 나의 경험을 쓰는 거니까 내 시간이 중요하다. (C50)

한국어 모어 화자와 중국어권 학습자 모두 담화 주제가 화자의 여행 경험이기 때문에 화자 중심의 상황으로 인식하고 있었고, 이에 따라 시간 직시의 기준점을 화자에 두었다고 하였다. 이와 같이 각 집단에서 사용한 시간 직시의 기준점은 유사한 모습을 보였고, 담화의 주제와 관련된 상황 인식의 영향을 받아 시간 직시의 기준점을 선택한다는 것을 알 수 있었다. 이러한 유사한 모습에 통계적인 차이가 있는지 알아보기 위하여 교차 분석을 실시한 결과, $x^2$은 1.123이고 유의 확률은 .774로 유의 수준 .05에서 집단 간 유의미한 차이는 없었다. 따라서 화자 중심의 상황에서 중국어권 학습자는 한국어 모어 화자와 마찬가지로 화자를 시간 직시의 기준으로 삼는다고 할 수 있다.

그러나 사후 인터뷰를 통하여 시제 선택 가능성에 대한 판단에는 차이가 있다는 것을 알 수 있었다. 사후 인터뷰에서는 본 실험에서 시제를 선택한 이유를 물은 후, 자신의 선택과 반대되는 입장을 기준으로 하여 발화하는 것이 가능한지 물어보았다. 그 결과, 한국어 모어 화자는 직시의 기준점을 화자에 두는 것도 가능하고, 청자에 두는 것도 가능하다고 답한 비율이 높은 반면, 중국어권 한국어 학습자는 직시의 기준점을 화자에 두어야 하며, 청자로 이동할 수 없다고 답한 비율이 높았다.

(20) 나에게 일어난 일을 쓰라고 했고, 파리에서 일어난 일은 내가 더 중요해서 내 시간을 기준으로 한 것 같다. 그렇지만 읽는 친구 입장에서 써도 된다. (K7)

(21) 프랑스에서 지금 있는 상황에 대한 편지다. 이 상황에서는 나의 시간에서 써야 한다. 만약 친구의 시간으로 쓰면 지금 내 기분을 잘 표현하지 못할 것 같다. (C46)

한국어 모어 화자는 시간 직시의 중심을 화자나 청자 모두에게 둘 수 있다고 판단하였고 그중 화자 중심으로 선택한 것이었지만, 학습자는 화자 중심으로 말해야 한다고 판단하였기 때문에 화자 중심을 선택한 것이었다. 그리고 이러한 집단 간 차이가 통계적으로도 유의한지 알아보고자 교차 분석을 실시한 결과, $x^2$은 25.289이고 유의 확률은 .000으로 유의 수준 .05에서 집단 간 유의미한 차이가 있었다. 따라서 학습자는 시제 선택 가능성의 판단을 한국어 모어 화자와 다르게 하고 있다고 할 수 있다.

두 번째로 제시한 과제는 시차가 있는 지역에 사는 친구에게 생일 축하 메시지를 남기는 것이었다. 담화의 주제가 친구의 생일이므로 청자 중심의 상황이라 할 수 있다. <표 10>은 메시지 남기기 과제에서 집단별로 선택한 시간 직시의 기준과 사후 인터뷰에서 사용 가능성 판단에 대한 답변을 나타낸 것이다.

| 직시의 기준 | 본 실험 | | 사후 인터뷰 | |
|---|---|---|---|---|
| | KNS | CKS | KNS | CKS |
| 화자 | 2 (4%) | 5 (10%) | 0 (0%) | 1 (2.4%) |
| 청자 | 13 (26%) | 40 (80%) | 9 (18%) | 39 (95.1%) |
| 화자/청자 | 35 (70%) | 5 (10%) | 41 (82%) | 1 (2.4%) |
| $x^2$ | 37.540 | | 57.518 | |
| 유의확률 | .000* | | .000* | |

청자 중심의 상황에서 한국어 모어 화자의 자료를 보면, 화자에서 청자로 혹은 청자에서 화자로 시간 직시의 기준점을 이동시킨 경우가 70%로 가장 높게 나타났다. 그러나 학습자가 한국어 모어 화자와 같이 직시적 기준을 이동한 경우는 10%에 불과하였으며, 80%의 학습자가 시간 직시의 기준점을 청자에 두었다. 사후 인터뷰 결과를 보면, 한국어 모어 화자는 본 실험의 결과와 같이 직시의 기준을 화자에 두는 것도 가능하고, 청자에 두는 것도 가능하다고 답한 사람이 82%였다. 그러나 중국어권 학습자의 95.1%는 시간 직시의 기준을 청자에 두어야 한다고 답하였다. 아래 (22)는 한국어 모어 화자의 발화이고, (23)은 학습자의 발화이다.

(22) 생일 축하해. 니가 이 메시지를 언제 들을지 모르겠지만 (a)내가 메시지를 녹음하는 지금 한국은 밤 9시야. 미국에서는 (b)니 생일이 막 시작됐네. 지금 시간을 보니까. 아무튼 오늘 니 (c)생일 즐겁게 잘 보내. 그리고 이따 저녁에 미국에 있는 친구들하고 (d)파티할 거지? 예쁜 사진, 재미있는 사진 많이 찍어서 보내 줘. 나도 같이 있으면 좋겠는데 그러지 못해서 아쉽다. 그래서 대신 이 메시지로 전할게. 다시 한번 생일 축하해. (K13)

(23) 친구야, 안녕. 지금 내 메시지 (a)받았어요? 저는 지금 메시지를 (b)남겨요.
오늘이 생일이잖아요. 어떻게 (c)보냈어요? 케이크를 (d)먹을 거예요? 파티
할 거예요? 정말 보고 싶어요. 생일 축하해요. 축하. (C48)

(22)에서는 (a)에서 알 수 있듯이 화자의 시간을 기준으로 담화를 시작하고 있다.
그러나 (b), (c), (d)에서는 시간 직시의 기준점이 청자로 이동하였다. (23)에서는
(a)에서 과거 시제를 사용하여 청자가 메시지를 받은 후의 시간으로 시간 직시의
기준을 옮겨 발화하였고, (b)에서는 현재 시제를 사용함으로써 다시 화자의 입장으
로 시점을 변환시켰다. 그리고 (c), (d)에서는 다시 청자의 시간으로 직시의 기준을
이동하였다. 이와 같이 청자 중심의 상황에서 한국어 모어 화자는 시간 직시의
기준점을 화자에서 청자로 이동하며 발화를 이어나가는 경향을 보였고, 일부의
학습자에게도 비슷한 경향이 나타났다.

그러나 중국어권 한국어 학습자들이 가장 많이 선택한 시간 직시의 기준점은
청자에게 있었는데, 한국어 모어 화자의 경우에도 26%가 청자의 시간을 기준으로
삼아 발화하였다. (24)는 한국어 모어 화자의 자료이고, (25)는 중국어권 한국어
학습자의 자료이다.

(24) 안녕, 생일 축하해. 오늘은 너의 생일이라서 이 메시지를 (a)녹음했어. 메시
지 잘 (b)받았지? 오늘 생일 잘 (c)보내. 미국에서 친구들과 같이 케이크도
먹고 파티도 하며 즐겁게 보내길 바랄게. 나중에 꼭 사진 찍어서 보내줘.
그럼 행복한 하루 보내고 다시 한번 생일 축하해. 안녕. (K22)

(25) 친구야, 생일 축하해요. 생일 축하를 위해서 이 메시지를 남겼어요. 오늘
생일 즐겁게 보내길 바라고 파티할 때 케이크도 많이 먹어요. 안녕. (C16)

이 상황에서 발신시는 화자가 메시지를 녹음하고 있는 시간이고, 수신시는 청자가 메시지를 듣는 시간이다. (24)의 (a)와 (b)에서는 화자가 발화한 시간에 일어나는 사건을 과거 시제로 표현함으로써 청자가 듣는 시간을 기준으로 이야기하고 있다는 것을 알 수 있다. 그리고 (24)의 (c)에서도 현재 시제를 사용하여, (a)와 (b)에서와는 다른 시제를 선택하였지만, 생일을 시작하는 친구의 입장에서 이야기되고 있는 부분이므로 시간 직시의 기준점은 청자의 시간에 있다. (25)도 마찬가지이다. 현재 화자가 진행하고 있는 사건은 과거 시제로 표현하였고, 생일 일정에 대해서는 현재 시제로 나타내 시간 직시의 중심을 청자에 두었다.

(22), (23)에서 화자의 시간을 중심으로 발화를 시작했다가 시간 직시의 중심을 청자의 시간으로 옮긴 것과 (24), (25)에서 청자의 관점에 서서 발화한 것은 청자 중심의 상황이라는 상황에 대한 인식의 영향을 받은 것으로 해석할 수 있다. 다음은 한국어 모어 화자와 중국어권 학습자가 직시의 기준점을 청자로 둔 이유에 대해 밝힌 것이다.

(26) 친구 생일이니까 친구를 배려하고 싶어서 친구의 입장에서 말한 것 같다. (K7)

(27) 오늘은 친구 생일이다. 친구는 미국에 있고 아침이니까. (C8)

한국어 모어 화자와 중국어권 학습자 모두 친구의 생일이라는 담화 주제를 청자 중심의 상황으로 인식하고 있었으며, 이에 청자의 시간을 기준으로 삼게 되었다고 하였다. 그러나 한국어 모어 화자 4%와 중국어권 학습자 10%는 앞의 화자 중심 상황에서와 같이 화자의 시간을 중심으로 발화하였다. 다음은 화자의 시간을 기준으로 발화한 한국어 모어 화자의 발화이다.

(28) 선영아, 생일 축하해. 너의 생일을 축하해 주려고 이 메시지를 (a)<u>녹음해</u>. 생일 잘 (b)<u>보냈어</u>? 생일 파티는 (c)<u>했어</u>? 케이크는 (d)<u>먹었고</u>? 같이 파티에서 축하해주지 못해서 아쉽다. 어서 한국으로 돌아와서 만나자. (K38)

(24)에서와는 달리 (a)에서는 현재 시제를 사용하여 화자가 녹음하고 있는 시간에서 이야기하였고, (b), (c), (d)에서는 과거 시제를 사용하여 생일이 지난 시점, 즉 화자가 있는 시간을 기준으로 발화하였다. 앞서 언급한 바와 같이 일반적인 경우 직시의 중심은 보통 화자에게 있다. 따라서 화자의 시간에서도 발화할 수 있으나 청자 중심의 상황에서 대부분의 한국어 모어 화자와 중국어권 학습자는 자신의 관점을 청자의 시간으로 투사하는 모습을 보였다. 그러나 집단 간 차이가 있다면, 한국어 모어 화자는 하나의 담화 내에서 직시의 기준을 수시로 변환시키면서 담화를 진행해 나간 데 비해 중국어권 학습자는 청자의 입장에서만 서서 발화하는 사람이 많았다는 것이다. 그리고 교차 분석 실시 결과, $x^2$은 37.540이고, 유의확률은 .000으로 집단 간 차이는 통계적으로도 유의하였다.

한국어 모어 화자와 중국어권 학습자 모두 청자 중심의 상황에서는 청자를 배려하기 위하여 청자의 시간으로 자신을 투사하는 경향이 나타났다. 그러나 한국어 모어 화자는 하나의 발화 내에서 시점을 이동하는 모습이 더 자주 나타났고, 중국어권 학습자는 시간 직시의 기준을 청자로 선택하면, 전체 발화를 청자 중심으로 구성하는 모습을 보였다. 이와 같은 경향은 사후 인터뷰에서도 확인할 수 있었다. 앞의 화자 중심의 상황에서와 마찬가지로 청자 중심 상황에서도 사후 인터뷰에서 자신이 선택한 시점과 다른 시점을 선택할 수 있냐는 질문에 한국어 모어 화자와 중국어권 한국어 학습자는 서로 다른 답변을 하였다. (29)는 자신이 선택한 기준과 다른 시간 직시의 기준점이 가능한지 여부를 물은 데 대한 한국어 모어 화자의 답변이고, (30)은 중국어권 학습자의 답변이다.

(29) 내 시간을 기준으로도 말할 수 있고, 친구의 시간에서 말할 수도 있다. 하지만 친구의 생일이고, 친구가 그 날을 잘 보내기를 바라는 마음에서 친구의 시점에서 이야기하게 된 것 같다. (K3)

(30) 그 친구 생일이고, 아직 아침인데 '생일 잘 보냈어?'라고 하면 이상한 것 같다. (C10)

(29)를 보면, 한국어 모어 화자는 앞의 상황에서와 마찬가지로 시간 직시의 중심을 화자나 청자에 모두에게 둘 수 있다고 판단하고, 그중 청자 중심의 시간을 선택하여 발화하였음을 알 수 있다. 그러나 학습자는 사후 인터뷰에서도 직시의 기준을 청자에게 두는 것만 가능하다고 판단하는 사람이 많았다. 그리고 이러한 집단 간 인식의 차이를 교차 분석을 통하여 통계적으로 검증해 보았다. 그 결과, $x^2$은 57.518, 유의 확률은 .000으로 집단 간 인식의 차이는 통계적으로도 유의하였다.

사후 인터뷰 내용을 보면, 한국어 모어 화자는 어떠한 상황에서도 시간의 기준점을 화자에 두는 것도 가능하고, 청자에 두는 것도 가능하다고 판단하고 있었다. 한국어 모어 화자의 자료와 사후 인터뷰를 통하여 어떠한 상황에서 반드시 어떠한 시제를 선택해야 한다는 규칙이 있는 것은 아니지만, 화자 중심의 상황에서는 직시의 기준을 화자에 두는 것을 선호하고, 청자 중심의 상황에서는 직시의 기준을 청자에 두는 것을 선호한다는 것을 알 수 있었다. 그러나 중국어권 학습자들은 화자 중심의 상황에서는 직시의 기준을 화자에 두어야 하고, 청자 중심의 상황에서는 직시의 중심을 청자에 두어야 한다고 판단하는 경향을 보였다.

따라서 중국어권 한국어 학습자는 한국어 모어 화자에 비하여 담화 주제에 따른 영향을 좀 더 크게 받고 있다고 볼 수도 있으며, 한국어 모어 화자들이 선호하는 방식에 대해 알지 못하는 것으로 해석할 수도 있겠다[13]. 한국어 학습자의 최종

---

13) 한국어 모어 화자와 중국어권 한국어 학습자의 판단에 차이가 나타난 것은 한국어와 중국어의 차이에 기인하는

목표는 한국어 모어 화자와 같이 말하는 것이므로 한국어 모어 화자가 선호하는 방식에 대한 교수가 요구되며, 이를 위해서는 한국어 모어 화자가 선호하는 방식에 대한 연구가 선행되어야 할 것이다.

지금까지 화자 중심의 상황으로 볼 수 있는 '여행지에서 엽서 쓰기' 과제와 청자 중심의 상황으로 볼 수 있는 '친구에게 생일 축하 메시지 남기기' 과제를 통하여 상황 인식에 따라 시간 직시의 기준점이 달라지는지 확인해 보았다. 그 결과, 한국어 모어 화자와 중국어권 학습자 모두 화자 중심의 상황에서는 직시의 기준을 화자로 삼았고, 청자 중심의 상황에서는 청자의 시간을 기준으로 삼는 경향을 보였다. 그러나 한국어 모어 화자는 청자 중심의 상황에서 시점을 수시로 변환하는 모습을 보였으며, 사후 인터뷰에서도 어떠한 상황에서든지 화자와 청자 두 가지 시점이 모두 가능하다고 판단하고 있었다. 이에 반해 중국어권 한국어 학습자는 화자 중심의 상황에서는 화자의 시간을 기준으로 해야 하고, 청자 중심의 상황에서는 청자의 시간을 중심으로 해야 한다고 판단하여 한국어 모어 화자와 인식에 차이를 보였다.

직시의 중심은 주로 화자에 있으나 청자의 시간이나 사건이 발생한 시간 등 다양한 시간으로 시점을 옮겨 표현할 수도 있다. 그러므로 하나의 담화 내에 다양한 시점이 동시에 나오는 것은 당연하다. 중국어권 한국어 학습자는 상황 인식에 따라 시간의 기준점을 한국어 모어 화자와 같은 방식으로 변환시켰으나 하나의 담화 내에서 화자와 청자의 시간이 넘나드는 모습은 소수에게만 발견되었다. 다음 절에서는 동일한 상황에서 화자가 직시의 기준점을 자유롭게 이동시키며 담화를 이어가는 모습에 대해 알아보고자 한다. 그리고 한국어 모어 화자는 어떠한 조건에서

---

것일 수도 있다. 직시의 기준점은 언어문화권에 따라 선호하는 방향이 다를 수 있는데, 한국어에서 직시의 기준점은 화자에 두는 경향이 있으나 독일어와 프랑스어 같은 유럽어나 영어, 중국어에서는 화자와 청자 동시에 발화의 기준점이 놓이는 경향이 있기 때문이다(이강호, 2015:213-215). 이 때문에 한국어 모어 화자는 화자 중심 상황이나 청자 중심 상황 모두에서 직시의 기준점을 화자에 두는 것을 선호하고, 중국어권 한국어 학습자들은 화자 중심 상황에서는 직시의 중심을 화자에 고정시키고, 청자 중심 상황에서는 청자에 고정시키는 것을 선호했을 가능성도 있다.

시점을 변환시키는지, 중국어권 한국어 학습자는 어떠한 직시적 기준을 선택하였는지 비교해 보고자 한다.

## 5.2. 시제 사용의 변이에 대한 해석

앞서 상황 인식에 따른 시제 사용을 살펴본 결과, 한국어 모어 화자와 중국어권 학습자 모두 화자 중심의 상황에서는 화자의 시간을 기준으로 삼는 경향이 있었고, 청자 중심의 상황에서는 주로 청자의 시간으로 시간 직시의 기준점을 이동하는 모습을 보였다. 그런데 <표 9>와 <표 10>에서 알 수 있듯이 하나의 담화 내에서 시간 직시의 기준점이 화자와 청자를 넘나드는 경우도 나타났다. 화자 중심 상황에서는 한국어 모어 화자 12%와 중국어권 학습자 14%의 자료에서 그런 예를 볼 수 있었고, 청자 중심 상황에서는 한국인 70%와 학습자 10%의 자료에서 시점이 변환되는 모습이 나타났다. 즉, 앞 절에서 본 바와 같이 화자의 시간을 기준으로 하여 발화를 시작했다가 중간에 시점을 청자로 옮기는 모습을 보였다. 또, 대화를 마무리할 때 청자의 시간을 기준으로 유지하며 마치는 사람도 있었으나, 시점을 다시 발화 시작 부분에서와 같이 화자의 시간으로 이동시키기는 사람도 있었다. 다음은 화자 중심 상황에서 시간 직시의 기준이 화자와 청자의 시간을 넘나드는 경우로 (31)은 한국어 모어 화자의 자료이고, (32)는 중국어권 학습자의 자료이다.

(31) 선영아, 안녕? 깜짝 (a)놀랐지? 나는 지금 파리 에펠탑 근처에 있는 카페에 (b)앉아 있어. 너와 함께 여행 왔던 때가 생각나서 이렇게 엽서를 (c)쓰고 있지. 어때? 감동 (d)받았지? 그리고 같이 보낸 사진 (e)봤어? (f)어때? 크크 이번에는 유명한 관광지보다는 관광객들이 잘 모르는 프랑스의 작은 골목 길들이 있는 여기저기를 다녔어. 산책도 하고 사진도 찍으면서 여유롭게 시간을 보내니까 정말 좋더라. 우리 나중에 또 같이 오자. 10년 전의 우리

와 지금의 우리를 함께 공유할 수 있는 여행이 벌써 기대가 된다. 이 엽서는 아마 11월 1일쯤 도착할 것 같아. 엽서를 받으면 인증 사진과 함께 문자 메시지 보내기다! 한국에 가서 보자. 안녕. (K29)

(32) 안녕. 요즘 잘 지냈어? 난 지금 파리에서 (a)여행하고 있어. 너가 이 엽서를 받을 때 나는 파리를 (b)떠났어. 넌 진짜 보고 싶어. 파리에서 맛있는 음식은 많아. 재미있는 곳도 많아. 다음에 시간이 되면 꼭 너랑 같이 파리에 돌아와서 여행을 하자. 여기 피자 진짜 맛있어. 한국에 피자랑 달라. 더 맛있을 것 같아. 그리고 커피도 맛있어. 커피숍에서 편지를 (c)쓴다. 여기 여자들 다 예쁘고 옷을 잘 입어. 난 사진을 이 엽서에 같이 (d)보냈어. 잘 감상하세요. (C5)

(31)을 보면 (a)의 '깜짝 놀랐지?'에서는 과거 시제를 사용하여 엽서를 받은 후의 청자의 시간에서 이야기를 시작한 후, 바로 다음에 이어진 발화 (b)에서는 현재 시제를 사용하여 화자의 입장으로 다시 돌아오는 모습을 보이고 있다. 이와 같이 시점이 계속 변환되는 것은 인칭 직시의 영향을 받았기 때문으로 보인다. '깜짝 놀랐지?'와 관련된 인칭 직시는 '너'이고, '앉아 있어'와 관련된 인칭 직시는 '나'이다. 따라서 '깜짝 놀랐지?'는 '너의 시간'에서 이야기하고, '앉아 있어'는 '나의 시간'에서 이야기한 것으로 설명될 수 있는 것이다. (c)와 관련된 인칭 직시는 '나'이기 때문에 편지를 쓰는 중인 화자의 시간에서 기술되고 있고, (d), (e)는 (a)와 같이 청자의 시간을 기준으로 삼고 엽서를 받은 후의 시간에서 기술하기 위하여 과거 시제가 사용되었다. (f)는 (d), (e)에서와는 달리 현재 시제가 사용되었지만, 이 역시 시간 직시의 기준은 청자의 시간으로 유지되고 있다. 다만, 엽서와 사진을 본 후, (청자의 시간에서) 엽서를 읽고 있는 지금의 느낌을 묻고 있는 것이기 때문에 (f)에서는 현재 시제가 사용된 것이다. 따라서 이 상황에서 과거 시제는 화자를

기준으로 한 시간이고, 현재 시제는 청자의 시간이 기준이 된 것이라고 일원화하여 설명할 수는 없으며, 담화 맥락을 고려하여야 시간 직시의 기준 역시 적절히 해석할 수 있다.

(32)에서도 (31)과 비슷한 양상을 보이는데, (a)에서 화자의 시간에서 기술이 되다가 (b)에서는 청자의 시간으로 시점이 이동된다. 그리고 (c)에서는 현재 시제를 사용하여 화자의 시간에서 기술되고 있고, (d)에서는 과거 시제가 사용되어 청자의 시간으로 시점이 이동되었다. 이와 같이 시점의 변환이 이루어진 이유는 '(a)여행하고 있다, (c)쓴다'와 관련된 인칭 직시가 화자이므로 화자 자신이 여행을 하고, 편지를 쓰는 시간에서 이야기하고 싶었고, '(b)너가 편지를 받을 때 나는 파리를 떠났다, (d)보냈어'는 '너'인 청자가 이 편지를 받은 시간에서 이야기하고 싶었기 때문에 화자의 시점을 청자의 시간으로 투사시킨 것이라고 할 수 있다. 따라서 시제가 얹히는 용언과 관련된 인칭 직시가 무엇인지에 따라 시간 직시의 기준이 수시로 이동될 수 있다고 할 수 있다.

본 연구에서는 한국어 모어 화자가 동일한 상황 내에서 시점을 이동시킬 것이라는 가설을 확인하기 위하여 본 실험에서는 실험 참여자들에게 생산 과제를 제시할 때 '엽서를 쓰다, 엽서를 받다'와 '메시지를 남기다, 메시지를 받다'를 꼭 포함해 달라는 지시문을 추가하였다. 자료 수집 결과, '엽서를 받다'와 '메시지를 받다'의 경우 연구 참여자들이 '엽서를 받으면 연락해'와 같이 대부분 연결어미로 연결한 경우가 많아 시점을 확인하기 어려운 경우가 많았다. 그래서 '받다'는 제외하고 '쓰다'와 '남기다'를 대상으로 시간 직시의 기준점 이동에 대해 분석해 보았다.

'엽서 쓰기' 과제에서 '쓰다'는 화자 중심 상황에서 화자가 인칭 직시가 되는 경우이고, '메시지 남기기' 과제에서 '남기다'는 청자 중심 상황에서 화자가 인칭 직시가 되는 경우이다. 두 경우의 비교를 통하여 시간 직시의 기준점 변환에 대해 알아보겠다. 아래 <표 11>은 '엽서 쓰기' 과제에서 수집된 '(엽서를) 쓰다'와 '메시지 남기기' 과제에서 수집된 '(메시지를) 남기다'가 각각 어떤 시점을 기준으로 하여 발화되었는지 비교한 것이다.

<표 11> 인칭 직시에 따른 집단별 시간 직시의 기준점 비교

| 직시의 기준 | 쓰다 | | 남기다 | |
|---|---|---|---|---|
| | KNS | CKS | KNS | CKS |
| 화자 | 49 (98%) | 32 (64%) | 43 (86%) | 26 (52%) |
| 청자 | 1 (2%) | 18 (36%) | 7 (14%) | 24 (48%) |
| $x^2$ | 18.778 | | 13.511 | |
| 유의 확률 | .000 | | .000 | |

'쓰다'와 '남기다'는 각각이 쓰인 담화 상황은 달랐지만 인칭 직시는 모두 화자 자신이 된다는 공통점이 있었다. 한국어 모어 화자는 두 발화 모두에서 화자를 기준점으로 선택하여 인칭 직시의 영향을 받는 모습을 보였다. 중국어권 학습자 역시 두 발화에서 화자를 기준으로 삼은 비율이 높았다. 다음은 연구 참여자 자료에서 가장 많이 나타난 '쓰다'와 '남기다'의 예로, (33), (34)의 '가'는 한국인의 자료이고, '나'는 학습자의 자료이다.

(33) 가. 프랑스 여행 중에 네 생각이 나서 엽서 한 장 쓴다. (K15)
　　　나. 난 지금 파리에 여행하는 중 너 생각나서 편지를 써. (C9)

(34) 가. 너 생일 축하해주려고 이 메시지를 남겨. (K38)
　　　나. 오늘 니 생일이지요? 그래서 이 메시지를 남겨요. (C23)

엽서 쓰기 과제에서 한국어 모어 화자 98%와 중국어권 학습자 64%는 (33)과 같이 편지를 쓰고 있는 화자 자신의 시간을 기준으로 하여 현재 시제를 선택하였다. 그리고 메시지 남기기 과제에서 역시 한국어 모어 화자 86%와 중국어권 학습자 52%는 (34)와 같이 현재 시제를 선택하여 화자가 발화하고 있는 시간을 기준으로 삼아 이야기하였다.

사후 인터뷰를 실시하여 '쓰다'와 '남기다'에 사용한 시제 선택의 이유와 시제 사용 가능성을 물은 결과, 한국어 모어 화자는 사후 인터뷰에서 화자와 청자의 입장에서 말하는 것이 모두 가능하다고 생각하고 있었지만 인칭 직시가 '나'인 경우 발화의 기준점을 화자에 두는 것을 선호하는 것으로 나타났다. 중국어권 학습자도 한국어 모어 화자와 같이 직시의 기준을 화자와 청자에 두는 것이 모두 가능하다고 생각하고 있었으며, 이러한 판단으로 중국어권 학습자는 청자를 기준으로 삼은 예가 적지 않게 나타났다. (35)는 '쓰다'와 같이 사용할 수 있는 시제 형태소에 대한 한국어 모어 화자의 의견이고, (36)은 중국어권 학습자의 의견이다.

(35) 친구가 편지를 받을 것을 간주하고 친구가 읽을 때를 생각하면 '썼어'도 되고, 지금 쓰고 있는 시점을 기준으로 하면 '쓰고 있어'나 '써'도 된다. (K21)

(36) 친구가 받을 때 이미 쓰는 게 끝나서 '썼어'라고 했다. '쓰고 있다'도 괜찮은데 친구를 위해 편지를 쓰는 거니까 '썼어'가 더 좋다. (C21)

그러나 학습자의 경우 '쓰다'에서는 36%가 청자의 시간을 기준으로 삼았고, '남기다'에서는 48%가 청자의 시간을 기준으로 삼아 발화하였다. 다음은 중국어권 한국어 학습자가 '쓰다'와 '남기다'를 청자 중심의 시간에서 발화한 예이다.

(37) 마이크 안녕~ 내가 지금 프랑스에 여행하고 있는데요. 갑자기 너를 생각을

나서 이 편지를 <u>썼어요</u>. 이 편지를 기념품으로 받기 바라요. 뒤에 프랑스의 아름다운 사진도 있어요. (C12)

(38) 팅팅 씨 안녕하세요? 미국에서 잘 지냈어요? 오늘 팅팅 씨 생일인데, 생일 축하 하는 말 하고 싶어서 메시지를 <u>남겼어요</u>. 이 메시지를 받은 후에 저에게 연락해 주세요. (C17)

(37), (38)에서는 (33), (34)와 달리 '쓰다'와 '남기다'에 과거 시제가 사용되어 청자가 편지나 메시지를 받는 시점에서 화자가 편지를 쓰거나 메시지를 남긴 사건을 과거로 표현하였다. 앞서 언급한 바와 같이 (33), (34)와 (37), (38) 중 어떤 것은 맞았고, 어떤 것은 틀렸다고 할 수 없다. 그런데 중국어권 학습자들이 한국어 모어 화자와 달리 인칭 직시가 화자일 때도 '쓰다'와 '남기다'를 과거 시제로 표현하여 청자의 입장에서 기술한 이유는 중국어의 '了'의 기능에서 찾아볼 수 있다. '了'는 완료상이기도 하지만 반드시 완성된 행위를 나타내지는 않는다(Li & Thompson, 2011:221).

(39) 他跑了1两个钟头了2。 (그는 두 시간 동안 뛰었다.)

(39)에서는 완료상 표지 '了1'과 문말조사 '了2'가 함께 사용되었다. 이와 같이 두 종류의 '了'가 한 문장에 같이 사용된 경우에는 그 사건이 제한되어 있고 행위의 출발점(跑, 뛰다)이 발화 시점보다 먼저 일어났지만, 그 행위가 종결되지 않았을 수 있음을 의미한다. 바꾸어 말하면 (39)에서 뛰는 행위는 발화 시점보다 앞서 끝났을 수도 있고 발화 시점에 끝날 수도 있으며, 발화한 후의 어느 시점에 끝날 수도 있다(Li & Thompson, 2011:221-222). 따라서 학습자들이 '了'의 이러한 기능을 한국어 '-았/었-'에 대응시켜 '쓰다'와 '남기다'에 적용시켰을 가능성이 있다.

즉, 한국어 학습자의 자료에서 '썼다'와 '남겼다'의 형태가 많이 나타난 것은 중국어권 학습자들이 중국어 '了'에 대응하는 형태소로 '-았/었-'을 생각했고, 편지를 쓰거나 메시지를 남기는 행위가 시작되었음만을 나타내기 위하여 과거 시제를 사용했을 가능성이 있는 것이다.

또한 '쓰다'와 '남기다'를 과거 시제로 나타냈지만 청자가 아닌 화자의 입장에서 사용한 경우도 있었다.

(40) '쓰고 있다'가 좋다. '썼다'는 편지 마지막에 쓴다면 괜찮다. '받았어?'는 친구가 받은 후에 물어볼 때는 사용할 수 있지만 편지를 쓰고 있을 때는 이상하다. (C13)

(41) 내가 이미 어떤 메시지를 남겼기 때문에, 이미 말했으니까 '남겼어요'라고 했다. (C15)

화자가 청자가 엽서나 메시지를 받은 시간으로 자신을 투사시켜 과거 시제를 사용할 수도 있지만, (40), (41)에서와 같이 자신의 행위가 끝난 시간에서 과거시제를 사용했다면 이는 화자의 시간에서 발화한 것이다. 이러한 경우는 과거 시제를 사용하였지만 시간 직시의 기준은 화자에 있는 것으로 보았다.

한국어 모어 화자와 중국어권 학습자가 '쓰다'와 '남기다'의 시제를 어떻게 선택하는지 본 결과, 한국어 모어 화자는 인칭 직시에 따라 시간 직시의 기준점을 선택하는 경향을 보였으며, 학습자도 한국어 모어 화자와 비슷한 경향을 보였다. 그러나 중국어권 한국어 학습자들은 시간 직시의 기준을 청자에 두는 경우도 적지 않았다. 이는 모국어인 중국어 '了'의 기능에 따른 영향을 받은 것으로 설명될 수 있다. 한국어 모어 화자와 중국어권 학습자의 시제 사용에 대한 집단 간 차이가 유의미한지 알아보기 위하여 교차 분석을 실시한 결과, '쓰다'에서는 $x^2$ 값이

18.778, 유의 확률이 .000이었고, '남기다'에서는 $x^2$ 값이 13.511, 유의 확률이 .000 으로 두 경우 모두 집단 간 차이가 통계적으로 유의미한 것으로 나타났다.

이번 절에서는 하나의 담화 내에서도 다양한 시점이 동시에 나타날 수 있음을 확인하였으며, 인칭 직시가 변환되는 부분에서 시간 직시의 변환도 이루어지는 경향이 있음을 보았다. 이와 같이 시간 직시의 기준점은 담화 상황의 영향도 받지만 인칭 직시에 따라 발화 내에서도 직시의 기준점은 계속 변환될 수 있다. 이는 담화를 구성하기 위한 방법일 수도 있고 화자가 어디에 더 초점을 두고자 하는지에 따른 선택일 수도 있다. 또한 사후 인터뷰 결과, 학습자들은 시제를 선택할 때 담화 내 위치의 영향도 받는 모습도 발견할 수 있었다[4). 본 연구에서는 담화 주제에 따라 두 가지 상황을 비교해 보았지만, 앞으로 담화 내 위치와 화자의 의도에 따른 시간 직시의 기준점 선택에 대한 보다 세밀한 연구가 이어지기를 기대한다.

## 6 제안과 전망

시제는 한국어 학습자가 학습 초기부터 배우는 항목이다. 그럼에도 불구하고 한국어 학습자들은 고급에 이르러서도 시제를 적절히 사용하지 못하는 모습이 나타난다(이정희, 2003; 박선희, 2009). 한국어 학습자에게 시제가 학습이 어려운 항목인 까닭은 시제가 담화 맥락에 따라 기본 의미와 다르게 비고정적으로 사용될 수 있기 때문이다. 그러나 지금까지의 한국어 학습자의 시제 습득 연구는 주로 형태소와 시제의 기본 의미에 초점을 두고 이루어져 왔다. 이에 본 연구에서는 기존의 한국어 학습자의 시제 습득 연구가 형태 중심으로만 이루어진 데 문제를 제기하고, 기존의 연구에서 설명이 되지 않았던 부분을 직시의 개념을 도입하여

---

14) 일부 학습자들은 '편지를 쓰다'와 같은 발화가 담화 내에 어디에 위치하는지에 따라 시제를 달리 사용한다고 답한 경우가 있었다. 즉, 담화의 시작 부분에 쓴다면 과거 시제를 사용할 수 없지만 담화의 마지막 부분에 쓴다면 편지를 마무리하는 단계이므로 과거 시제를 사용할 수 있다는 것이다.

설명해 보고자 하였다.

이를 위하여 시간과 시제 표현의 일치 여부에 따라 시제를 여섯 가지의 유형으로 분류하였다. 그리고 시제가 기본적인 의미와 불일치하는 시간을 지시하는 경우, 화자의 특정한 의도에 따라 직시적 투사가 일어난 것으로 보았다. 이러한 관점을 적용하면 문법론에서 설명이 어려웠던 시간과 시제 표현의 불일치 현상에 대해 시제의 기본 의미를 수정하지 않고 기존의 시제 범주를 유지하면서 시제와 시간 간의 불일치 현상을 설명할 수 있다. 따라서 본 연구는 학습자 시제 습득에 새로운 관점을 도입하여 기존에 설명이 어려웠던 부분에 대해 설명하고자 했다는 데에서 연구의 의의를 찾을 수 있겠다.

연구 결과, 학습자들은 시제가 기본적인 의미로 사용되었을 때는 한국어 모어 화자에 근접하게 이해하고 있었으나 직시적 투사가 일어난 항목에 대한 이해는 부족하다는 것을 알 수 있었다. 또한 직시적 투사를 활용하여 시제를 사용하는지 살펴본 결과, 표면적으로는 한국어 모어 화자와 같은 방식으로 직시의 기준점을 둔 것으로 보였으나 사후 인터뷰를 통하여 시간 직시의 기준점에 대한 판단에 한국어 모어 화자와 차이가 있다는 것을 알 수 있었다.

이러한 결과는 중간언어 화용론 입장에서 이루어진 선행 연구의 결과를 지지한다. 한국어 학습자를 대상으로 한 중간언어 화용론 연구에서는 공통된 결론이 도출되고 있다. 즉, 학습자는 어휘나 문법과 같이 고정적인 항목에 비하여 담화 맥락에 의해 가변적으로 해석되는 항목의 습득에 어려움을 겪고 있으며(이해영, 2013; 이해영, 황선영, 하지혜, 2015), 문법 항목의 기본적 의미의 습득이 화자의 의도에 따라 달리 활용되는 화용적 의미의 습득으로까지 이어지지 않는다(이해영, 2011; 이정란, 2011, 황선영, 2014, 황선영, 2016)는 것이다. 이와 같은 중간언어 화용론 연구에서의 일관된 결과는 화용적 항목에 대한 교육적 개입의 필요성으로 직결된다. 영어 교육(Bouton, 1994; Rose & Ng, 2001)에서 이미 증명된 바와 같이, 화용적 항목도 교육적 개입으로 인한 학습의 결과가 단순한 노출에 의한 자연 습득에 비해 효과적이다(이해영, 2015:251). 따라서 한국어 교육에서도 문법 항목과 마찬가지로 화용적 항목에 대한 명시적 교수가 이루어져야 한다.

한국어 교육 현장에서 시제의 담화화용적 기능에 대한 명시적 교수가 이루어지기 위해서는 의미 기능에 따른 등급화가 선행되어야 할 것이다. 본 연구에서는 시간과 시제 표현의 일치 여부에 따라 유형을 분류하여 한국어 학습자의 습득 정도에 대해 분석해 보았다. 그 결과, 시간과 시제 표현이 일치하지 않는 경우 학습자들이 어려움을 겪고 있는 것을 확인하였다. 이와 같은 분류와 분석 결과는 화용적 항목 중 무엇을 먼저 가르칠지 결정하는 과정에서 참고가 될 수 있다. 그러므로 본 연구의 결과는 화용적 교수 가능성과 관련하여 교수 항목을 목록화하고, 난이도에 따라 등급화하기 위한 기초 자료로 활용될 수 있을 것이다.

또한 시제의 담화화용적 기능에 대한 교수를 위해 비교문화적 화용론 연구가 후속되어야 할 것이다. 본 연구에서는 발화시와 수신시가 다른 상황에서 한국어 모어 화자와 중국어권 한국어 학습자가 발화의 기준을 어디에 두는 것을 선호하는지 분석해 보았다. 한국어 모어 화자와 중국어권 학습자 모두 표면적으로는 직시의 기준점을 동일한 방향으로 이동시키는 것으로 보였다. 그러나 사후 인터뷰를 통해 한국어 모어 화자와 중국어권 학습자 간 직시의 기준에 대한 판단에 차이가 있음을 알 수 있었다. 이와 같은 인식의 차이는 모국어에서 선호하는 방식의 차이로 해석될 수 있다. 한국어 모어 화자와 중국어권 한국어 학습자를 대상으로 한 사후 인터뷰 결과는 직시가 사회문화적 맥락의 영향을 받는다는 것을 재확인할 수 있게 하였으며, 한국어 학습자에게 한국어 모어 화자가 선호하는 방식을 교수해야 할 필요성을 제기하게 하였다. 따라서 한국어 교육 현장으로의 적용을 위해서는 상황별 한국어 모어 화자가 선호하는 직시적 중심에 대한 연구가 후속되어야 할 것이며, 직시를 대상으로 하는 비교문화적 화용론 연구도 이루어져야 할 것이다.

본 연구에서는 시제의 습득에 직시적 투사의 개념을 도입하여, 학습자의 시제 습득을 기존의 연구와 다른 관점에서 바라보고자 하였다. 연구 결과, 한국어 학습자들이 습득에 어려움을 겪는 유형을 확인할 수 있었으며, 한국어 모어 화자와 중국어권 한국어 학습자들이 담화 주제나 인칭 직시의 영향을 받아 시제를 사용한다는 것을 발견할 수 있었다. 따라서 본 연구는 시제 습득을 형태통사적 차원에서 나아가 담화화용적 차원에서 논의하였다는 점에서 의미가 있다고 할 수 있다. 그러나 본 연구에서는 한정된 상황을 대상으로 하였으므로 앞으로 다양한 상황을 대상으로 직시와 직시적 투사에 대한 연구가 이어지기를 기대한다.

# ■ 참고 문헌

강현화, 조민정(2003).「스페인어권 한국어 학습자의 어미, 조사 및 시상, 사동 범주의 오류 분석」,『한국어교육』, 14-2, 1-24.

고석주, 김미옥, 김제열, 서상규, 정희정, 한송화(2004).『한국어 학습자 말뭉치와 오류 분석』, 서울: 한국문화사.

국립국어원(2005).『외국인을 위한 한국어 문법 1』, 서울: 커뮤니케이션북스

문숙영(2012).「인용과 화시소의 전이」,『국어학』, 65, 국어학회, 219-249.

박선희(2009).「중국인 한국어 학습자의 과거시제 습득 연구」,『한국어교육』, 20-3, 국제한국어교육학회, 79-110.

박선희(2011).「어휘상과 담화구조에 따른 중국인 한국어 학습자의 시제상 습득 연구」,『Foreign languages education(외국어교육)』, 18-3, 한국외국어교육학회, 361-389.

박성현(2013).「중국인 학습자의 시제 오류: 중고급 학습자의 작문 자료와 질문지 조사를 바탕으로」,『언어학』, 65, 한국언어학회, 111-144.

박영순(2007).『한국어 화용론』, 서울: 박이정

성태제(2007).『알기 쉬운 통계 분석』, 서울: 학지사.

송경숙(2003).『담화화용론』, 서울: 한국문화사.

심은지(2011).「학습자 작문에 나타난 시제상 습득 연구: 담화구조가설을 중심으로」,『담화와 인지』, 18-3, 담화인지언어학회, 169-193.

양명희(1998).『현대 국어 대용어에 대한 연구』, 서울: 태학사.

유승섭(2010).「한국어 관형사형 어미의 형태적 오류와 교육 방안: '-(으)ㄹ 때/-었을 때'를 중심으로」,『한글』, 287, 한글학회, 73-108.

이정란(2011).「한국어 학습자의 양태 표현 습득에 나타난 문법 능력과 화용 능력의 발달 관계 연구」, 이화여자대학교 박사학위논문.

이정희(2001).「한국어 학습자의 시제 오류 연구」,『이중언어학』, 18, 이중언어학회, 259-278.

이정희(2003).『한국어 학습자의 오류 연구』, 서울: 박이정.

이해영(2003).「한국어 학습자의 시제표현 문법항목 발달패턴 연구 -구어 발화 자료 분석을 토대로-」,『이중언어학』, 22, 이중언어학회, 269-298.

이해영(2004).「과제 유형에 따른 한국어 학습자의 중간언어 변이 -영어권 학습자의 한

국어 시제표현 문법항목 습득을 대상으로-」, 『이중언어학』, 25, 이중언어학회, 255-283.

이해영(2011). 「베트남인 한국어 학습자의 추측 양태 습득」, 『한국어학』, 53, 한국어학회, 335-360.

이해영(2013). 「태국인 학습자의 한국어 추측 표현 이해 연구」, 『이중언어학』, 53, 이중언어학회, 217-239.

이해영(2015). 「한국어 화용 교육에서의 명시적 교수 가능성과 교실 적용」, 『한국어교육』, 26-3, 국제한국어교육학회, 247-266.

이해영, 황선영, 하지혜(2015). 「태국인 학습자의 한국어 성별 발화어에 대한 인식 연구」, 『화법연구』, 29, 한국화법학회, 183-209.

장경희(1990). 『국어 연구 어디까지 왔나』, 서울: 동아출판사.

장기남(2013). 「한국어 학습자의 시제 표지 사용 양상- 종결형에서 {-았-} 사용 중심으로」, 『인문연구』, 67, 영남대학교 인문과학연구소, 1-28.

장인봉(2002). 「직시의 화용론」, 『화용론연구』, 서울: 태학사, 47-88.

정희자(1997). 「직시와 언어 심리 영어의 담화 분석을 중심으로」, 『언어과학』, 4, 한국언어학회동남지회, 329-356.

최은정(2012). 「일본인 한국어 학습자의 서사담화에 나타난 시제와 상 습득 연구」, 『Foreign languages education(외국어교육)』, 19-1, 한국외국어교육학회, 285-324.

최지영(2005). 「언어노출환경에 따른 중국인의 한국어 시제 습득 양상 연구: 이주노동자와 기관학습자의 비교를 중심으로」, 이화여자대학교 석사학위논문

한송화(2015). 「한국어 학습자의 관형절과 관형사형 어미 사용 양상 연구 -관계관형절과 동격관형절을 중심으로-」, 『문법교육』, 24, 한국문법교육학회, 211-243.

황선영(2014). 「요청 화행에서 상호작용 정도에 따른 어휘적 완화 장치 사용 연구 -중국어권 한국어 학습자를 대상으로-」, 『국어교육』, 147, 한국어교육학회, 431-454.

황선영(2016). 「캄보디아인 한국어 학습자의 시제 습득 연구」, 『이중언어학』, 65, 이중언어학회, 281-306.

Bardovi-Harlig, K. (1995). "A narrative perspective on the development of the these/aspect system in second language acquisition." *Studies in Second language Acquisition*, *17*, 269-291.

Bardovi-Harlig, K., & Bastos, M.-T. (2011). "Proficiency, length of stay, and intensity

of interaction and the acquisition of conventional expressions in L2 pragmatics."
*Intercultural Pragmatics*, *8*, 347-384.

Bouton, L. F. (1994). "Conversational implicature in a second language: Learned slowly when not deliberately taught." *Journal of Pragmatics, 22*, 157‒167.

Fillmore, C. J. (1975). *Santa Cruz Lectures on Deixis*, 1971. Mimeo, Indiana University Linguistics Club.

Hopper, P. J. (1979). "Aspect and foregrounding in discourse." In T. Givón (Ed.), *Syntax and semantics: Discourse and syntax*, New York: Academic Press, 213-241.

Li, C. N., & Thompson, S. A.(1981), *Mandarin Chinese: A Functional reference grammar*, University of California Press, 박정구, 박종한, 백은희, 오문의, 최영하 역(2011), 『표준 중국어 문법』, 서울: 한울아카데미.

Lyons, J. (1977). *Semantics 2*, Cambridge University Press.

Rose, K., & Ng, C. (2001). "Inductive and deductive teaching of compliments and compliment responses." In: Rose, K., & Kasper, G.(Eds.), *Pragmatics in Language Teaching*. Cambridge University Press, 145‒170.

<한국어 교재>

이화여자대학교 언어교육원(2010). 『이화 한국어』 2-1, Epress.
이화여자대학교 언어교육원(2011). 『이화 한국어』 3-1, Epress.

# 문법 능력과 화용 능력의 발달 관계

이정란(한국학중앙연구원)

## 1 문법과 화용, 불가분의 관계

한국어 교육 현장에서는 고급 한국어 학습자임에도 불구하고 한국어의 사회문화적 맥락에 적절한 담화를 구성하지 못해 의사소통 문제를 유발하는 경우를 종종 목격하게 된다. 이와는 반대로 한국어를 배운 지 얼마 되지 않은 초급 학습자이지만, 알고 있는 소수의 어휘와 문법 항목에 의지하여 한국어 모어 화자와 어렵지 않게 의사소통을 하는 경우도 목격할 수 있다. 본 연구는 이러한 상반된 현상에 대한 의문에서 시작되었다.

인간의 발화는 다양한 의사소통 맥락 안에서 의미를 지니게 된다. 언어 사용의 목적이 의사소통이라고 할 때 맥락이 배제된 진공 상태의 발화는 없다. 의사소통 맥락은 대화 참여자의 관계, 담화 목적, 의사소통이 진행되는 장소, 사회문화적 관습 등 다양한 요소에 의해 영향을 받는다. 이 요소들은 범언어적으로 보편성을 지니는 특성도 있지만, 언어사용자 집단의 사회문화적 특성에 따라 고유한 특징을 지니게 된다. 따라서 의사소통을 성공적으로 수행하기 위해서는 의사소통 맥락에 대한 언어 사회의 사회문화적 특성을 알고, 이에 맞는 발화를 생산하고 이해할 수 있어야 한다. 즉, 제2언어를 습득할 때는 제2언어를 사용하는 사회의 특성에 맞게 발화를 생산하고 이해할 수 있어야 하는 것이다.

언어 집단의 사회문화적 특성에 맞춰 형태적·의미적으로 적절하게 발화하기 위해서 반드시 갖추어야 하는 능력이 문법 능력과 화용 능력이다. 문법 능력과 화용 능력은 의사소통 목적을 달성하기 위해 꼭 갖춰야 할 필수적인 요소라고 할 수 있다. 이 두 능력은 물을 담고 있는 그릇과 같이 의사소통 과정에서 전달하고자 하는 의미와 그것을 담고 있는 형태를 실현하는 데 함께 작용한다. 그럼에도 불구하고 이제까지의 문법과 화용 습득에 대한 연구는 이 둘이 독자적인 영역인 것처럼 다루어 온 경향이 있다. 화용을 실현하는 언어적 형태가 문법이고, 인간이 문법을 통해 의사소통하고자 하는 내용이 화용임에도 불구하고 대부분의 연구들에서 문법 능력과 화용 능력을 별개의 요소로 다루고 있다. 문법 능력과 화용 능력에 대한 연구가 독자적으로 수행되어 온 까닭에, 한국어를 습득하는 과정에서 문법 능력과 화용 능력이 서로 어떠한 관계 맺음 속에서 상호작용을 하며 발달하는지에 대한 연구는 미미한 실정이다. 그러나 문법 능력과 화용 능력은 독자적으로 작용하는 것이 아니고 상호작용을 하면서 발화를 실현시키고, 언어를 습득하는 과정에서도 영향을 주고받으며 발달하기 때문에 문법 능력과 화용 능력에 대한 연구는 독자적인 영역으로 다룰 것이 아니라 서로 어떠한 관계를 맺으며 발달하는지 함께 고찰할 필요가 있다. 이에 본 연구는 문법 능력과 화용 능력이 서로 상관성을 보이며 발달한다고 전제하고, 범위를 양태 표현에 한정하여 양태 표현의 발달 과정에 나타나는 문법 능력과 화용 능력의 관계를 고찰하고자 한다. 구체적으로 기술하면, 학습자들이 양태 표현을 습득할 때 문법 능력과 화용 능력은 어떠한 관계 양상을 보이며 발달하는지, 이 관계 양상은 학습자의 숙달도와 모국어에 따라서 어떻게 달라지는지에 대하여 고찰하고자 한다.

본 연구는 양태 표현에 대한 문법 능력과 화용 능력의 관계를 분석함으로써 한국어 학습자들의 문법 능력과 화용 능력을 균형 있게 발달시키기 위해 필요한 내용들을 현장에 제공할 수 있을 것이라 기대한다. 또한 의사소통 능력을 구성하고 있는 요소들 간의 관계에 대한 일면을 밝힐 수 있을 것이다.

## 2 문법 능력과 화용 능력의 관계에 주목한 연구들

Kasper와 Rose(2002)에서는 화용 능력이 의사소통 능력의 다른 요소들과 연관되어 있음에도 불구하고, 대부분의 중간언어 화용 발달 연구들이 화용 능력을 독립적인 요소로만 간주해 연구해 왔으며 화용과 문법의 관계를 규명하는 데 소홀했다고 비판하고 있다. 이보다 앞서 Bardovi-Harlig(1999)에서도 중간언어 화용 연구가 문화 간 화행 비교에 집중되어 있다고 지적하면서 화용과 문법의 관계에 대한 연구가 필요함을 피력하고 있다. 이 연구들에서 지적한 문제들은 한국어 교육 연구에도 해당되는데, 대부분의 한국어 중간언어 연구들도 문법과 화용을 각각 독립적으로 고찰해 왔으며, 문법과 화용의 관계에 대해서는 관심을 두지 않은 것이 사실이다. 화자는 문법 형태에 화용적 의미를 실어 의사를 전달한다. 의사소통 과정에서 언어의 틀을 형성하고 있는 문법 형태와 화자의 의도가 담겨 있는 화용은 동전의 양면과 같이 서로 뗄 수 없는 관계이다. 따라서 문법과 화용 각 영역에 대한 독립적인 연구뿐만 아니라, 이 둘의 관계에 대한 연구들이 제2언어 습득 분야에서 진행되어 왔다.

Walters(1980)은 일찍이 문법 능력과 화용 능력의 관계에 대한 고찰을 목적으로 수행된 연구이므로 주목할 만하다. 이 연구에서는 의사소통 능력을 다룬 이론들이 의사소통 능력의 세부 능력들에 대해 서로 관계가 있다는 일반적인 설명만 하고 있다고 비판하면서 의사소통 능력을 구성하고 있는 세부 능력들의 관계에 대한 연구가 필요하다고 주장하고 있다. 이 연구에서는 다양한 배경의 단일 언어 사용 어린이와 이중 언어 사용 어린이의 문법 능력과 화용 능력의 관계를 알아보고자 실험을 실시하였다. 연구 결과 어린이들은 완성되지 않은 요청 화행을 수행하고 있었는데(예를 들면 한 단어만 말함), 그럼에도 불구하고 어린이 영어 학습자들이 확실하지 않은 문법을 통해서도 성인 청자에게 적절히 공손하게 요청을 수행할 수 있는 것으로 나타났다. 이 연구는 문법 능력과 화용 능력의 관계를 실험적 방법으로 규명해 보고자 하였다는 데 의의가 있다. 그러나 연구 참여자가 어린이로 한정되었고, 이중 언어 사용 어린이의 언어 사용이 한 언어의 습득이 완성된 후 다른 언어를 배우는 경우인 성인 제2언어 학습자의 언어 사용과는 다르다는 점에서 성인의 제2언어 습득에 적용하기는 어려운 점이 있다.

1990년대 후반부터는 많은 연구들이 문법 능력과 화용 능력의 관계에 대해 직접적으로 살펴보고자 시도하였다. 우선 문법과 화용의 관계를 인식적 측면에서 고찰한 연구들이 있다. Bardovi-Harlig와 Dörnyei(1998)과 Niezgoda와 Röver(2001)은 ESL 상황과 EFL 상황에서의 학습자와 교사들을 대상으로 문법과 화용 인식에 대한 실험을 실시하였다. Bardovi-Harlig와 Dörnyei(1998)에서는 연구 결과 ESL 학습자들은 화용적 오류를 더 잘 인식하는 것으로 나타났고, EFL 학습자들은 문법적 오류를 더 잘 인지하고 더 심각하게 평가하는 것으로 나타났다. 또한 ESL의 숙달도가 높은 학습자는 숙달도가 낮은 학습자들에 비해 화용적 부적절성을 더 심각하게 받아들이는 반면, 문법적 오류에 대한 평가는 유의미하게 낮은 형태로 나타났다. 반면, EFL 환경에서는 숙달도가 높은 학습자들이 숙달도가 낮은 학습자들보다 화용적 오류와 문법적 오류를 모두 더 잘 인지하고 심각하게 받아들이는 것으로 나타났다. Niezgoda와 Röver(2001)은 Bardovi-Harlig와 Dörnyei(1998)의 반복 연구로 실시된 연구로, Bardovi-Harlig와 Dörnyei(1998)과 동일한 연구 방법을 사용하였다. 이 연구에서도 ESL 학습자들이 화용적 오류를 문법적 오류보다 더 심각하게 인지하는 것으로 나타나 Bardovi-Harlig와 Dörnyei(1998)의 연구 결과와 동일한 결과가 나왔다. 그러나 이 연구에서는 ESL, EFL 모두 숙달도가 낮은 학습자들이 화용적 오류를 문법적 오류보다 더 잘 인지하고 심각하게 평가하는 것으로 나타나 Bardovi-Harlig와 Dörnyei(1998)과는 상반된 결과를 보였다. 이 연구들은 우선 문법과 화용의 관계에 대한 연구가 필요함을 인식하고, 인지적 측면에서 이들 관계를 규명해 보고자 시도하였다는 데 의의가 있다. 연구 결과 Bardovi-Harlig와 Dörnyei(1998)과 Niezgoda와 Röver(2001)은 문법적 인식과 화용적 인식은 서로 많이 연관되어 있음을 밝혀내었다. 그러나 이 연구 결과는 오류에 대한 학습자의 인식에 대한 문제로, 실제 발화를 하는 수행과는 그 결과가 다를 것이다.[1] 오류에 대한 인식은 서로 관계가 있다고 나타났으나, 생산적 측면까지 포함한 문법 능력과 화용 능력의 관계는 어떻게 나타날지 연구할 필요가 있다. 또한 이 연구들은 연구 범위에 따라 오류 인식 정도가 다르게 나타날 수 있다는 것을 간과하였고, 발달적 측면보다는 환경적 측면에 더 초점이 맞춰져 있어 제2언어 발달 과정에서 나타나는 문법 능력과 화용 능력의 관계를 고찰하기에는 아쉬운 점이 많다. 본 연구에서는 연구 범위에 따라 문법 능력과 화용 능력의 관계가 다르게 나타날 수 있다는 점을 염두에 두어 양태 표현으로 범위를 한정하였고, 이해와 생산의 두 측면을 모두 고려하여 문법 능력과 화용 능력의 관계를 고찰하도록 한다.

문법 능력과 화용 능력의 관계에 대하여 직접적으로 살펴본 연구 중 Salsbury와 Bardovi-Harlig(2001), Cho(2003)은 양태에 한정하여 고찰한 것으로 본 연구와 밀접하게 관련되어 있기 때문에 주의 깊게 검토할 필요가 있다. Salsbury와 Bardovi-Harlig(2001)에서는 상대방 의견에 동의하지 않는 내용의 발화를 해야 하는 상황에 대해 세 명의 연구 참여자를 대상으로 실제 대화를 분석하여 연구를 수행하였다. 이 연구에서는 분석 결과를 기반으로 화용 능력이 문법 능력에 의해 영향을 받지만, 문법 능력이 반드시 화용 능력을 보장하는 것은 아니라는 의견을 개진하고 있다. 그러나 동시에 이와는 반대로 문법 능력이 덜 발달된 단계에서는 양태 표현의 발달 정도에 따라 비동의를 표현하는 데 제약을 받는다는 의견도 피력하고 있다. 즉, 문법 능력이 높다고 해서 반드시 화용 능력이 높은 것은 아니지만, 문법 능력이 부족하면 화용 능력도 부족하다는 것이다. 이 연구는 문법 능력

---

[1] Koike(1989)에서도 학습자들이 화행에 대해 이해하고 있는 것과 실제 수행은 다르다는 것이 나타났다.

발달과 화용 능력 발달에 대해 직접적으로 고찰하였다는 데 의의가 있으나, 앞에서 지적한 바와 같이 일반적 문법 능력과 화용 능력을 비교하였다는 데 한계를 지닌다. Cho(2003)에서는 문법과 화용의 관계를 고찰하는 방법론적인 문제를 연구하였는데, 방법론적으로 일반적인 문법 지식과 특정 항목의 화용 지식/능력[2]을 비교하는 것, 그리고 특정 항목에 대한 문법 지식과 특정 항목에 대한 화용 지식/능력을 비교하는 것이 어떠한 차이가 있는지 분석하였다. 이 연구에서는 인식 양태에 한정하여 살펴보았는데, 연구 결과 화용 지식은 일반적인 문법 지식보다는 인식 양태에 대한 문법 지식의 영향을 받는 반면, 화용 능력은 일반적인 문법 지식과 인식 양태에 대한 문법 지식의 영향을 모두 받는 것으로 나타났다. 이 연구는 중간언어 화용 발달에서 문법과의 관계를 파악하기 위한 방법론적인 접근을 하였다는데 큰 의의가 있다. 이전 연구들에서 일반적인 숙달도에 따라 특정 화행을 수행할수 있는지 여부를 비교해 왔다면, 이 연구에서는 이러한 연구 방법의 문제점을실험적 방법으로 지적하고, 문법 능력과 화용 능력의 관계에 대한 연구 방법의대안을 제시하고 있다. 그러나 문법 능력은 문법 지식에 한정하여 고찰하고, 화용능력은 지식과 능력으로 나누어 살펴본 것은 의사소통 능력에서의 문법 능력과화용 능력의 관계를 고찰하기에 한계가 있다. 문법 지식은 문법 능력의 일부일뿐, 문법 지식이 있다고 해서 그것이 정확한 문법 생산으로 이어진다고는 보장할수 없기 때문이다. 다시 말해, 이 연구에서는 화용 지식과 능력을 설명하는 데 문법지식이 어느 정도 영향을 미치는지 밝혀낸 것이지, 문법 능력과 화용 능력이 언어발달 과정에서 어떠한 관계를 보이는지를 고찰했다고는 할 수 없다.

위의 연구들은 학습자의 의사소통 능력에서 문법 능력과 화용 능력을 별개의요소로 간주하지 않고 언어 발달 과정에서 나타나는 서로 간의 관계에 주목하고,문법 능력과 화용 능력이 관계가 있음을 부분적으로나마 증명함으로써 문법 능력

---

2) 이 연구에서는 '지식 knowledge'과 '능력 ability'으로 나누어 문법 지식과 화용 지식, 문법 지식과 화용 능력을 비교하였다.

과 화용 능력의 관계에 대한 연구의 필요성을 피력하였다는 데 의의가 있다. 그러나 문법 오류와 화용 오류에 대한 인식적 측면, 문법 능력과 화용 능력의 관계 연구에 대한 방법론적 측면 등 문법 능력과 화용 능력에 대한 일면에만 치중하고 있거나, 소수의 학습자를 대상으로 한 관찰적 기술에 그치고 있다는 한계를 지니고 있다.

최근 한국어 교육 분야에서도 문법 능력과 화용 능력의 관계에 대한 연구가 수행되어 고무적이다. 한국어 교육 연구 중 이해영(2011)에서는 [추측]의 양태 표현들을 대상으로 베트남 한국어 학습자들의 변이를 연구하였다. 연구 결과 [추측]의 양태 표현에 대한 문법 능력이 [추측]의 양태 표현이 실현하는 거절, 반대, 조언 등의 공손한 화행에 대한 화용 능력보다 높은 것으로 나타났다. 또한 이해영(2010)에서는 태국 학습자들의 요청 화행에 대한 인식을 분석한 결과, 숙달도가 발달해도 요청 화행의 적절성에 대한 인식이 발달하는 것은 아닌 것으로 나타나 문법 능력의 발달이 화용 능력의 발달을 의미하는 것은 아님을 밝혔다. 뿐만 아니라 언어적 자원이 부족할 경우 요청 화행을 제대로 인식하지 못하는 것으로 나타나 화용 능력의 발달은 문법 능력의 발달을 전제로 완성될 수 있다는 것을 보여 주고 있다.

위의 연구들은 문법 능력과 화용 능력이 동시에 같은 속도로 발달하는 것은 아니라는 것을 보여 줌으로써 문법 능력과 화용 능력의 관계 연구의 기반을 마련하였다. 그런데 위의 연구 결과에서 주목해야 할 점은 연구에 따라 결과가 다르게 나타난다는 점이다. 문법 능력이 화용 능력보다 먼저 발달한다는 연구 결과도 있고, 화용 능력이 먼저 발달한다는 연구 결과도 있다. 선행 연구들에서 문법 능력과 화용 능력의 발달 순서에 대해 상이한 결과를 보이고 있는데, 그렇다면 한국어 양태 표현을 습득할 때는 문법 능력과 화용 능력의 발달 순서가 어떻게 나타나는지 살펴볼 필요가 있다. 또한 위 연구들에서 공통적으로 지니고 있는 문제점은 연구 방법에 대한 것이다. 대부분의 연구에서 문법 능력은 공인 시험을 통한 일반적 문법 능력이나 숙달도로 평가하고 있고, 화용 능력은 특정 화행을 수행하는 능력으로 평가하고 있다. Bardovi-Harlig(1999)와 Kasper(2001)에서 지적하고 있는 바와 같이 일반적 문법 능력과 특정 화행을 수행할 수 있는 능력을 비교하는 것은 대등하게 문법 능력과 화용 능력을 비교하기에 적합하지 않다. 일반적 문법 능력과 특정 화행 능력을 비교하는 것은 우선 비교 대상이 다르고, 문법 능력과 화용 능력은 동일 목표 언어에 대해서도 측정하는 언어 항목에 따라 달라질 수 있기 때문이다. 따라서 문법 능력과 화용 능력을 동시에 고찰하기에 적합한 특정 항목을 선택하여 해당 항목의 문법 능력과 화용 능력을 측정하여 연구를 수행해야 한다. 이러한 이유에서 본 연구에서는 연구 범위를 양태 표현에 한정하여 논의를 진행하도록 한다.

지금까지 살펴본 바와 같이 문법 능력과 화용 능력의 발달 관계에 대한 관점은 문법 능력이 화용 능력보다 먼저 발달한다는 견해와 화용 능력이 문법 능력보다 먼저 발달한다는 견해로 나눌 수 있다. Kasper와 Rose(2002:175)에서는 문법 능력이 화용 능력보다 먼저 발달한다는 견해를 보이는 연구들을 다음의 세 가지 문제에 대한 근거로 제시하고 있다.

1. 학습자들은 특정 문법 구조에 대한 지식을 가지고 있어도 그것을 언표내적 효력으로 표현하거나 수정하여 사용하지 못한다.
2. 학습자들은 문법 구조에 대한 지식을 가지고 있고 그것을 화용언어적 기능으로 표현하여 사용할 수 있어도 목표 언어에서 관용적으로 사용하지 못한다.
3. 학습자들은 문법 구조와 화용언어적 기능에 대한 지식이 있어도 화용언어적 형태와 기능을 목표 언어의 사회화용적 사용처럼 연결시키지 못한다.

첫 번째 문제는 문법 지식이 화용적 사용을 가능하게 하는 것은 아니라는 것이다. Wagner-Gough(1978)에서도 '-ing'의 기능적 분포에 대한 연구에서 형태를 습득하는 것이 동시에 형태의 기능을 습득하는 것을 수반하는 것은 아니라고 주장한 바 있다. 이러한 문제를 증명하는 연구은 선행 연구로 살펴보았던 Salsbury와 Bardovi-Harlig(2001), Kärkkäinen(1992), Takahashi(1996, 2001), Hill(1997) 등이 있다. 두 번째 문제는 문법 지식이 목표 언어와는 다른 화용언어적 사용을 하게 한다는 것이다. 이러한 문제는 Kärkkäinen(1992), Bodman과 Einsenstein(1988) 등의 연구를 통해 증명되었다. 세 번째 문제는 문법과 화용언어적 지식이 목표 언어에 적합한 사회화용적 사용을 보장하는 것은 아니라는 것이다. 이러한 문제는 Beebe와 Takahashi(1989), Hill(1997)에서 증명하고 있다. 위의 문제들은 모두 특정 문법 형태에 대한 학습자의 문법 능력이 발달했어도 이를 맥락에 맞게 적절하게 사용하는 화용 능력이 동시에 발달하는 것은 아니라는 것을 지적하고 있다.

한편, 위의 문제와는 반대로 많은 연구들이 화용 능력이 문법 능력보다 먼저 발달한다는 견해를 지지하고 있다. 학습자의 화용 능력이 문법 능력보다 먼저 발달한다는 관점은 보편적 화용의 원리와 기능주의 언어학에 근거를 두고 있다 (Kasper & Rose, 2002:163-168). 보편적 화용의 원리는 제2언어 성인 학습자의 경우 모국어 습득 시 형성된 보편적 화용 능력이 제2언어 습득에도 적용된다는 것으로 앞에서 살펴보았던 Savignon(1997)의 의견과 일맥상통하는 것이다. Halliday에서 시작된 기능주의 언어학은 언어의 기능적 관점에서 화용론, 의미론, 통사론의 통합을 시도했다. 기능적 관점에서는 성인 학습자의 습득적 문법화의 과정에서 화용적 범주가 문법적 범주보다 우선한다고 주장하여 화용 능력이 문법 능력보다 먼저 발달한다는 견해를 지지하고 있다. 여러 연구들을 통해 화용 능력이 문법 능력보다 먼저 발달한다는 것을 증명하고 있는데, 이러한 연구들로는 Eisenstein과 Bodman(1986), Koike(1989), Sato(1990), Schmidt(1983), Walters (1980) 등이 있다.

위에서 살펴본 바와 같이 문법 능력과 화용 능력 중 어느 것이 먼저 발달하는지에 대한 견해는 팽팽하게 맞서고 있다. 본 연구에서는 '-아야 하다', '-고 싶다', '-으려고 하다', '-을 것 같다'[3])를 습득할 때 문법 능력과 화용 능력 중 어느 능력이 먼저 발달하는지 분석하고자 하는데, 본 연구는 문법 능력과 화용 능력의 발달 관계에 대한 두 관점 중 문법 능력이 화용 능력보다 먼저 발달할 것이라는 관점에 기반한다. 특히, 본 연구에서 대상으로 하는 양태 표현은 문법 능력이 화용 능력보다 먼저 발달함을 증명하는 문제들 중 1번과 2번 문제 양상을 보일 것으로 추측된다. 학습자들이 '-아야 하다', '-고 싶다', '-으려고 하다', '-을 것 같다'의 형태·통사에 대한 문법 능력이 발달했다고 해도, 이 표현들의 요청 화행, 제안 화행, 거절 화행 수행에 대한 언표내적 의미를 이해하고 사용하는 화용 능력은 문법 능력에 비해 늦게 발달할 것이라 가정한다. 또한 한국어 학습자들이 한국어의 사회 문화적 특징에 맞게 위 표현들을 관용적으로 잘 사용하지 못할 것이라 가정한다. 전술한 바와 같이 성인 학습자의 경우 모국어 습득 시 형성된 보편적 화용 능력을 지니고 있다고 가정하는 보편적 화용의 원리는 타당성이 있다. 그러나 각 문화마다 지니고 있는 특수성을 생각한다면 보편적 화용 능력을 지니고 있다고 해도 이 것이 제2언어 습득에서 모두 적합하게 적용된다고 단정할 수는 없다. 특히, 공손성의 문제는 문화마다 요구하는 정도가 다르고 의사소통 과정에서 민감하게 작용하는 부분이기 때문에 이를 보편적 화용 능력에만 의존하기는 어렵다. 따라서 본 연구에서는 한국어 학습자들이 '-아야 하다', '-고 싶다', '-으려고 하다', '-을 것 같다'의 표현을 습득할 때 문법 능력이 우선 한국어에 가깝게 발달하고 그보다 늦게 화용 능력이 발달할 것이라고 가정하며, 과연 문법 능력과 화용 능력 중 어느 것이 먼저 발달하는지 분석해 보고자 한다.

---

3) 이에 대한 자세한 내용은 3장에서 기술하도록 한다.

## 3 한국어 양태 표현의 특성

본 연구는 문법 능력과 화용 능력의 관계를 고찰하되, 이를 양태 표현에 한정하여 분석하고자 한다. 양태는 명제 사실에 대한 화자의 심리적 태도이다. 양태를 실현하는 언어 형태는 다양한데, 그간 국어학에서는 형태소[4]를 중심으로 한 양태 논의가 주를 이루었다(박재연, 2004; 장경희, 1985; 조일영, 1994 등).[5] 그러나 한국어 교육에서는 교육 단위가 단일 형태소뿐만 아니라 복합 형태로 이루어진 표현[6]도 다수 포함되어 있으므로 본 연구에서는 양태 의미를 표현하는 형태소와 덩어리 표현을 모두 포함하여 양태 표현[7]이라 명명하고, 이를 대상으로 문법 능력과 화용 능력의 관계를 고찰해 보고자 한다.

한국어 교육의 대상이 되는 다양한 문법 항목 중 양태 표현으로 범위를 한정한 이유는 양태 표현이 의사소통 맥락에 따라 명제적 의미 외에 다양한 화용적 기능을 수행하고 있기 때문이다.[8]

---

4) 국어학에서의 양태 연구에서 많이 다루어진 형태소로는 {-겠-}, {-더-}, {-네}, {-구나}, {-지} 등을 들 수 있다.

5) 차현실(1986), 김지은(1998) 등에서는 보조 용언을, 안정아(2000), 이동우(2000) 등에서는 의존 명사를, 서정수(1996) 등에서는 양태 부사를, 김선희(2003)에서는 의문사를 대상으로 양태를 연구하였다. 또한 김주미(1990)에서와 같이 모든 언어 층위에서 양태가 실현되고 있음을 밝히는 연구도 있다.

6) 이에 대해 백봉자(2006)에서는 '결합형', 이희자·이종희(2001)에서는 '관용구'라 명명하였고, 이미혜(2002)에서는 '표현항목', 김영진(2007)에서는 '덩이표현'이라는 용어를 사용하고 있다.

7) 이효정(2004)에서도 '양태 표현'이라는 용어를 사용하고 있으며, 그 의미에 있어서도 본 연구와 유사하다.

8) Dahl(1985:9-10)에서는 시제의 의미와 기능에 대해 논하면서 '기본 의미'와 '부차적 의미'를 구분하고 있다. 이런 의미 구분의 전제는 다음과 같다.
   ① 문법 형식이 하나 이상의 의미를 가질 수 있음을 인정한다.
   ② 문법 형식의 여러 의미 중에는 중핵적인 의미와 부수적인 의미가 있다.
   ③ 기본 의미에 반하는 예들이 기본 의미를 무력화하는 증거로만 간주되어서는 안 된다.
이 연구에서 말하는 부차적 의미는 기본 의미와 맥락 사이의 상호작용으로는 예측할 수 없는 의미를 말한다. 본 연구에서는 양태 표현을 기본 의미와 부차적 의미로 구분하지는 않지만, 양태 표현이 기본 의미와 화용적 기능을 모두 실현한다고 보고 연구를 진행하기 때문에 기본적인 전제가 같다고 할 수 있다.

(1) ㄱ. (차 안에서) 뉴스 좀 듣고 싶은데…….

　　ㄴ. (회사에서 상사에게) 이제 회의에 들어가셔야 합니다.

　　ㄷ. (직장 상사에게) 눈이 많이 내리니 차는 두고 가시는 것이 좋을 것 같습니다.

위의 예문에서 (3, ㄱ)의 '-고 싶다'는[9] [희망]을[10] 나타내는 양태 표현이다. 그러나 위의 예문에서는 단순히 희망의 의미를 넘어서 뉴스를 들을 수 있도록 라디오를 켜 달라는 요청의 기능을 하고 있다. 예문(1, ㄴ)에서도 '-아야 하다'는 [의무]를 나타내는 양태 표현이지만 의무의 진술을 넘어 요청 화행을 수행하고 있다. 예문(1, ㄷ)의 '-을 것 같다'는 본래 [추측]의 표현이나 이 또한 이 예문에서는 추측의 의미가 아닌, 완곡한 제안의 표현으로 사용되고 있다. 위의 예에서 알 수 있는 바와 같이 양태 표현은 그 형태가 지니고 있는 명제적 의미를 넘어 사용 맥락에 따라 다양한 화용적 기능을 수행하고 있다.[11] 따라서 양태 표현이 사용된 문장은 단일 문장으로서는 완전한 문장일 수 있으나, 그 문장이 사용된 구체적 장면에 따라 적절할 수도 있고, 부적절할 수도 있다. 이러한 이유에서 문법 형태를 선택하고 활용할 수 있는 문법 능력과 구체적 장면에 적절하게 이해하고 표현할 수 있는 화용 능력의 관계를 고찰하기에 양태 표현은 적합하다고 할 수 있다.

본 연구의 목적은 문법 능력과 화용 능력의 관계를 살펴보는 데 있으므로 양태 의미를 지니고 있는 표현들을 모두 다루는 것이 아니라 양태 표현들 중에서도 명제적 의미 외에 비교적 명확하게 화용적 기능을 수행하고 있는 표현만을 대상으로 한다. 공손성, 완곡어법, 화행과 관련된 많은 연구들에서는 양태 표현들 중 일부가

---

9) 아직까지 한국어 교육에서 통일된 문법 표기 방법은 없다. 따라서 본 연구에서는 국립국어원 편찬 「외국인을 위한 한국어 문법」에 제시된 표기 방법을 따르도록 한다.

10) 본 연구에서는 개별 양태 표현은 작은 따옴표('')로, 양태 의미는 대괄호([])로 표시한다.

11) 장경희(1985:6-7)에서는 양태소들의 의미를 분석하는 방법으로 양태소가 사용된 발화를 전후의 문맥이나 담화이 상황과 관련지어 고찰하겠다고 하면서, 그 이유로 양태소가 사용된 문장들은 문장으로서는 완전히 문법적이면서도 그 문장이 실제의 담화에 사용된 발화의 관점에서는 적절하지 못한 경우들이 많이 있기 때문이라고 밝히고 있다. 이 연구에서도 의사소통 맥락에 따라 양태 표현이 다양한 의미로 실현됨을 전제하고 있다고 할 수 있다.

화용적 기능을 수행하고 있음 밝히고 있다(김미형, 2000; 손세모돌, 1989; 윤은미, 2004; 이민선, 2004; 이해영, 1996 등). 양태 표현들이 요청, 제안, 거절 등의 화행 이외에도 책임 회피, 강세 어법[12] 등 다양한 화용적 기능을 수행하고 있지만, 본 연구에서는 한국어 학습자들이 의사소통 시 문제를 일으키기 쉬운 공손한 화행의 기능을 수행하는 양태 표현들을 중심으로 연구를 진행하고자 한다. 공손한 화행 기능으로 한정한 이유는 우선 공손성이 한국어의 의사소통 상황에서 매우 중요한 요소이기 때문이다. 한국어는 다른 언어들에 비해 대우법이 매우 발달했을 정도로 한국은 공손성이 중요한 담화 공동체이다. 의사소통 맥락에서 공손성이 의사소통의 성공과 실패를 좌우할 정도로 중요한 요소이지만, 이는 다른 문화권에서 온 한국어 학습자들에게는 매우 어려운 요소일 수 있다.[13] 요청, 거절 등 청자에게 부담이 될 수 있는 화행의 경우, 공손한 표현을 통해 화행을 실현하는 것이 청자의 체면 위협을 최소화하면서 문제없는 의사소통을 수행할 수 있는 방법이기 때문에 학습자들은 공손성을 실현하는 언어 요소들을 습득할 필요가 있다. 또한 한국어 모어 화자들이 공손한 표현을 통해 화행을 실현할 때 이를 적절히 이해하여 행동에 옮길 수 있는 것도 중요하다. 공손한 화행 기능으로 한정한 두 번째 이유는 공손한 화행 기능을 수행하는 양태 표현들이 비교적 다양하기 때문이다. 본 연구는 발달의 측면에서 문법 능력과 화용 능력의 관계를 고찰하기 때문에 중급 이상의 학습자들을 대상으로 하며, 따라서 초급에서의 학습 목표가 되는 양태 표현들만을 선정할 것이다. 초급의 양태 표현들 중 많은 양태 표현들이 공통적으로 실현하는 화용적 기능이 공손한 화행의 기능이다. 이러한 두 가지 이유에서 명제적 의미 외에 공손한 화행을 실현하는 양태 표현들이 문법 능력과 화용 능력의 관계를 고찰하기에 적합할 것이라 생각한다.

---

12) 이혜용(2003:78-81)에서는 [추측]의 양태 표현 중 일부가 수사의문에서 명백한 단정의 의미로 사용된다고 밝히고 있다. '넌 그게 될 것 같니?'와 같은 발화가 그 예이다.

13) 한상미(2005:208-211)에서는 화용적 실패 양상 중 가장 높은 비중을 차지하는 것이 무례함 유발에 의한 것(57.7%)이라고 밝히고 있다.

본 연구에서는 다음의 네 단계의 과정을 거쳐서 연구 대상을 선정하였다.

첫째, 선행 연구들과 한국어 교재 및 문법서들[14]을 토대로 한국어 교육 대상이 되는 양태 표현 중 담화 안에서 공손한 화행을 수행한다고 밝혀진 양태 표현들을 선정하였다. 한국어 교재에 제시된 양태 표현 중 화행을 수행하는 양태 표현들은 <표 1>과 같다.

〈표 1〉 화행을 수행하는 양태 표현

| 양태 의미 | 표현 |
|---|---|
| 의무 | -아야 하다 등 |
| 금지 | -으면 안 되다, -아서는 안 되다 등 |
| 허락 | -아도 괜찮다, -아도 좋다, -아도 되다 등 |
| 희망 | -고 싶다, -으면 좋겠다, -았으면 좋겠다, -았으면 싶다, -았으면 하다, -기 바라다 등 |
| 의도 | -으려고 하다, -고자 하다, -을까 하다 등 |
| 후회 | -을 걸 그랬다, -을걸1 등 |
| 능력 | -을 수 있다/없다 등 |
| 추측 | -은/는/을 것 같다, -겠-, -을 것이다, -은/는/을 듯하다, -은/는/을 듯싶다, -나 싶다, -지 싶다, -은가 싶다, -을걸2, -을까 싶다, -을지 모르다, -을 텐데 등 |

---

14) 검토한 한국어 교재는 다음과 같다.

| 출판 기관 | 교재명 | 검토 등급 |
|---|---|---|
| 서강대학교 한국어교육원 | 서강 한국어 | 1-5 |
| 서울대학교 언어교육원 | 서울대 한국어 | 1-4 |
| 이화여자대학교 언어교육원 | 이화 한국어 | 1-5 |
| 연세대학교 한국어학당 | 연세 한국어 | 1-6 |
| 고려대학교 한국어문화교육센터 | 재미있는 한국어 | 1-6 |

검토한 한국어 교육용 문법서는 다음과 같다.
백봉자. (2006). 외국어로서의 한국어 문법 사전. 도서출판 하우.
국립국어원 편. (2005). 외국인을 위한 한국어 문법 1,2. 커뮤니케이션 북스.

둘째, 위 표현 중 초급부터 교육 대상이 되는 표현을 선정하였다. 예를 들면, '의무'의 의미를 실현하는 '-어야 하다' 등은 초급부터 배우는 표현이다. 그러나 '후회'의 의미를 나타내는 '-을걸'의 경우 사과, 비난 화행 등의 기능을 수행하나, 중급의 교육 대상이므로 연구 대상에서 제외하였다. 본 연구에서는 문법 능력과 화용 능력의 관계를 고찰하는 과정에서 학습자 숙달도에 의한 변인을 살펴보기 때문에 중급 학습자와 고급 학습자를 대상으로 자료를 수집할 것이다. 그런데 학습되지 않은 항목들은 자료를 추출해 낼 수 없다. 따라서 본 연구에서는 기학습된 초급의 목표 표현만을 대상으로 선정하였다. 위 표현들 중 초급의 양태 표현은 '-아야 하다', '-으면 안 되다', '-아도 되다/괜찮다', '-고 싶다', '-으려고 하다', '-을 수 있다/없다', '-은/는/을 것 같다', '-겠-', '-을 것이다'이다.

셋째, 화행을 수행하는 초급 대상 양태 표현 중에서 다른 양태 표현과 결합하거나 시제, 서법의 변화를 동반하여야만 화행을 수행하는 표현들은 제외하였다. 예를 들면, [허락]을 표현하는 '-아도 괜찮다'나 [능력]을 표현하는 '-을 수 있다'는 의문문에서만 요청 화행을 실현한다. '-겠-'도 공손한 화행을 실현하는 경우의 대부분이 다른 공손 표현과 결합하는 경우이거나[15] 의문문으로 실현되는 경우이다. 이러한 경우, 실현된 화행이 공손한 효과를 발휘하게 되는 근거가 어디에 있는지 확실하게 판단하기 어렵고, 서법의 변화가 동반될 경우 자료 수집 과정에서 연구 참여자들에게 힌트가 될 수도 있기 때문에 대상에서 제외하였다. 이 과정에서 선정된 양태 표현은 '-아야 하다', '-고 싶다', '-으려고 하다', '-는/은/을 것 같다', '-을 것이다'이다.[16]

---

15) 박재연(2004:73-74)에서도 '-겠'은 다른 양태 표현이 존재할 때에만 공손의 효과를 유발할 수 있다고 지적하고 있다.

16) [금지]를 나타내는 표현인 '-으면 안 되다'도 같은 이유에서 제외되었다. 표준국어대사전에 '금지'의 의미는 '법이나 규칙이나 명령 따위로 어떤 행위를 하지 못하도록 함'으로 설명되어 있다. 즉, '-으면 안 되다'는 기본적인 명제적 의미 안에 행동을 못하게 하는 요청 혹은 명령의 의미가 포함되어 있다고 할 수 있다. 따라서 '-으면 안 되다'가 평서문으로 실현될 때는 명제적 의미를 넘어 화용적 기능을 수행한다고 보기 어렵다. '-으면 안 되다'가 요청 등 화행의 기능을 실현하는 경우는 '창문을 닫으면 안 돼요?'와 같이 의문문으로 실현되는 경우이다. 실제로 한국인 모어 화자의 설문에서도 '-으면 안 되다'가 평서문으로 실현되는 경우는

넷째, 한 표현이 여러 양태 의미로 사용되는 경우는 제외하였다. 한 양태 표현이 여러 의미를 갖는 경우 서로 영향을 주어 한 의미로만 해석되기가 어려운 경우가 있기 때문이다. 예를 들면 '-겠-'과 '-을 것이다'는 [추측]과 [의지][17] 등 맥락에 따라 다양한 의미로 해석될 수 있다. 일반적으로 [추측]의 양태 표현들은 공손한 효과를 나타내는데, '-겠-'과 '-을 거다'는 다른 양태 표현과 결합하지 않고 단독으로 사용되었을 때 [의지]의 의미가 영향을 미쳐 덜 공손하게 느껴지기 쉽다.

(2) 선배: 너 이번 주말에 학회에 참석할 수 있어?
　후배: ㄱ. 전 못 갈 거예요.
　　　　ㄴ. 전 못 가겠어요.
　　　　ㄷ. 전 못 갈 것 같아요.

위 예문에서 '-겠-'과 '-을 거다'를 모두 [추측]의 의미로 본다고 해도 '-을 것 같다'를 사용한 (4, ㄷ)보다 (4, ㄱ)과 (4, ㄴ)이 더 단정적으로 느껴진다. 또한 위 대화에서 '-겠-'과 '-을 거다'가 [의지]로 해석될 여지도 있다. Coates(1983:16-17)에서는 양태 표현의 다의성에 대해 '합류merger'라는 개념으로 설명하고 있다. 이 연구에서는 합류를 설명하면서 맥락에 따라서는 두 의미가 서로 배타적이지 않으며, 맥락적 상쇄로 설명할 수 있다고 하였다. 이러한 논의에 기대어 보면 '-겠-'과 '-을 거다'도 맥락에 따라 [의도]와 [추측]의 의미가 겹쳐서 나타난다고 볼 수 있다.[18] 본 연구에서는 [추측]의 '-겠-'과 '-을 거다'를 단독으로 사용했을 때 '-을

---

[금지]로 인식하는 것으로 나타났다.

17) 국어학의 연구에서는 [의도]의 의미로 보기도 한다(신창순, 1972; 박재연, 2004 등). 그러나 본 연구에서는 한국어 교재 및 문법서에서 일반적으로 제시하고 있는 설명에 따라 [의지]의 의미를 지니고 있는 것으로 간주한다.

18) 박재연(2004)에서도 '-겠-'과 '-아야 하-'가 결합된 문장을 해석하면서 Coates(1983)의 '합류' 개념에 기대어 설명한 바 있다. 엄녀(2009:88-89)에서는 '-을 것이다'가 추측 표현 중 확실성 정도가 가장 높기 때문에 단언에 가까운 의미를 지니게 된다고 하였다. 본 연구에서는 이 또한 '-을 것이다'가 [의지]의 의미를 지니고 있기 때문에 추측 표현 중에서도 단언의 의미가 가깝게 나타나는 것이라고 본다.

것 같다'보다 더 단정적으로 느껴지는 이유가 '-겠-'과 '-을 거다'가 [의지]와 [추측]의 의미를 모두 지니고 있기 때문이라고 보고 문법 능력과 화용 능력의 관계를 고찰하기에 부적합하다고 판단하여 대상에서 제외하였다.

위의 과정을 밟아 본 연구에서 문법 능력과 화용 능력의 관계를 고찰하기 위한 대상으로 선정한 양태 의미 및 표현은 다음과 같다.

〈표 2〉 연구 대상

| 양태 의미 | 양태 표현 | 화용 기능 |
| --- | --- | --- |
| 의무 | -아야 하다 | 요청 |
| 희망 | -고 싶다 | 요청 |
| 의도 | -으려고 하다 | 요청 |
| 추측 | -은/는/을 것 같다 | 제안, 거절 |

이 양태 표현들은[19] 예문 (1)에서 살펴본 바와 같이 기본 의미 외에 맥락에 따라 요청, 거절, 제안 등 다양한 화용적 기능을 수행하고 있다. 본 연구에서는 위에서 선정한 양태 표현을 중심으로 문법 능력과 화용 능력의 관계를 고찰해 보고자 한다.

---

19) 이 표현들은 초급 양태 표현 중 서법의 변화나 다른 형태의 추가 없이 공손한 화행을 수행하는 표현으로는 유일한 것이다. 따라서 앞으로 이 표현들에 대해 '-아야 하다', '-고 싶다', '-으려고 하다', '-은/는/을 것 같다'와 같이 개별 형태로 표기하지 않고, [의무] 표현, [희망] 표현, [의도] 표현 및 [추측] 표현과 같이 의미 범주로 표기하도록 한다.

# 4 연구를 위한 최적의 방법

## ■ 연구 참여자

본 연구에서는 문법 능력과 화용 능력의 관계를 고찰하기 위해 중급과 고급 한국어 학습자를 대상으로 자료를 수집하였다. 본 연구에서는 양태 표현 중 초급부터 배우는 양태 표현을 대상으로 선정하였는데, 이 항목들을 이미 학습한 학습자들이어야 자료 수집이 가능하기 때문에 중급 이상의 학습자들을 대상으로 하여 자료를 수집하였다. 여기서 '중급'이란 현재 한국어 교육 기관에서 학습 중인 단계를 가리킨다. 즉, 중급은 3, 4급에서 학습 중인 학습자, 고급은 5, 6급에서 학습 중인 학습자들이다. 본 연구에서는 문법 능력과 화용 능력의 관계가 숙달도에 따라 달라질 것이라고 가정하고, 숙달도를 기관 숙달도로 판단하고자 하기 때문에 중급 이상의 학습자들을 숙달도에 따라 중급과 고급의 두 단계로 구분하여 연구 참여자를 모집하였다. 연구 참여자들은 서울 및 대전 소재 5개 한국어 교육 기관에 의뢰하여 지원을 받아 모집하였다.

본 연구에서는 제2언어 습득에 모국어 전이가 발생한다는 선행 연구들에 기대어 한국어 양태 표현에 대한 문법 능력 발달과 화용 능력 발달에도 모국어의 영향이 있는지 확인하기 위해 두 언어권의 학습자들을 대상으로 비교해 보고자 한다. 본 연구에서 대상으로 한 언어권은 중국어권 학습자와 일본어권 학습자이다. 이 두 언어권의 연구 참여자를 선택한 이유는 앞에서 밝힌 바와 같이 다음의 두 가지이다. 첫째, 이들이 한국에서 한국어를 공부하고 있는 학습자들의 대다수를 차지하고 있기 때문이다. 둘째, 중국어권과 일본어권은 한국과 마찬가지로 유교 문화권에 속하는 언어권이기 때문이다. 한국과 중국어권, 일본어권 국가들은 문화적으로 유사한 점도 있지만, 다른 점도 매우 많다. 같은 유교 문화권에 속하는 세 언어권이 양태 표현의 문법 능력과 화용 능력의 관계에 대해서는 어떤 공통점과 차이점을 보이는지 살펴보기 위하여 중국어권 학습자들과 일본어권 학습자들을 대상으로 자료를 수집하였다. 숙달도 및 언어권별 연구 참여자의 수는 다음과 같다.

〈표 3〉 본 실험의 숙달도 및 언어권별 연구 참여자 수

| 숙달도 | 중급 | | 고급 | |
|--------|------|------|------|------|
| 모국어 | 일본어 | 중국어 | 일본어 | 중국어 |
| 수(명) | 30 | 43 | 31 | 30 |

한편, 본 연구에서는 화용 생산 과제의 답을 결정하기 위해 한국어 모어 화자들을 대상으로 화용 생산 과제에 대해서만 설문을 실시하였다. 이 설문에 참여한 한국어 모어 화자들은 총 50명이었으며, 20-40대 서울 화자였다. 성별[20]은 남자 25명, 여자 25명이었다.

■ **자료 수집 도구**

본 연구의 자료 수집 도구는 문법 생산 능력, 문법 이해 능력, 화용 생산 능력, 화용 이해 능력을 측정하기 위한 도구와 연구 참여자 정보 문항을 포함하여 모두 5부분으로 구성하였다.

· **문법 생산 능력 측정 도구**

문법 생산 과제는 주어진 맥락에 알맞은 양태 표현을 선택하여 사용할 수 있는

---

20) 한국어는 기본적으로 남성어, 여성어가 존재하지 않지만, 실제 발화에서는 남성적인 어투와 여성적인 어투가 존재한다. 예를 들면, '어머'와 같은 감탄사는 주로 여성들이 많이 사용하는 어휘이다. 한국어 모어 화자를 대상으로 한 설문은 화용 생산 과제의 답을 정하기 위한 것이므로 특정 성별의 어투가 반영되지 않도록 하기 위해 성별을 동수로 안배하였다.

지 평가하기 위한 것이다. 형태·통사적인 오류 없이 양태 표현을 사용했다고 하더라도 상황에 적절하지 못한 양태 표현을 사용할 가능성도 있으므로 문법 능력도 맥락 안에서 측정할 필요가 있다. 따라서 본 연구에서는 문법 생산 과제에서 상황을 제시하고 적절한 양태 표현을 사용할 수 있는지 측정하였다. 이 문항들은 양태 표현을 사용해야 하는 대화를 제시한 후, 양태 표현이 들어가야 할 부분에 빈 칸을 주고 적절한 발화를 선택하게 했다. 보기는 모두 5개를 제시하였는데, 답을 모를 경우 임의로 하나를 선택하지 않도록 '⑤ 적절한 답이 없음'을 포함하였다. 각 양태 의미별로 세 문항씩 총 12문항으로 구성하였다. 문항의 실제 예를 제시하면 다음과 같다.

---

가: 우리 이번 주말에 뭐 할까?
나: 난 오랜만에 영화 ＿＿＿＿＿＿＿. 넌 어때?

① 보면 안 돼  ② 봐야 해  ③ 보고 싶어  ④ 볼 것 같아  ⑤ 적절한 답이 없음

---

문법 생산 과제의 예

보기에는 형태·통사적 오류는 포함하지 않았으며, 대화에 적절한 양태 의미의 표현을 찾도록 했다. 각 문항들은 무작위로 배열하였다. 이 과제를 수행하는 동안 시간제한은 하지 않았으며, 예상 소요 시간은 10분이다.

### • 문법 이해 능력 측정 도구

문법 이해 능력은 양태 표현에 대한 형태·통사적 지식에 대한 것이다. 이를 측정하기 위한 도구는 문법성 판단 테스트인데, 이 과제는 양태 표현의 형태·통사적 특징들을 정확하게 표기한 문장과 오류를 포함한 문장을 섞어 제시한 후 연구 참여자들에게 정오를 판단하게 하는 유형이다. 문항의 실제 예를 제시하면 다음과 같다.

| 1. 민지 씨는 내일 회사에 출근해야 해. | ( ) |
| 2. 저도 영화배우처럼 예쁘고 싶어요. | ( ) |

문법성 판단 테스트의 예

문법성 판단 테스트는 각 표현별 5문항씩 총 20문항이며, 무작위로 배열하였다. 문법성 판단 테스트도 시간제한을 두지 않았으며, 예상 소요 시간은 15분이다.

### · 화용 생산 능력 측정 도구

화용 생산 능력을 측정하기 위한 도구는 담화 완성형 과제를 수정한 것으로, 다지선다형으로 작성하였다. 이 문항들은 담화 완성형 과제와 마찬가지로 상황 설명[21]을 제시한 후, 주어진 상황에 적절한 발화를 보기에서 선택하도록 하였다. 또한 화행 생산 과제를 수행하는 과정에서 적절한 답이 양태 표현이 포함된 발화라는 것을 유추하여 상황에 대한 이해 없이 답을 선택하는 것을 방지하기 위해 양태 표현을 사용하지 않는 상황들을 각 화행별로 하나씩 포함하였다[22]. 각 화행별 상황을 살펴보면 다음과 같다.

〈표 4〉 화용 생산 능력 측정 도구의 화행별 상황

| 화행 | 상황 | 양태의미 | 비고 |
|---|---|---|---|
| 요청 | 교수님께 강의 계획안을 제출해 달라고 함 | [의무] | |
| | 직장 상사에게 출발해야 됨을 말함 | [의무] | |

---

21) 본 실험에서 사용한 자료 수집 도구들은 따로 번역본을 제작하지 않았다. 다만, 화용 생산 과제의 상황 설명에서 어려운 어휘가 포함될 경우 해당 어휘만 일본어와 중국어 번역을 제시하였다.
22) <표 12>에서 식당에서 물을 달라고 요청하는 상황, 아주 친한 후배에게 모임 장소까지 택시를 타고 가자고 제안하는 상황, 친구의 보상 제의를 거절하는 상황은 양태 표현을 사용하지 않고 응답하는 상황으로 넣은 것이다.

| | | | |
|---|---|---|---|
| | 교수님께 여권을 가지고 올 것을 요청함 | [의무] | |
| | 룸메이트에게 자신이 큰 방을 쓸 것을 말함 | [희망] | |
| | 다른 부서 부장님께 자료를 부탁함 | [희망] | |
| | 다른 과 교수님께 인터뷰를 요청함 | [희망] | |
| | 병원 검사를 예약해 달라고 말함 | [의도] | |
| | 창문을 열기 위해 모르는 학생에게 비켜달라고 함 | [의도] | |
| | 호텔 예약 취소를 요청함 | [의도] | |
| | 식당에서 물을 달라고 함 | | 양태 표현 아님 |
| 제안 | 선배에게 생일 선물로 지갑이 좋다고 말함 | [추측] | |
| | 교수님께 조교를 추천함 | [추측] | |
| | 선생님께 사진 걸기에 좋은 위치를 말함 | [추측] | |
| | 아주 친한 후배에게 학과 모임 장소까지 택시를 타고 가자고 말함 | | 양태 표현 아님 |
| 거절 | 직장 상사가 부탁한 일을 거절함 | [추측] | |
| | 교수님의 프로젝트 제안을 거절함 | [추측] | |
| | 사장님의 집들이 초대를 거절함 | [추측] | |
| | 친구의 보상 제의를 거절함 | | 양태 표현 아님 |

보기는 모두 5개를 제시하였는데, 어미는 모두 통일하였다. 그 이유는 '-는데요'와 같은 어미도 공손한 화행을 실현하는 기제로 작용하기 때문에 연구 참여자가 답을 선택할 때 양태 표현이 아닌 다른 요소의 기능을 근거로 답을 선택할 가능성을 피하기 위해서이다. 보기 중 ⑤번은 문법 생산 과제에서와 같은 이유로 '적절한 답이 없음'으로 제시하였다. 또한 화용 생산 과제에서는 답을 선택한 이유를 쓰도록 하였는데, 이것은 연구 참여자들이 공손한 화행에 대해 알고서 답을 선택한

것인지 알아보기 위한 것이다. 선택 이유는 연구 참여자의 모국어로 쓰는 것을 허용하였다. 화용 생산 과제의 실제 문항의 예는 다음과 같다.

회사에서 부장님이 당신에게 일을 맡기며 오늘 퇴근 전까지 끝내달라고 합니다. 그런데 당신은 다른 일도 하고 있었기 때문에 부장님 일을 오늘까지 끝낼 수 없습니다. 어떻게 말하겠습니까?

① 지금 다른 일을 하고 있어서 오늘은 못 하는데요.
② 지금 다른 일을 하고 있어서 오늘은 못 할 건데요.
③ 지금 다른 일을 하고 있어서 오늘은 못 할 것 같은데요.
④ 지금 다른 일을 하고 있어서 오늘은 하고 싶지 않은데요.
⑤ 적절한 답이 없음

⇨ 위 답을 선택한 이유는 무엇입니까?(여러분 나라 말로 써도 됩니다)

화용 생산 과제의 예

화용 생산 과제는 총 18문항이며, 문항은 무작위로 배열하였다. 과제 수행 시간은 제한하지 않았으며, 예상 소요 시간은 30분이다.

· 화용 이해 능력 측정 도구

화용 이해 능력 도구는 발화된 양태 표현이 갖는 언표내적 의미를 알고 있는지 판단하기 위한 것이다. 화용 판단 테스트는 대화를 제시한 후 대화에서 사용된 양태 표현의 의미를 보기에서 선택하도록 하는 유형이다. 문항 수는 총 14개이며, 시간제한을 두지 않았다.

실제 문항의 예는 다음과 같다.

> (라디오에서 시내에 교통사고가 발생해 길이 많이 막힌다고 들었습니다. 그런데 선생님이 시내로 운전해서 가신다고 합니다.)
> 가: 선생님, 시내에 교통사고가 나서 길이 많이 막힌대요. <u>다른 길로 가시는 것이 좋을 것 같아요.</u>
> 나: 아, 그래요? 알려줘서 고마워요.
>
> ① 추측(推測/推测)　② 소망(所望, 望み/愿望)　③ 요청(要請/请求)
> ④ 거절(拒絕/拒绝)　⑤ 제안(提案)　⑥ 의무(義務/义务)
> ⑦ 의도(もくろみ/用意)　⑧ 답이 없음

화용 능력 측정 도구의 예

**· 자료 분석 방법**

　자료를 분석하기 전에 우선 검사 도구에 대한 신뢰도 분석을 하였다. 본 연구에서 사용한 자료 수집 도구는 문법 생산 능력을 측정하기 위한 문항이 12개, 문법 이해 능력을 측정하기 위한 문항이 20개, 화용 생산 능력을 측정하기 위한 문항이 18개, 화용 이해 능력을 측정하기 위한 문항이 14개로 총 64문항으로 구성되어 있다. 이 64문항에 대하여 문항 신뢰도 검사를 실시한 결과 Cronbach의 알파 계수가 0.787로 검사 도구에 신뢰성이 있다고 할 수 있다. 본 연구에서는 SPSS 12.0을 사용해 자료를 분석하였으며, 유의수준 5%에서 검정하였다.

# 5 문법 능력과 화용 능력의 발달 관계

## 5.1. 숙달도에 따른 문법 능력과 화용 능력의 발달 관계

　본 연구에서는 숙달도에 따른 문법 능력과 화용 능력의 발달 관계를 고찰하기 위해 중급 학습자와 고급 학습자를 대상으로 자료를 수집하였다. 먼저 중급 학습자들의 [의무], [희망], [의도] 및 [추측]의 양태 표현에 대한 문법 능력과 양태 표현이 실현하는 화행에 대한 화용 능력의 평균 점수를 비교한 결과를 보면 다음과 같다.

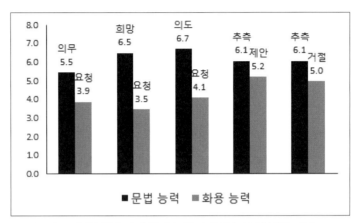

〈그림 1〉 중급 학습자의 문법 능력과 화용 능력의 평균 비교

<그림 1>을 보면, 중급 학습자들의 경우에 모든 표현에서 문법 능력이 화용 능력에 비해 높게 나타났다. 이러한 차이는 $t$-검정 분석 결과 모든 표현에서 유의미한 것으로 나타났다(의무 요청 $t$값=13,798, 희망-요청 $t$값=23.737, 의도-요청 $t$값=20.361, 추측-제안 $t$값=7.145, 추측-거절 $t$값=7.787, 모든 표현 $p$=.001). 이러한 결과는 [의무], [희망], [의도] 및 [추측]의 양태 표현을 습득할 때 문법 능력이 화용 능력보다 먼저 발달한다는 것을 의미한다.

한편, 각 표현별로 문법 능력과 화용 능력 간의 점수 차를 살펴보면, 요청 화행을 실현하는 [의무], [희망], [의도]의 양태 표현들은 문법 능력과 화용 능력의 차이가 각각 1.59점, 3.03점, 2.63점으로 나타났다. [추측] 표현에 대한 문법 능력과 [추측] 표현이 실현하는 제안 화행과 거절 화행에 대한 화용 능력 간의 차이는 비교적 작게 나타났는데 각각 0.86점, 1.08점이었다. 두 능력 간 차이가 가장 작게 나타난 표현은 [추측] 표현에 대한 문법 능력과 [추측] 표현이 실현하는 제안 화행

에 대한 화용 능력의 차이였고, 차이가 가장 크게 나타난 표현은 [희망] 표현에 대한 문법 능력과 [희망] 표현이 실현하는 요청 화행에 대한 화용 능력의 차이였다. 즉, 중급 학습자들은 [희망] 표현에 대한 문법 능력과 [희망] 표현을 사용하는 요청 화행에 대한 화용 능력 사이의 불균형이 심한 것으로 나타났다. 표현별 점수 차에 대하여 일원배치 분산분석을 실시한 결과 문법 능력과 화용 능력 간 점수차는 표현별로 유의미하게 다른 것으로 나타났다($F$값=27.548, $p$=.001). 구체적으로 어느 표현들 사이에서 문법 능력과 화용 능력의 점수 차가 다르게 나타났는지 알아보기 위하여 사후 검정을 실시하였는데 그 결과는 다음과 같다.

〈표 5〉 중급 학습자의 표현별 문법 능력과 화용 능력의 점수 차에 대한
사후 검정 결과 Scheffé

| 양태 의미-화용 기능 | 사례수(N) | 집단군 | |
| --- | --- | --- | --- |
| | | 1 | 2 |
| 추측-제안 | 73 | .8630 | |
| 추측-거절 | 73 | 1.0822 | |
| 의무-요청 | 73 | 1.5890 | |
| 의도-요청 | 73 | | 2.6301 |
| 희망-요청 | 73 | | 3.0274 |
| 유의확률 | | .094 | .663 |

<표 5>를 보면, 중급 학습자의 경우 [추측] 표현에 대한 문법 능력과 화용 능력의 차이와 [의무] 표현에 대한 문법 능력과 화용 능력의 차이가 동일한 정도로 벌어진 것으로 나타났다. 또한 [의도] 표현에 대한 문법 능력과 화용 능력의 차이와 [희망] 표현에 대한 문법 능력과 화용 능력의 차이도 동일한 정도로 벌어진 것으로 나타났다. 문법 능력과 화용 능력 간의 차이가 크게 벌어진 순서대로 살펴보면, 희망-요청,

의도-요청>의무-요청, 추측-거절, 추측-제안으로 나타나 중급 학습자의 경우 [희망] 표현과 [의도] 표현에 대한 문법 능력과 화용 능력이 차이가 크게 벌어진 것을 알 수 있다. 이는 [희망] 표현과 [의도] 표현의 문법 능력과 화용 능력이 균형 있게 발달하지 않았다는 것을 의미한다. 이에 반해, [의무] 표현과 [추측] 표현에 대한 문법 능력과 화용 능력의 차이는 비교적 균형 있게 발달하고 있는 것으로 나타났다.

다음으로 고급 학습자들의 [의무], [희망], [의도] 및 [추측]의 양태 표현에 대한 문법 능력과 양태 표현이 실현하는 화행에 대한 화용 능력의 평균 점수를 비교한 결과를 보면 다음과 같다.

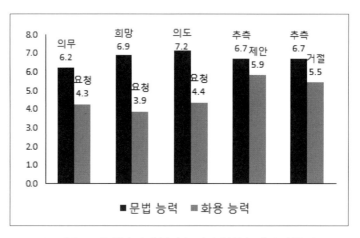

〈그림 2〉 고급 학습자의 문법 능력과 화용 능력의 평균 비교

고급 학습자들의 각 표현별 문법 능력과 화용 능력의 평균을 비교한 결과, <그림 2>에서 알 수 있는 바와 같이 [의무], [희망], [의도] 및 [추측]의 양태 표현에 대한 문법 능력이 화용 능력보다 높게 나타났다. 이러한 차이는 *t*-검정 결과에서는 유의미한 것으로 나타났다(의무-요청 *t*값=10.441, 희망-요청 *t*값=15.052, 의도-요청 *t*값=14.365, 추측-제안 *t*값=4.702, 추측-거절 *t*값=6.413, 모든 표현 *p*=.001). 즉, 고급 학습자들도 중급 학습자들과 마찬가지로 문법 능력과 화용 능력이 동일한

수준으로 발달하고 있는 것이 아니라 문법 능력이 화용 능력보다 먼저 발달하는 것으로 나타났다.

한편, 각 표현의 문법 능력과 화용 능력 간 점수 차를 살펴보면, [의무], [희망], [의도] 표현에 대한 문법 능력과 이 표현들이 실현하는 요청 화행에 대한 화용 능력 간의 차이는 각각 1.97점, 3.02점, 2.82점으로 나타났다. 그리고 [추측] 표현에 대한 문법 능력과 [추측] 표현이 실현하는 제안 화행, 거절 화행에 대한 화용 능력 간의 차이는 각각 .87점, 1.26점으로 나타났다. 고급 학습자들도 가장 작은 차이를 보인 것은 [추측] 표현의 문법 능력과 [추측] 표현이 제안 화행을 실현할 때의 화용 능력이었고, 가장 큰 차이를 보인 것은 [희망] 표현에 대한 문법 능력과 화용 능력이었다. 각 표현의 점수 차이에 대하여 일원배치 분산분석을 실시한 결과, 각 양태 표현들은 각각 문법 능력과 화용 능력 간 차이가 벌어진 정도가 유의미하게 다른 것으로 나타났다($F$값=23.579, $p$=.001). 구체적으로 대상 표현 중 어느 표현의 문법 능력과 화용 능력의 차이가 다르게 나타났는지 알아보기 위하여 사후검정을 실시하였다. 그 결과는 다음과 같다.

〈표 6〉 고급 학습자의 표현별 문법 능력과 화용 능력의 점수 차에 대한
사후 검정 결과 Scheffé

| 양태 의미-화용 기능 | 사례수(N) | 집단군 | | |
|---|---|---|---|---|
| | | 1 | 2 | 3 |
| 추측-제안 | 61 | .8689 | | |
| 추측-거절 | 61 | 1.2623 | 1.2623 | |
| 의무-요청 | 61 | | 1.9672 | |
| 의도-요청 | 61 | | | 2.8197 |
| 희망-요청 | 61 | | | 3.0164 |
| 유의확률 | | .723 | .159 | .972 |

<표 6>에서 알 수 있는 바와 같이, [추측] 표현에 대한 문법 능력과 [추측] 표현이 실현하는 제안 및 거절 화행에 대한 화용 능력의 차이는 동일한 것으로 나타났다. 또한 [추측] 표현에 대한 문법 능력과 [추측] 표현이 실현하는 거절 화행에 대한 화용 능력의 차이와 [의무] 표현에 대한 문법 능력과 화용 능력의 차이도 동일한 것으로 나타났고, [의도] 표현에 대한 문법 능력과 화용 능력의 차이와 [희망] 표현에 대한 문법 능력과 화용 능력의 차이도 동일하게 나타났다. 이 결과를 통해 고급 학습자들도 [의도] 표현 및 [희망] 표현에 대한 문법 능력과 화용 능력의 차이가 크게 벌어지는 것을 알 수 있으며, 이는 [의도] 표현 및 [희망] 표현에 대한 문법 능력 발달과 화용 능력 발달의 불균형을 의미하는 것이다. 반면, 고급 학습자들도 중급 학습자와 마찬가지로 [추측] 표현에 대한 문법 능력과 화용 능력의 차이는 작게 벌어지는 것으로 나타나 비교적 균형 있게 발달했음을 알 수 있다.

지금까지 중급 학습자와 고급 학습자들의 문법 능력과 화용 능력 간의 발달 순서를 살펴보았다. 중급 학습자들과 고급 학습자들 모두 문법 능력이 화용 능력보다 먼저 발달하는 것으로 나타났고, 문법 능력과 화용 능력 간 불균형이 심한 표현도 같은 결과를 보였다. 일반적으로 숙달도가 고급으로 올라갈수록 문법 능력과 화용 능력도 더 발달하고, 두 능력 간 차이도 줄어들어 더 균형 있게 발달할 것이라고 기대하게 된다. 기대처럼 숙달도가 올라갈수록 문법 능력과 화용 능력이 발달하고, 두 능력 간 차이도 줄어드는지 알아보기 위하여 다변량 분산분석MANOVA을 실시하였다.23) 먼저 중급 학습자들과 고급 학습자들의 문법 능력과 화용 능력을 비교한 기술통계 결과를 보면 다음과 같다.

---

23) [의도] 표현을 제외하고는 Wilks의 람다 값의 유의확률이 모두 .05보다 작은 것으로 나타나 숙달도에 따라 문법 능력과 화용 능력이 다른 것으로 나타났다. 그러나 숙달도에 따라 문법 능력과 화용 능력이 모두 차이가 있는 것은 아니었다. 여기에서는 숙달도에 따라 문법 능력과 화용 능력이 유의미한 차이를 보이는지 볼 수 있는 개체 간 효과 검정 결과만 제시하도록 한다.

〈표 7〉 중급과 고급의 문법 능력 및 화용 능력 기술통계 결과

| 의미 기능 | 숙달도 | 사례수(N) | 평균 | 표준편차 |
|---|---|---|---|---|
| 의무 | 중급 | 73 | 5.4658 | 1.27019 |
| | 고급 | 61 | 6.2295 | 1.16037 |
| 요청(의무) | 중급 | 73 | 3.8767 | 1.29040 |
| | 고급 | 61 | 4.2623 | 1.22341 |
| 희망 | 중급 | 73 | 6.4932 | 1.13190 |
| | 고급 | 61 | 6.9016 | .94348 |
| 요청(희망) | 중급 | 73 | 3.4658 | 1.14361 |
| | 고급 | 61 | 3.8852 | 1.19859 |
| 의도 | 중급 | 73 | 6.7260 | 1.34640 |
| | 고급 | 61 | 7.1803 | 1.07251 |
| 요청(의도) | 중급 | 73 | 4.0959 | 1.29276 |
| | 고급 | 61 | 4.3607 | 1.30426 |
| 추측 | 중급 | 73 | 6.0685 | 1.30521 |
| | 고급 | 61 | 6.7213 | .96835 |
| 제안 | 중급 | 73 | 5.2055 | 1.38402 |
| | 고급 | 61 | 5.8525 | 1.10809 |
| 거절 | 중급 | 73 | 4.9863 | 1.77555 |
| | 고급 | 61 | 5.4590 | 1.27245 |

<표 7>을 보면, 모든 표현의 문법 능력과 화용 능력에서 고급 학습자들이 중급 학습자들에 비해 조금씩 더 점수가 높은 것을 알 수 있다. 고급 학습자들이 중급

학습자들에 비해 통계적으로 유의미하게 점수가 높은 것인지 알아보기 위해 다변량 분산분석을 실시하였다. 그 결과는 다음과 같다.

　<표 8>을 보면, 고급 학습자들이 중급 학습자들보다 유의미하게 점수가 높은 항목은 [의무] 표현의 문법 능력, [추측] 표현의 문법 능력, [추측] 표현이 실현하는 제안 화행에 대한 화용 능력뿐이다. 특히 화용 능력에서는 [추측] 표현이 실현하는 제안 화행을 제외하고는 중급 학습자들과 고급 학습자들의 차이가 없는 것으로 나타났다.

〈표 8〉 숙달도에 따른 다변량 분산분석 결과

| | 의미 기능 | 제곱합 | 자유도 | $F$ | 유의확률 |
|---|---|---|---|---|---|
| 숙달도 | 의무 | 16.407 | 1 | 11.538 | .001 |
| | 의무 요청 | 3.988 | 1 | 2.526 | .114 |
| | 희망 | 3.273 | 1 | 3.355 | .069 |
| | 희망 요청 | 5.010 | 1 | 3.681 | .057 |
| | 의도 | 4.128 | 1 | 3.026 | .084 |
| | 의도 요청 | 1.231 | 1 | .771 | .382 |
| | 추측 | 13.522 | 1 | 9.838 | .002 |
| | 추측 제안 | 11.138 | 1 | 7.243 | .008 |
| | 추측 | 13.522 | 1 | 9.838 | .002 |
| | 추측 거절 | 9.251 | 1 | 3.868 | .051 |

　한편, 고급으로 올라갈수록 문법 능력과 화용 능력 사이의 점수 차가 줄어들어 문법 능력과 화용 능력이 균형 있게 발달하는지 살펴보면, [희망] 표현을 제외하고는 오히려 고급 학습자들이 미미하게나마 점수 차가 더 벌어지는 것으로 나타났다

(<그림 1>과 <그림 2> 참조). 그러나 이러한 점수 차이는 *t*-검정 실시 결과 유의확률이 모두 .05이상으로 유의미하지 않는 것으로 나타났다. 즉, 숙달도가 고급으로 올라가더라도 [의무], [희망], [의도] 및 [추측] 표현에 대한 문법 능력과 화용 능력 사이의 점수 차는 줄어들지 않는 것으로 나타나 문법 능력과 화용 능력이 균형 있게 발달하지 못하는 것으로 나타났다. 이러한 것은 숙달도에 따른 문법 능력과 화용 능력 간의 점수 차에 대한 효과크기를 분석한 결과에서도 나타나는데, 숙달도에 따른 점수 차의 효과크기는 표현에 따라[24] -0.257부터 0.007까지로 평균 -0.096로 나타나 효과가 거의 없는 것으로 볼 수 있다.[25]

중급 학습자들의 문법 능력 및 화용 능력과 고급 학습자들의 문법 능력 및 화용 능력을 비교한 결과, 몇몇 표현을 제외하고는 숙달도가 높아져도 문법 능력과 화용 능력이 발달하지 않는 것으로 나타났으며, 특히 화용 능력은 [추측] 표현이 실현하는 제안 화행을 제외하고는 고급으로 올라가도 더 발달하지 않는 것으로 나타났다. 뿐만 아니라 숙달도가 올라가도 문법 능력과 화용 능력이 균형 있게 발달하지 않는 것으로 나타났다.

## 5.2. 모국어에 따른 문법 능력과 화용 능력의 발달 관계

본 연구에서는 모국어에 따른 문법 능력과 화용 능력의 발달 관계를 알아보기 위하여 일본어권 학습자와 중국어권 학습자로 나누어 각 표현들의 문법 능력과 화용 능력의 점수를 비교하였다. 먼저 일본어권 학습자들의 결과를 그래프로 보면 다음과 같다.

---

24) [의무] 표현에 대한 문법 능력과 화용 능력 간 점수 차의 효과크기는 -0.257, [희망] 표현의 효과크기는 0.007, [의도] 표현의 효과크기는 -0.123, [추측] 표현이 제안 화행을 실현할 때의 효과크기는 -0.004, [추측] 표현이 거절 화행을 실현할 때의 효과크기는 -0.104였다.

25) Cohan(1988)에서는 효과크기에 대해 ES=.20이면 작음, ES=.50이면 중간, ES=.80이면 큰 것으로 제시하고 있다(Minium, Clarke, Coladarci, 2006:80).

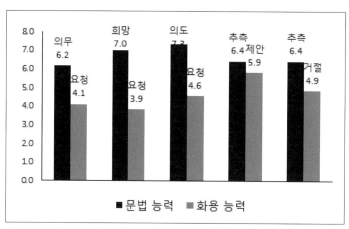

〈그림 3〉 일본어권 학습자의 문법 능력과 화용 능력의 평균 비교

<그림 3>의 그래프를 보면 일본어권 학습자들의 각 표현별 문법 능력과 화용 능력의 평균을 비교한 결과, 각 표현들에 대한 문법 능력이 화용 능력보다 모두 더 높게 나타난 것을 알 수 있다. 그래프에서 알 수 있는 바와 같이 모든 표현에서 절대적인 수치는 문법 능력이 화용 능력보다 높게 나타났다. 이러한 차이는 $t$-검정 결과로도 유의미한 것으로 나타났다(의무-요청 $t$값=10.230, 희망-요청 $t$값=17.899, 의도-요청 $t$값=14.116, 추측-제안 $t$값=5.353, 추측-거절 $t$값=6.425, 모든 표현 $p$=.001). 이는 일본어권 학습자들이 [의무], [희망], [의도] 및 [추측]의 양태 표현을 습득할 때 문법 능력과 화용 능력이 동일한 수준으로 동시에 발달하는 것이 아니라 문법 능력이 화용 능력보다 먼저 발달한다는 것을 보여 주는 것이다.

한편, 각 양태 표현별로 문법 능력과 화용 능력의 점수 차를 살펴보면, 요청 화행을 수행하는 화용 능력과 이를 실현하는 기제로 기능하는 [의무], [희망], [의도] 표현에 대한 문법 능력의 차이는 각각 2.05점, 3.16점, 2.75점으로 나타났다. 또한 [추측] 표현에 대한 문법 능력과 [추측] 표현이 실현하는 제안 화행과 거절 화행에 대한 화용 능력의 차이는 각각 0.86점과 1.56점으로 나타났다. 일본어권 학습자들의 경우 문법 능력과 화용 능력의 차이가 가장 크게 벌어진 표현은 [희망]

표현이었고, 차이가 가장 작게 나타난 것은 [추측] 표현에 대한 문법 능력과 [추측] 표현이 실현하는 제안 화행에 대한 화용 능력이었다. 분산분석를 실시한 결과 문법 능력과 화용 능력의 차이가 표현별로 유의미하게 다른 것으로 나타났고($F$값= 26.156, $p$=.001), 어느 표현들 사이에 차이가 있는 것인지 알아보기 위하여 사후 검정을 실시하였는데 그 결과는 다음과 같다.

〈표 9〉 일본어권 학습자의 표현별 문법 능력과 화용 능력의 점수 차에 대한
사후 검정 결과 Scheffé

| 양태 의미-화용 기능 | 사례수(N) | 집단군 | | | |
|---|---|---|---|---|---|
| | | 1 | 2 | 3 | 4 |
| 추측-제안 | 61 | .5902 | | | |
| 추측-거절 | 61 | | 1.5574 | | |
| 의무-요청 | 61 | | 2.0492 | 2.0492 | |
| 의도-요청 | 61 | | | 2.7541 | 2.7541 |
| 희망-요청 | 61 | | | | 3.1639 |
| 유의확률 | | 1.000 | .545 | .179 | .710 |

<표 9>를 보면, [추측] 표현에 대한 문법 능력과 [추측] 표현이 제안 화행을 실현할 때의 화용 능력 간의 차이는 다른 표현들보다 유의미하게 작게 벌어진 것으로 나타났다. 이 두 능력 간 차이는 위에서 확인한 바와 같이 1점 미만이었다. 반면, [희망] 표현과 [의도] 표현에 대한 문법 능력과 화용 능력의 차이는 [추측] 표현의 문법 능력과 화용 능력의 차이보다 유의미하게 크게 나타나, [희망] 표현과 [의도] 표현의 불균형이 [추측] 표현보다 더 심하다는 것을 확인할 수 있다. [의무] 표현은 [희망] 표현보다는 문법 능력과 화용 능력 간의 차이가 유의미하게 작게

벌어졌고, [추측] 표현이 제안 화행을 실현하는 경우보다는 유의미하게 크게 벌어지는 것으로 나타났다.

이를 통해 일본어권 학습자들은 [의무], [희망], [의도] 및 [추측]의 양태 표현을 습득할 때 문법 능력이 화용 능력보다 먼저 발달하며, 특히, [희망] 표현과 [의도] 표현의 문법 능력과 화용 능력 간 불균형은 다른 표현에 비해 심한 것을 알 수 있다.

다음으로 중국어권 학습자들이 [의무], [희망], [의도] 및 [추측]의 양태 표현을 습득할 때 문법 능력 발달과 화용 능력 발달의 선후 관계는 어떠한 양상을 보이는지 살펴보도록 하겠다. 다음은 각 양태 표현별로 문법 능력과 화용 능력의 점수를 비교한 결과이다.

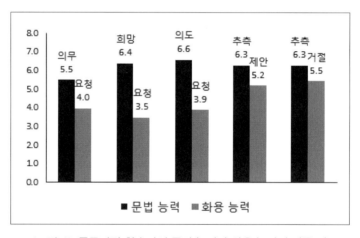

〈그림 4〉 중국어권 학습자의 문법 능력과 화용 능력의 평균 비교

<그림 4>에서 확인할 수 있듯이 중국어권 학습자들의 각 표현별 문법 능력과 화용 능력의 평균을 비교한 결과, 일본어권 학습자들의 결과와 마찬가지로 모든 표현에서 문법 능력이 화용 능력보다 높게 나타났다. $t$-검정 결과(의무 요청 $t$값=9.515, 희망-요청 $t$값=16.038, 의도-요청 $t$값=14,600, 추측-제안 $t$값=6,480, 추측-거절 $t$값=4,702, 모든 표현 $p$=.001)), 이러한 차이는 유의미한 것으로 나타났다. 이를 통해

중국어권 학습자들이 양태 표현을 습득할 때 문법 능력과 화용 능력이 같은 수준으로 발달하지 않고, 문법 능력이 화용 능력보다 먼저 발달한다는 것을 알 수 있다.

한편, 각 표현별 점수 차이를 살펴보면, [의무], [희망], [의도]의 양태 표현에 대한 문법 능력과 이 표현들이 수행하는 요청 화행에 대한 화용 능력의 차이는 각각 1.52점, 2.90점, 2.69점으로 나타났다. [추측] 표현에 대한 문법 능력과 [추측] 표현이 실현하는 제안 화행, 거절 화행에 대한 화용 능력의 차이는 각각 1.1점과 .84점으로 나타났다. 중국어권 학습자들도 차이가 가장 크게 벌어진 표현은 [희망] 표현이었다. 그러나 차이가 가장 작게 벌어진 표현은 일본어권 학습자들과 달리 [추측] 표현에 대한 문법 능력과 [추측] 표현이 실현하는 거절 화행에 대한 화용 능력의 차이였다. 일원배치 분산분석을 실시한 결과, $F$값이 28.767, 유의확률이 .001로 각 표현들 간의 점수 차는 서로 다른 것으로 나타났다. 위 결과는 각 표현들의 점수 차가 벌어진 정도가 서로 다르다는 것만 나타낼 뿐 어느 표현들 사이에 차이가 있는 것인지는 알 수 없으므로 이를 알아보기 위하여 사후 검정을 실시하였다. 그 결과는 다음과 같다.

〈표 10〉 중국어권 학습자의 표현별 문법 능력과 화용 능력의 점수 차에 대한
사후 검정 결과 Scheffé

| 양태 의미-화용 기능 | 사례수(N) | 집단군 | |
|---|---|---|---|
| | | 1 | 2 |
| 추측-제안 | 73 | .8356 | |
| 추측-거절 | 73 | 1.0959 | |
| 의무-요청 | 73 | 1.5205 | |
| 의도-요청 | 73 | | 2.6849 |
| 희망-요청 | 73 | | 2.9041 |
| 유의확률 | | .106 | .940 |

<표 10>을 보면, [추측] 표현에 대한 문법 능력과 화용 능력의 차이와 [의무] 표현에 대한 문법 능력과 화용 능력의 차이는 서로 다르지 않은 것으로 나타났고, [희망] 표현과 [의도] 표현에 대한 문법 능력과 화용 능력에 대한 차이도 서로 다르지 않은 것으로 나타났다. 그러나 [희망] 표현과 [의도] 표현의 문법 능력과 화용 능력 간의 차이는 [의무] 표현과 [추측] 표현의 문법 능력과 화용 능력 간의 차이보다 유의미하게 크게 벌어지는 것으로 나타났다. 문법 능력과 화용 능력 간의 차이가 크게 벌어진 순서대로 살펴보면, 희망-요청, 의도-요청>의무-요청, 추측-거절, 추측-제안의 순서이다. 이는 [희망] 표현과 [의도] 표현의 문법 능력과 화용 능력 간 불균형이 다른 두 표현보다 더 심하다는 것을 의미한다.

중국어권 학습자들의 문법 능력과 화용 능력의 발달 순서에 대해 분석한 결과, 문법 능력이 화용 능력보다 유의미한 차이를 보이며 먼저 발달한다는 것을 알 수 있었다. 또한 [희망] 표현과 [의도] 표현에 대한 문법 능력과 화용 능력은 다른 표현들보다 더 불균형이 심한 것으로 나타났다.

지금까지 일본어권 학습자와 중국어권 학습자의 문법 능력과 화용 능력 간의 발달 순서를 각각 살펴보았다. 분석 결과, 학습자의 모국어에 상관없이 문법 능력이 먼저 발달하고, 차이가 크게 벌어지는 표현도 유사하게 나타났다. 그러나 모국어에 따라 문법 능력과 화용 능력에 차이가 나타나는지 살펴보면, 일본어권 학습자와 중국어권 학습자의 각 표현별 문법 능력과 화용 능력이 다르다는 것을 알 수 있다. 다음의 <표 11>은 두 언어권 간 문법 능력과 화용 능력에 대한 기술통계 결과이다. <표 11>을 보면 절대적 수치만을 비교했을 때, 거절 화행을 제외하고는 모두 일본어권 학습자들이 중국어권 학습자들에 비해 점수가 높게 나타났다. 거절 화행은 중국어권 학습자가 일본어권 학습자에 비해 높게 나타났다.

〈표 11〉 일본어권과 중국어권의 문법 능력 및 화용 능력 기술통계 결과

| 의미 기능 | 모국어 | 사례수(N) | 평균 | 표준편차 |
|---|---|---|---|---|
| 의무 | 일본어권 | 61 | 6.1803 | 1.21803 |
| | 중국어권 | 73 | 5.5068 | 1.24859 |
| 요청(의무) | 일본어권 | 61 | 4.1311 | 1.11767 |
| | 중국어권 | 73 | 3.9863 | 1.38938 |
| 희망 | 일본어권 | 61 | 7.0164 | .80606 |
| | 중국어권 | 73 | 6.3973 | 1.17544 |
| 요청(희망) | 일본어권 | 61 | 3.8525 | 1.07759 |
| | 중국어권 | 73 | 3.4932 | 1.24859 |
| 의도 | 일본어권 | 61 | 7.3443 | .77212 |
| | 중국어권 | 73 | 6.5890 | 1.45139 |
| 요청(의도) | 일본어권 | 61 | 4.5902 | 1.34632 |
| | 중국어권 | 73 | 3.9041 | 1.18045 |
| 추측 | 일본어권 | 61 | 6.4426 | 1.16225 |
| | 중국어권 | 73 | 6.3014 | 1.24371 |
| 제안 | 일본어권 | 61 | 5.8525 | .94580 |
| | 중국어권 | 73 | 5.2055 | 1.48098 |
| 거절 | 일본어권 | 61 | 4.8852 | 1.62376 |
| | 중국어권 | 73 | 5.4658 | 1.50076 |

일본어권 학습자들이 중국어권 학습자들에 비해 문법 능력과 화용 능력의 점수가 유의미하게 높은 것인지 알아보기 위하여 다변량 분산분석을 실시하였다.[26]

그 결과는 다음과 같다.

〈표 12〉 모국어에 따른 다변량 분산분석 결과

|  | 의미 기능 | 제곱합 | 자유도 | $F$ | 유의확률 |
|---|---|---|---|---|---|
| 모국어 | 의무 | 12.099 | 1 | 8.509 | .004 |
|  | 의무 요청 | .222 | 1 | .141 | .708 |
|  | 희망 | 9.886 | 1 | 10.134 | .002 |
|  | 희망 요청 | 3.447 | 1 | 2.533 | .114 |
|  | 의도 | 15.516 | 1 | 11.373 | .001 |
|  | 의도 요청 | 14.285 | 1 | 8.948 | .003 |
|  | 추측 | .189 | 1 | .138 | .711 |
|  | 추측 제안 | 11.138 | 1 | 7.243 | .008 |
|  | 추측 | .189 | 1 | .138 | .711 |
|  | 추측 거절 | 13.205 | 1 | 5.521 | .020 |

<표 12>를 보면, 문법 능력에서는 [의무] 표현, [희망] 표현, [의도] 표현에서 일본어권 학습자들이 중국어권 학습자들보다 유의미하게 점수가 높은 것으로 나타났고, 화용 능력에서는 [의도] 표현이 실현하는 요청 화행에 대한 화용 능력, [추측] 표현이 실현하는 제안 화행에 대한 화용 능력이 일본어권 학습자들이 중국어권 학습자들보다 유의미하게 높은 것으로 나타났다. 그러나 [추측] 표현이 실현하는 거절 화행에 대한 화용 능력은 중국어권 학습자들이 일본어권 학습자들보다

---

26) 다변량 분산분석 결과, 모든 표현에서 Wilks의 람다 값의 유의확률이 모두 .05보다 작은 것으로 나타나 모국어에 따라 문법 능력과 화용 능력이 다른 것으로 나타났다. 그러나 모국어에 따라 문법 능력과 화용 능력이 모두 차이가 있는 것은 아니었다. 여기에서는 모국어에 따라 문법 능력과 화용 능력이 유의미한 차이를 보이는지 볼 수 있는 개체 간 효과 검정 결과만 제시하도록 한다.

유의미하게 높게 나타났다. 문법 능력은 [추측] 표현을 제외하고 모두 일본어권 학습자들이 높게 나타났으나, 화용 능력은 [의도] 표현이 실현하는 요청 화행, [추측] 표현이 실현하는 제안 화행에 대해서만 높게 나타났다.

한편, 일본어권 학습자들과 중국어권 학습자들의 점수 차를 비교해 보면, [추측] 표현에 대한 문법 능력과 [추측] 표현이 제안 화행을 실현하는 경우에 대한 화용 능력의 차이를 제외하고는 모두 일본어권 학습자들의 점수 차가 조금씩 더 크게 벌어져 있는 것을 알 수 있다(<그림 3>과 <그림 4> 참조). 일본어권 학습자의 문법 능력과 화용 능력 간 차이가 더 큰 것은 절대적 수치에 기댄 결과이므로 두 언어권 간 차이가 유의미하게 다른 것인지 살펴볼 필요가 있다. 이를 알아보기 위해 *t*-검정을 실시하였는데, 그 결과는 다음과 같다.

〈표 13〉 일본어권과 중국어권의 점수 차이 비교 결과

| 양태 의미-화용 기능 | 평균 차 | *t* | 자유도 | 유의확률(양쪽) |
|---|---|---|---|---|
| 의무-요청 | .52863 | 2.088 | 132 | .039 |
| 희망-요청 | .25982 | 1.016 | 132 | .311 |
| 의도-요청 | .06917 | .257 | 132 | .797 |
| 추측-제안 | -.50573 | -2.105 | 132 | .037 |
| 추측-거절 | .72176 | 2.449 | 132 | .016 |

<표 13>을 통해 문법 능력과 화용 능력의 점수 차이에 대하여 일본어권 학습자들의 결과와 중국어권 학습자들의 결과를 분석해 보면, [희망] 표현과 [의도] 표현은 두 언어권 간에 유의미한 차이가 없는 것으로 나타났다($p$>.05). [희망] 표현과 [의도] 표현은 일본어권 학습자들과 중국어권 학습자들 모두 차이가 크게 벌어진 것으로 나타난 표현들인데, 이 표현들은 학습자의 모국어에 상관없이 문법 능력과

화용 능력의 불균형이 심하다는 것을 위 결과를 통해 확인할 수 있다. 이에 반해, [의무] 표현과 [추측] 표현의 문법 능력과 화용 능력 간 차이는 두 언어권 학습자들이 유의미하게 다른 것으로 나타났다($p<.05$). 구체적으로 살펴보면, [의무] 표현에 대한 문법 능력과 [의무] 표현이 실현하는 요청 화행에 대한 화용 능력 간의 차이와 [추측] 표현에 대한 문법 능력과 [추측] 표현이 거절 화행을 실현하는 경우에 대한 화용 능력 간의 차이는 일본어권 학습자들이 중국어권 학습자들에 비해 더 크게 벌어진 것으로 나타났다. 이와는 반대로 [추측] 표현에 대한 문법 능력과 [추측] 표현이 제안 화행을 실현하는 경우에 대한 화용 능력 간의 차이는 중국어권 학습자들이 일본어권 학습자들보다 더 크게 벌어졌다. 이러한 점은 모국어에 따른 문법 능력과 화용 능력의 점수 차에 대한 효과크기에서도 알 수 있다. 모국어에 따른 점수 차의 효과크기가 표현에 따라 -0.165부터 0.424까지로 나타났고, 평균 효과크기는 0.168로 나타나 거의 효과가 없는 것으로 볼 수 있다. 그러나 [의무] 표현에 대한 효과크기는 0.362, [추측] 표현이 거절 화행을 실현하는 경우에 대한 효과크기는 0.424로, 다른 표현들에 비해 상대적으로 모국어에 의한 효과가 있는 것으로 나타났다.[27]

　　일본어권 학습자들과 중국어권 학습자들의 결과를 비교한 결과, 일본어권 학습자들이 중국어권 학습자들에 비해 [추측] 표현을 제외한 다른 표현들에서 문법 능력이 높게 나타났고, 화용 능력은 [의도] 표현과 [추측] 표현에서만 높게 나타났다. 또한 일본어권 학습자들이 중국어권 학습자들에 비해 문법 능력과 화용 능력 간의 불균형이 조금 더 심하다는 것을 알 수 있다.

---

27) 두 표현 외에, [희망] 표현의 효과크기는 0.176, [의도] 표현의 효과크기는 0.045, [추측] 표현이 제안 화행을 실현할 때의 효과크기는 -0.165였다.

## 5.3. 숙달도와 모국어의 상호작용에 의한 문법 능력과 화용 능력의 발달 관계

앞에서는 학습자의 숙달도와 모국어를 별개의 변인으로 다루어 문법 능력과 화용 능력 간의 발달 순서를 살펴보았다. 이는 학습자의 숙달도와 모국어에 의한 주효과를 알아보기 위한 것이었다. 그런데 이 두 변인은 상호작용을 일으키며 문법 능력과 화용 능력에 영향을 줄 수 있다. 따라서 이 절에서는 숙달도와 모국어를 교차하여 살펴보도록 하겠다. 즉, 중급 일본어권 학습자, 중급 중국어권 학습자, 고급 일본어권 학습자 및 고급 중국어권 학습자로 나누어 분석하도록 한다. 여기에서는 각 집단별로 문법 능력과 화용 능력 간의 차이가 크게 나타나는 항목은 무엇인지, 또 각 표현별로 차이가 크게 나타나는 집단은 어느 집단인지를 중심으로 살펴보도록 하겠다.

먼저 중급 일본어권 학습자들은 문법 능력과 화용 능력 간의 발달 순서가 어떠한 양상을 보이는지 알아보기 위해 우선 중급 일본어권 학습자들의 문법 능력과 화용 능력의 평균 점수를 비교해 보았다.

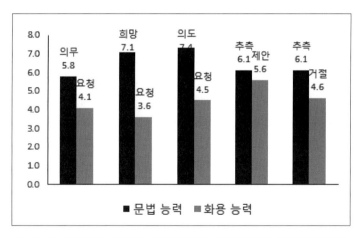

〈그림 5〉 중급 일본어권 학습자의 문법 능력과 화용 능력의 평균 비교

<그림 5>를 보면, 중급 일본어권 학습자들의 경우 문법 능력이 화용 능력보다 모두 높게 나타난 것을 알 수 있다. $t$-검정 결과(의무-요청 $t$값=6.649, $p$=.001, 희망-요청 $t$값=18.228, $p$=.001, 의도-요청 $t$값=10.433, $p$=.001, 추측-제안 $t$값=2.151, $p$=.040, 추측-거절 $t$값=3.693, $p$=.001), 이러한 차이는 유의미한 것으로 나타났다.

각 표현별 문법 능력과 화용 능력의 점수 차를 보면, [희망] 표현의 문법 능력과 화용 능력 간 점수 차가 3.47점으로 가장 크게 나타났고, 그 다음은 [의도] 표현 (2.83), [의무] 표현(1.67), [추측] 표현이 거절 화행을 실현하는 경우(1.50) 순이었다. [추측] 표현에 대한 문법 능력과 [추측] 표현이 거절 화행을 실현하는 경우의 점수 차는 .53으로 가장 작게 나타났다. 분산분석 결과도 $F$값이 16.778, 유의확률이 .001로 중급 일본어권 학습자들의 문법 능력과 화용 능력의 차이는 표현별로 유의미하게 다르다는 것을 알 수 있다. 양태 표현의 문법 능력과 화용 능력 간의 점수 차가 서로 다르다면, 어떤 표현들 사이에서 점수 차가 다르게 벌어진 것으로 나타났는지 알아볼 필요가 있기 때문에 사후 검정을 실시하였다. 그 결과는 <표 14>와 같다.

〈표 14〉 중급 일본어권 학습자의 표현별 문법 능력과 화용 능력의 점수 차에 대한 사후 검정 결과 Scheffé

| 양태 의미-화용 기능 | 사례수(N) | 집단군 | | |
|---|---|---|---|---|
| | | 1 | 2 | 3 |
| 추측-제안 | 30 | .5333 | | |
| 추측-거절 | 30 | 1.5000 | | |
| 의무-요청 | 30 | 1.6667 | 1.6667 | |
| 의도-요청 | 30 | | 2.8333 | 2.8333 |
| 희망-요청 | 30 | | | 3.4667 |
| 유의확률 | | .096 | .080 | .643 |

<표 14>의 사후 검정 결과를 보면, [희망] 표현과 [의도] 표현은 서로 유의미한 차이가 없는 것으로 나타났고, [추측] 표현의 제안 화행과 거절 화행도 서로 유의미한 차이가 없는 것으로 나타났다. [의무] 표현의 문법 능력과 화용 능력 간 차이는 [희망] 표현의 능력 간 차이와는 유의미하게 다른 것으로 나타났으나, [의도] 표현, [추측] 표현과는 유의미한 차이가 없는 것으로 나타났다. 이 결과를 정리해 보면, [희망] 표현의 문법 능력과 화용 능력의 차이가 [의무], [추측] 표현의 문법 능력과 화용 능력 간 차이에 비해 유의미하게 크게 벌어진 것을 알 수 있다.

중급 일본어권 학습자들의 자료를 분석한 결과, 중급 일본어권 학습자들도 문법 능력이 화용 능력보다 먼저 발달하고, 그 차이가 모든 표현에서 유의미하게 나타나 문법 능력과 화용 능력이 균등하게 발달하지 않는 것으로 나타났다. 특히, [희망] 표현은 다른 표현들에 비해 문법 능력과 화용 능력의 불균형이 심한 것으로 나타났으며, 이는 모국어별, 숙달도별로 따로 분석했던 결과와 일치하는 것이다.

다음으로 중급 중국어권 학습자들의 문법 능력 발달과 화용 능력 발달의 선후 관계가 어떠한 양상으로 나타나는지 살펴보도록 하겠다. 먼저 문법 능력과 화용 능력의 평균 점수를 비교해 보면 다음과 같다.

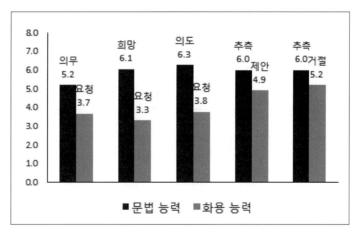

〈그림 6〉 중급 중국어권 학습자의 문법 능력과 화용 능력의 평균 비교

<그림 6>을 보면, 중급 중국어권 학습자들도 역시 문법 능력이 화용 능력보다 높게 나타나는 것을 알 수 있다. t-검정 결과(의무-요청 $t$값=6.500, $p$=.001, 희망-요청 $t$값=11.526, $p$=.001, 의도-요청 $t$값=10.141, $p$=.001, 추측-제안 $t$값=5.272, $p$=.040, 추측-거절 $t$값=3.693, $p$=.002), 이러한 차이는 유의미한 것으로 나타났다. 이는 문법 능력이 화용 능력보다 먼저 발달한다는 것을 의미한다.

한편, 각 표현별 문법 능력과 화용 능력 간 점수 차를 살펴보면, 중급 중국어권 학습자들의 결과에서도 가장 큰 점수 차가 벌어진 것은 [희망] 표현으로 문법 능력과 화용 능력 간 차이가 2.72점으로 나타났고, 그 다음은 [의도] 표현으로 2.49점 벌어지는 것으로 나타났다. 그 다음으로는 [의무] 표현이 1.54점 벌어졌고, [추측] 표현에 대한 문법 능력과 제안 화행에 대한 화용 능력을 비교한 결과는 1.09점 벌어지는 것으로 나타났다. 가장 작은 점수 차를 보인 것은 [추측] 표현에 대한 문법 능력과 [추측] 표현이 실현하는 거절 화행에 대한 화용 능력의 차이로 .79점 차이가 벌어지는 것으로 나타났다. 중급 중국어권 학습자도 중급 일본어권 학습자들과 마찬가지로 [희망] 표현이 가장 크게 점수 차가 벌어지는 것으로 나타났다. 이에 대한 분산분석 결과, $F$값이 13.260, 유의확률이 .001로 각 표현별로 점수 차는 서로 다른 것으로 나타났다. 구체적으로 어느 표현들 사이에 점수 차가 다른 것으로 나타났는지 알아보기 위하여 사후 검정을 실시하였는데, 그 결과는 다음과 같다.

〈표 15〉 중급 중국어권 학습자의 표현별 문법 능력과 화용 능력의 점수 차에 대한 사후 검정 결과 Scheffé

| 양태 의미-화용 기능 | 사례수(N) | 집단군 | | |
|---|---|---|---|---|
| | | 1 | 2 | 3 |
| 추측-제안 | 43 | .7907 | | |
| 추측-거절 | 43 | 1.0930 | | |
| 의무-요청 | 43 | 1.5349 | 1.5349 | |

| 의도-요청 | 43 | | 2.4884 | 2.4884 |
|---|---|---|---|---|
| 희망-요청 | 43 | | | 2.7209 |
| 유의확률 | | .281 | .083 | .974 |

　<표 15>에서 알 수 있는 바와 같이, [희망] 표현과 [의도] 표현의 문법 능력과 화용 능력의 차이는 동일한 정도로 벌어진 것으로 나타났고, [의무] 표현과 [추측] 표현의 제안 화행, 거절 화행에 대한 문법 능력과 화용 능력의 점수 차도 서로 유의미한 차이가 없는 것으로 나타났다. 그러나 [희망] 표현은 [의무] 표현, [추측] 표현에 비하여 문법 능력과 화용 능력 간 점수 차가 유의미하게 큰 것으로 나타났고, [의도] 표현도 [추측] 표현에 비해 유의미하게 점수 차가 큰 것으로 나타났다. 중급 중국어권 학습자들의 결과를 보면, 문법 능력과 화용 능력의 차이가 벌어진 정도에 따른 각 표현들의 순서는 중급 일본어권 학습자들의 결과와 같은 양상이다. 중급 일본어권 학습자들의 경우 [추측] 표현에 대한 문법 능력과 [추측] 표현이 실현하는 제안 화행에 대한 화용 능력이 차이가 가장 작은 것으로 나타났고, 중급 중국어권 학습자들은 [추측] 표현에 대한 문법 능력과 [추측] 표현이 실현하는 거절 화행에 대한 화용 능력 간의 점수 차가 가장 작은 것으로 나타났다. 그러나 두 언어권 자료 모두에서 [추측] 표현의 문법 능력과 제안 화행에 대한 화용 능력의 차이, [추측] 표현의 문법 능력과 거절 화행에 대한 화용 능력의 차이가 유의미하게 다르지 않은 것으로 나타나 결과적으로는 중급 일본어권 학습자들의 결과와 중급 중국어권 학습자들의 결과가 동일하다고 할 수 있다.

　중급 중국어권 학습자들의 문법 능력과 화용 능력 간 발달 순서를 분석한 결과, 중급 중국어권 학습자들도 문법 능력이 화용 능력보다 먼저 발달하는 것으로 나타났으며, 두 능력 간 차이도 유의미하게 나타나 서로 균형 있게 발달하지는 않는 것으로 나타났다. 또한 문법 능력과 화용 능력의 점수 차는 [희망] 표현에서 크게 벌어지는 것으로 나타나 [희망] 표현의 불균형이 특히 심한 것을 알 수 있었다.

중급 중국어권 학습자들의 결과는 중급 일본어권 학습자들의 결과와 동일하게 나타났다. 따라서 문법 능력과 화용 능력 간 발달 순서와 표현별 불균형 정도에는 모국어 변인이 영향을 미치지 않는 것으로 나타났다. 다만, 점수 차의 폭에 대해서는 서로 다를 수 있는데, 이는 뒤에서 분석하도록 한다.

세 번째로 고급 일본어권 학습자들을 대상으로 문법 능력 발달과 화용 능력 발달의 선후 관계에 대해 살펴보도록 하겠다. 우선 고급 일본어권 학습자들의 [의무], [희망], [의도] 및 [추측] 표현에 대한 문법 능력과 화용 능력의 평균 점수를 비교하였다. 그 결과는 다음과 같다.

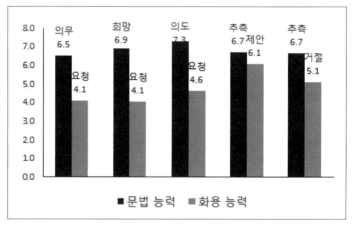

〈그림 7〉 고급 일본어권 학습자의 문법 능력과 화용 능력의 평균 비교

<그림 7>의 그래프에서 알 수 있는 바와 같이 고급 일본어권 학습자들의 경우 각 양태 표현에서 모두 문법 능력이 화용 능력에 비해 높게 나타났다. $t$-검정 결과 (의무-요청 $t$값=8.072, $p$=.001, 희망-요청 $t$값=9.946, $p$=.001, 의도-요청 $t$값=9.442, $p$=.001, 추측-제안 $t$값=2.808, $p$=.009, 추측-거절 $t$값=5.823, $p$=.001) 각 표현들에서 모두 유의미하게 문법 능력이 화용 능력보다 높은 것으로 나타났으며, 이를 통해 문법 능력이 화용 능력보다 먼저 발달한다는 것을 알 수 있다.

각 표현별로 점수 차를 살펴보면, 고급 일본어권 학습자들도 점수 차가 가장 크게 벌어진 것은 [희망] 표현이었고(2.87), 점수 차가 가장 작게 벌어진 경우는 [추측] 표현에 대한 문법 능력과 [추측] 표현이 실현하는 제안 화행에 대한 화용 능력 간의 차이였다(.65). [희망] 표현 다음으로는 [의도] 표현의 점수 차가 크게 벌어지는 것으로 나타났고(2.68), 그 다음은 [의무] 표현(2.42), [추측] 표현이 거절 화행을 실현하는 경우(1.61)가 뒤를 이었다. 위에서 검토한 바와 같이 각 표현들의 점수 차가 다른 것으로 나타났는데, 표현들 간의 차이가 서로 유의미하게 다른 것인지 알아보기 위해 분산분석을 실시한 결과 $F$값이 10.992, 유의확률이 .001로 나타나 각 표현별 점수 차들은 유의미하게 다른 것으로 나타났다. 위의 결과는 문법 능력과 화용 능력 간의 점수 차가 양태 표현별로 다르게 나타난다는 것을 보여 주는 것뿐이므로, 어느 표현 사이에서 유의미한 차이가 나타나는지 알아보기 위해 사후 검정을 실시하였다. 그 결과는 다음과 같다.

〈표 16〉 고급 일본어권 학습자의 표현별 문법 능력과 화용 능력의 점수 차에 대한 사후 검정 결과 Scheffé

| 양태 의미-화용 기능 | 사례수(N) | 집단군 | | |
|---|---|---|---|---|
| | | 1 | 2 | 3 |
| 추측-제안 | 31 | .6452 | | |
| 추측-거절 | 31 | 1.6129 | 1.6129 | |
| 의무-요청 | 31 | | 2.4194 | 2.4194 |
| 의도-요청 | 31 | | 2.6774 | 2.6774 |
| 희망-요청 | 31 | | | 2.8710 |
| 유의확률 | | .197 | .122 | .856 |

<표 16>을 보면, [희망] 표현은 [의무] 표현, [의도] 표현과 문법 능력과 화용 능력의 점수 차가 동일한 정도로 벌어진 것으로 나타났고, [의무] 표현, [의도] 표

현, [추측] 표현이 거절 화행을 실현하는 경우도 두 능력 간 점수 차가 유사한 것으로 나타났다. 그러나 [추측] 표현에 대한 문법 능력과 [추측] 표현이 실현하는 제안 화행에 대한 화용 능력의 차이는 다른 표현들에 비해 유의미하게 작은 것으로 나타났다. 이 결과를 정리하면, [희망] 표현은 [추측] 표현에 비하여 문법 능력과 화용 능력의 차가 크게 벌어진 것을 알 수 있으며, [추측] 표현에 대한 문법 능력과 [추측] 표현이 실현하는 제안 화행에 대한 화용 능력 간의 차이는 [의무], [희망], [의도] 표현에 비하여 유의미하게 작게 벌어진 것을 알 수 있다.

고급 일본어권 학습자들의 자료를 분석한 결과, 문법 능력이 화용 능력보다 먼저 발달하는 것으로 나타났고, 각 표현별로 모두 문법 능력이 화용 능력보다 유의미하게 높은 것으로 나타났다. 또한 [추측] 표현에 대한 문법 능력과 [추측] 표현이 실현하는 제안 화행에 대한 화용 능력은 불균형이 가장 미약한 것으로 나타나 문법 능력과 화용 능력이 거의 동등한 수준으로 발달한 것을 알 수 있다.

마지막으로 고급 중국어권 학습자들의 문법 능력 발달과 화용 능력 발달의 선후 관계에 대하여 살펴보도록 하겠다. 먼저 각 표현의 문법 능력과 화용 능력의 평균 점수를 비교해 보면 다음과 같다.

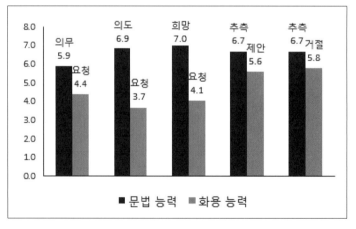

〈그림 8〉 고급 중국어권 학습자의 문법 능력과 화용 능력의 평균 비교

<그림 8>을 보면, 각 표현에서 문법 능력이 화용 능력보다 높게 나타난 것을 알 수 있다. 이 차이가 유의미한 것인지 알아보기 위해 *t*-검정을 실시하였는데(의무 요청 *t*값=7.644, *p*=.001, 희망-요청 *t*값=11.313, *p*=.001, 의도-요청 *t*값=10.856, *p*=.001, 추측-제안 *t*값=3.805, *p*=.009, 추측-거절 *t*값=3.352, *p*=.002) 그 결과 각 표현에서 모두 유의미한 차이로 문법 능력이 화용 능력보다 높게 나타났다. 이는 문법 능력이 화용 능력보다 먼저 발달한다는 것을 의미한다.

한편, 각 표현이 점수 차를 보면, 가장 큰 차이가 난 것은 역시 [희망] 표현으로 3.17점 차이를 보였고, 그 다음은 [의도] 표현으로 2.97점 차이를 보였다. 그 다음은 [의무] 표현으로 1.50점 차이가 났고, [추측] 표현에 문법 능력과 [추측] 표현이 제안 화행을 실현할 때의 화용 능력 간의 차이가 1.10으로 그 다음을 이었다. 문법 능력과 화용 능력 간 차이가 가장 작게 나타난 것은 [추측] 표현에 대한 문법 능력과 [추측] 표현이 거절 화행을 실현할 때의 화용 능력 간의 차이로 0.9점 차이가 나타났다. 분산분석 결과(*F*=16.342, *p*=.001) 각 표현의 점수 차는 유의미하게 다른 것으로 나타났다. 어느 표현 사이에서 차이가 나타났는지 살펴보기 위하여 사후 검정을 실시하였는데 그 결과는 다음의 <표 17>과 같다.

〈표 17〉 고급 중국어권 학습자의 표현별 문법 능력과 화용 능력의 점수 차에 대한 사후 검정 결과 Scheffé

| 양태 의미-화용 기능 | 사례수(N) | 집단군 | |
|---|---|---|---|
| | | 1 | 2 |
| 추측-제안 | 30 | .9000 | |
| 추측-거절 | 30 | 1.1000 | |
| 의무-요청 | 30 | 1.5000 | |
| 의도-요청 | 30 | | 2.9667 |
| 희망-요청 | 30 | | 3.1667 |
| 유의확률 | | .629 | .990 |

<표 17>을 보면, [의무] 표현과 [추측] 표현이 제안 화행을 실현하는 경우, 거절 화행을 실현하는 경우는 문법 능력과 화용 능력 간의 점수 차가 동일한 정도로 벌어진 것으로 나타났고, [희망] 표현과 [의도] 표현도 문법 능력과 화용 능력 간 점수 차가 서로 유의미한 차이가 나지 않는 것으로 나타났다. 점수 차가 벌어진 정도의 순서대로 살펴보면, 희망-요청, 의도-요청>의무-요청, 추측-거절, 추측-제안의 순이었다. 이를 통해, 고급 중국어권 학습자의 경우 [희망] 표현과 [의도] 표현이 [의무] 표현과 [추측] 표현보다 더 불균형이 심하다는 것을 유추해 볼 수 있다.

고급 중국어권 학습자들의 문법 능력과 화용 능력 간의 발달 순서를 분석한 결과 문법 능력이 화용 능력보다 먼저 발달하는 것으로 나타났다. 특히, [희망] 표현과 [의도] 표현은 문법 능력과 화용 능력 간 차이가 크게 나타나 불균형이 심한 것으로 나타났다.

지금까지 중급 일본어권 학습자, 중급 중국어권 학습자, 고급 일본어권 학습자, 고급 중국어권 학습자로 나누어 문법 능력과 화용 능력 간의 발달 순서를 살펴보았다. 이는 학습자의 숙달도와 모국어의 상호작용에 따라 문법 능력과 화용 능력 간의 발달 순서가 어떻게 달라지는지 알아보기 위한 것이었다. 분석 결과, 모든 집단에서 문법 능력이 화용 능력보다 먼저 발달하는 것으로 나타났고, [희망] 표현의 문법 능력과 화용 능력 간 차이가 가장 크게 벌어지는 것으로 나타났다.

각 표현별로 집단 간 차이를 보면,[28) [의무] 표현의 문법 능력과 화용 능력 간 차이는 고급 일본어권 학습자들이 가장 크게 나타났고, 그 다음은 중급 일본어권 학습자, 중급 중국어권 학습자, 고급 중국어권 학습자 순이었다. [희망] 표현은 중급 일본어권 학습자들이 가장 큰 차이가 벌어졌고, 그 다음은 고급 중국어권 학습자, 고급 일본어권 학습자, 중급 중국어권 학습자 순으로 나타났다. [의

---

28) 다변량 분산분석 결과, 문법 능력과 화용 능력에 대하여 숙달도와 모국어의 상호작용 효과는 [희망] 표현의 화용 능력에서만 나타났다. 따라서 문법 능력과 화용 능력 각각에 대한 집단별 차이는 분석하지 않는다.

도] 표현은 고급 중국어권 학습자들이 가장 큰 점수 차가 벌어지는 것으로 나타났고, 그 다음은 중급 일본어권 학습자, 고급 일본어권 학습자 순으로 나타났으며, 중급 중국어권 학습자들의 점수 차가 가장 작게 나타났다. [추측] 표현에 대한 문법 능력과 제안 화행에 대한 화용 능력의 차이는 전반적으로 모두 작게 나타났는데, 그중 고급 중국어권 학습자가 가장 크게 나타났고 그 다음은 중급 중국어권 학습자, 고급 일본어권 학습자, 중급 일본어권 학습자 순으로 나타났다. 마지막으로 [추측] 표현이 거절 화행을 실현하는 경우의 문법 능력과 화용 능력 간 차이는 고급 일본어권 학습자가 가장 크게 나타났고, 그 다음으로 중급 일본어권 학습자, 고급 중국어권 학습자, 중급 중국어권 학습자 순으로 나타났다. 각 표현별로 살펴본 집단 간 차이가 통계적으로 유의미한 것인지 알아보기 위하여 분산분석을 실시한 결과, [의무] 표현을 제외하고는 모두 유의확률이 .05보다 크게 나타나 점수 차에 대한 집단 간 차이가 유의미하지 않은 것으로 나타났다(의무·요청 $F$값=2.855, $p$=.040, 희망-요청 $F$값=3.721, $p$=.162, 의도-요청 $F$값=1.524, $p$=.595, 추측-제안 $F$값=2.897, $p$=.221, 추측-거절 $F$값=5.906, $p$=.115). 이는 [희망] 표현, [의도] 표현, [추측] 표현의 문법 능력과 화용 능력의 차이는 중급 일본어권 학습자, 중급 중국어권 학습자, 고급 일본어권 학습자, 고급 중국어권 학습자가 모두 유사한 정도로 벌어져 있다는 것을 의미한다. [의무] 표현은 유의확률이 .05보다 작게 나타나 집단 간 차이가 있다는 결과가 나왔으므로 사후 검정을 통해 어느 집단 사이에 차이가 있는 것으로 나왔는지 알아보았다. 그러나 사후 검정 결과에서 유의미한 차이가 나타나는 집단은 없었다. [의무] 표현의 유의확률은 .04로 .05에 거의 근접한데, 사후 검정은 기각값이 더 커지게 되기 때문에 유의미한 차이가 있는 집단은 없는 것으로 나타났다. 이를 통해 문법 능력과 화용 능력 간의 발달 순서에는 학습자의 숙달도와 모국어의 상호작용이 영향을 미치지 않는다는 것을 알 수 있다.

## 6 제안과 전망

이제까지 [의무], [희망], [의도] 및 [추측] 표현을 습득할 때 문법 능력과 화용 능력의 발달 관계가 어떠한 양상으로 나타나는지 분석해 보았다. 분석 결과, 모든 양태 표현에서 학습자의 숙달도와 모국어에 상관없이 문법 능력이 화용 능력보다 더 높은 것으로 나타났다. 각 표현별로 문법 능력과 화용 능력 간 점수 차는 다르게 나타났고, 특히, [희망] 표현은 문법 능력과 화용 능력 간 차이가 크게 벌어지는 것으로 나타났다. 표현별 점수 차는 학습자의 숙달도에 따라서는 영향을 받지 않는 것으로 나타났으나, 학습자의 모국어에 따라서는 다르게 나타났다. 또한 학습자의 숙달도와 모국어의 상호작용 영향은 없는 것으로 나타났다.

먼저, 양태 표현을 습득할 때 문법 능력이 화용 능력보다 먼저 발달하는 이유를 살펴보면, 이는 양태 표현의 화용적 기능이 담화 안에서 명제적 의미와는 다른 의미로 기능하기 때문인 것으로 보인다. 양태 표현이 요청 화행, 제안 화행, 거절 화행을 수행할 때는 형태와 명제적 의미의 일대일 관계를 넘어 의사소통 맥락 안에서 새로운 의미로 파악해야 하기 때문에 한국어 학습자들에게는 어려운 요소일 수밖에 없고, 이러한 이유로 문법 능력보다 화용 능력이 늦게 발달하게 된다.

다음으로, 문법 능력과 화용 능력의 발달 차에 대해 논의해 보도록 하겠다. 문법 능력과 화용 능력의 발달 차는 학습자의 숙달도에 따라서는 차이를 보이지 않았으나 모국어에 따라서는 발달 차가 다르게 나타났다. 학습자의 숙달도에 따른 발달 차를 먼저 살펴보면, 숙달도가 높아지더라도 문법 능력과 화용 능력 간의 차이가 줄어들지 않는다는 것으로 나타났다. 앞에서 살펴본 바와 같이 숙달도가 높아져도 문법 능력은 일부 표현에서만 약간 높아지고, 화용 능력은 대부분의 표현에서 높아지지 않으며, 문법 능력과 화용 능력 간의 차이도 줄어들지 않는다. 본 연구에서 대상으로 정한 양태 표현들은 모두 초급에서 학습하는 항목들로 학습자들이 이미 학습한 항목들이기 때문에 숙달도가 높아지더라도 문법 능력은 비슷할 수 있다.

그러나 화용 능력은 숙달도가 높아짐에 따라 점차 발달해야 함에도 그렇지 않았으며, 문법 능력과 화용 능력도 균형을 이루지 못했다. 이는 일반적 숙달도가 고급인 학습자라 할지라도 양태 표현에 대한 화용 능력은 발달하지 못했으며, 문법 능력과 화용 능력 간 불균형도 심하다는 것을 보여 주는 결과이다. 이러한 결과는 의사소통 능력을 향상시키기 위해서 문법 능력과 화용 능력의 균형 있는 교육이 필요함을 시사하는 것이며, 특히 양태 표현에 대해서는 문법 능력이 먼저 발달한 후, 화용 능력도 동일한 수준으로 발달할 수 있도록 교육해야 한다는 것을 나타낸다. 한 가지 예로, 양태 표현의 화용적 기능에 대한 교육은 교재에도 반영될 필요가 있는데, 한국어 교재를 살펴보면 공손한 화행을 실현하는 다양한 표현이 제시되지 않고 한정된 표현만이 사용되고 있음을 알 수 있다. 요청 화행을 실현하는 기제에 대해서도 '-아 주시겠어요?'와 같이 관용적인 표현들이 주로 제시되고 있고, 제안 화행도 '-읍시다'나 '-을까요?'와 같이 청유문을 형성하는 종결 어미로 실현되고 있다. 거절 화행도 [추측] 표현을 사용하여 거절하는 대화 예는 소수 사용되고 있을 뿐이다. 공손한 화행을 실현할 수 있는 다양한 기제들을 교수하고, 특히 명제적 의미와 다른 화용적 기능을 수행하는 양태 표현에 대해 교수할 필요가 있을 것이다.

모국어에 따른 발달 차를 살펴보면, 일본어권 학습자들이 중국어권 학습자들에 비해 문법 능력과 화용 능력 간의 발달 차가 크게 벌어진 항목이 더 많은 것으로 나타났다. 구체적으로 살펴보면, [의무], [희망], [의도] 표현의 문법 능력은 일본어권 학습자가 중국어권 학습자보다 유의미하게 높게 나타났으나, 이에 대한 화용 능력은 [의도] 표현에서만 높게 나타나고 다른 표현에서는 높게 나타나지 않았다. 일반적으로 문법 능력이 높아지면 화용 능력도 높아지고, 문법 능력과 화용 능력이 균형 있게 발달할 것이라고 기대하게 된다. 그러나 [의무], [희망] 표현에 있어서는 그렇게 나타나지 않았다. 즉, 일본어권 학습자들이 발달 차가 크게 벌어진 항목이 더 많은 이유는 화용 능력은 비슷한데, 일본어권 학습자들의 문법 능력이 중국어권 학습자보다 더 높기 때문이었다. 일본어권 학습자들이 중국어권 학습자들에 비해 문법 능력이 높은 것은 중국어는 어미 활용이 없이 조동사를 통해 양태 의미를 표현하는 데 반해, 일본어는 한국어와 마찬가지로 교착어적 성격을 지니고 있어 어미 활용을 통해 양태 의미를 표현하기 때문인 것으로 유추해 볼 수 있다.

[의무], [희망] 표현의 문법 능력이 높음에도 화용 능력이 이를 따라가지 못하고 일본어권 학습자와 중국어권 학습자가 동일한 수준으로 나타나는 것은 [의무], [희망] 표현을 사용한 요청 화행에 대한 노출 빈도가 한 가지 이유가 될 수 있다. 본 연구에서 연구 참여자를 모집한 한국어 교육 기관의 교재를 살펴본 결과, [의무] 표현을 사용하여 요청 화행을 실현하는 경우가 텍스트 안에 포함된 교재는 하나도 없었고, [희망] 표현을 사용하여 요청 화행을 실현하는 경우가 텍스트에 포함된 교재는 5종의 교재 중 하나뿐이었다. 즉, 일본어권 학습자나 중국어권 학습자 모두 [의무] 표현과 [희망] 표현이 요청 화행을 실현하는 경우에 대한 교수나 노출 빈도가 적어 두 언어권 학습자가 동일한 결과가 나타났다고 볼 수 있다. 이는 교재 안에 다양한 요청 화행의 기제들을 제시할 필요가 있음을 보여 주는 것이라 하겠다.

다음으로, 표현별로 문법 능력과 화용 능력의 발달 차가 벌어진 정도를 살펴보면, [희망] 표현과 [의도] 표현은 문법 능력과 화용 능력 간의 발달 차가 가장 큰 항목으로 나타났고 [추측] 표현이 제안 화행과 거절 화행을 실현할 때는 발달 차가 작게 나타났다. 즉, [희망] 표현과 [의도] 표현의 경우 문법 능력은 다른 표현보다 더 발달했으나 화용 능력이 이를 따라가지 못한 것이다. [의무] 표현은 문법 능력과 화용 능력의 차는 작게 나타났으나 이는 사실상 문법 능력도 점수가 낮고 화용 능력도 점수가 낮았기 때문이었다. 따라서 [의무] 표현, [희망] 표현, [의도] 표현이 실현하는 요청 화행의 경우 화용 능력이 낮고, [추측] 표현이 실현하는 제안 화행과 거절 화행은 화용 능력이 비교적 높다고 할 수 있다.

이러한 차이가 나타나는 이유는 이 표현들이 수행하는 화행이 직접 화행인지 간접 화행인지의 차이에 기인하는 것으로 보인다. [의무], [희망], [의도] 표현이 요청 화행을 실현할 때는 간접 화행으로 실현되기 때문에 상황 맥락에 의존하여 의미를 파악해야 한다. 이에 반해 [추측] 표현이 제안 화행이나 거절 화행을 실현할 때는 '-을 것 같다'가 결합되는 명제 자체에 제안이나 거절의 의미가 명시적으로 나타나 있고, '-을 것 같다'가 결합함으로써 공손의 의미를 더하고 있다. 따라서 [추측] 표현으로 제안 화행이나 거절 화행을 실현할 때는 그 의미를 유추하기 쉬울 것이다. 이런 이유로 [추측] 표현이 제안 화행과 거절 화행을 실현할 때의 화용 능력보다 [의무], [희망], [의도] 표현이 요청 화행을 실현할 때의 화용 능력이 더 낮게 나타난 것으로 생각된다. 이는 한국어 학습자들이 간접 화행을 잘 수행하지 못한다는 것을 보여 주는 결과이다. 이러한 결과를 통해 학습자들이 상황 맥락을 파악하여 공손한 화행을 수행해야 한다는 사회화용적 내용을 알고 있다 하더라도 [의무], [희망], [의도] 표현을 통해 간접 화행을 실현함으로써 공손한 화행을 수행하는 능력은 부족하다는 것을 알 수 있다. Bardovi-Harlig와 Hartford(1993)에서는 제2언어 학습자들이 발화를 할 때 상호대인적인 측면에 대한 주의를 기울이지 않고 내용 전달에만 신경 쓰기 때문에 완화어나 강세어를 적절히 사용하지 못한다고 밝힌 바 있다. 학습자들이 간접 화행을 통해 공손한 요청 화행을 잘 수행하지 못하는 이유도 다양한 언어 표현들을 습득하지 못한 상태에서 내용 전달에만 초점을 두기 때문인 것으로 보인다. 이러한 문제점을 극복하기 위해서는 앞에서 지적한 바와 같이 일부 표현만으로 화행을 수행하는 것보다는 간접 화행 등 다양한 기제를 통해 공손한 화행을 수행할 수 있도록 교육해야 할 것이다.

　마지막으로, 다른 표현들과 달리 [추측] 표현이 실현하는 거절 화행에 대한 화용 능력만 일본어권 학습자들이 중국어권 학습자들에 비해 더 낮게 나타난 현상에 대해 살펴보도록 하겠다. 거절 화행에 대한 화용 생산 문항에서 일본어권 학습자들의 오답을 살펴보면, 오답의 대부분이 '-을 것 같다'를 사용하지 않고 단호하게 거절하는 발화를 선택한 경우가 중국어권 학습자들보다 많았다. 직장 상사(부장님)의 부탁, 교수님의 프로젝트 제안, 사장님의 집들이 초대에 거절하는 상황에서

'못 끝냅니다', '못 합니다'와 같이 단호한 거절 표현을 많이 선택하였다. 또한 거절 화행에 대한 화용 이해 문제에서도 '-을 것 같다'를 사용해 거절 화행을 수행한 경우 이 발화의 의미를 '추측'이라고 선택한 오답이 가장 많았고, '답이 없음'으로 선택한 경우도 적지 않았다.[29] 이는 일본어권 학습자들이 '-을 것 같다'가 완곡한 거절을 수행한다는 것을 모르고 있고, 또한 '-을 것 같다'를 사용해 완곡한 거절을 잘 수행하지 못한다는 것을 보여 주는 것이다. 거절 화행에서 단호한 거절을 선택한 학습자들의 선택 이유를 살펴보면, 대부분 못 하는 것은 확실하게 못 한다고 말하는 것이 좋기 때문이라고 답하였다. 이러한 현상에 대해 일본어 모어 화자 세 명에게 자문을 구한 결과, 일본어에서도 [추측] 표현을 사용하여 거절을 수행할 수 있으나, 일본 사회에서는 직장 상사라 하더라도 정당한 이유가 있을 경우에 못 한다고 단호하게 말하는 것이 문제가 되지 않으며, 교수님과의 관계도 한국과 다르기 때문에 단호하게 거절하는 것이 예의에 어긋나는 일이 아니라고 하였다. 따라서 일본어권 학습자들이 단호한 거절을 선택한 이유는 일본 사회의 사회문화적 요인이 전이된 결과라고 할 수 있다. 또한 한국 사회에서 윗사람의 부탁, 제안, 초대를 거절할 때 단호한 거절 화행을 사용하지 않는다는 사회문화적 특징을 모르고 있기 때문이며, '-을 것 같다'가 거절 화행을 실현할 때 불확실한 추측의 의미를 지니는 것이 아니라 공손성의 기제로 기능한다는 것을 잘 모르기 때문에 생기는 문제이다. 이는 화용 교육 시 화용언어적 내용뿐만 아니라 사회화용적 특징에 대한 교육도 필요함을 시사하는 것이다.[30]

이에 반해, 중국어는 한국어에 비해 직접적이고 단정적인 표현이 더 많이 발달해 있음에도 불구하고(엄녀, 2009:44), 거절 화행을 수행할 때는 화목을 중시하기

---

29) 이해영(2003)에서도 고급 일본어권 학습자들의 거절 화행에 대한 연구에서 한국어 모어 화자들은 추정적 표현을 사용하여 부드럽게 표현하는 경우가 많으나 일본어 모어 화자들은 그렇지 않음을 보여 주고 있다. 또한 이 연구에서 한국어 모어 화자, 일본인 한국어 학습자, 일본어 모어 화자의 세 집단 중 단정적 거절을 가장 많이 사용한 집단이 일본어 모어 화자 집단으로 나타났다.

30) 이해영(2002)에서도 Thomas(1983)에서 사회화용적 내용보다 화용언어적 내용의 교수에 집중해야 한다고 주장한 것을 반박하면서 화용 교육에서 사회화용적 내용의 교수가 필요함을 피력하고 있다.

때문에 완곡한 표현을 통해 거절 화행을 수행한다(강소영, 2004:87-89). 중국어에서 '-을 것 같다'에 해당하는 '可能'은 한국어에서만큼 다양하게 사용되는 것은 아니지만 거절 화행의 기제로 기능하고 있다. 이러한 이유로 중국어권 학습자들인 거절 화행을 잘 수행했을 것이라고 추측해 볼 수 있다.

학습자의 문법 능력과 화용 능력의 발달 순서를 분석한 결과, 숙달도가 높아지거나 문법 능력이 높아져도 문법 능력과 화용 능력이 균형 있게 발달하지 않는 것으로 나타나 균형 있게 언어 능력을 배양해야 함을 확인할 수 있었다. 특히, 양태 표현을 사용한 간접 화행에 대한 화용 능력이 부족한 것으로 나타나 교재 및 교육 내용의 다양성을 통해 이에 대한 교육이 필요함을 알 수 있었다.

## ■ 참고 문헌

국립국어원 편(2005). 『외국인을 위한 한국어 문법』, 1,2, 서울: 커뮤니케이션북스.

김미형. (2000). 「국어 완곡 표현의 유형과 언어 심리 연구」, 『한말연구』, 7, 한말연구학
회, 27-63.

김선희(2003). 「특수 의문문에서의 양태 의문사에 관한 연구」, 『한글』, 259, 한글학회,
115-150.

김영진(2007). 「한국어 학습자의 덩이표현 사용 양상 연구」, 이화여자대학교 대학원 석
사학위논문.

김주미(1990). 『현대 국어의 양태 실현에 대하여』, 건국대학교 대학원 논문집.

김지은(1998). 『우리말 양태용언 구문 연구』, 서울: 한국문화사.

박재연(1999). 「국어 양태 범주의 확립과 어미의 의미 기술: 인식 양태를 중심으로」,
『국어학』, 34, 국어학회, 199-22.

백봉자(2006). 『외국어로서의 한국어 문법 사전』, 서울: 도서출판 하우.

서정수(1996). 『현대국어문법론』, 한양대학교 출판부.

신창순(1972). 「현대 한국어의 용언보조어간 「겠」의 의미와 용법」, 남기심 외 편, (1975),
『현대국어문법』, 계명대학교 출판부, 145-163.

손세모돌(1989). 「행동 부과의 간접 표현」, 『한양어문연구』, 7, 한양어문연구회,
181-206.

안정아(2000). 「의존명사 구성의 양태 의미 연구」, 고려대학교 대학원 석사학위논문.

엄녀(2009). 「한국어 교육을 위한 양태 표현 교육 연구」, 서울대학교 박사학위논문.

윤은미(2004). 「한국인과 영어권 한국어 학습자의 거절화행 비교 연구」, 연세대 교육대
학원 석사학위논문.

이동우(2000). 「양태성 매인이름씨 구성 연구」, 부산대학교 대학원 석사학위논문.

이미혜(2002). 「한국어 문법 교육에서 '표현항목' 설정에 대한 연구」, 『한국어교육』,
13-2, 205-225.

이민선(2004). 「기능에 기초한 한국어 문법 교수 방안 연구」, 연세대학교 교육대학원
석사학위논문.

이해영(1996). 「현대 한국어 활용어미의 의미와 부담줄이기의 상관성」, 이화여자대학교
대학원 박사학위논문.

이해영(2010). 「한국인 요청 화행의 적절성에 대한 태국인의 인식과 숙달도」, 『이중언어학』, 42, 이중언어학회, 219-241.

이해영(2011). 「베트남인 한국어 학습자의 추측 양태 표현 습득」, 『한국어학』, 53, 한국어학회, 335-360.

이혜용(2003). 「[짐작], [추측] 양태 표현이 의미와 화용적 기능」, 이화여자대학교 석사학위논문.

이효정(2004). 「한국어 교육을 위한 양태 표현 연구」, 상명대학교 대학원 박사학위논문.

이희자·이종희(2001). 『한국어 학습용 어미·조사 사전』, 서울: 한국문화사.

장경희(1985). 『현대 국어의 양태 범주 연구』, 서울: 탑출판사.

조일영(1994). 「국어양태소의 의미기능 연구」, 고려대학교 박사학위논문.

차현실(1986). 「양상술어의 통사와 의미: 미확인 양상술어를 중심으로」, 『이화어문논집』, 8, 이화어문학회, 11-34.

한상미(2005). 「한국어 학습자의 의사소통문제 연구」, 연세대학교 대학원 박사학위논문.

Bardovi-Harlig, K.. (1999). "Exploring the interlanguage of interlanguage pragmatics: A research agenda for acquisitional pragmatics." *Language Learning*, *49*, 677-713.

Bardovi-Harlig, K. & Dörnyei, Z. (1998). "Do language learners recognize pragmatic violations? Pragmatic vs. grammatical awareness in instructed L2 learning." *TESOL Quarterly*, *32*, 233-259.

Beebe, L. M. & Takahashi, T. (1989). *Do you have a bag? Social status and patterned variation in second language acquisition.* In S. M. Gass, C. Madden, D. Preston, & L. Selinker (Eds.), Variation in second language acquisition: Discourse and pragmatics (103-128). Clevedon, England: Multilingual Matters.

Bodman, J., & Eisenstein, M. (1988). "May God increase your bounty: The expression of gratitude in English by native and nonnative speakers." *Cross Currents*, *15*, 1-21.

Cho. Y. (2003). *Relationship between grammatical knowledge and pragmatic knowledge/ability: the case of epistemic modality.* Unpublished doctoral dissertation. Teachers College, Columbia University.

Coates, J. (1983). *The semantics of the modal auxiliaries*. Beckenham: Croom Helm.

Dahl, Ö. (1985). *Tense and aspect systems*. Oxford: Blackwell.

Eisenstein, M. & Bodman, J. W. (1986). "I very appreciate": Expression of gratitude by native and non-native speakers of American English. *Applied Linguistics, 7*, 167-186.

Hill, T. (1997). *The development of pragmatic competence in an EFL context.* (Doctoral dissertation, Temple University Japan.) Dissertation Abstracts International, 58, 3905.

Kärkkäinen, E. (1992). "Modality as a strategy in interaction: Epistemic modality in the language of native and non-native speakers of English." In L. F. Bouton & Y. Kachru (Eds.), *Pragmatics and language learning* (monogragh series 3 (197-216). Urbana, IL: Division of English as an interactional Language, University of Illinois, Urbana-Champaign.

Kasper, G. & Rose, K. R. (2001). *Pragmatics in language teaching.* Cambridge: Cambridge University Press.

Kasper, G. & Rose, K. R.. (2002). *Pragmatic development in a second language.* Oxford: Blackwell Publishing.

Koike, D. A. (1989). "Pragmatic competence and adult L2 acquisition: Speech acts in interlangauge." *Modern Language Journal*, 73, 279-289.

Minium, E. W., Clarke, R. C. & Coladarci, T. (2006). 『통계분석 논리의 기초(김아영, 차정은 역.)』, 서울: 박학사. (원저 출판연도 1983).

Niezgoda, K. & Röver, C. (2001). "Pragmatic and grammatical awareness: A function of learning environment?" In K. R. Rose & G. Kasper (Eds.), *Pragmatics in language teaching* (63-79). Cambridge, NY: Cambridge University Press.

Salsbury, T., & Bardovi-Harlig, K.. (2001). "I Know your mean, but I don't think so: Disagreements in L2 English." In L. F. Bouton (Ed.), *Pragmatics and language learning* (monogragh series 10, 131-151). Urbana, IL: Division of English as an interactional Language, University of Illinois, Urbana-Champaign.

Savignon, S. (1997). *Communicative competence theory and practice: Texts and contexts in second language learning.* New York: New York: McGraw-Hill Companies.

Schmidt, R. (1983). "Interlanguage, acculturation and the acquisition of communicative competence." In N. Wolfson & E. Judd (Eds.), *Sociolinguistics and second* language acquisition* (137-174). Rowley, MA: Newbury House.

Takahashi, S. (1996). "Pragmatic transferability." *Studies in Second Language Acquisition, 18*, 189-223.

Takahashi, S. (2001). "The role of input enhancement in developing pragmatic competence." In K. R. Rose & G. Kasper (Eds.), *Pragmatics in language teaching* (171-199). Cambridge, NY: Cambridge University Press.

Wagner-Gough. J. (1978). "Comparative studies in second language learning." In Hatch. E. M.(Ed.), *Second Language Acquisition: A book of reading* (155-171). Massachusetts: Newbury House Publishers.

Walters. J. (1980). "Grammar, meaning and sociological appropriateness in second language acquisition." *Canadian Journal of Psychology-Revue Canadienne de Psychologie, 34*, 337-345.


<한국어 교재>

고려대학교 한국어문화교육센터(2008-2010). 『재미있는 한국어』 1-6. 서울: 교보문고.

서강대학교 한국학센터(2008-2014). 『서강 한국어』 1-5. 서울: 도서출판 하우.

서울대학교 언어교육원(2013-2015). 『서울대 한국어』 1-4. 서울: 투판즈.

연세대학교 한국어학당(2013). 『연세 한국어』 1-6. 서울: 연세대학교 출판부.

이화여자대학교 언어교육원(2010-2012). 『이화 한국어』 1-5. 서울: 이화여자대학교 출판부.

# 제2부
## 담화 속에서 담화 바라보기

중국어권 한국어 학습자의 구어, 문어 텍스트에 나타난 대용의 응결장치
한국어 학습자 설명 담화에서의 관계적 응집성

담화 그 자체에 주목하여, 담화의 응결성과 응집성의 체계적인 분석을 시도한 논문들. 담화라는 공통의 관심 분야를 서로 다른 방식으로 해석하다.

# 중국어권 한국어 학습자의 구어, 문어 텍스트에 나타난 대용의 응결장치

이민경(이화여자대학교)

## 1 응결장치, 그 다양한 표정

우리는 살아가면서 수많은 텍스트를 접하게 된다. 이때 어떤 텍스트는 문장들이 물 흐르듯이 전개되고 주제가 쉽게 파악되는 경우가 있는가 하면, 텍스트의 흐름이 뚝뚝 끊기고 주제를 파악하기가 좀처럼 쉽지 않은 경우도 있다. 후자의 경우는 왜 발생하는 것일까? 그 이유는 텍스트를 구성하는 문장들이 서로 의미적으로, 형태적으로 긴밀하게 연결되어 하나의 유기적인 통합체를 이루지 못했기 때문이다.

이러한 문제를 해결하려면 한국어 학습자들이 응집성coherence과 응결성cohesion을 갖춘 텍스트를 만들 수 있도록 해야 한다. Celce-Murcia & Olshtain(2000:152)는 잘 짜인 텍스트의 특징은 통합과 결합 관계이며, 이는 명제들을 '응집성' 있게 조직하는 것과 단락 간, 문장 간에 형식적, 문법적 '응결성'을 창조하는 데에 달려 있다고 하였다. 일반적으로 응집성은 텍스트 내 언어 표현들 간의 의미적 결속 관계를 가리키는데, 텍스트의 심층 구조를 이루고 있기 때문에 표층적으로 가시화되지 않아 객관적 측정이 어렵고 가르치기에도 막연한 부분이 있다. 반면 텍스트의 표층 구조로서 언어 표현들 사이에 형태적 결속 관계를 나타내는 응결성은 의미적 관계를 명시적으로 보여 주는 일련의 표지인 응결장치cohesive device로 나타난다.[1] 응집성은 기본적으로 텍스트를 이루는 언어 표현 간의 의미적 관계에 의해서 이루어지기는 하지만, 응결장치는 응집성의 실현에 있어서 매우 중요한 역할을 한다. 응결장치의 도움 없이 순전히 의미만으로 텍스트의 결속성을 유지하게 되면 수용자에게 가해지는 의미 해석의 부담이 가중될 수밖에 없다(이기갑(2004:15)). 한국어 학습자들은 목표어 자원의 부족으로 텍스트 응집성이 한국어 모어 화자에 비해 떨어질 수밖에 없다. 모든 언어에는 응결장치가 있지만 언어에 따라 선호 유형과 사용 양상에 차이가 있는데, 학습자들이 자신의 모국어와 다른 한국어 응결장치를 알고 적절하게 사용할 수 있다면 언어 자원의 부족으로 인해 발생하는 응집성의 한계를 보완함으로써 자신의 의도를 상대방에게 보다 명확하게 전달할 수 있을 것이다.

한국어교육학 분야에서는 응결장치의 중요성을 인식하고 한국어 응결장치 유형 및 사용 양상에 대한 연구가 조금씩 이루어져 왔다. 그러나 기존의 연구들은 읽기 또는 쓰기 능력 향상을 위한 문어 텍스트를 위주로 이루어져 왔다(김은희(2007), 김성경(2009), 민주희(2011), 최정희(2012)). 구어에 대한 관심이 점차 높아지면서 문어와 다른 구어 응결장치의 특징을 밝히고 구어와 문어 응결장치의 차이를 설명하려는 시도가 있었다(안경화(2001), 노미연(2011, 2013)), 정용환(2013)). 한국어 학습자가 생산한 실제 자료를 대상으로 하여 구어, 문어 사용역에 따라 응결장치를 비교·분석한 연구는 이정란(2011) 외에 없었으며, 이 연구도 외국인 유학생의 구두 발표와 보고서를 비교하여 학문 목적 학습자를 위한 텍스트에 한정되어 있었다.[2]

---

1) 본 연구에서는 고영근(2011)의 용어를 따라 coherence를 응집성, cohesion을 응결성, cohesive device를 응결장치라고 번역하여 사용하기로 한다.
2) 강현화(2012:246-247)는 최근 10년 간 학술 논문을 대상으로 한국어교육학의 담화 관련 연구사를 점검해 본 결과, 구어와 문어의 차이를 밝히는 논의가 상대적으로 적게 나타났다고 밝혔다. 그 원인으로 연구의 관심이 그 차이보다 교육 내용 자료 구축, 교수법 및 교재, 교수 모형 개발을 통한 적용을 목적으로 하며 대부분 구어와 문어의 차이를 기본 전제로 구어 중심의 한국어교육을 지향하고 있기 때문이라고 보았다.

따라서 본 연구에서는 중국어권 한국어 학습자들이 생산한 구어 텍스트와 문어 텍스트를 대상으로 응결장치가 구어, 문어 사용역에 따라 어떠한 차이를 나타내는지, 또한 그것이 한국어 모어 화자의 사용 양상과 어떻게 다른지 살펴보고자 한다. 그중에서도 '대용'은 발화 현장에 있는 대상이나 텍스트 앞이나 뒤에 나오는 언어 요소를 되풀이하지 않고 '대용어'라는 짧은 형식으로 대신하는 현상이다. 대용어는 대용의 기능을 담당하는 어휘로, 문장을 넘어 텍스트 내에서 응결성을 높이는 응결장치로서의 역할을 하게 된다. 본 연구는 대용을 문장이 아닌 담화·화용적 관점에서 바라보고 여러 응결장치 중에서 대용의 응결장치를 중심으로 하여 중국어권 한국어 학습자들이 구어, 문어 텍스트에서 선호하는 대용의 응결장치 유형이 무엇인지 밝히고자 한다. 또한 한국어 모어 화자와의 비교를 통하여 중국어권 학습자들이 한국어 구어와 문어 텍스트에 어울리는 대용의 응결장치가 무엇인지 알고 적절하게 사용할 수 있는지 살펴볼 것이다.

## 2 응결장치에 대한 앞선 연구의 발자취

많은 연구자들은 질이 좋은 텍스트와 질이 낮은 텍스트를 구분 짓는 자질이 과연 무엇인가에 대해 지속적으로 관심을 가져왔다. 그중 학습자의 작문 곧 문어 텍스트를 중심으로 하여 텍스트의 표층 구조인 응결성이 텍스트의 심층 구조인 응집성과 어떠한 관계에 놓여 있는지에 대한 연구가 활발하게 이루어졌다. Witte & Faigley(1981), Connor(1984), Meisuo(2000) 등은 공통적으로 응결성이 있다고

담화 연구 자료의 담화 유형 매체

| 구분 | 구어 | 문어 | 준구어 | 구어·문어 | 구어·준구어 | 문어·준구어 | 구어·문어·준구어 | 합계 |
|---|---|---|---|---|---|---|---|---|
| 계 | 138 | 55 | 113 | 4 | 18 | 7 | 3 | 338 |

해서 반드시 응집성을 갖춘 것은 아니라고 주장하였다. 그러나 이 연구들은 응결성을 응결장치의 유형과 빈도로만 측정했다는 점에서 한계가 발견된다.

실제로 Meisuo(2000)는 양적 분석에서 발견되지 않았던 어휘적 응결의 취약점이 질적 분석에서 발견되었으며 대부분의 학습자들이 응결장치를 효과적으로, 정확하게 쓰는 데에 어려움을 겪었다고 밝혔다. 다시 말해서 응결장치의 빈도가 아니라 응결장치를 텍스트에 어울리게, 적절하고 정확하게 사용하는 것이 어렵다는 것이다. 정희모 & 김성희(2008)도 텍스트의 질에 대해서 논할 때 응결장치의 수가 아니라 표현의 성숙도나 세련도와 결부시켜 생각해야 한다고 언급하였다. 그들은 우수한 글과 미숙한 글을 대상으로 한국인 대학 신입생들의 텍스트에 어떠한 측면이 있는지 고찰하였다. 상위 집단과 하위 집단이 사용한 응결장치의 수가 통계적으로 유의미한 차이를 보여 주지 못하여 그것이 두 집단을 가르는 기준이 될 수 없었다. 그들은 응결장치의 수가 변별성의 기준이 될 수 없었던 이유로 학생들이 대체로 응결장치를 적극적으로 사용했지만 그것을 세련되게 다루는 방법을 몰랐기 때문이라고 분석하였다.

응결장치의 사용이 응집성에, 그리고 텍스트의 질에 충분조건이라고 할 수 없으나 필요조건인 것은 분명하다(고영근 2011:123). 더 이상 학습자의 응결장치 사용이 작문의 질과 관계가 있는지 없는지에 대해 집중하는 것은 무의미하며, 응결장치의 수로만 응집성을 측정하는 것도 지양해야 한다. 이제는 텍스트에 어울리는, 세련된 응결장치 사용에 대한 보다 구체화되고 다양한 논의가 요구되는 때이다.

점차 연구자들은 텍스트의 응결장치에 영향을 미치는 구체적인 요인들에도 관심을 갖기 시작하였다. 먼저 텍스트의 주제와 응결장치 사용 양상과의 관계를 고찰한 연구들로 Tierney & Mosenthal(1983), Reid(1992) 등이 있는데, 이러한 연구들을 양적, 질적 분석을 통하여 텍스트 주제가 응결장치 사용 양상에 주요한 변인으로 작용한다는 것을 보여 주었다.

텍스트 유형에 따른 응결장치 사용 양상을 고찰한 연구도 이루어졌다

(Norment(1994, 2002), 안경화(2001), 양명희 & 안경화(2003), 최정희(2012)). 이 연구들은 텍스트 유형에 따라서 응결장치 사용 양상이 달라진다는 것을 밝혔다. 그중 안경화(2001)는 격식적인 구어의 특징을 자세히 설명하는 데 목적을 두고 격식적인 토론 텍스트와 비격식적인 드라마 대본을 어휘적, 문법적, 논리적 응결장치에 따라서 분석하였다.[3) 이 연구는 문어 텍스트를 중심으로 하여 이루어지던 기존 연구들과 달리, 구어 텍스트를 대상으로 하여 격식과 비격식이라는 사용역에 따른 응결장치 사용 양상의 차이까지 고찰함으로써 응결장치에 대한 연구에 새로운 시사점을 제공하였다.

이밖에도 학습자의 숙달도 변인과 모국어 변인 등 학습자 변인에 대한 연구도 이루어졌다. 학습자의 숙달도 변인에 대한 연구(김성경(2009), 민주희(2010))들은 한국어 학습자들의 텍스트에서 응결장치를 얼마나 많이, 얼마나 정확히 생산하였는가에 대한 것만이 아니라 얼마나 다양하게 응결장치를 사용하였는지가 강조되어야 한다고 기술하였다. 모국어 변인에 대한 연구로는 노미연(2011, 2013)이 있는데, 이러한 연구들은 모국어 변인에 따른 응결장치 사용 양상의 차이를 밝혀 모국어에 따른 차별화된 교수, 학습의 방향을 함의하고 있으나 학습자 L1과의 대조 분석을 바탕으로 응결장치 과소, 또는 과대 사용의 원인 밝혀지지 않아 이후 지속적인 연구가 필요할 것으로 보인다.

구어, 문어 사용역에 따라 응결장치를 비교한 연구로는 이정란(2011), 정용환(2013), 하영우(2015) 등이 있다. 이정란(2011)은 한국 대학원에 재학 중인 외국인 유학생의 담화 능력을 분석하되 접속과 대용의 응결장치에 초점을 두어 학문적 구어 담화와 문어 담화를 비교하였다. 이 연구는 학문 목적 한국어 학습자의 증가 추세 속에 대표적인 학문적 담화 유형이라고 할 수 있는 구두 발표와 보고서를 대상으로 한 점에서 의미가 있다. 그러나 모국어 화자의 응결장치 사용 양상과

---

3) 안경화(2001)에서는 응결장치를 3가지 즉 문법적 응결장치, 어휘적 응결장치, 논리적 응결장치로 분류하였다. 문법적인 응결장치로는 대용과 생략이 있으며, 어휘적 응결장치로는 동일어 반복, 동의어(반의어), 상위어(하위어), 연어 등이 있다. 논리적 응결장치로는 연결어미, 접속부사, 그 외 관용적 연결어 등이 쓰인다.

비교가 진행되었더라면 학습자의 중간언어뿐만 아니라 모국어 화자의 좋은 예도 제공해 줄 수 있었을 것이라는 점에서 아쉬움이 남는다.

정용환(2013)은 한국어 모어 화자가 생산한 구어, 문어 텍스트를 비교·분석함으로써 사용역에 따른 대용어 사용 양상을 비교하였다. 정용환(2013)은 한국어 모어 화자의 구어, 문어 텍스트에 나타난 대용어 사용의 유의미한 특징들을 많이 발견하였다는 점에서 의미가 있다. 그러나 응결장치에 영향을 미치는 요인들에 대한 통제가 전혀 이루어지지 않은 채, 유형도, 주제도 다른 텍스트를 분석하였기 때문에 대용어 사용 양상의 차이가 전적으로 사용역에 의한 차이라고 보기는 어려운 부분이 있다.

구어, 문어 텍스트에 나타난 접속부사 분포 양상을 연구한 하영우(2015)는 기존 연구(전영옥(2007), 한송화(2013), 배진영(2014))에서와 달리, 동일한 화자가 동일한 주제에 대해 수행한 말하기와 글쓰기 자료로 수집되었다는 점에서 순수하게 구어, 문어 사용역을 종속변수로 한 접속부사의 양상을 관찰하고, 접속부사의 분포와 기능, 형태 특성을 살펴 구어, 문어 사용역에 따른 접속부사의 특징에 대해 논의하였다. 여타 변인들을 통제함으로써 구어, 문어 사용역에 따른 접속부사 사용 양상을 명확하게 살펴볼 수 있었다는 점에서 의의가 있다.

## 3 응결장치 그리고 대용

### ■ 응결장치

Halliday & Hasan(1976)의 연구는 일반적으로 응결성 연구의 효시로 간주된다. 이들은 응집성과 응결성을 구별하지 않고, 응결성을 '텍스트 내에 존재하는 의미적인 관계를 가리키는 것'이라고 정의하였다. 그리고 응결장치 cohesive tie를 '응결성의 한 예 또는 응결적으로 관련된 요소들의 출현(a single instance of cohesion or one occurrence of a pair of cohesively related items)'이라고 하면서 문법적, 어휘적 응결장치 5가지를 제시하였다. Halliday & Hasan(1976)이 응결성을 텍스트의 의미론적인 특질로 여긴 것과 달리, Beaugrande & Dressler(1981)는 응결성과 응집성을 구별하여 응결성을 의미론적 특질이 아닌 통사론적 특질로 파악하였다. 그들은 '텍스트의 안정성은 발화체의 연속성continuity에 의해서 유지되는데, 가장 명백한 연속성의 예는 표층 텍스트에 구조적 패턴을 부과하는 통사구조라는 언어체계'라고 하면서 응결성을 '텍스트 표층의 구성 요소들이 이루는 문법적인 의존관계를 바탕으로 하는 통사 구조의 연결성'으로 파악하였다. 그리고 '텍스트에서 이미 사용된 구조와 패턴이 어떻게 다시 사용, 수정, 압축될 수 있는가를 보여 주는 장치(devices for showing how already used structures and patterns can be re-used, modified, or compacted)'가 응결장치cohesive device라고 하였다.

이밖에도 응결장치에 대한 개념은 국내에서도 여러 학자에 의해 논의되었는데 대부분 Beaugrande & Dressler(1981)의 견해와 유사하다. 고영근(2011:99)에서는 응결성은 텍스트다움의 언어적 조건인데 이것은 텍스트를 묶는 언어적 기제인 응결장치에 기대어 확보된다고 하였다. 또한 이기갑(2006:134)은 응집성을 가진 담화는 그 결속성이 형태적으로 반영되기도 하는데, 이처럼 형태적으로 응결성을 보여 주는 일련의 표현들을 응결장치라고 하였다. 이상의 논의를 정리하면, 응결장치는 텍스트에 포함되어 있는 언어 표현들을 연결함으로써 텍스트의 응결성을 실현하는 언어적 장치라고 할 수 있다.

응결장치는 응결성을 실현할 뿐만 아니라, 기능적으로 응집 관계를 보여 주는 명시적인 단서로서의 역할을 하여(Villaume & Cegala 2009:23), 텍스트의 응집성을 실현하는 데에도 기여한다. 텍스트 내의 응집성, 응결성, 응결장치의 상호관련성을 정리하면 다음의 <그림 1>과 같다.4)

---

4) 노은희(1993:226)는 대화에서의 응결장치를 연구하였다. 대화에서는 상호성에 의해 화자의 청자의 입장이

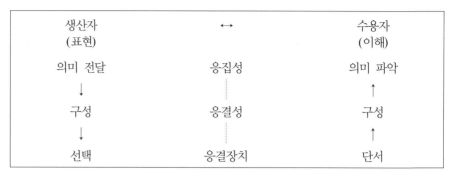

〈그림 1〉 응집성, 응결성, 응결장치의 상호관련성

　　<그림 1>의 위계성에 따르면 응집성은 응결성을 통어하고 응결성은 응결장치를 통어한다. 다시 말하면 응집성을 표면적 언어 형식으로 드러낸 것이 응결성이며 응결성을 주요하게 담당하는 것이 응결장치이다. 응결성은 내용적인 응집성을 머리에 두고 이를 텍스트로 풀어 낼 때 텍스트 생산자가 직면하게 되는 문제로서 실제 문장을 생산하고 어떤 단어를 선택하고 어떻게 연결시킬 것인가의 문제와 직결되며, 텍스트의 응결성을 구현하기 위한 목적으로 응결장치를 동원하게 된다(박나리 2009:27). 또한 이 표에는 텍스트 참여자의 역할이 나타나 있는데, 텍스트 생산자의 입장에서 의미 전달을 위해서 응결장치를 적절하게 선택할 필요가 있으며 수용자의 입장에서 응결장치는 상대방의 의도를 파악하는 데에 중요한 단서로서 역할을 하게 된다. 전달 또는 파악하고자 하는 의미는 응집성, 이를 효과적으로 전달, 파악하는 방법은 응결장치에 해당되므로, 응집성의 표현 또는 이해에 응결장치가 중요하다는 것을 알 수 있다.

　　응집성과 응결장치의 이러한 관계를 고려하였을 때 응결장치의 개념을 단지 응결성을 실현하는 언어적 장치로 바라보는 것은 한계가 있다. 이에 양명희 & 안경

---

계속 바뀌면서 순환적으로 이어지는데 이러한 일련의 총체적 과정을 결속성이라고 하고, 이를 위해 응집성, 응결성, 응결장치가 어떻게 작용하는지 표를 제시하였다. 본고에서는 이를 대화뿐만 아니라 문어 텍스트까지 폭넓게 적용할 수 있도록 일부 용어를 수정하여 제시하였다.

화(2003:200)에서는 응결장치가 궁극적으로 텍스트의 논리성 즉, 응집성 확보에 기여한다는 점에 주목하여 응결장치의 개념을 텍스트의 논리성 곧 응집성을 보장하고자 표면적으로 사용하는 어휘적인 또는 문법적인 언어 표현이라고 정의하였다. 이상의 논의를 종합하여 본고에서는 텍스트의 응결장치의 개념을 다음과 같이 정의한다. 응결장치는 응결성을 구체적으로 실현하는 언어적 장치들로서 텍스트의 응집성을 강화하는 언어적 기제이다.

### ■ 대용

'대용'은 발화 현장에 있는 대상이나 텍스트 앞이나 뒤에 나오는 언어 요소를 되풀이하지 않고 '대용어'라는 짧은 형식으로 대신하는 현상이다. 대용은 어느 언어에서나 볼 수 있는 보편적인 현상으로 언어를 경제적으로 간편하게 사용하기 위해 마련된 장치라고 할 수 있다(양명희 1998:9).[5]

대용을 문법 용어로 사용하기 시작한 것은 Bloomfield(1933)이다. 그는 대용을 '어떤 관습적 상황에서 일정한 부류의 언어 형식을 대신하는 언어 형식 또는 문법적 자질'이라고 정의하였다(Bloomfield 1933:247). Halliday & Hasan(1976)은 텍스트 결속에 관심을 갖고 응결성의 유형으로 지시, 대용, 생략, 접속, 어휘적 응결에 관하여 논의하였다. 여기에서 논의한 지시, 대용, 생략은 Bloomfield(1933)의 대용에 모두 포함되는 것인데, Halliday & Hasan(1976:88~90)은 지시와 대용을 다음과 같이 구분하였다.

---

5) 비슷한 개념어로 재수용(Brinker 1985), 대치, 대명사회(Harweg 1968, 1979, Brown & Moller 1977), 공지시(Isenberg 1970), 반복출현(Nussbaumer & Linke 2000) 등이 쓰였다(한국텍스트언어학회 2000:44~45). (박나리 2009:31 재인용)

| 응결 관계의 유형 | 언어적 수준 |
|---|---|
| 지시 | 의미적 |
| 대용(생략 포함) | 문법적 |

〈그림 2〉 Halliday & Hasan(1976) 지시와 대용의 구분

Halliday & Hasan(1976)은 두 유형의 경계에는 많은 응결장치가 있으며 이 둘은 하나로 또는 둘로 해석될 수 있다고 하였다. 그러나 이들이 분류한 대용과 지시에는 분명한 차이점이 있다. 대용은 언어적 요소 즉, 단어나 절의 관계인 반면에 지시는 의미 간의 관계를 가리킨다. 언어 체계와 관련하여 보았을 때 지시는 의미적 층위이며 대용은 어휘 문법적 층위이다. 지시는 일차적으로 지시 대상이 상황에 있지만, 대용은 텍스트에서 특정 요소가 반복되어야 하는 자리에 나타나는 요소로써 지시하는 대상이 텍스트에 있는 것이다. 그리고 그 자리에 아무것도 나타나지 않는 생략도 대용의 일부로 보았다.

그러나 한국어는 영어와 다른 대명사 체계를 가지고 있으며 영어보다 다양한 대동사의 활용형과 의존명사가 있기 때문에 한국어 연구에서는 지시와 대용을 구분하여 논의하기보다는 어느 한쪽으로 용어를 통일하여 이들을 묶어서 설명하는 것이 일반적이다. 이렇게 대용과 지시가 동일한 언어 현상을 가리키는 데 사용될 수 있었던 이유는 원 대상(지시 대상)을 다른 대상(지시 표현)으로 가리켜 사용한다고 할 때에 다른 대상으로 대신하는 그 쓰임에 중점을 두어 용어를 선택할 수도 있고, 다른 대상으로 가리키는 행위 자체에 중점을 두어 용어를 선택할 수도 있기 때문이다. 대용이 언어 형식의 기능적인 면을 강조한 명명이라면 지시는 언어 행위 자체의 속성적인 면을 부각시킨 개념이라고 볼 수 있다(박나리 2009).

양명희(1998)는 Bloomfield(1933)의 대용의 개념을 받아들여서 선행사를 텍스트에서 찾을 수 없는 경우를 포함하는 용어로 대용을 사용하였다. 그리고 선행어의 위치에 따라서 대용을 언어적 '문맥 대용'과 비언어적 '상황 대용'으로 분류하

고, 비언어적 상황 대용은 다시 현장을 대용하는 '현장 대용'과 상맥의 개념을 대용하는 '상념 대용'으로 나누었다.[6] 이를 그림으로 제시하면 다음과 같다.

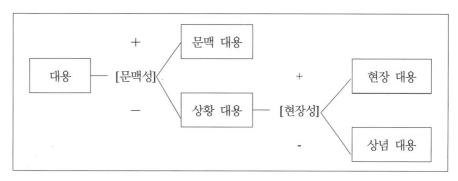

〈그림 3〉 선행어의 위치에 따른 대용의 유형

(1) 가. 여기에 앉으세요.

　　나. 저게 뭐예요?


(2) 가. 이 세상은 참 아름답다.

　　나. 철수는 제발 그 성격 좀 고쳤으면 좋겠다.


(3) 가. 여러 색의 장미꽃이 있다. 붉은 것은 가져가도 좋다.

　　나. 어제 선생님이 이렇게/*저렇게 말씀하셨다. 내일 숙제는 없습니다.


(1)은 현장 대용에 해당하는 경우이다. (1가)의 '여기', (1나) '저것'에 대하여 담화 현장에 있는 화자, 청자는 지시 대상이 무엇인지 의미를 알 수 있다. (2)는 상념 대용의 예이다. (2가), (2나) 모두 화자의 머릿속에 존재하는 것을 가리키고

---

6) 문맥 context이라는 용어는 언어적 문맥 linguistic context만이 아닌 더 넓은 의미로 상황적 문맥 situational context까지 가리키는 경향이 있으나 양명희(1998:67)에서는 문맥을 언어적인 것으로 국한하여 사용하였다.

있다. (3)은 문맥 대용을 보여 주는데, (3가)와 같이 선행어가 대용어의 앞에 존재하는 경우를 선행 대용, (3나)와 같이 그 반대의 경우를 역행 대용이라고 한다. 문맥 대용에서는 지시사 '그'와 '이'가 사용되며 '저'는 사용될 없다.[7)

　　김일웅(1982), 장석진(1984) 등도 용어만 다를 뿐 유사하게 분류하고 있다. 김일웅(1982)은 지시 대상이 언어적 문맥 속에 있는지 여부에 따라 '상황 지시'와 '문맥 지시'로 나누고, 상황 지시를 지시 대상이 담화 현장에 있어 화자와 청자가 함께 지각할 수 있는지에 따라 '현장 지시'와 '개념 지시'로 다시 나누었다. 그리고 '문맥 지시'는 되풀이 조건에 따라 대용과 함께 지시가 이루어지므로 '조응지시'가 된다고 하였다. 또한 장석진(1984)은 화맥 context을 화시적 deictic, 전제적 presuppositional, 언어적 linguistic 화맥으로 나누어 지시와 조응을 논의하였다. 조응은 지시의 하위분류로서 문맥 linguistic context에서의 지시 기능을 담당하고, 비조응적 지시는 화시적, 전제적 화맥, 흔히 말하는 상황적 맥락에서의 기능을 나타낸다고 보았다. 위의 논의들을 표로 정리하면 다음과 같다.

〈표 1〉 지시·대용의 유형

| | 양명희(1998) | 김일웅(1982) | 장석진(1984) |
|---|---|---|---|
| 언어적 | 문맥 대용 | 문맥 지시 | 언어적 화맥에서의 지시 |
| 비언어적 | 현장 대용 | 현장 지시 | 화시적 화맥에서의 지시 |
| | 상념 대용 | 개념 지시 | 전제적 화맥에서의 지시 |

---

7) 김일웅(1982:76~77)은 문맥 대용에서는 들을이에 대한 고려 없이 지시 대상에 대한 주관적인 거리감에 따라서 '이'와 '그'가 구분되어 쓰이나 '저'가 쓰이는 일은 없다고 하였다. 문맥 대용에서의 '이'와 '그'의 구분 기준과 기능을 다음과 같이 정리하였다.

| | 구분 기준 | 기능 |
|---|---|---|
| 문맥 대용 | · 들을이에 대한 고려 없음<br>· 말할이의 주관적 거리감 | · 이: 대상에 대해 가깝게 느낌<br>· 그: 대상에 대해 거리가 있게 느낌 |

이 표에서 비언어적인 것에 속하는 것은 Halliday & Hasan(1976)의 분류에서 지시에 해당되는 것으로써 텍스트 외 상황 의존적인 반면, 언어적인 것에 속하는 것은 Halliday & Hasan(1976)의 대용에 해당되는 것으로 가리키는 대상이 텍스트 내에 존재한다.

본 연구에서는 구어와 문어 사용역에서 중국어권 한국어 학습자가 응결성을 구축하기 위해 응결장치를 어떻게 사용하는지 살펴보고자 한다. 따라서 텍스트 내 언어 표현 간의 결속력을 높여 주는 응결장치로 대용에 주목하고 있다. 본 연구는 Halliday & Hasan(1976)의 대용의 개념을 받아들여, 비언어적 대용은 제외하고 텍스트 내 언어적 요소를 대상으로 한 문맥 대용에 국한하여 응결장치를 살펴보도록 하겠다.

■ 대용의 응결장치

대용어는 대용의 기능을 담당하는 어휘로, 대용의 응결장치로 역할을 한다. 한국어 대용어를 분류해 보면, 지시사가 선행된 '지시 대용어'와 지시사가 선행되지 않는 '비지시 대용어'로 분류할 수 있다. 대용을 텍스트 응결장치로 제시한 고영근(2011)에서는 대용어의 체계를 다음과 같이 분류하였다.

〈표 2〉 대용어의 체계

| 대명사 | 수사 | 동사 | 형용사 | 관형사 | 부사 |
|---|---|---|---|---|---|
| · 인칭 대명사: 이이 / 이분 그이 / 그분 저이 / 저분  <br><br>· 지시 대명사: 이것, 그것, 저것 (사물) | 하나, 둘…(기수)  <br><br>첫째, 둘째…(서수) | 이리하다 그리하다 저리하다 | 이러하다 그러하다 저러하다 | 이런 그런 저런 | 이리 그리 저리 |

<표 4>을 보면, 수사를 제외하고는 모두 다 지시사가 선행되어 있는 언어 형식을 취하고 있다. 수사에 대하여 고영근(2011:103)에서는 지금까지 대용어 체계에서 수사를 제외하는 것이 일반적이었으나 그것이 사물의 수효를 객관적으로 지시하는 기능을 띠고 있기 때문에 대용어의 범주에 넣을 수 있다고 밝히고 있다.

(4) 가. 그에게는 딸이 둘이 있는데, 첫째는 교사이고 둘째는 의사이다.
　　 나. 아들이 세 명이 있는데, 둘은 서울에 하나는 부산에 산다.

(4가)는 딸을 가리키는 것으로 서수가 사용된 경우이며 (4나)에서는 아들을 나타내는 것으로 기수가 사용되었다. 수사의 대용화는 선행 명사의 부분을 수의 개념이나 순서의 개념으로 제한하여 반복 지시하는 것으로 상황에 따라 가리키는 대상이 변하는 것이 아니라 선행하는 명사에 따라 내용이 결정되는 특징을 지닌다 (양명희 1998:106).

이 밖에도 지시사가 선행되지 않은 '것', '분', '이'와 같은 의존명사와 '하다'와 같은 동사들이 대용적 기능을 수행하는 경우에 주목하여, 지시사가 선행되지 않음에도 불구하고 이들을 대용어에 포함하는 논의들이 진행되어 왔다(서정수(1975), 김광희(1994), 양명희(1998)).

(5) 가. 가방에 공책이 가득 있었다. 나는 빨간 것을 골랐다.
　　 나. 인천 근처에는 섬이 많다. 내 친구는 한 곳에 가 보았다고 한다.
　　 다. 공원에는 나이가 많은 어른들이 앉아 계셨다. 한 분이 나에게 말을 거셨다.

(5가)의 '것'은 '공책'을. (5나)의 '분'은 '어른', (5다)의 '곳'은 '섬'을 대신하는 것으로 해석할 수 있으며, '것', '분', '곳'이 가리키는 대상은 선행어 중 특정 하나를 가리키고 있음을 알 수 있다. 이러한 특징 때문에 의존명사도 대용어에 포함시

켜 논의하는 것인데, 양명희(2006:107)에서는 지시사 유무에 따라 대용어의 어휘 항목을 다음과 같이 분류하였다.

〈표 3〉 지시 대용어와 비지시 대용어 목록

| | 체언 | | | | | 용언 | 수식언 |
|---|---|---|---|---|---|---|---|
| 지시 대용어 | 이것<br>그것<br>저것 | 이분<br>그분<br>저분 | 이이<br>그이<br>저이 | 이곳<br>그곳<br>저곳 | 여기<br>저기<br>거기 | 이러하다,<br>그러하다,<br>저러하다 | 그런,<br>그렇게 |
| 비지시 대용어 | 것, 분, 이, 곳…<br><br>첫째, 둘째, 셋째…<br>하나, 둘, 셋… | | | | | 하다 | - |

비지시 대용어와 지시 대용어 모두 텍스트 응결성 형성에 중요한 요소이다. 그러나 한국어의 경우 '이것', '그것'처럼 지시사를 선행 성분으로 한 언어 형식을 갖는 경우가 많을 뿐만이 아니라 '그런', '그렇게' '그래서' 등 다양한 활용형이 고정된 어형으로 사용되어, 영어보다 훨씬 더 다양한 지시 대용어가 사용되고 있다. 또한 지시 대용어는 텍스트 내 언어 요소를 명시적으로 가리킴으로써 비지시 대용어보다 텍스트 응결성에 직접적인 영향을 미치게 된다. 본 연구는 텍스트 응결성을 높이는 데에 기여하는 장치로서의 대용에 초점을 두고 한국어 학습자의 대용어 사용 양상을 분석하고자 한다. 그러므로 본 연구에서는 비지시 대용어를 제외하고 지시 대용어를 중심으로 하여 중국어권 한국어 학습자의 응결장치 사용 양상을 고찰하도록 하겠다.

고영근(2011), 양명희(1998, 2006)가 분류한 대용어 체계에는 이, 그, 저 삼분 체계가 모두 활용되었는데 그 이유는 Halliday & Hasan(1976)의 지시와 대용을 포함한 개념이기 때문이다. 그러나 본 연구에서는 Halliday & Hasan(1976)의 지시에 해당되는 현장 대용과 상념 대용은 제외하고, 분석 대상을 문맥 대용으로 제한할 것이다. 앞서 언급한 바와 같이 문맥 대용에서는 '이', '그'만 사용되며 '저'는 쓰이지 않는 것이 특징이다. '저'는 현장 대용과 상념 대용에서만 사용될 수 있는 것이다. 따라서 본 연구의 연구 범위에 맞게 '저'를 제외하고 '이', '그'를 포함하여 본 연구의 분석을 위한 대용의 응결장치 분석의 틀을 제시하면 다음과 같다.[8)]

〈표 4〉 대용의 응결장치 분석 틀

| 체언 | 수식언 | 용언 |
|---|---|---|
| 이/그<br>이것 / 그것<br>이분 / 그분<br>이이 / 그이<br>이곳 / 그곳<br>여기 / 거기 | 이/그<br>이런/그런<br>이리/그리 | 이러하다 / 그러하다<br>이리하다 / 그리하다 |

## 4 연구를 위한 최적의 방법

### ■ 실험 참여자

본 연구는 구어와 문어 사용역에 따라 한국어 학습자들의 한국어 응결장치 사용 양상을 살펴보고자 한다. 이에 본 연구에서는 한국어 학습자의 구어, 문어 텍스트를 수집하기 위하여 실험 참여자들에게 말하기와 쓰기 과제를 수행하게 하였다. 본 연구에는 중국어권 학습자20명과 그 비교 집단으로 한국어 모어 화자 20명이 참여하였다.

TOPIK 쓰기 채점 기준과 ACTFL OPI Interview 채점 기준을 통하여 살펴본 바와 같이, 중급 단계부터는 구어, 문어에서 모두 학습자에게 문장을 넘어 문단을

---

8) 분석틀에서 체언에 '이/그' 대명사에 속하며, 수식언의 명사를 수식하는 '이/그'는 관형사에 해당된다.

생성하는 능력이 요구되는데, 이때 문단 내 언어 표현들을 연결함으로써 문단을 하나의 형태적, 의미적 통합체로 묶어 주는 것이 응결장치이다. 그러므로 중급 단계부터 문단 단위의 완성도 있는 텍스트를 생성하기 위해서는 학습자들에게 응결장치의 적절한 사용에 대한 지식이 반드시 필요하다.9) 따라서 본 연구에서는 중급 수준의 중국어권 한국어 학습자들의 응결장치 사용 양상을 살펴보았는데, 중국인 실험 참여자에 대한 정보는 다음과 같다.

〈표 5〉 외국인 실험 참여자 정보

|  | 본 실험 |
| --- | --- |
| 국적 | 중국(15명), 대만(5명) |
| 숙달도 | 중급 |
| 성별 | 여자(20명) |
| 연령 | 만 24세 |
| 한국어 학습 기간 | 1년 3개월 |
| 한국어 학습 목적 | 진학(12명), 취미(6명), 취직(2명) |

본 실험에 참여한 중국어권 학습자는 이화여자대학교 언어교육원 한국어 집중 과정에서 3급 또는 4급을 수강하는 중급 수준의 중국어권 학습자 총 20명이었다. 본 실험은 학기 초가 아니라 외국인 실험 참여자들이 어느 정도 3급 또는 4급 내용을 배운 중간고사 이후로 하여 진행하였다. 본 실험에 참여한 학습자들의 국적은 중국, 대만으로 하였으며, 중국인에는 홍콩 지역 출신 학습자도 포함하였다. 한국어 학습 목적은 진학, 취미, 취직 등 다양하였으나 고등학교를 졸업하고 한국

---

9) 실제로 학습자가 중급 수준 이상에 도달하게 되면 초급 때와 달리 자신이 생산한 텍스트의 결속성에 대하여 관심을 가지게 되므로 학습자의 요구와 필요 측면에서도 중급 이상 수준이 연구의 대상이 된다(최정희 2012:48).

내 대학교 진학을 준비하는 20대 초반의 학습자가 가장 많았다.

중국어권 학습자와의 비교 집단으로 한국어 모어 화자들도 실험 참여자로 참여하였는데, 한국인 실험 참여자는 2차 예비 실험과 본 실험에 참여하였다. 한국인 실험 참여자 정보는 다음과 같다.

〈표 6〉 한국인 실험 참여자 정보

|  | 본 실험 |
|---|---|
| 성별 | 여자 20명 |
| 연령 | 만 32.6세 |
| 학력 | 대학원 졸업 이상 |
| 전공 | 한국어교육(19명), 국어국문학(1명) |
| 한국어 교육 경력 | 있음(20명) |

한국어 모어 화자의 텍스트는 한국인이 생성한 전형적인 텍스트인가가 중요하다. 한국인이 생성한 전형적이면서 모범적인 텍스트를 수집하고자 본 실험에서는 전공을 통제하여, 학부 또는 대학원에서 국어국문학 또는 외국어로서의 한국어교육을 전공한 석사 이상의 학력을 지닌 한국어 모어 화자들을 대상으로 하였다.[10] 이들의 출신 지역을 조사한 결과, 75%가 서울·경기 지역, 10%가 충청도였으며 이 밖에도 강원도, 제주도, 전라도가 각 5%씩 총 15%를 차지하였다. 한국인 실험 참여자는 현재 국내 대학 기관에서 한국어를 가르치는 현직 한국어 교사들로 평균 4년 9개월의 교수 경력을 지니고 있었다. 또한 서울 이외의 충청도, 강원도, 제주도, 전라도 지역 출신의 한국어 모어 화자들 역시 전원 사투리를 사용하지 않고

---

10) 학부 전공은 국어국문학이 11명으로 가장 많았고, 중어중문학, 독어독문학, 불어불문학, 일어일문학 등 외국어 전공자 5명, 사회과학을 비롯한 기타 전공자가 4명이었다.

표준어를 사용하였다.

## ■ 자료 수집 도구

자료 수집 도구는 구어, 문어 텍스트를 수집하기 위해 자유 말하기, 자유 작문을 사용하였다. 아래의 표에서 과제 1은 '내가 가장 돌아가고 싶은 때'에 대한 표현적 텍스트 생성 과제, 과제 2는 '건강하게 사는 방법'에 대한 설명적 텍스트 생성 과제를 가리킨다.본 연구에서 구어와 문어 사용역이 가장 중요한 변인에 해당되므로 과제 간 전이를 최소화하기 위하여 자료 수집 도구는 수정하지 않고 자유 말하기와 자유 작문 사이에 최소 2~3일의 간격을 두고 진행하였다.

〈표 7〉 2차 예비 실험의 과제 설정

| | 자유 작문, 자유 말하기 | |
| --- | --- | --- |
| | 과제 1 | 과제 2 |
| 텍스트 유형 | 표현적 텍스트 | 설명적 텍스트 |
| 텍스트 주제 | 내가 가장 돌아가고 싶은 때 | 건강하게 사는 방법 |
| 텍스트 분량 | 문어: 원고지 600자 이상, 구어: 5분간의 발화 분량 | |

## ■ 자료 수집 절차

과제 간 전이를 최소화하기 위하여 자유 말하기와 자유 작문 사이에 시간적 간격을 2~3일을 두어 다음과 같은 절차로 진행하였다. 아래의 그림에서 과제 1은 '내가 가장 돌아가고 싶은 때'에 대한 표현적 텍스트 생성 과제, 과제 2는 '건강하게 사는 방법'에 대한 설명적 텍스트 생성 과제를 가리킨다.

| 1차시 | · 전체적인 진행 일정, 과제 수행 방법 안내<br>· 과제 1의 자유 말하기 실시 |
| 2차시 | · 과제 2의 자유 말하기 실시<br>· 과제 1의 자유 작문 실시 |
| 3차시 | · 과제 2의 자유 작문 실시<br>· 실험 참여자 신상 조사 실시 |

〈그림 4〉 본 실험의 자료 수집 절차

1차시에서는 먼저 연구자가 실험 참여자들에게 말하기 과제 2개와 쓰기 과제 2개 총 4개의 과제를 수행하게 될 것을 안내하였다. 전체적인 진행 일정에 대한 안내를 마친 후 '내가 가장 돌아가고 싶은 때'에 대한 자유 말하기를 실시하였다. '언제로 돌아가고 싶은가', '그때로 돌아가고 싶은 이유는 무엇인가', '그때로 돌아가면 무엇을 하고 싶은가' 등의 세부 내용을 포함시키되 이 외에도 다른 내용을 얼마든지 추가 가능함을 알려주었다. 말하기 과제는 5분간 수행하여야 하며 사전 준비 시간에는 기록이 가능하나 녹음이 시작된 후에는 그것을 볼 수 없음을 공지하였다. 자유 말하기에 대한 안내를 마친 후 실험 참여자가 원하는 만큼 자유 말하기를 위한 준비 시간을 제공하였다. 그리고 준비가 다 된 사람부터 다른 연구자가 있는 교실로 이동하여 발화 녹음을 진행하였다.

과제 1이 끝나고 이틀 후 2차시 과제를 실시하였다. 2차시에서는 '건강하게 사는 방법'에 대한 자유 말하기를 진행하고 나서 이어서 '내가 가장 돌아가고 싶은 때'에 대한 글쓰기도 진행하였다. 먼저 자유 말하기의 주제 및 과제 수행 방법을 안내하였다. 주제는 '건강하게 사는 방법'으로 '운동', '음식', '수면' 중에서 2~3가지를 선택하여 그 구체적인 방법, 그로 인한 효과 및 주의사항 등을 말하게 하였다. '운동', '음식', '수면'이 아니라 자신이 잘 알고 있는 건강 관련 지식을 말해도 좋다고 하였다. 자유 말하기의 진행 과정은 1차시 자유 말하기와 동일하게 이루어졌다. 자유 말하기가 끝난 실험 참여자는 이어 자유 작문을 실시하였다. 쓰기 주제에 대한 안내는 1차시 말하기 주제와 동일하게 이루어졌다. 단 1차시에 실시한 말하기 과제와 주제가 같으나 그때 발화한 내용과 동일하게 쓰지 않아도 되므로 그것을 기억해서 쓰지 않을 것을 당부하였다. 쓰기 시간에는 제한을 두지 않았으며 전원 1시간 이내에 글을 완성하였다.

마지막 3차시 실험은 2차시 실험 이틀 후에 이루어졌다. '건강하게 사는 방법'으로 쓰기 과제로 주제에 대한 세부 내가 제공되었다. 마찬가지로 2차시 말하기 과제에서 발화한 내용을 기억해서 쓰지 말라는 것을 강조하였다. 전원 1시간 이내에 글쓰기를 완성하였다.

지금까지 본 실험의 구체적인 실험 절차를 기술하였다. 이는 외국인 실험 참여자를 대상으로 진행된 절차이다. 한국인 실험 참여자의 경우, 과제 안내 및 자료 수집은 이메일을 통하여 이루어졌다. 자유 말하기 수행 시 외국인 실험 참여자의 발화는 연구자가 직접 녹음을 진행한 반면에 한국인 실험 참여자는 자신이 직접 발화를 녹음한 후 음성 파일을 연구자에게 이메일로 보내는 방식으로 진행하였다. 또한 자유 작문의 경우 외국인 실험 참여자는 800자짜리 종이 원고지에 작성하였으나 한국인 실험 참여자는 한글 파일(HWP)로 작성하여 이메일로 연구자에게 전송하도록 하였다. 이것 외에는 1차시, 2차시, 3차시의 모든 과정들이 한국인 실험 참여자와 외국인 실험 참여자에게 동일하게 진행되었다.

## 5 구어, 문어 텍스트 속 대용의 응결장치

'대용'은 텍스트 앞이나 뒤에 나오는 언어 요소를 되풀이하지 않고 대용의 기능을 담당하는 어휘인 '대용어'를 사용하여 대신하는 현상이다. Sweet에 따르면, 대명사는 간결함을 피하기 위하여, 명사의 반복을 피하기 위하여, 명확한 진술의 필요성을 피하기 위하여 사용된다고 하였다. 이것은 대용의 기본 기능이라고 할 수 있는데, 대용의 응결장치는 비단 텍스트의 단조로움을 깨고 표현의 다양화에 일조할 뿐만 아니라 정확한 내용이 생각나지 않거나 특정 사항에 대하여 직접적인 언급을 피하고 싶을 때 에둘러 표현할 수 있게 함으로써 화용적으로도 중요한 역할을 한다(양명희 1998:34).

본 연구에서는 텍스트 내의 언어 요소를 명시적으로 가리킴으로써 텍스트 응결성 형성에 직접적인 영향을 미치는 지시 대용어를 중심으로 분석을 진행하였다. 분석은 다음의 순서로 이루어졌다. 먼저 구어, 문어 텍스트에 나타난 중국어권 학습자의 대용 응결장치 사용 빈도 및 오류율을 살펴보았다. 이어 대용어를 체언, 용언, 수식언으로 분류하고 구어, 문어 텍스트에 나타난 중국어권 학습자의 대용 응결장치 사용 양상을 한국어 모어 화자와 비교하였다. 마지막으로 구어, 문어 텍스트에 나타난 '이' 계와 '그' 계 대용어의 사용 양상을 중국어권 학습자 한국어 모어 화자 간에 비교하여 분석하였다.

## 5.1. 사용 빈도 및 오류율

다음은 구어와 문어 텍스트에서 중국어권 학습자와 한국어 모어 화자가 사용한 대용 응결장치 사용 빈도 및 오류율을 나타낸 표이다.

〈표 8〉 구어, 문어 텍스트에 나타난 대용 응결장치 사용 빈도

| 실험 참여자 | 대용 응결장치 | 총 사용 빈도 | 어절 당 사용 빈도 | 문장 당 사용 빈도 |
|---|---|---|---|---|
| 중국어권 학습자 | 구어 텍스트 | 245 | 31.5 | 3.0 |
| | 문어 텍스트 | 132 | 51.3 | 5.6 |
| 한국어 모어 화자 | 구어 텍스트 | 573 | 25 | 1.3 |
| | 문어 텍스트 | 223 | 38.8 | 2.7 |

'어절 당 사용 빈도'는 몇 어절 마다 대용의 응결장치가 출현하는가를 의미하고, '문장 당 사용 빈도'는 몇 문장마다 대용의 응결장치가 출현하는가를 의미한다. 중국어권 학습자부터 살펴보면, 구어 텍스트에서는 대용의 응결장치가 31.5 어절 마다 1회, 3 문장마다 1회씩 사용된 반면, 문어 텍스트에서는 51.3 어절 당 1회, 그리고 5.6 한 문장 당 1회의 대용 응결장치가 사용되어, 문어보다 구어 사용역에서 더 많은 대용 응결장치가 쓰인 것으로 나타났다. 이와 마찬가지로 한국어 모어 화자도 문어보다 구어 텍스트에서 빈도가 높게 나타났다. 구어 텍스트에서는 25어절 당 1회, 1.3 문장 당 1회의 대용 응결장치가 쓰였고 문어 텍스트에서는 38.8 어절 당 1회, 2.7 문장 당 1회가 쓰여, 구어 텍스트에서 대용의 응결장치가 2배 가까이 자주 사용되었다.

문어보다 구어 텍스트에서 대용의 응결장치가 더욱 선호되는 이유는 구어와 문어의 특성에서 그 원인을 찾을 수 있다. 첫째로, 생각 표현의 시간적 여유라는 견지에서 보면 구어에는 즉각성이 있으나 문어에는 순간성이 있다(강지수 2005:65). 이로 인해 구어에서는 발화한 표현들을 그때그때 결속시켜 줄 수 있는 응결장치가 문어에서보다 많이 요구되는 것이다. 둘째로, 대용어의 특징도 하나의 원인으로 작용한다. 대용어의 사용은 동일 어휘를 반복 사용하는 것보다 의미상 비명시적이다. 화자와 청자의 관계상, 구어는 포함성을 띠고 있으므로 대용이 지닌 이러한 불명확한 의미에 대하여 청자에게 부연 설명하거나 수정하는 것이 가능하다. 그러나 문어는 화자와 청자가 분리성을 지니고 있으므로 대용의 불명확성을 피하고 의미를 한층 명확하게 전달할 수 있는 어휘들을 선택하게 되는 것이다. <표 8>을 보면 구어, 문어 텍스트 모두 한국어 모어 화자가 중국어권 학습자보다 대용의 응결장치를 2배 많이 사용하였다. 한국어 학습자는 대용의 응결장치에 대한 의존도가 낮은데 특히 구어 사용역에서 대용 응결장치를 사용할 수 있도록 교수가 필요할 것으로 보인다.

이어서 중국어권 학습자의 구어, 문어 사용역에 따른 대용 응결장치 오류 사용률을 살펴보면 다음과 같다.

<표 9> 구어, 문어 텍스트에 나타난 대용 응결장치 오류율

| 사용역＼대용의 응결장치 | 총 사용 빈도 | 오류 수 | 오류율 |
|---|---|---|---|
| 구어 텍스트 | 245 | 17 | 7.0% |
| 문어 텍스트 | 132 | 4 | 3.1% |

오류율을 살펴보면, 구어 텍스트에서는 오류율이 7.0%, 문어 텍스트에서는 그 절반 주순인 3.1%로 나타났다. 구어 텍스트에 오류율이 더욱 높은 것은 앞서 기술한 바와 같이 구어의 즉각성에서 비롯된 것이라고 볼 수 있다. 문어 텍스트보다 구어 텍스트에서 대용의 응결장치 의존도가 높으므로 중국어권 학습자들에게 특히, 구어 텍스트에서 대용의 응결장치를 적절하고 정확하게 사용할 수 있는 능력이 요구된다.

## 5.2. 대용 체언, 대용 용언, 대용 수식언의 사용 양상

여기에서는 대용어를 체언, 용언, 수식언으로 나누어서 구어와 문어 텍스트에 나타난 대용 응결장치 사용 양상을 살펴보고자 한다. '이것', '그것'과 같은 대용 체언은 문장 안에서 주어 또는 목적어의 기능을 하며, '이', '그' 등의 대용 수식언은 뒤에 오는 말을 한정하거나 수식하는 기능을 수행한다. 대용 체언과 대용 수식언은 모두 활용 없이 형태가 고정적인 것이 특징이다. 반면에 '이러하다', '그러하다' 등의 대용 용언은 문장 안에서 주어의 움직임, 상태, 성질 등을 서술하는 것으로서 형태가 고정적이지 않고 다양하게 활용되어 쓰인다. 그러므로 대용 용언은 형태적 복잡성으로 인하여 대용 체언, 대용 수식언에 비해 학습자들에게 더욱 어렵게 느껴질 수 있다. 따라서 중국어권 학습자가 구어, 문어 사용역에서 대용 체언, 대용 용언, 대용 수식언을 어떻게 사용하는지 또한 어떠한 부분이 부족한지 한국어 모어 화자와 비교하여 살펴보도록 하겠다.

먼저 구어와 문어 텍스트에 나타난 중국어권 학습자와 한국어 모어 화자의 대용 체언, 용언, 수식언 사용 양상을 살펴보면 다음과 같다.

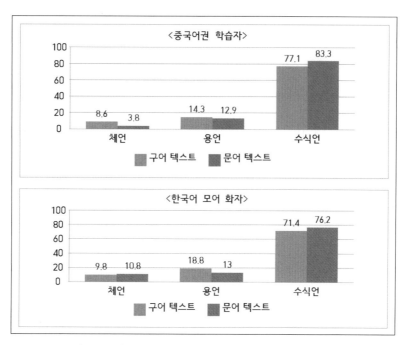

〈그림 5〉 구어, 문어 텍스트에 나타난 대용 응결장치 사용 양상

중국어권 학습자와 한국어 모어 화자 모두 대용어 중 수식언의 사용 비율이 체언과 용언에 비하여 높게 나타났다. 이는 과제 1의 주제가 주요 요인으로 작용한 것으로 보인다. 과제 1의 주제는 '내가 가장 돌아가고 싶은 때'였는데, 과제 1의 구어 텍스트와 문어 텍스트에서 중국어권 학습자와 한국어 모어 화자 모두 대용의 응결장치 '그때'를 많이 사용하였다. 과제 1과 과제 2에 나타난 '그때'의 출현 빈도를 살펴보면 주제가 그 요인으로 작용하였음을 확인할 수 있다. 과제 1, 2의 구어와 문어 텍스트에 나타난 '그때'의 사용 빈도는 다음과 같다.

<표 10> 구어, 문어 텍스트에 나타난 '그때'의 사용 빈도

| 실험 참여자 | 사용 빈도 | 과제 1 | 과제 2 | 총합 |
|---|---|---|---|---|
| 중국어권 학습자 | 구어 텍스트 | 102 | 14 | 126 |
| | 문어 텍스트 | 66 | 2 | 68 |
| 한국어 모어 화자 | 구어 텍스트 | 140 | 1 | 141 |
| | 문어 텍스트 | 58 | 1 | 59 |

　　<표 10>과 같이 과제 2에서보다 과제 1에서 '그때'가 많이 사용되었다. '내가 가장 돌아가고 싶은 때'라는 주제의 특성상 특정 시점을 가리키는 '그때'가 반복적으로 나타난 것이다. 중국어권 학습자와 한국어 모어 화자 모두 구어와 문어 텍스트에서 '수식언', '체언', '용언' 순으로 많이 사용하였다. 그러나 중국어권 학습자는 구어보다 문어 텍스트에서 체언 사용률이 낮고 수식언 사용률이 높은 반면, 한국어 모어 화자는 구어보다 문어 텍스트에서 체언 사용률이 높고 수식언 사용률이 낮았다. 이는 대명사가 가리키는 지시의 영향권 때문이다. '이것/그것' 또는 '이/그'는 선행 명사를 가리키기도 하지만 선행 문장 전체 또는 문단을 가리킬 수도 있다. 즉각적인 특성을 지닌 구어에서는 '그', '이런' 등의 수식언을 활용하여 선행어를 가리키며 텍스트를 이어가는 한편, 문어 텍스트는 구어 텍스트보다 조직적이고 체계적이기 때문에 '이', '그것' 등의 체언을 활용하여 선행 문장이나 문단을 연결하고 있는 것이다. 그러므로 중국어권 학습자들도 문어 사용역에서 대용 체언을 활용하여 응결성 높은 텍스트를 생산할 수 있도록 대용 체언이 지니고 있는 지시의 영향권에 대하여 배울 필요가 있다.

　　이어서 대용어를 체언, 용언, 수식언으로 나누어서 구어와 문어 텍스트에 나타난 중국어권 학습자의 대용 응결장치 오류율을 살펴보면 다음과 같다.

〈표 11〉 구어, 문어 사용역에 따른 대용 응결장치 오류율

| 사용역 대용 응결장치 | 구어 텍스트 | | | 문어 텍스트 | | |
|---|---|---|---|---|---|---|
| | 사용 빈도 | 오류 수 | 오류율 (%) | 사용 빈도 | 오류 수 | 오류율 (%) |
| 체언 | 21 | 9 | 42.9% | 5 | 1 | 20% |
| 용언 | 35 | 6 | 17% | 17 | 2 | 11.8% |
| 수식언 | 189 | 2 | 1.1% | 110 | 0 | 0% |
| 총 | 245 | 17 | 7% | 132 | 3 | 2.3% |

오류는 문어보다 구어 텍스트에서 더 많이 발생하였으며, 구어와 문어 텍스트에서 동일하게 '체언', '용언', '수식언' 순으로 나타났다. 체언의 오류율이 가장 높게 나타났는데, 중국어권 학습자들은 구어 텍스트에서 '이거' 또는 '그거'를 간투사처럼 사용하여 발화의 특정 내용을 가리키면서 텍스트를 이어 나가고 있었다. 그러나 그중에서 대용어가 가리키는 바가 무엇인지 불명확한 경우가 많았다. 다음은 중국어권 학습자의 구어 텍스트에 나타난 대용 체언의 오류이다.

(구어 텍스트 - 중국어권 학습자 ⑬)
(6) 대학교 입학시험 때문에 제가 어렸을 때는 피아노를 쳤어요. 그런데 고등학교는 3학년 동안은 포기했어요. 왜냐하면 매일 *그거(입학시험시험) 스트레스가 많아서 시간도 없어 피아노를 연습할 수 없어요.

또한 문어 텍스트에서도 체언의 오류율이 높았는데, 이 또한 역시 가리키는 대상의 불명확성에서 기인하였다. 다음은 중국어권 학습자의 문어 텍스트에 나타난 대용 체언의 오류이다.

(구어 텍스트 - 중국어권 학습자 ⑳)

(7) 저는 옆집 아이와 함께 놀고 장난하고 여름마다 같이 숲에 가서 반딧불이를
잡으러 간 기억은 아직도 제 눈에 선한다. 지금 *그것(그 일)에 대해 되돌아
보니 제 어린 시절의 행복이 그 덕분이었다.

체언 다음으로 대용 용언의 오류율이 높았다. 경우, 대용 체언, 수식언과 달리
활용으로 인한 형태적 복잡성을 지니고 있으므로 모국어에 형태적 활용이 없는
중국어권 학습자들이 사용상에 어려움이 있다는 것을 알 수 있었다. 민주희(2010)
는 문어 텍스트에서 대용의 응결장치 사용 양상을 고찰하였는데, 오류율이 용언
(10.32%), 수식언(5.44%), 체언(4.46%)순으로 나타나, 학습자들이 대용 용언 사용
에 어려움이 있다는 것을 보여 주었다.

대용어가 체언, 용언, 수식언인지 따라 몇 가지의 응결장치가 사용되었는지 그
사용 유형을 살펴보도록 하겠다. 구어, 문어 텍스트에 나타난 대용의 응결장치 사
용 빈도와 유형은 다음과 같다.

〈표 12〉 구어, 문어 사용역에 따른 대용 응결장치 사용 빈도 및 유형

| 사용역 / 대용 응결장치 | | 구어 텍스트 | | 문어 텍스트 | |
|---|---|---|---|---|---|
| | | 사용 빈도 | 사용 유형 | 사용 빈도 | 사용 유형 |
| 중국어권 학습자 | 체언 | 21 | 7 | 5 | 2 |
| | 용언 | 35 | 4 | 17 | 5 |
| | 수식언 | 189 | 4 | 110 | 4 |
| | 총 | 245 | 15 | 132 | 11 |
| 한국어 모어 화자 | 체언 | 56 | 7 | 24 | 4 |
| | 용언 | 108 | 17 | 29 | 11 |
| | 수식언 | 409 | 5 | 170 | 4 |
| | 총 | 573 | 29 | 223 | 19 |

전반적으로 문어 텍스트에 비해 구어 텍스트에서 대용 응결장치 사용 빈도가 높을 뿐만 아니라 그 유형도 다양했다. 사용 유형에 있어서 중국어권 학습자와 한국어 모어 화자 간에 가장 큰 차이가 나는 부분은 용언이다. 한국어 모어 화자는 구어 텍스트에서 17가지, 문어 텍스트에서는 11가지 유형을 사용한 데 비해, 중국어권 학습자는 구어와 문어 텍스트에서 각각 4가지와 5가지를 사용하여 한국어 모어 화자의 절반 수준에도 미치지 못하였다. 이와 같이 대용 용언의 사용률이 낮은 데에는 모국어인 중국어가 어형 변화가 없는 고립어인 것과 대용 용언이 지닌 형태적 복잡성으로 인하여 중국어권 학습자들이 사용을 회피하는 것이 가장 큰 원인으로 보인다.

### ■ 대용 체언

중국어권 학습자의 구어, 문어 텍스트에 구체적으로 어떠한 대용 체언이, 얼마나 사용되었는지 구체적으로 살펴보도록 하겠다. 대용 체언의 사용 양상은 다음과 같다.

〈표 13〉 구어, 문어 텍스트에 나타난 대용 체언 응결장치 사용 양상

| 중국어권 학습자의 구어 텍스트 | | | | | | |
|---|---|---|---|---|---|---|
| 순위 | 대용어 | 사용 빈도 | 비율(%) | 누적비율(%) | 오류 수 | 오류율(%) |
| 1 | 이거 | 8 | 38 | 38 | 2 | 25 |
| 2 | 그거 | 4 | 19 | 57 | 2 | 50 |
| 3 | 거기 | 4 | 19 | 76 | 1 | 25 |
| 4 | 그것 | 2 | 9.6 | 85.6 | 1 | 100 |
| 5 | 그곳 | 1 | 4.8 | 90.4 | 1 | 100 |
| 6 | 이것 | 1 | 4.8 | 95.2 | 1 | 100 |
| 7 | 저기 | 1 | 4.8 | 100 | 1 | 100 |
| | 총 | 21 | 100 | | 11 | 42.9 |

| 한국어 모어 화자의 구어 텍스트 | | | | |
|---|---|---|---|---|
| 순위 | 대용어 | 사용 빈도 | 비율(%) | 누적비율(%) |
| 1 | 그것 | 37 | 66.1 | 66.1 |
| 2 | 그곳 | 8 | 14.3 | 80.4 |
| 3 | 거기 | 4 | 7.1 | 87.5 |
| 4 | 그거 | 3 | 5.3 | 92.8 |
| 5 | 그분 | 2 | 3.6 | 96.4 |
| 6 | 이거 | 1 | 1.8 | 98.2 |
| 7 | 이것 | 1 | 1.8 | 100 |
| | 총 | 56 | 100 | |

| 중국어권 학습자의 문어 텍스트 | | | | | | |
|---|---|---|---|---|---|---|
| 순위 | 대용어 | 사용 빈도 | 비율(%) | 누적비율(%) | 오류 수 | 오류율(%) |
| 1 | 그것 | 4 | 80 | 80 | 1 | 50 |
| 2 | 이 | 1 | 20 | 100 | 0 | 0 |
| | 총 | 5 | 100 | | 1 | 20 |

| 한국어 모어 화자의 문어 텍스트 | | | | |
|---|---|---|---|---|
| 순위 | 대용어 | 사용 빈도 | 비율(%) | 누적비율(%) |
| 1 | 이 | 11 | 45.8 | 45.8 |
| 2 | 그것 | 8 | 33.4 | 79.2 |
| 3 | 이것 | 4 | 16.6 | 95.8 |
| 4 | 거기 | 1 | 4.2 | 100 |
| | 총 | 24 | 100 | |

중국어권 학습자의 구어 텍스트를 한국어 모어 화자와 비교하였을 때, 중국어권
학습자는 8가지 유형, 한국어 모어 화자는 9가지 유형을 사용하여 비슷하게 나타

났다. 두드러진 차이는 첫째, 중국어권 학습자는 '이거', '그거'를 많이 쓴 반면 한국어 모어 화자는 '그거', '이거'을 거의 사용하지 않고 '그것'을 가장 많이 사용한 점이다. 다음은 한국어 모어 화자의 구어 텍스트에 나타난 '그것' 사용의 실례이다.

(구어 텍스트 - 한국어 모어 화자 ⑪)
(8) 제가 대학 4년의 학비를 한 장학재단에서 지원을 받아서 대학을 다녔는데 장학금을 받는 것이 물론 감사한 일이고 그것을 그냥 누릴 수도 있는데…….

(구어 텍스트 - 한국어 모어 화자 ⑥)
(9) 이미 불가능한 일이 되긴 했지만 혹시나 미래를 바꿀 수 있다면 건강하게 더 나은 방법으로 어머니를 지켜 드리고 싶습니다. 그것이 제가 가장 후회하는 일이고 그래서 그때로 돌아가고 싶습니다.

(구어 텍스트 - 한국어 모어 화자 ③)
(10) 많이 먹지 않고 세끼 음식을 잘 챙겨먹는데 많이 먹지 않고 소식하는 것 그것이 건강에 좋다고 합니다.

(8)에서 '그것'은 선행하는 명사구 '장학금을 받는 것'을 대신하고 있으며 (9)에서 '그것'은 선행 문장 전체를 가리키고 있다. (10)의 '그것'도 선행하는 명사절 전체를 받고 있으나 '그것'을 사용함으로써 강조의 효과를 보여 주고 있다. 이와 같이 한국어 모어 화자의 텍스트에서는 '그것'이 다양하게 사용되었다. 한국어 모어 화자들이 '그거'에 비해서 '그것'이 많이 사용한 이유는 본 연구에서 사용한 구어 텍스트가 쌍방향적인 대화가 아닌 자신의 경험이나 생각을 말하는 발표 텍스트이기 때문인 것으로 보인다.[11] 발표 텍스트 유형은 일상대화에 비해서는 문어성

이 짙은 구어 텍스트에 해당되므로 '그거', '그게', '그걸'보다 '그것'을 선택하게 된 것이다. 한국어 모어 화자와 달리, 중국어권 학습자는 '이거' 또는 '그거'를 더욱 많이 사용하였다. '이거'와 '그거'는 간투사처럼 발화의 특정 내용을 가리키면서 정확한 어휘나 완결된 어구, 절이 생산되지 않아도, 텍스트가 이어져 나가는 데 기여하고 있었다. 다음은 중국어권 학습자의 구어 텍스트에 나타난 '이거', '그거' 사용의 실례이다.

(구어 텍스트 - 중국어권 학습자 ⑨)
(11) 우리 학교 고등학교 입학하면 보통반과 국제반이 있어요. 보통반 전국에서 열심히 공부하고 대학입학시험 이거 전국에서 대학교 입학하는 반이에요.

(구어 텍스트 - 중국어권 학습자 ⑭)
(12) 조미료가 많이 들은 음식 자주 먹지 말고 인스턴트 푸드하고 튀기는 음식도 많이 먹지 마세요. 그거 많이 먹으면 체중도 많이 늘고 신장병도 걸릴 수 있습니다.

이 밖에도 중국어권 학습자 중에는 구어 사용역에서 '저기' 사용한 경우도 있었다. 이는 해당 학습자가 문맥 대용에서 '저'가 사용될 없다는 것을 모르기 때문에 나타난 오류로, 이 부분에 대하여 교육이 필요할 것이다.

---

11) 이진희(2003)에서는 자소적인 것과 음성적인 것이 구어성과 문어성에 따라 이분법적으로 구분되는 것이 아니라 연속선상에서 이해되어야 함을 밝혔다. 음성적으로 실현되는 친밀한 대화는 구어성의 극단에 가깝지만 학술강연은 문어성의 극단에 가깝고 자소적으로 실현되는 법규정집은 문어성의 극단에 가깝지만 사적인 편지는 구어성에 치우치고 있음을 보여 준다.

(구어 텍스트 - 중국어권 학습자 ⑩)

(13) 제 엄마가 저를 왜 호주에 가냐고 물어보셨어요. 그래서 저는 소셜 워크 안 좋아해서 호주에, 대만에서 나는 것보다 다른 나라에 가는 게 나은 것 같아서 *저기(거기)에 가서 라고 대답했어요.

중국어권 학습자의 문어 텍스트를 한국어 모어 화자와 비교하면, 대용 체언 의 사용 빈도 뿐 아니라 사용 유형 측면에서도 중국어권 학습자가 한국어 모어 화자 보다 현저히 적었다. 문어 텍스트에서 특징적인 것은 구어 텍스트에서는 나타나지 않았던 대명사 '이'가 출현한 점이다. 특히, 한국어 모어 화자의 텍스트에서는 총 11회로 여타 대용 체언보다 가장 많이 나타나, 대명사 '이'야말로 문어에서 우세하 게 사용되는 대용 체언이라는 것을 확인할 수 있다. 한국어 모어 화자의 문어 텍스 트에 대명사 '이'가 나타난 경우는 다음과 같다.

(14) 이 밖에도(1회)
　　 이 때문이다(1회)
　　 이로 인해서(2회)
　　 이와 더불어(1회)
　　 이를 위해(2회) / 이를 위해서는(1회)
　　 이를 통해서(2회)
　　 이를 중요하게(1회)

(14)는 한국어 모어 화자의 문어 텍스트에서 대명사 '이'가 사용된 표현 목록이 다. 중국어권 학습자의 문어 텍스트에서는 '이' 출현 빈도가 1회에 그쳐, 위와 같이 문어 텍스트에서 많이 사용되는 대용 체언의 목록을 학습자에게 제시하는 것이 필요하다.

(문어 텍스트 - 중국어권 학습자 ②)

(15) 돌아온 후에 어머니 수술해야 하는 바람에 입원한 소식이 들었다. 이 때문
에 계속 캐나다에서 공부할 일이 고만두고 한국에 유학 생활 처음으로 다
시 시작했다.

■ 대용 용언

중국어권 학습자의 구어, 문어 텍스트에 구체적으로 어떠한 대용 용언이, 얼마
나 사용되었는지 구체적으로 살펴보도록 하겠다. 구어, 문어 텍스트에 나타난 중
국어권 학습자와 한국어 모어 화자의 대용 용언의 사용 양상은 다음과 같다.

〈표 14〉 구어, 문어 텍스트에 나타난 대용 용언 사용 양상

| 중국어권 학습자의 구어 텍스트 | | | | | | |
|---|---|---|---|---|---|---|
| 순위 | 대용어 | 사용 빈도 | 비율(%) | 누적비율(%) | 오류 수 | 오류율(%) |
| 1 | 이렇게 | 28 | 80 | 80 | 3 | 10.7 |
| 2 | 그렇게 | 5 | 14.2 | 94.2 | 2 | 40 |
| 3 | 그렇다면 | 1 | 2.9 | 97.1 | 0 | 0 |
| 4 | 이러하면 | 1 | 2.9 | 100 | 1 | 100 |
| | 총 | 35 | | | 6 | 17 |

| 한국어 모어 화자의 구어 텍스트 | | | | |
|---|---|---|---|---|
| 순위 | 대용어 | 사용 빈도 | 비율(%) | 누적비율(%) |
| 1 | 그렇게 | 27 | 25 | 25 |
| 2 | 이렇게 | 26 | 24.1 | 49.1 |
| 3 | 그러한 | 23 | 21.3 | 70.4 |
| 4 | 그럴 | 5 | 4.6 | 75 |

| 5 | 그러다 | 4 | 3.7 | 78.7 |
|---|---|---|---|---|
| 6 | 그렇다고 | 4 | 3.7 | 82.4 |
| 7 | 그렇기 | 3 | 2.8 | 85.2 |
| 8 | 그렇지 | 3 | 2.8 | 88 |
| 9 | 이러한 | 3 | 2.8 | 90.8 |
| 10 | 그랬는지 | 2 | 1.9 | 92.7 |
| 11 | 그러기 | 2 | 1.9 | 94.6 |
| 12 | 그렇다면 | 1 | 0.9 | 95.5 |
| 13 | 그랬더니 | 1 | 0.9 | 96.4 |
| 14 | 그랬던 | 1 | 0.9 | 97.3 |
| 15 | 그런지 | 1 | 0.9 | 98.2 |
| 16 | 그렇습니다 | 1 | 0.9 | 99.1 |
| 17 | 그렇지요 | 1 | 0.9 | 100 |
| | 총 | 108 | 100 | |

| 중국어권 학습자의 문어 텍스트 | | | | | | |
|---|---|---|---|---|---|---|
| 순위 | 대용어 | 사용 빈도 | 비율(%) | 누적비율(%) | 오류 수 | 오류율(%) |
| 1 | 이렇게 | 10 | 58.8 | 58.8 | 0 | 0 |
| 2 | 그렇게 | 4 | 23.5 | 82.3 | 0 | 0 |
| 3 | 그러하다 | 1 | 5.9 | 88.2 | 1 | 100 |
| 4 | 그렇다면 | 1 | 5.9 | 94.1 | 0 | 0 |
| 5 | 이렇다면 | 1 | 5.9 | 100 | 1 | 100 |
| | 총 | 17 | 100 | | 2 | 11.8 |

| 한국어 모어 화자의 문어 텍스트 | | | | |
|---|---|---|---|---|
| 순위 | 대용어 | 사용 빈도 | 비율(%) | 누적비율(%) |
| 1 | 그렇게 | 8 | 27.6 | 27.6 |

| 2 | 이렇게 | 4 | 13.8 | 41.4 |
|---|---|---|---|---|
| 3 | 이러한 | 4 | 13.8 | 55.2 |
| 4 | 그렇다 | 4 | 13.8 | 69 |
| 5 | 그렇기 | 3 | 10.3 | 79.3 |
| 6 | 그렇다면 | 1 | 3.4 | 82.7 |
| 7 | 그랬다면 | 1 | 3.4 | 86.1 |
| 8 | 그러기 | 1 | 3.4 | 89.5 |
| 9 | 그러다 | 1 | 3.4 | 92.9 |
| 10 | 그러던 | 1 | 3.4 | 96.3 |
| 11 | 그럴 | 1 | 3.4 | 99.7 |
| | 총 | 29 | 99.7 | |

중국어권 학습자의 구어 텍스트를 한국어 모어 화자와 비교하였을 때, 중국어권 학습자는 4가지 유형을, 한국어 모어 화자는 17가지 유형을 사용하여 차이가 극명하게 나타났다. 그러나 중국어권 학습자와 한국어 모어 화자 모두 공통적으로 '이렇게'와 '그렇게'를 구어, 문어 텍스트에서 가장 많이 사용한 것으로 나타났다. '이렇게', '그렇게', '이러한', '그러한' 등은 아우르는 기능을 수행하는 대용 표현이다. 이기갑(1994:471)은 대용어가 열거되는 선행사 바로 뒤에 나타나 선행사들을 아우르는 기능을 갖는다고 하였다.

(16) 가. 철수하고 영희 그렇게 둘이 왔던데.
　　　나. 사과, 귤, 포도 그런 거 좀 가서 사 오렴.

(16가)의 '그렇게'는 철수하고 영희 두 사람을 아우르는 대용어이며, (16나)의 '그런'은 사과, 귤, 포도뿐만 아니라 그것과 같은 성질을 가진 것들이라는 의미로 선행어뿐만 아니라 그와 유사한 것이라는 의미도 포함하고 있다. 대용 용언 '그러

하다'의 활용형 '그러한'은 대용 수식언에 해당되는 관형사 '그런'과 의미는 같으나 '그런'보다 문어적이라고 알려져 있다. 대용어의 아우르는 기능은 다양한 방식으로 실현되는데 그중 대용 용언의 활용형 '이렇게', 그렇게', '이러한', '그러한' 그리고 대용 수식언 '이런', '그런'이 선행어를 가장 아우르는 대표적인 대용어라고 볼 수 있다. 한국어 모어 화자는 구어 텍스트에서는 '그러한'을 21.3%, '이러한'을 2.8% 사용하였으며 문어 텍스트에서는 '이러한'을 13.8% 사용한 반면, 중국어권 학습자는 '이렇게', '그렇게'는 많이 사용한 반면, '이러한', '그러한'은 전혀 사용하지 않았다. '이러한'과 '그러한'은 '이런', '그런'과 마찬가지로 아우름 기능을 수행하는 대용어인데, 중국어권 학습자의 텍스트에는 '이러한', '그러한'이 나타나지 않아, 대용 수식언 '이러한', '그러한'에 대한 명시적 교수도 필요하다는 것으로 보여 주고 있다.

대용 용언의 오류율를 살펴보면 특히 구어 텍스트에서 '이렇게'와 '그렇게'의 오류율이 다른 항목보다 높은 것으로 나타났다.

(구어 텍스트 - 중국어권 학습자 ②)
(17) 그리고 고등학교 때 조그만 하나 고민이 있는데 대학교 어떻게 가면 어떻게 공부해야 되는데 *이렇게(이런/이러한) 고민 있었어요.

(구어 텍스트 - 중국어권 학습자 ①)
(18) 저는 언제나 돌아가고 싶은지는 고등학교 2학년 전에 돌아가고 싶은데 그 때는 수업이 많지 않고 친구도 친한 친구도 많아서 즐길 수 있는 시간이 많아서 *그렇게(그래서) 가고 싶어요.

(17)의 '이렇게', (18)의 '그렇게' 모두 문장의 마지막 부분에 쓰여, 문장의 마지막에 선행어를 아우르기 위한 의도로 사용한 것으로 보인다. (17)에서는 선행어를

아우르기 위하여 '이런' 또는 '이러한'을 사용해야 하며, (18)에서는 '그래서'가 쓰여야 한다. 중국어권 학습자들은 대용어의 아우름 기능을 인지하고 있는 것이다. 다만 정확히 사용하는 방법을 모르는 것이다. 학습자들이 구어 텍스트에서 대용어의 아우름 기능을 정확히 이해하고 적절하게 사용할 수 있게 대용어의 아우름 기능을 반드시 가르칠 필요가 있다.

'이렇게', '그렇게' 외에 중국어권 학습자의 대용 용언 사용 양상을 살펴보면 구어, 문어 텍스트 모두 연결어미 '-면'과 결합한 형태인 '그렇다면', '이렇다면'이 주를 이루었다. 다음은 중국어권 학습자의 구어 텍스트에 나타난 대용 용언 오류의 실례이다.

(구어 텍스트 - 중국어권 학습자 ①)
(19) 지금 돌아가면 포기하지 말고 공부 자세히 하고 싶으면 좋겠어요.
　　*이러하면(그러면) 좋은 학교도, 좋은 대학교도 갈 수 있어서 좋아요.

'이러하면'은 '이렇게 하면' 또는 '그러면'으로 고치는 것이 바람직하다. '이러하면'은 형용사 '이러하다'의 활용형이라고 할 수 있는데, 한국인이 거의 사용하지 않는 표현을 중국어권 학습자가 사용하고 있었다. 이러한 현상은 문어 텍스트에서도 나타났는데, 중국어권 학습자의 문어 텍스트에 나타난 대용 용언 오류는 다음과 같다.

(문어 텍스트 - 중국어권 학습자 ①)
(20) 그래서 나는 그때 돌아가면 공부 열심히 해서 좋은 학교 합격했다.
　　*이렇다면(그러면) 자기의 인생이 앞으로 갈 길이 스스로 결정했다.

(19)과 (20)은 동일한 학습자가 생산한 텍스트이다. 이 학습자가 한국어 모어 화자의 텍스트에서 나타나지 않는 대용어를 사용하는 데는 모국어인 중국어 '이렇게 하면'의 의미를 지닌 중국어 '这样的话'로부터의 전이되었을 가능성이 높다.

이에 반해 한국어 모어 화자의 구어 텍스트에 나타난 대용 용언은 '-기 때문에', '-(으)ㄹ 때', '-다 보니까/보면', '-더니' 등의 다양한 문법 항목들과 결합되어 사용되고 있다. 그러므로 문법 항목 교수 시 중국어권 학습자들이 대용어를 활용하여 해당 문법을 발화할 수 있도록 가르치는 것이 필요하다. 한국어 모어 화자의 구어 텍스트에 나타난 대용 용언 사용의 실례는 다음과 같다.

(구어 텍스트 - 한국어 모어 화자 ⑤)

(21) 제가 너무나도 어리고 철도 없고 꿈에 대해서 좀 무지했다는 생각을 가끔 하게 됩니다. 그럴 때면 지금 요즘음 청소년, 어린 친구들하고 비교하면서 스스로 부끄러워지기도 합니다.

(구어 텍스트 - 한국어 모어 화자 ⑤)

(22) 제가 물을 좀 적게 마시는 편이었는데 그러다 보니까 신진대사도 원활하지 못하고 몸에 쌓인 노폐물도 쉽게 배출을 잘 못하는 것 같았습니다.

(구어 텍스트 - 한국어 모어 화자 ⑬)

(23) 제가 하지 못해서 아쉽다는 것은 그다지 없는 편이라고 생각하는데 이 주제를 계기로 제가 한번 생각을 해 봤습니다. 그랬더니 원래 제가 초등학생 때 예체능 쪽을 조금 더 활발하게 배우고 싶어 했습니다.

### ■ 대용 수식언

중국어권 학습자의 구어, 문어 텍스트에 대용어가 텍스트 내에서 수식어로 어떻게, 얼마나 사용되는지 구체적으로 살펴보도록 하겠다. 구어, 문어 텍스트에 나타난 중국어권 학습자와 한국어 모어 화자의 대용 수식언의 사용 양상은 다음과 같다.

〈표 15〉 구어, 문어 텍스트에 나타난 대용 수식언 사용 양상

**중국어권 학습자의 구어 텍스트**

| 순위 | 대용어 | 사용 빈도 | 비율(%) | 누적비율(%) | 오류 수 | 오류율(%) |
|---|---|---|---|---|---|---|
| 1 | 그 | 156 | 82.5 | 82.5 | 0 | 0 |
| 2 | 이런 | 19 | 10.1 | 92.6 | 1 | 5.3 |
| 3 | 그런 | 11 | 5.8 | 98.4 | 1 | 9.1 |
| 4 | 이 | 3 | 1.6 | 100 | 0 | 0 |
| | 총 | 189 | 100 | | 2 | 1.1 |

**한국어 모어 화자의 구어 텍스트**

| 순위 | 대용어 | 사용 빈도 | 비율(%) | 누적비율(%) |
|---|---|---|---|---|
| 1 | 그 | 265 | 64.8 | 64.8 |
| 2 | 그런 | 78 | 19.1 | 83.9 |
| 3 | 이런 | 46 | 11.2 | 95.1 |
| 4 | 이 | 19 | 4.6 | 99.7 |
| 5 | 그리 | 1 | 0.2 | 99.9 |
| | 총 | 409 | 99.9 | |

**중국어권 학습자의 문어 텍스트**

| 순위 | 대용어 | 사용 빈도 | 비율(%) | 누적비율(%) | 오류 수 | 오류율(%) |
|---|---|---|---|---|---|---|
| 1 | 그 | 100 | 90.9 | 90.9 | 0 | 0 |
| 2 | 이런 | 8 | 7.3 | 98.2 | 0 | 0 |
| 3 | 이 | 1 | 0.9 | 99.1 | 0 | 0 |
| 4 | 그런 | 1 | 0.9 | 100 | 0 | 0 |
| | 총 | 110 | 100 | | | 0 |

| 한국어 모어 화자의 문어 텍스트 | | | | |
|---|---|---|---|---|
| 순위 | 대용어 | 사용 빈도 | 비율(%) | 누적비율(%) |
| 1 | 그 | 128 | 75.3 | 75.3 |
| 2 | 이 | 23 | 13.5 | 88.8 |
| 3 | 그런 | 16 | 9.4 | 98.2 |
| 4 | 이런 | 3 | 1.8 | 100 |
| | 총 | 170 | 100 | |

수식언의 경우, 아우르는 기능을 수행하는 '이런', '그런'이 문어 텍스트보다 구어 텍스트에 많이 나타난 것이 구어와 문어 사용역의 가장 큰 차이였다. 이기갑 (1994:471)은 대용어가 아우르는 자리에 오는 예들이 구어의 담화 자료에 빈번히 보여 한국어의 독특한 말법의 한 예를 보이고 있다고 하였다. '이런', '그런'이 중국 어권 학습자의 구어 텍스트에서는 15.9%, 문어에서는 8.2%가 사용된 반면, 한국어 모어 화자의 구어 텍스트에서는 30.3%, 문어 텍스트에서는 11.2%로 나타났다. 이 를 통해 특히 한국어 모어 화자가 구어 텍스트 아우름 기능의 대용어를 많이 사용한 다는 것을 볼 수 있었다. 중국어권 학습자들 역시 문어보다 구어 텍스트에서 많이 사용하였으나, 한국어 모어 화자와 비교하였을 때 그 빈도가 현저히 낮았다.

(구어 텍스트 - 중국어권 학습자 ⑥)

(24) 그래서 좋은 음식을 먹어야 돼요. 야채, 과일 이런 음식을 좋을 것 같아요.

(구어 텍스트 - 중국어권 학습자 ⑩)

(25) 그래서 제 취미는 미디어하고 마케팅 그런 전공을 하고 싶은데 제 엄마가 저를 공무원으로 되고 싶어서 소셜워크 이런 전공은 선택했어요.

아우름 기능의 대용어 사용은 선행어의 나열을 전제로 하고 있으므로 기본적으로 어휘력과 관계가 깊다. 한국어 모어 화자는 그들이 지닌 풍부한 언어적 자원을 바탕으로 구어 사용역에서 여러 어휘들을 나열하고 그것을 아우르는 전략을 사용하는 것이다. 한국어 모어 화자의 구어, 문어 텍스트에서 문장의 길이를 비교해 보면, 구어 텍스트는 1문장 당 평균 19.7 어절인 반면 문어 텍스트는 1문장 당 10.2 어절로 나타났다. 구어 텍스트의 문장이 문어 텍스트보다 긴 데에는 여러 가지 요인이 있겠지만 구어 사용역에서 이러한 '나열하고 아우르는 전략'도 그중 하나로 작용하고 있었다.

(구어 텍스트 - 한국어 모어 화자 ⑨)

(26) 실험실에서 생활을 하면 인턴생이라고 해서 실험실에 들어와서 실험실이 어떤 지를 조금 미리 먼저 보고 간단하게 연구를 할 수 있는 그러한 인턴생 제도가 있는데 인턴생들을 관리하기도 했고요. 그 다음에 실험실에서 돌아가는 모든 일들, 시약부터 기기까지 그리고 교수님 연구비까지 해서 그런 일들을 모두 다 담당을 했습니다.

(구어 텍스트 - 한국어 모어 화자 ①)

(27) 인생에 많은 것들이 이미 집에서 형성되어 온 것도 있지만 유치원에서 처음 사회생활을 하면서 정말 그 아이의 인간관계 패턴이라든지 성격이라든지 여러 가지 지혜라든지 이런 것들이 유치원에서 굉장히 많이 형성이 된다 이런 것들을 알게 됐어요.

중국어권 학습자가 내용적으로 풍부하면서 자연스러운 구어 텍스트를 생산할 수 있도록 아우르는 대용어의 기능과 연관 지어 어휘들을 함께 교수하면 효과적일 것이다.

## 5.3. '이' 계 대용어, '그' 계 대용어 사용 양상

대용어를 형태에 따라 '이' 계 대용어와 '그' 계 대용어로 나누어 구어와 문어 텍스트에 나타난 대용 응결장치 사용 양상을 고찰하고자 한다. 본 연구는 현장 대용과 상념 대용은 제외하고 문맥 대용에 제한하여 살펴본다. 문맥 대용에서는 지시사 '저'는 쓰일 수 없으며 '이'와 '그'만 사용된다. '이' 계 대용어와 '그' 계 대용어는 대상에 대한 주관적 거리감에 따라 구분된다(김일웅 1982, 장석진 1984, 이기갑 1994). 즉 대상에 대해 심리적, 시간적으로 가깝게 또는 주관적으로 느끼면 '이'로, 거리가 있게 또는 객관적으로 느끼면 '그'로 지시한다는 것이다.

'이' 계 또는 '그' 계 대용어의 선택은 화자의 주관적 판단에 의해 정해지는 것이므로 정해진 정답은 없다. 그러나 한국어에서는 일반적으로 문맥 대용에서 '이' 계보다 '그' 계가 활발하게 사용되고 있다.[12] 중국어권 한국어 학습자가 구어, 문어 사용역에서 '이' 계와 '그' 계 중 어떠한 대용어를 더 선호하는지, 한국어 모어 화자와 어떠한 부분이 다른지 사용 양상을 비교·분석하도록 하겠다.

다음은 대용어를 '이' 계와 '그' 계로 나누어 구어와 문어 텍스트에 나타난 '이' 계 응결장치와 '그' 계 응결장치의 사용 비율을 나타난 그래프이다.

---

12) '이러하-'가 대용어로 쓰일 때에는 말할이와의 심리적 거리가 '그러하-'에 비해 가까움을 나타낸다. 따라서 그 결과로 '이러하-'로 대용되는 경우는 주관성이 그만큼 강하게 느껴진다. 실제로 담화 자료를 분석해 보면 대부분의 사람들에게는 '이러하-'의 쓰임이 매우 드물게 나타난다. 아우르는 대용의 경우, '그러하-'와 '이러하-'의 빈도는 94%와 6%의 상대적 비율울 보였다(이기갑 1994:477)

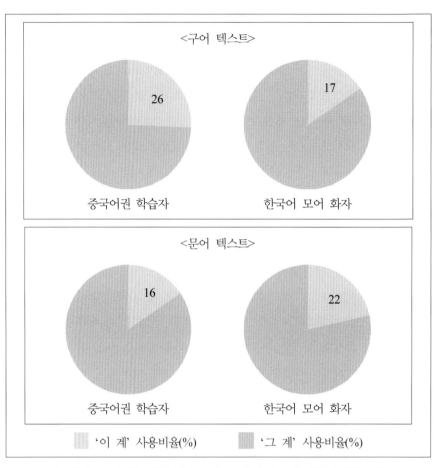

〈그림 6〉 구어, 문어 텍스트에 나타난 '이' 계, '그' 계 대용어 사용 양상

<그림 6>을 보면, 중국어권 학습자와 한국어 모어 화자 모두 구어, 문어 텍스트에서 '이' 계 대용어보다 '그' 계 대용어를 선호하였다. 그러나 '이' 계 대용어의 사용 비율에 차이가 있었는데, 한국어 모어 화자의 경우에는 구어 보다 문어 텍스트에서 '이' 계 대용어의 사용 비율이 높은 반면 중국어권 학습자는 문어보다 구어 텍스트에서 더 높게 나타났다. 이는 구어와 문어 사용역에서 텍스트를 보다 구체적으로 표현하고자 하는 욕구가 중국어권 학습자와 한국어 모어 화자 간에 다르기

때문으로 예상된다. 장석진(1984:17)은 '이'와 '그'의 근본적인 차이는 화자 중심의 거리의 차이에서 비롯되는 것이라고 하면서 '이'와 '그'의 차이를 아래와 같이 설명하고 있다.


(28) 가. 김철수를 그날 처음 만났습니다.
　　　ㄱ. 이 사람은 내가 누군지 처음부터 알고 있었습니다.
　　　ㄴ. 그 사람은 내가 누군지
　　나. 용남이를 만나려는데
　　　ㄱ. 이 친구 소식을 아무도 몰랐다.
　　　ㄴ. 그 친구 소식을 아무도 몰랐다.


(28가)의 ㄱ의 '이 사람'은 김철수를 만난 시간에 참조시를 맞추어 김철수를 가깝게 나타낸 것이고, (28나)의 ㄱ도 용남이를 만나려고 하는 사건시에 화자의 참조시를 맞추어 '이 친구'라고 가깝게 대용한 것이다. 그러나 (28가)와 (28나)의 ㄴ에서는 현재의 발화시에 참조시를 맞추어 김철수, 용남이를 멀게 표현한 것이다. 즉 문맥 대용에서 '그' 계열은 화자 중심의 발화시와 발화 장소에서 먼 사건, 상태에 쓰이는 데 비해, '이' 계열은 화자 중심의 발화시와 발화 장소에서 가까운 사건, 상태에 관련되어 쓰여 화자의 공감도 강하고 생생한 묘사의 힘을 갖는다고 하였다.

이를 바탕으로 중국어권 학습자와 한국어 모어 화자 간의 차이를 해석하면, 중국어권 학습자는 구어 텍스트에서 자신이 말하고자 하는 바를 더 생생하게 설명하고자 사건시에 맞추어 가깝게 표현한 반면, 문어 텍스트에서는 객관적 관점에서 사건 또는 상태를 기술하고자 한 것으로 보인다. 한편 한국어 모어 화자의 경우, 구어 텍스트에서는 억양, 표정, 몸짓을 사용하여 표현의 생생함을 더할 수 있기 때문에 언어적으로는 객관화하여 표현하였고, 문어 텍스트에는 비언어적 요소가 없고 필자와 독자가 분리된 상태이기 때문에 텍스트에 필자의 공감과 생동감을

더하고자 언어적으로 가깝게 표현한 것이다.[13]

(구어 텍스트 - 중국어권 학습자 ⑥)

(29) 다시 돌아오면 제가 꼭 열심히 공부하고 부모님 부담도 많이 도와주고 아마
이렇게 하면 우리 어머니가 이런 추억 나쁜 기억이 없을 것 같아요.

(구어 텍스트 - 한국어 모어 화자 ⑬)

(30) 유치원 때 정말 말이 없고 소심한 그러한 성격이었습니다. 그래서 유치원
친구들에게 벙어리라는 소리를 들을 만큼 그렇게 조용하고 제 내면의 세계
안에 닫혀 있는 그런 학생이었는데

(문어 텍스트 - 한국어 모어 화자 ⑨)

(31) 그때로 다시 돌아갈 수만 있다면 다른 일들은 하지 않고 화학 공부만 계속
하고 싶다. ㉠ 그 당시 나의 목표는 일본으로 유학을 가서 관심 분야였던
화학 전지를 연구하는 것이었다. ㉡ 그리고 이 분야에서 좋은 성과를 얻어
서 꼭 화학 노벨상을 타 보고 싶었다.

(29)에서 중국어권 학습자는 '다시 돌아오면'이라고 발화를 시작하고 있다. 즉
발화를 하고 있는 현재를 기준으로 하는 게 아니라 그 시간이 '다시 오면'이라고
해서 사건시로 돌아가서 '이렇게', '이런' 등을 사용하여 심리적으로 가깝게 가리
키고 있다. 한편 (30)의 한국어 모어 화자의 텍스트에서는 발화시를 기준으로 하여
유치원 때를 바라보고 있으므로 '그러한', '그렇게'를 사용하여 심리적으로 멀게

---

13) Tannen(1982:3)에 따르면, 구어 텍스트에서 응결성은 언어적 요소뿐만 아니라 어조, 억양, 강세, 표정, 몸짓
등 비언어적 채널을 통해서도 형성될 수 있다. 반면 문어 텍스트에서의 응결성은 어휘와 복잡한 통사구조,
접속관계, 전경과 배경 장치 등을 통해서 이루어진다(Chafe 1981, Cook-Gumperz & Gumperz 1981, Gumperz
et al. 1981).

표현하고 있는 것이다. (31)의 문어 텍스트를 보면 ㉠에서는 발화시를 기준으로 과거의 일을 기술하다가 ㉡에서는 일본으로 유학을 가고 싶어하던 시점으로 기준이 옮겨져 화학 분야를 '그 분야'가 아닌 '이 분야'라고 가깝게 표현하였다.

중국어권 학습자의 오류는 문어보다 구어 텍스트에서 많이 발생하였는데, 구어, 문어 텍스트에 나타난 '이' 계, '그' 계 대용어의 오류율을 다음과 같다.

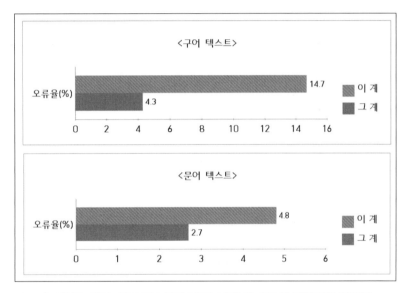

〈그림 7〉 구어, 문어 텍스트에 나타난 '이' 계, '그' 계 대용어의 오류율

중국어권 학습자들의 오류율은 구어, 문어 텍스트에서 모두 '그' 계보다 '이' 계에서 높게 나타났다. 이는 보편적으로 문맥 대용 시 한국어 모어 화자가 '그' 계를 선호하기 때문이다.[14] 또한 '이' 계 대용어의 오류율이 문어보다 구어 텍스트에서 높게 나타났는데, 이는 즉각성이라는 구어의 특성 때문일 수도 있으나 문어보다 구어 텍스트에서 '이' 계 대용어를 선호하는 중국어권 학습자들의 특성도

---

14) 장석진(1984:16)에 따르면 '이', '그', '저' 중에서 '그' 계열이 무표적으로 일반성 있게 쓰이고 '이' 계열은 일정한 화용적 제약 속에서 쓰이고 '저' 계열은 거의 쓰이지 않는다.

한 요인이 될 것이다.

### ■ '이' 계 대용어

중국어권 학습자의 구어, 문어 텍스트에서 '이' 계 대용어가 어떻게 사용되는지 구체적으로 살펴보도록 하겠다. '이' 계 대용어의 사용 양상은 다음과 같다.

〈표 16〉 구어, 문어 텍스트에 나타난 '이' 계 대용어 사용 양상

| 중국어권 학습자의 구어 텍스트 | | | | | | |
|---|---|---|---|---|---|---|
| 순위 | 대용어 | 사용 빈도 | 비율(%) | 누적비율(%) | 오류 수 | 오류율(%) |
| 1 | 이렇게 | 28 | 46.7 | 46.7 | 3 | 10.7 |
| 2 | 이런 | 19 | 31.6 | 78.3 | 1 | 5.3 |
| 3 | 이거 | 8 | 13.3 | 91.6 | 2 | 25 |
| 4 | 이(수식언) | 3 | 5 | 96.6 | 0 | 0 |
| 5 | 이것 | 1 | 1.6 | 98.2 | 1 | 100 |
| 6 | 이러하면 | 1 | 1.6 | 99.8 | 1 | 100 |
| | 총 | 60 | 100 | | 8 | |

| 한국어 모어 화자의 구어 텍스트 | | | | |
|---|---|---|---|---|
| 순위 | 대용어 | 사용 빈도 | 비율(%) | 누적비율(%) |
| 1 | 이런 | 46 | 47.9 | 47.9 |
| 2 | 이렇게 | 26 | 27.1 | 75 |
| 3 | 이<br>(수식언) | 19 | 19.8 | 94.8 |
| 4 | 이러한 | 3 | 3.1 | 97.9 |
| 5 | 이거 | 1 | 1 | 98.9 |
| 6 | 이것 | 1 | 1 | 99.9 |
| | 총 | 96 | 99.9 | |

| 중국어권 학습자의 문어 텍스트 | | | | | | |
|---|---|---|---|---|---|---|
| 순위 | 대용어 | 사용 빈도 | 비율(%) | 누적비율(%) | 오류 수 | 오류율(%) |
| 1 | 이렇게 | 10 | 47.6 | 47.6 | 0 | 0 |
| 2 | 이런 | 8 | 38 | 85.6 | 0 | 0 |
| 3 | 이(체언) | 1 | 90.4 | 90.4 | 0 | 0 |
| 4 | 이 (수식언) | 1 | 95.2 | 95.2 | 0 | 0 |
| 5 | 이렇다면 | 1 | 100 | 100 | 1 | 4.8 |
| | 총 | 21 | | | 1 | 4.8 |

| 한국어 모어 화자의 문어 텍스트 | | | | |
|---|---|---|---|---|
| 순위 | 대용어 | 사용 빈도 | 비율(%) | 누적비율(%) |
| 1 | 이(체언) | 11 | 46.9 | 46.9 |
| 2 | 이 (수식언) | 23 | 22.4 | 69.3 |
| 3 | 이것 | 4 | 8.2 | 77.5 |
| 4 | 이러한 | 4 | 8.2 | 85.7 |
| 5 | 이렇게 | 4 | 8.2 | 93.9 |
| 6 | 이런 | 3 | 6.1 | 100 |
| | 총 | 49 | 100 | |

한국어 모어 화자의 구어 텍스트와 문어 텍스트를 보면, '이렇게', '이런'은 구어에 많이 나타나는 구어 우세 표현이고, 대명사 '이'와 '이것'은 문어 텍스트에 많이 나타나는 문어 우세 표현에 해당된다. '이렇게', '이런'은 화제 아우름 기능을 지닌 대용어들로, 한국어 모어 화자는 구어 사용역에서 이와 같은 아우름 기능을 지닌 대용어를 활용하여 관련 내용을 나열하고 아우르는 방식의 발화를 많이 하기 때문이다. 한편, 구어보다 조직적이고 체계적인 언어 구조를 지닌 문어 텍스트에서는

텍스트를 구조화 및 응결성 향상을 위해서 지시 영향권이 관형사 '이'보다 더 넓은 대명사 '이' 또는 '이것'의 사용이 증가하게 된다.

중국어권 학습자들은 구어, 문어 사용역에 따른 이러한 차이를 인식하지 못하고, 구어에서도 문어에서도 '이렇게'과 '이런'을 주로 많이 사용하였다. 특히, '이렇게'는 2차 과제의 구어와 문어 텍스트에서 '이렇게 ~하면'의 형태로 많이 사용되었다. 한국어 모어 화자의 구어 텍스트에서 2번, 문어 텍스트에서 3번 나타났으나 중국어권 학습자의 경우, 구어 텍스트에서 11번, 문어 텍스트에서 6번이 나타나 '이렇게 ~하면'이라는 표현에 대한 의존도가 지나치게 높았다.

(문어 텍스트 - 한국어 모어 화자 ⑥)

(32) 이때 인공적인 조미료나 향신료는 삼가는 것이 좋다. 이렇게 음식의 재료나 조리법을 바꾸면 불필요한 지방 섭취가 줄어들 뿐만 아니라

(구어 텍스트 - 중국어권 학습자 ⑰)

(33) 아마 직장생활이나 학교생활에 스트레스를 많이 받을 수 있어요. 그래서 다른 취미를 개발하는 게 더 좋아요. 이렇게 하면 평일에 쌓인 스트레스를 풀 수 있을 거예요.

(문어 텍스트 - 중국어권 학습자 ⑲)

(34) 8시간 이상 수면을 필요하다 요즘 학생나 지원들이 밤에 세운 습관이 이다. 이렇게 하면 피부와 몸에 나쁜 영형도 있다.

(32)에서 한국어 모어 화자는 '이렇게'를 사용하여 선행문의 내용을 '재료나 조리법을 바꾼다'는 다른 표현으로 아우르고 정리하고 있다. 이에 반하여 (33), (34)에서 중국어권 학습자는 '이렇게 하면'을 하나의 어휘처럼 사용하였다. 한국어에서 어원상 대용어의 활용형인 '그러면'이 접속부사로 굳어진 것처럼 중국어권 학

습자들은 '이렇게 하면'을 사용하고 있다. 또한 일부 상황에서는 '이렇게 하면'을 '그러면'으로 표현할 수 있음에도 불구하고 2차 과제의 구어, 문어 텍스트에서 '그러면' 출현 빈도는 각각 1회에 불과하여 이 표현은 중국어 '这样的话'가 전이된 것으로 보인다.[15)]

### ■ '그' 계 대용어

중국어권 학습자의 구어, 문어 텍스트에서 '그' 계 대용어가 어떻게 사용되는지 살펴보도록 하겠다. '그' 계 대용어 사용 양상은 다음과 같다.

〈표 17〉 구어, 문어 텍스트에 나타난 '그' 계 대용어 사용 양상

| 순위 | 대용어 | 사용 빈도 | 비율(%) | 누적비율(%) | 오류 수 | 오류율(%) |
|---|---|---|---|---|---|---|
| | | | 중국어권 학습자의 구어 텍스트 | | | |
| 1 | 그 | 156 | 85.3 | 85.2 | 0 | 100 |
| 2 | 그런 | 11 | 6 | 91.2 | 1 | 9.1 |
| 3 | 그렇게 | 4 | 2.2 | 93.4 | 2 | 40 |
| 4 | 거기 | 4 | 2.2 | 95.6 | 1 | 25 |
| 5 | 그거 | 4 | 2.2 | 97.8 | 2 | 50 |
| 6 | 그것 | 1 | 0.5 | 98.3 | 1 | 100 |
| 7 | 그게 | 1 | 0.5 | 98.8 | 0 | 50 |
| 8 | 그곳 | 1 | 0.5 | 99.3 | 1 | 50 |
| 9 | 그렇다면 | 1 | 0.5 | 99.8 | 0 | 0 |
| | 총 | 183 | 99.8 | | | |

15) '这就这就'는 '이렇게 하면'이라는 의미를 가진 표현이다.

| 한국어 모어 화자의 구어 텍스트 | | | | |
|---|---|---|---|---|
| 순위 | 대용어 | 사용 빈도 | 비율(%) | 누적비율(%) |
| 1 | 그 | 265 | 55.7 | 55.7 |
| 2 | 그런 | 78 | 16.4 | 72.1 |
| 3 | 그것 | 27 | 5.7 | 77.8 |
| 4 | 그렇게 | 27 | 5.7 | 83.5 |
| 5 | 그러한 | 23 | 4.8 | 88.3 |
| 6 | 그게 | 9 | 1.9 | 90.2 |
| 7 | 그곳 | 8 | 1.7 | 91.9 |
| 8 | 그럴 | 5 | 1.1 | 93 |
| 9 | 거기 | 4 | 0.8 | 93.8 |
| 10 | 그러다 | 4 | 0.8 | 94.6 |

| 한국어 모어 화자의 구어 텍스트 | | | | |
|---|---|---|---|---|
| 순위 | 대용어 | 사용 빈도 | 비율(%) | 누적비율(%) |
| 11 | 그렇다고 | 4 | 0.8 | 95.4 |
| 12 | 그거 | 3 | 0.6 | 96 |
| 13 | 그렇기 | 3 | 0.6 | 96.6 |
| 14 | 그렇지 | 3 | 0.6 | 97.2 |
| 15 | 그랬는지 | 2 | 0.4 | 97.6 |
| 16 | 그러기 | 2 | 0.4 | 98 |
| 17 | 그분 | 2 | 0.4 | 98.4 |
| 18 | 그걸 | 1 | 0.2 | 98.6 |
| 19 | 그랬더니 | 1 | 0.2 | 98.8 |
| 20 | 그랬던 | 1 | 0.2 | 99 |
| 21 | 그런지 | 1 | 0.2 | 99.2 |

| 22 | 그렇다면 | 1 | 0.2 | 99.4 |
|---|---|---|---|---|
| 23 | 그렇습니다 | 1 | 0.2 | 99.5 |
| 24 | 그렇지요 | 1 | 0.2 | 99.8 |
| 25 | 그리 | 1 | 0.2 | 100 |
| | 총 | 477 | 100 | |

| 중국어권 학습자의 문어 텍스트 | | | | | | |
|---|---|---|---|---|---|---|
| 순위 | 대용어 | 사용 빈도 | 비율(%) | 누적비율(%) | 오류 수 | 오류율(%) |
| 1 | 그 | 100 | 90.1 | 90.1 | 0 | 0 |
| 2 | 그렇게 | 4 | 3.6 | 93.7 | 0 | 0 |
| 3 | 그것 | 3 | 2.7 | 96.4 | 1 | 33.3 |
| 4 | 그게 | 1 | 0.9 | 97.3 | 1 | 100 |
| 5 | 그러하다 | 1 | 0.9 | 98.2 | 1 | 100 |
| 6 | 그런 | 1 | 0.9 | 99.1 | 0 | 0 |
| 7 | 그렇다면 | 1 | 0.9 | 100 | 0 | 0 |
| | 총 | 111 | | | | 2.7 |

| 한국어 모어 화자의 문어 텍스트 | | | | |
|---|---|---|---|---|
| 순위 | 대용어 | 사용 빈도 | 비율(%) | 누적비율(%) |
| 1 | 그 | 128 | 74 | 74 |
| 2 | 그런 | 16 | 9.2 | 83.2 |
| 3 | 그렇게 | 8 | 4.6 | 87.8 |
| 4 | 그것 | 6 | 3.4 | 91.2 |
| 5 | 그렇다 | 4 | 2.3 | 93.5 |
| 6 | 그렇기 | 3 | 1.7 | 95.2 |
| 7 | 거기 | 1 | 0.5 | 95.7 |
| 8 | 그건 | 1 | 0.5 | 96.2 |

| 9 | 그걸 | 1 | 0.5 | 96.7 |
|---|---|---|---|---|
| 10 | 그랬다면 | 1 | 0.5 | 97.2 |
| 11 | 그러기 | 1 | 0.5 | 97.7 |
| 12 | 그러다 | 1 | 0.5 | 98.2 |
| 13 | 그러던 | 1 | 0.5 | 98.7 |
| 14 | 그렇다면 | 1 | 0.5 | 99.3 |
| 15 | 그럴 | 1 | 0.5 | 99.7 |
| | 총 | 174 | 99.8 | |

'그' 계 대용어에서 중국어권 학습자와 한국어 모어 화자 모두 구어, 문어 텍스트에서 관형사 '그'에 대한 의존률이 높았다. 특히, 중국어권 학습자의 경우 사용 비율이 구어 텍스트에서는 85%, 문어 텍스트에서는 90.1%로 대부분을 차지하였다. 여기에는 과제 1의 주제가 요인으로 작용하기는 하였으나 그 의존율이 지나치게 높아 '그' 계 대용어를 다양화하여 사용할 필요가 있다.

또한 대용 용언 '그러하다'의 경우 다양하게 활용이 가능한데, 중국어권 학습자의 사용이 매우 적은 것도 교수가 필요하다. 정용환(2013:78,79)은 구어와 문어 텍스트에 나타나는 대용어 사용의 가장 큰 차이점은 '그러하다' 류의 사용이라고 하였다. 문어 텍스트에서 추상성을 띠는 '그러하다' 류를 다수 사용하게 되면 의미를 명확히 전달할 수 없고 이를 보완해 줄 수 있는 장치도 많지 않다. 이에 문어 텍스트에서는 명확한 의미를 전달하기 위해서 '그러하다'류의 사용이 극도로 적었으나 구어 텍스트에서는 다수 사용되었다고 밝히고 있다. 그러므로 중국어권 학습자가 구어 사용역에서 대용 용언을 자유자재로 활용할 수 있게 된다면 보다 한국인 같은 자연스러운 말하기가 가능해질 것이다.

## 6 제안과 전망

오늘날 한국 경제가 발전하고 국가적 위상이 높아짐에 따라 한국어에 대한 관심이 나날이 높아지고 있으며 한국어 학습자 수 또한 증가하고 있다. 이러한 현상은 앞으로도 지속될 것으로 보인다. 이제는 학습자가 정교한 문장을 생산하는 수준을 넘어서 그 문장들을 나열하는 단계를 넘어서서, 자신의 생각과 의견을 짜임새 있게 전달하는 것이 중요해지고 있으며 그리고 그것을 말할 때는 구어적으로, 글을 쓸 때는 문어적으로 적절하게 전달하는 능력을 갖추는 것까지도 도달해야 한다. 문장의 차원을 넘어 텍스트의 차원으로의 확장, 그리고 구어 및 문어 상황에 적절하게 사용할 수 있는 능력이 학습자에게 요구되는 것이다.

문어에서뿐 아니라 구어 사용역에서도 응결장치가 중요한 부분을 차지함에도 불구하고 지금까지 한국어 교육에서 응결장치에 대한 연구들은 주로 문어 텍스트를 위주로 이루어져 온 것이 사실이다. 또한 구어 텍스트에 나타난 응결장치에 관심을 가진 연구들을 살펴보아도 문어와 다른 구어 응결장치의 특징을 밝히고 그 차이를 설명하려는 시도가 있었으나, 한국어 학습자가 생산한 실제 자료를 통한 구체적인 비교·분석은 이루어진 바가 없었다.

본 연구는 초점을 문장이 아닌 텍스트 차원에 두고 중국어권 한국어 학습자가 구어, 문어 텍스트에서 대용의 응결장치를 언어 사용역에 따라 적절히 사용하고 있는가를 살펴보았다. 기존 연구들과 달리, 중국어권 한국어 학습자가 생산한 실제 텍스트를 대상으로 구어, 문어 사용역에 따른 응결장치의 차이를 분석하고자 시도하였다는 점과 그 차이를 규명하였다는 점에서 의의가 있다. 또한 한국어 모어 화자와의 응결장치 사용 양상도 함께 고찰함으로써 구어, 문어 사용역에 따라 한국어 응결장치를 사용해야 하는지 밝혀낸 것도 의미 있는 결과라고 할 수 있다.

그러나 본 연구는 구어, 문어 사용역에 따른 응결장치 사용 양상 연구의 시작에 불과하다. 이것은 앞으로 보다 다양한 측면의 응결장치를 고찰함으로써 다양하게 밝혀질 것이다. 한국어 교육 분야에서는 질적 연구가 부족한데, 앞으로는 질적 연구를 통하여 양적 연구로는 밝힐 수 없었던 구어, 문어 사용역에 따른 사용 양상의 차이를 규명하는 데 연구들이 이어져야 할 것으로 보인다. 더불어 대용에 그치지 않고 더 다양한 응결장치에 대해서도 점차 규명되어 한국어 교육 현장에 기여할 수 있는 의미 있는 연구들이 이어져 나올 것을 기대한다. 그리고 그 노력들이 하나 하나 쌓여 한국어 학습자의 응결성과 응집성을 갖춘 수준 높은 구어, 문어 텍스트 생산에 밑거름이 될 수 있을 것이다.

## ■ 참고 문헌


강지수(2005). 「구어체 담화와 문어체 담화의 문법 현상 비교」, 『어문연구』, 47, 63-82.

고영근(2011). 『텍스트과학』, 파주: 집문당.

김봉순(2002). 『국어교육과 텍스트구조』, 서울: 서울대학교 출판부.

김성경(2009). 「숙달도에 따른 한국어 학습자의 문어텍스트 응결장치 사용 양상 연구: 중국인 한국어 학습자의 논설텍스트를 중심으로」, 이화여자대학교 대학원 석사학위논문.

김용도(1996). 『텍스트 결속이론』, 부산: 부산외국어대학교출판부.

김은희(2007). 「한국어 학습자의 문어텍스트에 나타난 결속성 기제 분석」, 이화여자대학교 대학원 석사학위논문.

김형정(2002). 「한국어 입말 담화의 결속성 연구: 생략 현상을 중심으로」, 『텍스트언어학』, 13, 241-265.

노미연(2011). 「한국어 중급 학습자의 응결 장치 사용 연구: 발표 담화 분석을 중심으로」, 『문법교육』, 14, 181-208.

노미연(2013). 「한국어 고급 학습자의 응결 장치 사용 연구」, 『한국어문학연구』, 60, 273-308.

노은희(1997). 「교육적 관점에서의 대화의 결속기제 고찰: '반복'기제를 중심으로」, 『국어교육』, 93, 209-254.

민주희(2011). 「한국어 학습자 쓰기 텍스트에 나타난 결속기제 사용 연구」, 연세대학교 교육대학원 외국어로서의 한국어교육 전공 석사학위논문.

박선희(2007). 「영어권 한국어 학습자의 지시어 의미 기능 습득 연구」, 이화여자대학교 박사학위논문.

박나리(2009). 「학술논문의 텍스트성(textuality) 분석」, 이화여자대학교 박사학위논문.

안경화(2001). 「구어체 텍스트의 응결 장치 연구: 토론 텍스트를 중심으로」, 『한국어교육』, 12-2, 137-157.

양명희·안경화(2003). 「영한 번역 기사문의 응결장치에 대하여」, 『텍스트언어학』, 15, 199-223.

양명희(1996). 『현대국어 대용어에 대한 연구』, 서울: 태학사.

이기갑(1994) 「'그러하-'의 지시와 대용 그리고, 그 역사」, 『언어』, 19-2, 455-488.

이기갑(2006). 「국어 담화의 연결 표지-완형 표현의 반복」, 『담화와 인지』, 13-2. 133-158.

이보라미·수파펀 분룽(2012). 「태국인 한국어 학습자의 텍스트 응집성 인식 양상 연구」, 『이중언어학』, 48, 181-205.

이정란(2011). 「외국인 유학생의 구두 발표와 보고서에 나타난 응결 장치 비교」, 『한국 언어문화학』, 8-2, 165-184.

이해영 외(2008). "Genre-based Study of Oral Preseatation and Ots Pedagogical Implications." *The Korean Language in America*, *13*. The American Assocation of Teachers of Korean. 21-42.

이해영(2008). 「외국인 대학원생의 학문적 구두 발표 장르 분석 -한국인 대학원생 및 학문 목적 한국어 학습자의 구두 발표와 비교하여-」, 『이중언어학』, 37, 133-174.

이해영(2012). 「영어권 한국어 학습자 구두 발표의 담화 분석 -교포와 비교포의 구두 발표에 나타나는 문체적 특징을 중심으로-」, 『한국어교육』, 23-4, 283-306.

전영옥(2005). 「발표담화와 발표요지 비교 연구」, 『텍스트언어학』, 19, 209-246.

정용환(2013). 「대용의 결속성과 사용 양상 연구: 문어 텍스트와 구어 텍스트의 비교를 중심으로」, 중앙대학교 국어국문학과 석사학위논문.

정희모 & 김성희(2008). 「대학생 글쓰기의 텍스트 비교 분석 연구 -능숙한 필자와 미숙한 필자의 텍스트에 나타난 특징을 중심으로-」, 『국어교육학연구』, 32, 393-426.

최정희(2012). 「한국어 쓰기 교재 결속기제 사용 양상 분석: 텍스트 유형별 사용 양상을 중심으로」, 연세대학교 교육대학원 외국어로서의 한국어교육 전공 석사학위논문.

Bachman, L. F. & Palmer, A. S. (1996). *Language Testing in Practice: Designing and Developing Useful Language Tests*. Oxford: Oxford University Express.

Bachman, L. F. (1990). *Fundamental considerations in language testing*. Oxford: Oxford University Express.

Beaugrande, R. & Dressler, D. (1981). *Introduction to text linguistics* (김태옥, 이현호 공역(1995). 『텍스트언어학 입문』, 서울: 한신문화사).

Celce-Murcia, M. & Olshtain, E. (2000). *Discourse and context in language teaching: a guide for language teachers*. New York: Cambridge University Press.

Connor, U. (1984). "A study of cohesion and coherence in English as a second language students' writing." *Paper in Linguistics*, *17-3*, 301-316.

Grabe, W. & Kaplan, R. B. (1996). *Theory and practice of writing: an applied linguistic perspective*. New York: Longman.

Halliday, M. A. K. & Hasan, R. (1976). *Cohesion in English*. London: Longman.

Halliday, M. A. K. (1989). *Spoken and Written Language*. Oxford University Press.

Hasan, R. (1984). "Coherence & cohesive harmony." *Understanding reading comprehension*. edited by Flood, J. Newark, Del: International reading association. 181-219.

Hunt, K. W. (1965). *Grammatical structure written at three grade levels*, Champaign, IL: National Council of Teachers of English.

Martin, J. R. (2001). "Cohesion and texture." *The handbook of discourse analysis*. edited by Tannen, D., Hamilton, H. E., Schiffrin, D.. Blackwell Publishers.

McCarthy, M. (1991). *Discourse analysis for language teachers*. Cambridge. New York. Cambridge University Press.

Meisuo, Z. (2000). "Cohesive features in the expository writing of undergraduates in two Chinese universities." *RELC Journal, 31-1,* 61-95.

Neuner, J. L. (1987). "Cohesive ties and chains in good and poor freshman essays." *Research in the teaching of English, 21-1*, 92-105.

Norment, N. (1994). "Contrastive analyses of cohesive devices in Chinese and Chinese ESL in Narrative and expository written text." *Chinese Language Teaching Association Journal, 29:1*, 49-81.

Reid, J. (1992). "A Computer Text Analysis of Four Cohesion Devices in English Discourse by Native and Nonnative Writers." *Journal of second language writing, 1-2*, 79-107.

Tannen, D. (1982). "Oral and literature strategies in spoken and written narratives." *Linguistic society of America, 58-1*, 1-21.

Villaume, W. A. & Cegala, D. J. (2009). "Interaction involvement and discourse strategies: the patterned use of cohesive devices in conversation." *Communication monographs, 55-1*, 22-40.

Witte, S. P. & Faigley, L. (1981). "Coherence, Cohesion, and Writing Quality." *College composition and communication, 32-2*, 189-204.

# 한국어 학습자 설명 담화에서의 관계적 응집성

이보라미(국립국어원)

## 1 담화를 담화답게, 설명되지 않는 문제

　담화 생산자(화자/글쓴이)는 담화 수용자(청자/독자)에게 자신이 말하고자 하는 바를 효과적으로 전달하기 위해 담화를 구성하는 각각의 요소들의 연결 관계를 고려해 담화를 생산한다. 이때 담화를 이루는 요소 간의 관계가 치밀하거나 정교할수록 그 담화는 좋은 담화라 평가받을 수 있다. 한국어를 배우는 학습자들도 모어 화자들처럼 자신이 생각한 바를 한국어로 정교하게 나타내기 위해 노력한다. 다만 학습자들이 가지고 있는 한국어에 대한 지식은 모어 화자보다 부족해 담화 구성의 정교함이 충분하지 않다는 문제를 가진다. 이때 무엇이 부족하고, 왜 그러한지를 밝히는 것이 한국어 교육 분야의 연구가 해결해야 할 숙제일 것이다.

　한국어 교육적 관점에서 담화에 관심을 기울여야 하는 까닭은 담화가 한국어 학습자들이 배워야 하는 내용을 담고 있는 교육의 대상이자 한국어 학습자가 생산해야 하는 최종적인 결과물로 기대되는 대상이기 때문이다. 담화를 생산하기 위해서는 어휘, 문장 등 담화를 이루는 요소들의 연결 관계를 다각적으로 고려해야 하는데, 이러한 요소들이 아무런 관련 없이 무분별하게 배열된다면 그것은 담화라 할 수 없다. 담화를 구성하는 절, 문장과 같은 각각의 조각 segment들이 서로 유의미한 연결 관계를 가지고 있을 때에야 비로소 담화가 되는 것이고, 그 담화는 응집성 coherence을 갖추었다고 말할 수 있다.

응집성은 '담화 내부의 의미적 연결 관계'를 뜻하는 것으로 담화의 특성을 규명하는 가장 중요한 요인으로 꼽힌다. 그러므로 한국어 학습자를 대상으로 하는 담화 교육에서도 담화의 핵심적인 특성인 응집성에 관한 교육이 반드시 이루어져야 한다. 그러나 지금까지의 많은 연구에서는 응집성보다는 담화 표층[1]에서 쉽게 관찰되는 언어적 연결 장치에 관심을 기울였다. 담화 내부의 유의미한 연결 관계인 응집성을 관찰하기란 어려운 일이고, 무엇을 교육 내용으로 선정할 수 있을지에 관한 합의점도 도달하기가 어려워서 응집성 자체에 관한 연구보다는 담화 표층에서 각각의 조각들이 연결되는 방식, 담화에서 동일한 대상을 지시하는 방법을 다룬 응결성에 관한 연구가 주로 이루어졌다.

그러나 담화 표층의 연결 고리만으로는 모든 문제를 해결할 수 없다. 한국어 학습자들이 응결장치를 과잉 사용하여 적절하지 못한 담화를 생산하는 경우도 쉽게 발견되기 때문이다. 이제는 담화 표층의 응결장치에 관한 연구에서 한발 더 나아가 한국어 학습자들이 담화 내부의 유의미한 연결 관계인 응집성을 이해하고 잘 사용할 수 있도록 하는 교육적 관점에서의 연구가 필요하다. 이는 담화 표층에 주목한 기존의 연구들과 달리 학습자 언어의 내재적 특성을 살펴보는 차원에서도 의미가 있다. 본 연구는 이러한 관점에서 설명적 문어 담화[2]에서 한국어 학습자들이 사용한 관계적 응집성의 종류를 고찰하고, 숙달도에 따른 발달 양상을 살펴보는 것을 연구 목적으로 삼고자 한다.

---

1) 여기에서 말하는 담화 '표층'은 고영근(2000)의 설명에서 착안한 것으로 문어 담화와 구어 담화에서 구체적으로 사용된 언어를 의미한다. 변형생성문법의 '표층'과 '심층'이라는 용어와 유사하나 이들 관점을 따른 용어라기보다는 담화에서 실현되는 관찰 가능한 언어 표지를 총괄적으로 지칭하는 뜻으로 담화 '표층'을 쓰며, 이와 반대되는 개념으로 담화에서 구체적인 언어 표지로 관찰할 수 없는 것은 담화 '내부'라고 부르기로 한다.
2) '설명 담화'는 서사 담화와 구별되는 대표적인 담화 유형 중의 하나로 개념이나 사건 등 특정 대상에 대해 담화 수용자가 이해할 수 있도록 정보를 조직적으로 구성하여 제공하는 담화의 한 유형이라고 정의할 수 있다. 이러한 설명 담화는 일상생활에서 사적인 공간부터 공적인 공간까지 한국어 학습자들이 가장 쉽게 접할 수 있는 담화 유형이며, 쓸 줄 알아야 하는 대표적인 유형 중의 하나다.

박나리(2009:61)에서는 "담화에서 다루는 개념들이 서로 의미 있게 연결되어 하나의 거시적인 의미의 연결망network인 의미 구조를 구축할 수 있으면 그 담화가 응집성을 갖추었다"고 말한다. 이처럼 어떤 담화가 응집성을 갖춘다면 독자들은 안정적으로 그 담화를 이해하고 수용할 수 있게 되며, 그러한 수용으로부터 담화 생산자와 담화 수용자가 공유하는 새로운 담화 세계가 구축된다. 그리고 이를 바탕으로 성공적인 담화 생산이 이루어지는 것이다. 그렇기 때문에 응집성을 갖춘 담화를 생산하는 일은 한국어 학습자가 쓴 글이 좋은 평가를 받을 수 있는 조건이 되기도 한다.

담화와 텍스트의 개념에 대해 학자들의 여러 견해가 존재하는 것처럼 응집성에 관해서도 학자들마다 서로 다른 정의를 내린다. 그러나 응집성을 '담화 내부의 의미적 연결망(고영근 2011)'으로 보고, 담화를 이루는 핵심적인 특성으로 꼽는 공통점을 가진다. 이때 '담화 내부의 의미적 연결망'의 핵심 가치는 담화를 이루는 각각의 요소들이 관계 맺는 양상이 서로 유기적이라는 것에 있다. 응집성은 담화를 담화답게 만드는 가장 중요한 특성으로 한 편의 완성된 담화를 생산하기 위해서는 문장들을 무의미하게 연결하는 것이 아니라 각각의 연결된 문장 간에 유의미하고 이해 가능한 관계가 존재해야 하는 것이다.

담화를 구성하는 각각의 조각은 모두 연결 관계를 가져 전체 담화의 응집성 형성에 기여한다. 그러나 이러한 관계가 담화 표층에서 언어 표지로 쉽게 관찰되는 것이 아니어서 무엇이 응집성인지를 한국어 학습자들에게 설명하기란 쉽지 않다. 이러한 한계점으로 인해 지금까지의 한국어 교육에서는 응집성 자체에 주목한 연구보다는 담화 표층의 지시적 결속에 대한 연구가 주를 이루었다. 그러나 한국어 학습자가 보다 완성도 높은 담화를 만들기 위해서는 담화의 지시적 응집 관계를 잘 나타내는 것만으로는 한계가 있다. 지시적 응결장치가 없더라도 각각의 문장은 서로 이해할 수 있는 관계를 가지며 연결될 수 있기 때문이다. 반면에 한국어 학습자들이 담화 내부의 보이지 않는 응집 관계를 제대로 파악하고 표현할 줄 알아야 담화를 제대로 이해하고 생산할 수 있다고 할 수 있을 것이다.

언어 교육에서 응집성 coherence의 개념이 중요하게 다루어지게 된 배경으로는 언어 교육의 관점이 1970년대 이후 어휘·문장 차원에서 담화 차원으로 확대된 것에 있다3). 외국어 학습자들의 의사소통 능력을 향상시키기 위해서는 담화에 대한 이해가 필요하며, 담화에 적합한 언어 기술을 활용할 수 있어야 하기 때문이다. 그러므로 담화의 핵심적인 특성인 응집성을 파악하는 것은 담화 내부의 의미적 연결 관계를 제대로 이해하고 그에 적합한 말 혹은 글을 쓸 수 있는 것과 깊은 관련을 맺는다.

본 연구는 한국어 학습자들의 담화 생산 능력 향상을 도모할 수 있는 방안으로 관계적 응집성의 사용 종류에 관심을 둔다. 담화 표층에 응결장치가 없더라도 담화 조각4) 간의 관계만으로 응집성이 형성되는 경우가 있고, 이는 학습자들에게 교육이 필요한 부분이다.

그래서 본 연구에서는 다양한 관계적 응집성의 종류를 관찰할 수 있고, 한국어 학습자들이 가장 많이 접하고 생산해야 하는 담화 유형인 설명적 담화를 중심으로 관계적 응집성을 살펴보고자 한다. 구체적으로는 중국어권 한국어 학습자들이 생산한 설명적 문어 담화를 한국어 모어 화자의 자료와 비교하여 학습자 언어의 특성으로서 관계적 응집성의 사용 종류와 숙달도별 사용 양상을 고찰하는 것을 연구 목적으로 하며 다음과 같은 연구 문제를 설정한다.

---

3) 이선영(2013:416)에서도 "구조적 관점의 언어 교육에서는 학습자가 문법적으로 정확한 문장을 생산해 낼 수 있는지의 문제에 초점을 두었다면, 의사소통적 관점의 언어 교육에서는 학습자가 의사소통의 맥락과 목적에 맞는 담화를 생산해 낼 수 있는지의 문제가 더 중요해졌다"고 말한다.

4) '담화 조각'은 담화 자료의 분석 대상을 일컫는 것으로 조사, 어미, 어휘, 절, 문장과 같이 담화를 구성하는 요소를 가리킨다. 담화 조각은 '담화 부분'이나 '담화 분절'로 번역되기도 하는데, 본 연구에서는 논의를 진행하면서 '부분'이나 '분절'이 일반 명사로 사용되는 경우가 있어 읽는 이로 하여금 혼선을 초래할 수 있다고 보아 segment를 '조각'으로 번역하여 사용하고자 한다. 절이나 문장처럼 특정 대상을 가리킬 때에는 담화 조각이라고 부르지 않고, 해당 대상의 문법적 단위를 직접 가리킨다. 반면에 조사, 어미, 어휘, 절, 문장 등 여러 개의 대상을 가리킬 때에는 담화 조각이라 칭한다.

1. 중국어권 한국어 학습자 설명 담화와 한국어 모어 화자 설명 담화에서의 관계적 응집성 종류별 사용 양상은 어떠한가?
2. 중국어권 한국어 학습자의 숙달도에 따른 관계적 응집성 종류별 사용 양상은 어떠한가?

##  2 응집성의 새로운 시각, 관계적 응집성

### 2.1. 관계적 응집성의 개념

관계적 응집성은 Hobbs(1985)가 처음 제안하고, Sanders, Speeren & Noordman (1992)이 체계화·확장한 개념이다. 이들 연구에서는 담화가 응집되는 관점을 크게 두 가지로 구분한다. 첫째는 동일한 대상을 반복적으로 지시하는 방식으로 연결되는 지시적 응집성 referential coherence이며, 둘째는 병렬 관계, 원인-결과 관계처럼 담화 조각들이 관계를 형성하면서 연결되는 관계적 응집성 relational coherence이다. 관계적 응집성은 기본적으로 담화 조각 간의 의미적 연결을 전제로 하며, 담화 조각 간의 연결 관계를 통한 정신적 표상 mental representation을 다루기 때문에 다분히 개념적이다.

지시적 응집성에서는 동일한 대상을 지시하는 방법으로 언어적 표지가 사용된 것이라 본다면, 관계적 응집성은 담화 내부의 담화 조각 간의 관계가 담화 표층의 언어적 요소를 통해 구체화되는 특성을 가진다고 본다. 즉, 전자에는 언어적 표지가 분석의 전제 조건이 되지만, 후자의 입장에서는 언어적 표지는 필수적인 대상이 아니라 관계적 응집성의 관계를 살펴보는 데에 도움을 주는 보조 대상 정도로 인식한다. 설령 담화 표층의 동일한 언어 장치를 가리키더라도 지시적 응집성과 관계적 응집성 간에는 그것을 바라보는 관점에서 분명한 차이가 존재한다. 좀 더 구체적으로 살펴보자면, 지시적 응집성은 작은 언어 단위들이 같은 대상을 지시하기 위해 연결되는 방식에 주목한 것으로 담화 내에서 반복적으로 나타나는 요소에 관심을 가지고, 반복적으로 나타나는 패턴이나 반복적인 것을 다르게 표현하는 것에 집중한다.

(1) 저는 어제 친구하고 재미있는 옷 가게에 갔습니다. 그 가게에서는 우리가 티셔츠의 그림을 직접 그릴 수 있습니다. 그림을 그려서 주면 그것을 티셔츠로 만들어 줍니다.

(제37회 한국어능력시험 I B형 61-62번 읽기 문항 지시문 중[5]))

(2) 어제 저는 지난 주말에 아주 특별한 사진관에 갔습니다. 그 사진관에는 사진을 찍기 위한 모든 준비가 다 되어 있었습니다.

(제37회 한국어능력시험 I B형 69-70번 읽기 문항 지시문 중)

위 예문 (1)과 (2)를 '지시적 응집성'의 관점에서 분석하면 (1)은 '옷 가게'를 '그 가게'로 다시 반복하면서 '그'라는 지시어를 사용하여 두 문장을 응집시킨다. 그리고 '옷'과 '티셔츠'라는 어휘적 관계망, '그림'이라는 어휘의 반복 사용을 통해 각 문장의 의미가 연결되어 있음을 확인할 수 있다. 예문 (2)도 마찬가지로 앞의 문장에 나온 '사진관'과 뒤의 문장의 '사진관'이 '그'라는 지시어로 응집되면서 두 문장의 응집된 관계를 드러낸다. 이와 같은 응집성을 드러내는 표현 장치는 Halliday & Hasan(1976)의 응결장치 cohesive device와 깊은 관련을 맺는다.

Halliday & Hasan(1976)에서는 지시 reference, 대용 substitution, 생략 ellipsis, 접속 conjunction, 어휘적 응결 lexical cohesion을 담화의 응집성과 응결성을 보여주는 명시

---

5) 예시 담화의 출처는 (1)과 같이 담화 아래에 괄호 표시를 하고 적어둔다. 이러한 출처 표시가 없는 것은 논의의 진행을 위해 필자가 직접 작성한 담화임을 밝힌다.

적인 단서로 보고 있다. 그런데 응집성과 응결성이 차이를 가진다는 관점에서는 응결장치를 통한 응집성을 파악하는 것에 문제를 제기할 수 있다. 그렇지만 Halliday & Hasan(1976)의 주장 자체가 응집성과 응결성을 엄격히 구분하지 않고 이루어진 점에서 응집성의 관계를 파악하는 표지로도 응결장치가 활용될 수 있으며, '지시적 응집성'의 접근 방식이 이러한 연결 표지의 유형과 연결 방식에 관심을 갖는다는 점에서 관계적 응집성과 구별되는 지시적 응집성의 특징을 확인할 수 있다.

그런데 응결장치 등의 언어적 장치를 통한 담화 조각의 연결은 '지시적 응집성' 만의 온전한 특성이라고 볼 수는 없다. 관계적 응집성의 응집 관계에서도 지시적 응집성에서 볼 수 있었던 지시적 관계를 통한 응집 관계가 실현될 수 있기 때문이다. 그러나 관계적 응집성의 관심 대상은 이처럼 단순한 지시적 응집 방식에 한정된 것이 아니라 그것이 담화 내부에서 의미적으로 어떤 관계로 연결되었느냐에 있다.

지시적 응집성과 관계적 응집성은 구별되는 개념임에도 불구하고, 어느 한쪽만으로 담화 전체의 응집성을 구축할 수는 없다. 담화 조각들의 관계를 나타낼 때 지시적 장치들이 이용되기도 하고, 그러한 지시적 장치들을 통해 관계적 응집성의 관계가 더욱 공고하게 이루어진다는 점에서 지시적 응집성의 일부가 관계적 응집성을 나타내는 데 포함될 수 있어서 이 둘은 서로 뗄 수 없는 관계이다.

이와 마찬가지로 관계적 응집성도 그 응집 관계에 따라 응결장치들이 선택될 수 있기 때문에 지시적 응집성과 관계적 응집성은 구분되는 성격임에도 불구하고 일정 부분 공통부분을 가질 수밖에 없는 것이다. 그렇지만 응결장치 등으로 강하게 연결되어 있더라도, 무의미한 연결일 수 있으므로 강한 지시적 관계를 갖는다고 해서 그것 자체가 관계적 응집성을 가졌다고 할 수는 없기에 이 둘은 구분된다.

(3) 누나가 내일까지 소포를 보내야 한다. 그래서 집에 오는 길에 우체국에 들르

기로 했다6).

지시적 응집성의 관점이라면 (3)에서 앞의 문장과 뒤의 문장이 '그래서'라는 접속사로 연결된 것에 주목할 것이다. 그러나 관계적 응집성의 관점이라면 우체국에 가는 행위의 원인이 누나의 소포를 붙여야 한다는 것에 있고 완결된 행위는 아니지만 인과 관계를 갖는다고 보고, 이러한 관계를 나타내는 표지들로 우체국과 소포라는 어휘가 긴밀하게 관련이 있다는 것에 주목한다. 그리고 인과 관계를 더욱 분명하게 드러내는 표지로 '그래서'가 사용된다고 본다.

이러한 관점의 차이로 지시적 응집성은 지시 관계를 나타내는 표지에 관심을 둔 연구가 상당 부분 이루어졌다. 그리고 이러한 장치의 사용은 우연히 일어나는 게 아니라 지시 대상의 인식적 등급과 관련하여 규칙적으로 발생한다고 보는 일련의 연구가 있다. '지시적 응집성'과 관련한 Ariel(1990, 2001)의 접근성 이론 Accessibility Theory은 Halliday & Hasan(1976)에서 제시한 응결장치를 넘어, 지시적 응집에 관여하는 여러 표지들의 응집 강도를 제시한 점에서 흥미롭다. 이 연구에서는 높은 접근성 표지 highly accessibility markers는 적은 언어적 재료와 활성화를 지속시킬 수 있는 결핍된 선택의 신호를 활용하지만 낮은 접근성 표지 low accessibility markers는 더 많은 언어적 재료와 새로운 지시 대상을 소개하는 신호를 포함한다고 한다.7) 담화 단위들의 내용과 각 요소의 지시적 응집 강도에 주목한 지시적 응집성은 Givón(1983)의 주제적 연속 topic continuity과도 맥이 통한다.8)

그러나 지시적 응집성을 기반으로 하여 지시적 관계를 나타내는 표지만을 중심

---

6) 출처 표시가 없는 예시 담화는 논의의 진행을 위해 필자가 작성한 것임을 밝힌다.
7) 아래 표는 지시적 응집의 긴밀 관계에 따라 표지를 구분한 것인데, 단계별로 구분한 표지들의 척도를 보면 '생략'은 응집된 관계들의 강도가 가장 센 것으로 둘의 관계가 아주 강하다는 것을 드러낸다. 그러나 만약 생략된 것을 독자나 청자 등 담화 수신자가 알아차리지 못한다면 '생략'으로 인한 지시적 응집이 성공하지 못했다고 말할 수 있다. 반대로 '생략'이 가장 강한 지시적 응집성의 관계를 나타내는 것이라면 전체 이름 full name을 다시 반복하여 사용하는 것은 그 둘의 응집성의 관계가 약한 것으로 볼 수 있다. 그렇기 때문에 지시적 응집성의 강도에 따라 표지를 잘못 사용할 경우 응집성이 약한 담화로 평가받을 수 있다.

으로 텍스트의 응집성을 파악하는 것은 한계를 가진 접근 방식이다. Sanders & Maat(2006:592)도 "이러한 접근 방식이 유용하고 중대할 수 있지만, 그 안에는 몇 가지 원칙적 문제 principled problems가 존재한다"고 지적한다. 첫 번째로 명사의 반복과 같은 어휘적 연결에서의 지시적인 관계를 정의하기가 어렵다. 어휘적 응집성은 연어collocation를 비롯하여 담화 내의 연결된 두 어휘가 공통적으로 가지는 어휘망을 전제로 하는데 '어떤 어휘'가 '어떤 어휘망' 속에서 '어떠한 의미'로 연결되어 있는지 설명하기가 쉽지 않다는 점에서 일관적인 규칙이 적용되는 설명 방식이 아니라 상당의 작위적인 관계를 보여주는 설명 방식이라는 문제를 가진다.

(4) 날씨가 매우 덥다. 영수는 아이스크림을 사기 위해 줄을 섰다.

(5) 올해도 매우 더울 거라고 한다. 엘니뇨가 하반기에 강하게 발달할 수 있다.

(4)는 '더운 날씨'와 '아이스크림'이 (5)는 '더운 날씨'와 '엘니뇨'가 어휘적으로 연결되어 있는데, '더운 날씨'와 '아이스크림', '엘니뇨'가 어떠한 어휘망에서 연결되었는지에 관해 설명하기란 쉽지 않다. 어휘적 연결에는 공통된 지식이 전제되어야만 이들 관계를 알아차릴 수 있기 때문이다. 그러므로 이들 지시적 응집성에

---

전체 이름(성+이름)(Full name) > 긴 한정 기술(long definite description) > 짧은 한정 기술(short definite description) > 마지막 이름(last name) > 첫 이름(first name) > 원거리 지시어(distal demonstrative) > 근접 지시어(proximate demonstrative) > 명사구(NP) > 강세가 있는 대명사(stressed pronoun) > 강세가 없는 대명사(unstressed pronoun) > 접어적 대명사(cliticized pronoun) > 영 형태, 생략(zero)

〈표 1〉 접근성 표지 척도(Accessibility Marking Scale, Ariel 1990)

8) Givón(1983)에서는 담화 주제를 그 주제의 지시 대상이 선행 담화에서 언급된 위치에 의존한다고 하여 담화의 주제는 선행 발화나 문장에서 언급된 주제와 지시 대상 간의 거리가 짧을수록 주제 지속이 크고, 주제 지속이 클수록 담화의 주제를 결정하기 쉽다고 보고한다. 또한 담화 주제를 구별하기 쉬울수록 이 주제 대상은 가벼운 형태인 생략과 대명사로 표현되고, 그 반대의 경우에는 강한 표지를 갖는 완전 명사구나 수식어가 붙은 명사구의 형태로 사용된다고 본다.

관한 해석은 독자의 배경 지식 등에 따라 달라질 수밖에 없는 것이다. 이들 예문에서 독자에 따라 '더운 날씨'와 '아이스크림'의 관계는 쉽게 알아차릴 수 있어도 '더운 날씨'와 '엘니뇨'의 관계를 알아차리지 못할 수 있다. 어휘를 통한 응집은 각자 공유하는 지식 정보의 유사성이라는 전제 조건이 필요한 것이므로, 단순히 지시적 관계로만 각각이 연결된 것이라고 보기는 어렵다. 다시 말해, 지시적 관계를 파악하는 것에도 맥락 정보 및 사회 정보 등의 추가 정보가 있어야 하며, 담화 내부 요소들의 관계를 알아차리려면 이들 간의 관련된 정보를 알고 있어야 한다. 그리고 이러한 관계는 단순히 지시적 연결만으로 파악하는 것이 아니라, 의미적·맥락적 차원에서의 관계로 파악해야 한다.

두 번째로 지시reference로 잘 연결된 담화라 하더라도, '지시'만으로는 의미적 일관성을 나타낼 수는 없다는 문제가 있다. 아래 (6)번 예문은 '민수'라는 인물을 지칭하는 '그'가 쓰여 문장이 연결되었다. Givón(1983)과 Ariel(1990)의 연구에서는 대명사로 연결된 관계라면 지시적 응집성의 응집 정도가 높은 편에 속한 것으로 본다. 그러나 (6)을 보면 아무리 지시적 응집 관계를 강하게 표현하는 표지를 사용해 문장을 연결했다고 하더라도, 각 문장의 의미 간의 연결 관계가 적합하지 않기 때문에 응집성을 갖춘 담화라고 보기 어렵다.

(6) 민수가 영화를 보러 갔다. 그는 학교 도서관에서 책을 빌렸다. 그가 간 카페는 커피가 맛있기로 유명한 곳이다.

각 문장의 지시적 관계를 나타나는 지시적 응집성이 강하게 드러났다 하더라도 의미적 연결성이 드러나지 않는다면 응집성을 갖춘 텍스트라 할 수 없다. 바로 이러한 이유 때문에 Sanders & Maat(2006:592)는 담화의 연결성을 설명하기에는 지시적 응집성만으로는 불충분하므로 담화 그 자체보다는 담화가 나타내는 정신적 표상representation 간의 연결 관계가 담화의 응집성을 설명할 수 있는 우세한 방식이라고 강조하는 것이다. 박정준(1994:22-24)에서 소개한 Petofi(1983)도 이러한 입장에서 "응집성이란 담화의 고유한 속성이 아니라 어떤 형식이든 간에 독자가 담화에 부과하는 속성이다"라고 하면서 응집성을 담화와 독자 배경 지식 간의 함수로 파악할 필요가 있다고 주장한다.

본 연구에서도 지시적 응집성이 담화의 응집성 형성에 관여하는 역할이 크다는 점에는 전적으로 동감하나, 지시적 응집성만으로는 담화의 응집성을 온전히 이해하기 어렵다는 관점에서 관계적 응집성의 중요성을 피력하고자 한다. 지시적 응집성의 지시적 표지들이 담화 표층에서 응결성과 맞물려 쉽게 관찰할 수 있었다는 점에서 지금까지의 한국어 교육에서는 지시적 응집성의 관점에서 학습자들의 담화들을 분석한 경우가 많았지만 이는 분명한 한계를 가진 접근이다. 한국어 학습자들로 하여금 목표어인 한국어로 담화를 잘 생산할 수 있도록 하기 위해서는 담화 표층에 분명하게 드러나지 않는 의미적 관계를 이해하고 생산할 수 있도록 해 줘야 하기 때문이다.

(7) 인주시에서는 지난 4월부터 맞춤형 순찰제를 도입했습니다. 구역 게시판에 담당 경찰관의 사진과 연락처를 붙여 두고 주민들이 24시간 연락할 수 있도록 한 것입니다.

(제36회 한국어능력시험 Ⅱ B형 15번 문항 지시문 수정·발췌)

(7)의 경우에도 눈에 띄는 응결장치는 존재하지 않지만, 후행 문장이 선행 문장의 '맞춤형 순찰제'를 상세화하는 관계를 통해 관계적 응집성을 형성하고 있다. 이때 선행하는 문장의 '맞춤형 순찰제'와 '담당 경찰관'이라는 어휘가 공유하는 [+경찰]이라는 의미 자질이 이 둘의 관계를 더욱 공고하게 만든다. 이러한 어휘를 지시적 응집성의 표지로만 해석하는 것은 문제가 따른다. 앞서 설명한 것처럼 어휘의 관계를 파악하는 것에는 언어적 맥락에 의한 해석 이외에 해당 어휘 간의

관계를 파악할 수 있는 배경 지식이 필요하기 때문이다.

지시적 응집성이 담화 처리에 작용하는 언어적 신호들에 관심을 가진 것이라면 관계적 응집성 relational coherence은 청자와 독자인 담화 수신자의 인지적인 담화 표상의 연결성을 고려하는 것에서부터 출발한 접근 방식이다. 관계적 응집성 relational coherence은 수사서술 rhetorical predicate(Grimes 1975; Meyer 1975), 수사관계 rhetorical relation(Grosz & Sidner 1986), 수사구조 Rhetorical Structure Theory, RST(Mann & Thompson 1986[9]))의 연구와 맥이 닿는 것으로 담화 조각 간에 존재하는 '관계'에 주목한 관점이다. Sanders, Speeren & Noordman(1992:2)에서는 관계적 응집성의 관계는 "단순하게는 두 개 이상의 문장 간에 존재하는 것이고, 복잡한 경우에는 단락 혹은 완성된 절 chapter과 같은 상위층의 관계에 존재"한다고 말한다. 다시 말해, 관계적 응집성은 두 개 이상의 담화 조각이 각각 독립적으로 존재하는 것이 아니라 의미와 맥락의 관계 속에 존재한다는 것을 기본 전제로 하며, 두 개의 의미의 합은 단순한 부분의 합을 넘어선다고 본다. 지금까지 살펴본 관계적 응집성의 의미를 바탕으로, 다음 절에서는 관계적 응집성의 종류에 관해 고찰해 보겠다.

## 2.2. 관계적 응집성의 종류

### ■ 유사 관계

'유사 관계'는 연결의 대상이 되는 내용 혹은 개념 간의 공통점과 차이점으로 인해 응집성이 형성된 경우를 의미한다. 이러한 관계를 갖는 관계적 응집성의 종

---

9) 수사구조 Rhetorical Structure Theory, RST는 1980년대에 자연언어생성에 관심이 있던 연구자 Mann과 Matthiessen, Tompson이 컴퓨터를 사용한 문어 담화 생성에 활용하기 위해 개발한 이론이다. 그래서 수사구조 이론은 '하나의 텍스트가 그 텍스트 내의 여러 부분들의 상호 관련을 통하여 어떻게 전체로 형성되는가를 그 부분들 사이에 존재하는 여러 관계들 그리고 그것이 배열되어 형성하는 골격과 그 골격의 유형에서 비롯되는 텍스트 구조를 밝힘으로써 찾아보려는 것(윤석민 1994:130)'이다.

류는 '병렬 관계Parallel, 대조 관계Contrast, 예시 관계Exemplification, 일반화 관계 Generalization, 예외 관계Exception, 상세화 관계Elaboration'이다. Kehler(2002:15)에서는 관계적 응집성의 종류를 분류하기 위해 첫 번째 문장($S_1$)에서 정의하고 분석할 수 있는 개념, 사건 등을 $p_1$이라고 할 때, p의 행위의 대상 혹은 주체를 $a_1$, $a_2$, $a_3$ ... $a_n$이라고 상정한다. 마찬가지로 두 번째 문장($S_2$)에서 알 수 있는 개념, 사건을 $p_2$라고 한다면 $p_2$는 $b_1$, $b_2$, $b_3$ ... $b_n$이라는 행위의 대상 혹은 주체를 포함한다. 그리고 이들이 각각 추론이라는 과정을 통해 도출할 수 있는 개념을 q라고 설정한다. Kehler(2002)의 연구는 이러한 기호들을 활용해 각 관계적 응집성을 <표 2>와 같이 도식화한다.

〈표 2〉 유사 관계의 관계적 응집성 종류(Kehler 2002:19)

| 관계 | 제약 |
|---|---|
| 병렬 Parallel | $p(p_1)$ and $p(p_2)$, $q_i(a_i)$ and $q_i(b_i)$ |
| 대조 Contrast | $p(p_1)$ and $-p(p_2)$, $q_i(a_i)$ and $q_i(b_i)$ <br> $p(p_1)$ and $p(p_2)$, $q_i(a_i)$ and $-q_i(b_i)$ |
| 예시 Exemplification | $p(p_1)$ and $p(p_2)$ ; $q_i(a_i) \subset q_i(b_i)$ |
| 일반화 Generalization | $p(p_1)$ and $p(p_2)$ ; $q_i(b_i) \subset q_i(a_i)$ |
| 예외 Exception | $p(p_1)$ and $-p(p_2)$ ; $q_i(a_i) \subset q_i(b_i)$ <br> $p(p_1)$ and $-p(p_2)$ ; $q_i(b_i) \subset q_i(a_i)$ |
| 상세화 Elaboration | $p_1 = p_2$, $a_i = b_i$ |

병렬 관계Parallel는 첫 번째 문장의 사건이나 행위 $p(a_1, a_2, ...)$와 두 번째 문장에서 나타나는 사건이나 행위 $p(b_1, b_2, ...)$가 각각 추론할 수 있는 속성을 $q(a_1, a_2, ...)$, $q(b_1, b_2, ...)$로 나타난다고 보고, 이들 속성이 유사성을 가지고 나란히 배열되는 것을 의미한다.[10]

(9) 민수 씨는 대학생입니다. 수미 씨도 대학생입니다.

(제37회 한국어능력시험 Ⅰ B형 34번 문항)

(10) 우리말 어휘는 어휘의 특성에 따라 방언, 은어, 전문어, 금기어, 완곡어, 관용어, 속담 등으로 분류하여 파악할 수 있으며, 단어들 사이의 의미 관계에 따라 유의어, 반의어, 상의어와 하의어로 그 사용 양상을 살펴볼 수도 있다.

(지학사 국어 Ⅰ '어휘의 체계와 양상' 중)

(9)와 (10) 모두 병렬 관계의 예들로 유사성을 바탕으로 각각의 속성이 배열되고 있다. (9)는 단순한 병렬 관계로 '민수'가 '대학생'이라는 점과 '수미'가 '대학생'이라는 점이 병렬적으로 제시된다. (10)은 한 문장인데, '어휘의 특성'에 따라 분류하는 것과 '의미 관계'에 따라 분류하는 각각의 대상이 나열되고 있다. 이처럼 병렬 관계는 유사한 대상 혹은 대상의 속성이 나란히 배열되는 관계를 나타낸다.

병렬 관계와 반대로 대조 관계Contrast는 서로 관련을 맺고 있는 내용 간의 공통점에 주목한 것이 아니라 두 개념 중 어느 한 쪽이 다르다는 것을 의미한다. Kehler(2002)에서는 대조 관계가 두 가지 방식으로 나타난다고 설명하는데, 하나는 첫 번째 문장의 p와 두 번째 문장의 p가 행하는 속성 그 자체가 반대되는 입장을 가지는 경우이다. 이를 $p(a_1, a_2, ...)$와 $-p(a_1, a_2, ...)$로 표현한다. 또 다른 하나는 행하는 속성은 같으나 그 행위의 대상이 되는 a와 b가 반대되는 경우를 의미한다.

---

10) Kehler(2002:16)에서는 "Dick Gephardt organized rallies for Gore, and Tom Daschle distributed pamphlets for him(고어를 위해 딕게파트는 집회를 조직하고, 톰대슐은 그를 위해 팸플릿을 배포하였다)."라는 예문을 가지고 병렬 관계를 설명하고 있다. 'organized rallies for'과 'distributed pamphlets for'이 각각 $p_1$과 $p_2$를 나타내는데, 각각의 p로부터 '지원하는 행위를 하는 것(do something to support)'을 공통적으로 추론할 수 있다. 마찬가지로 Dick Gephardt가 $a_1$, Tom Daschle가 $b_1$을 나타낸다면 이들은 담화 참여자들이 알 수 있는 정치인이라는 공통의 속성 $q_1$을 가지게 된다. 병렬 요소인 $a_2$인 Gore와 $b_2$인 him은 동일 인물을 나타내는 공통 속성 $q_2$를 가진다.

(11)과 (12)는 이들 각각의 예문에 해당한다.

(11) 야당은 그 안건을 지지한다. (그러나) 여당은 그 안건을 반대한다.

(12) 야당은 그 안건을 지지한다. (그러나) 여당은 다른 안건을 지지한다.

(11)과 (12)의 두 담화는 야당과 여당이 어떤 안건을 지지한다는 행위의 유사성으로 유사 관계를 갖는 담화이나, 지지하는 안건의 대상이 다르다는 점에서 대조 관계에 해당한다. (11)의 예는 비록 동일한 안건을 대상으로 한다는 점에서 유사하나 '지지하는' 행위와, '반대하는' 행위가 다르다는 점에서 대조 관계가 형성된다. 이는 'p(p$_1$) and p(p$_2$), q$_i$(a$_i$) and ¬q$_i$(b$_i$)'의 경우에 해당한다. 반면 (12)는 '지지하는' 행위는 동일하나 그 대상이 되는 안건이 다르다는 점에서 'p(p$_1$) and -p(p$_2$), q$_i$(a$_i$) and q$_i$(b$_i$)'으로 대조 관계를 갖는다. 대조 관계는 흔히 '그러나, 그렇지만, 하지만' 등의 접속사 등으로 구체적으로 나타나기도 한다.

다음으로 예시 관계Exemplification, 일반화 관계Generalization, 예외 관계Exception를 살펴보자. 이들은 각 담화를 구성하는 조각 간의 집합적 관계 등으로부터 파생된 관계적 응집성 종류라는 공통점을 갖는다.

(13) 고유어는 다른 나라에서 들어온 것이 아니라 우리말에 본디부터 있던 말이나 그것에 기초하여 새로 만들어진 말이다. 위의 말들 중 '밥, 진지, 생각, 시나브로, 누리집'이 고유어에 해당한다.

(지학사 국어 I '어휘의 체계와 양상' 중)

(14) 하동에는 세이암 전설, 용추 쌀바위 전설, 금오산 달님 별님 이야기, 두곡리 고래들 이야기 등 주요 관광지마다 많은 전설과 이야기가 전해 내려 오고

있다. 여행의 재미를 느껴 보고 싶다면 하동 땅 곳곳에 숨어 있는 전설과
이야기들을 따라 여정을 잡아 보는 것도 좋을 터이다.

(지학사 국어 Ⅰ '깊고 그윽한 빛의 마을, 하동' 중)

(13)과 (14)는 예시 관계와 일반화 관계의 예들로 예시 관계는 'p(p$_1$) and p(p$_2$) ; q$_i$(a$_i$) ⊂ q$_i$(b$_i$)'의 구조를 갖는다. 일반적인 진술과 일반화된 설명에 해당하는 부분적 요소를 예시로 제시하는 방식을 취하는 것이다. 반면, 'p(p$_1$) and p(p$_2$) ; q$_i$(b$_i$) ⊂ q$_i$(a$_i$)'의 구조를 갖는 일반화 관계는 예시 관계와 반대로 부분적 요소들을 제시하고 각 부분을 일반화한 진술이 이어진다. 이 둘의 차이를 (15)와 (16)의 예문을 통해 살펴보면, (15)는 예시 관계, (16)은 일반화 관계를 나타내는 담화인데 전자는 '젊은 청년'의 한 부분이 될 수 있는 '민수', '위인'의 한 부분이 되는 '아인슈타인'과의 관계를 통해 예시 관계를 통한 관계적 응집성이 형성된 경우이다. 후자는 민수와 아인슈타인을 먼저 보여주고, 각각이 속하는 큰 집합을 제시하여 일반화를 한 경우이다.

(15) 젊은 청년들은 위인을 존경하면서 꿈을 키운다. 민수는 아인슈타인을 존경
해 과학자의 꿈을 키우고 있다.

(16) 아인슈타인을 존경한 민수는 과학자의 꿈을 키우고 있다. 이처럼 젊은 청년
들은 위인을 존경하면서 꿈을 키운다.

예시 관계를 통한 관계적 응집성과 일반화 관계를 통한 관계적 응집성은 한 문장 안에서 서술어로 행위의 개념을 포함하는 절들의 순서가 서로 반대라는 점에서 가장 큰 차이점을 가진다. 반면 예외 관계는 예시와 일반화를 제약하는 그 속성과 반대되는 개념을 나타낸다.

(17) 인문계 고등학교 학생들은 대부분 대학을 진학한다. (그러나) 영수는 졸업 후에 바로 취업하기로 결정했다.

(18) 영수는 졸업 후에 바로 취업하기로 결정했다. (그러나) 인문계 고등학생 대부분은 대학에 진학한다.

예시 관계와 일반화 관계가 'p(p₁) and p(p₂)' 관계를 전제로 한다면, 예외 관계는 대조 관계처럼 'p(p₁) and ¬p(p₂)'로 담화 조각이 나타내는 행위나 사건이 서로 반대의 입장을 가진다. (17)과 (18)에서 볼 수 있듯이, 대학을 진학하는 것과 취업을 하는 것은 서로 반대되는 행위이다. (17)은 'p(p₁) and -p(p₂) ; qᵢ(aᵢ) ⊂ qᵢ(bᵢ)'의 구조로 인문계 고등학생에 포함되는 영수가 다음 문장에 등장하였으며, (18)은 'p(p₁) and -p(p₂) ; qᵢ(bᵢ) ⊂ qᵢ(aᵢ)'의 구조로 영수가 포함되는 일반화 대상인 인문계 고등학생이 다음 문장에 나타난다. 이 둘은 일반화에 포함되는 한 대상을 제시한다는 점에서 예시, 일반화와 유사하나 그것이 전제하는 행위가 서로 반대된다는 점과 각각의 제시 순서에 차이가 있을 수 있다는 점에서 차이를 가진다. 또한 예외는 집합과의 관계 속에서 예외가 되는 대상을 설명하다보니 대조처럼 반대되는 개념으로 받아들일 수 있는 여지가 있으나, 대조가 속성의 연계성을 중점적으로 다루는 것에 비해 예외는 해당 대상과 개념이 속한 범위의 유사성을 전제로 한 점에서 차이를 가진다.

마지막으로 상세화 관계 Elaboration를 살펴보겠다. 상세화는 일반적으로 동일한 사건이나 개념에 대해 반복하여 자세히 설명하는 것을 의미한다. 'p₁ = p₂, aᵢ = bᵢ'로 도식화할 수 있는 상세화 관계는 각 문장의 담화 조각이 서로 동일한 개념이나 사건을 가리키는 것으로, 각각의 담화 조각들은 서로 상응한다.

(19) 백화점에서 봄맞이 정기 세일을 시작하였다. 매년 봄철에 진행하는 이번

세일은 올해에는 3월 1일에 시작해 14일에 끝난다고 한다.

(19)의 담화에서 두 번째 문장의 '매년 봄철에 진행하는 세일'과 첫 번째 문장의 '봄맞이 정기 세일'은 같은 대상을 가리킨다. 그리고 첫 번째 문장의 정기 세일이 시작한 행위는 두 번째 문장의 3월 1일에 시작해 14일에 끝난다는 것과 상응하는 것으로 두 번째 담화 조각이 첫 번째 문장의 담화 조각에 대해 자세히 설명하는 관계를 갖는다.

(20) 읽는 범위에 따라 통독과 발췌독으로 나눌 수 있다. 통독이 처음부터 끝까지 쭉 읽는 것이라면, 발췌독은 필요한 부분만을 찾아 읽는 방법이다.

(미래엔 국어 Ⅰ '독서의 방법' 중)

상세화의 또 다른 예문인 (20)에서도 이러한 특성을 살펴볼 수 있다. '통독'과 '발췌독'에 대한 자세한 설명을 후행하는 문장에서 해주는 관계가 바로 '상세화' 관계인 것이다. 이처럼 상세화는 사건이나 개념을 반복적으로 드러내면서 자세히 설명하는 특징을 갖는 것으로 설명 담화처럼 개념에 대한 설명이 중요한 담화 유형에서 많이 나타난다.

지금까지 유사 관계를 갖는 관계적 응집성의 종류를 살펴보았는데, Kehler (2002:18-20)에서는 관계적 응집성의 유사 관계는 첫 번째 문장에서 확인할 수 있는 일련의 실체($a_1$, ..., $a_n$)와 두 번째 문장의 담화 조각에서 확인 가능한 실체($b_1$, ..., $b_n$)가 나타내는 개념 p 간의 공통점을 담화 수용자가 구별할 줄 알아야 한다고 말한다. 그리고 그 개념으로부터 목록화categorization, 비교comparison, 일반화 generalization라는 추론의 과정을 거쳐 담화의 관계적 응집성을 파악하고 생산한다고 보고 있다.

## ■ 인과 관계

인과(因果)는 원인과 결과를 뜻하는 용어로 인과 관계를 가진 관계적 응집성을 파악하는 것은 유사 관계와 다른 추론의 과정을 가진다. 첫 번째 문장의 명제를 P, 두 번째 문장의 명제를 Q라고 할 때 청자나 독자와 같은 담화 수용자들은 P와 Q가 서로 끼치는 영향 관계를 파악할 수 있어야 한다.

(21) 하루 종일 굶었더니 배가 너무 고팠다. 집에 가는 길에 편의점에 들러 간단한 먹을거리를 샀다.

(21)은 인과 관계의 대표적인 관계적 응집성 종류인 원인-결과의 예이다. '하루 종일 굶어서 배가 고프다'라는 명제 P는 '편의점에 들러 먹을거리'를 사는 행위 Q가 발생한 원인이 된다. 이때 P와 Q의 원인-결과 관계를 파악하기 위해서는 '배가 고프다'는 사건은 '배 속이 비어 음식을 먹고 싶다'라는 함축의 의미가 포함되어 있으며, 두 문장 간의 관계를 파악하기 위해서는 앞의 명제가 먹을거리를 구하기 위한 어떤 행위를 발생시킨다는 추론이 필요하다. 이처럼 인과 관계는 앞서 살펴본 유사 관계와 달리, 담화 조각이 가지는 본래의 의미 이외에도 각각의 명제가 발생시킬 수 있는 사건과의 연결 고리에 대한 추론의 과정이 필요하다.

(22) 이제 곧 물 부족 시대가 도래할 것이라는 예상은 우리나라에서뿐만 아니라 전 세계적으로 많은 관심의 대상이 되고 있습니다. 이러한 관심은 물 산업에 대한 관심으로 이어지고 있습니다.

(제35회 한국어능력시험 Ⅱ B형 49문항 지시문 중)

(22)의 담화도 원인-결과의 관계적 응집성 종류의 예인데, '물 부족 시대의 도래'로 인해 '물 산업에 대한 관심'으로 이어지는 결과가 야기되었다. 이처럼 원인-결

과 관계의 관계적 응집성 종류는 앞의 명제 P가 Q를 발생시키는 원인이 되는 'P → Q'의 관계를 갖는다. 반면에 설명 관계Explanation는 'Q ← P'의 관계로 결과 Q에 대한 원인을 설명하는 특징을 가진다. 인과 관계의 개념상 P와 Q가 나타나는 순서가 달라지는 경우라도 P라는 개념 자체가 Q라는 결과를 도출하는 그러한 사건 자체가 바뀌는 것은 아니다. 설명 관계에서의 'Q ← P'는 인과 관계의 속성 자체가 바뀌기보다는 원인을 추론하는 방식이 후행하는 경우에 설명 관계를 갖는다고 구분한 것이다.

Kehler(2002)에서 분류한 인과 관계의 원인-결과에서도 P와 Q의 순서 차이가 인과 관계의 본질적인 원인과 결과의 속성을 바꾸는 것은 아니라고 본다. 그러나 순서가 바뀔 때에는 관계적 응집성 종류의 성격이 달라진 다는 점은 주목할 만하다.

(23) 민희가 집에 가는 길에 편의점에 들러 도시락을 샀다. 하루 종일 굶어서 배가 너무 고팠기 때문이다.

(23)은 (21)처럼 '민희가 편의점에 들러 도시락을 산 사건'이 '배가 너무 고픈 것'의 결과로 나타난 일이다. 그러나 두 명제의 제시 순서가 다른데, 원인이 뒤에 나타나는 경우를 설명 관계Explanation로 분류하여 분석하고자 한다. (21)처럼 원인이 앞에 제시되는 경우에는 앞의 명제와 뒤의 명제 간의 긴밀도가 매우 밀접하나 (23)처럼 원인이 뒤에 나타날 때에는 그 긴밀도가 원인-결과 관계만큼 긴밀하지 않기 때문이다.

(24) 민희가 집에 가는 길에 편의점에 들러 도시락을 샀다. 동생이 오는 길에 사오라고 부탁했기 때문이다.

(25) 민희가 집에 가는 길에 편의점에 들러 도시락을 샀다. 내일 새벽에 일찍

나가야해서 먹을 것을 미리 챙겨두었다.

(24)와 (25) 모두 '민희가 집에 가는 길에 편의점에 들러 도시락을 산 사건'의 이유를 뒤의 문장에서 제시한다. 이처럼 결과가 발생한 다양한 이유를 설명하는 관계는 '배가 고파서 편의점에 들러 먹을 것을 산 사건'과의 긴밀도에 비해 그 관계가 약하다고 볼 수 있다. 그래서 여기에서는 어떠한 사건이 발생한 것에 대한 이유를 제시하는 것을 설명 관계Explanation로 정의한다.

원인-결과 관계, 설명 관계와 유사한데 일반적인 예측과 벗어날 때 'P → -Q', 'Q → -P'의 관계를 '어긋난 예측 관계Violated Expectation', '부인 관계Denial of Preventer'라고 한다. 어긋난 예측 관계는 일반적으로 예상되는 원인-결과 관계와 달리, 예상치 못한 결과가 도래된 경우를 일컫는다.

(26) 영민이는 단 것을 무척 좋아한다. 그런데 오늘은 사탕을 보고는 그냥 지나쳤다.
(27) 영민이가 오늘 사탕을 보고는 그냥 지나쳤다. 단 것을 무척 좋아하는 영민이었는데 말이다.

단 것을 좋아하는 영민이가 사탕을 본다면, 일반적으로는 그가 사탕을 먹을 것이라고 쉽게 예측할 수 있다. 그런데 (26)에서처럼 예상되는 결과가 발생하지 않는 경우를 어긋난 예측 관계라고 한다. 반면 (27)은 앞 문장에서 발생한 사건을 부인 혹은 부정하는 설명이 뒤따르는 관계로 예상되지 못한 결과가 앞서 발생한 특징을 보인다. 지금까지 논의한 인과 관계의 관계적 응집성 종류를 도식화하면 아래 <표 3>과 같다.

〈표 3〉 인과 관계의 관계적 응집성 종류(Kehler 2002:21)

| 관계 | 제약 |
|---|---|
| 원인-결과 Result[11] | P → Q |
| 설명 Explanation | Q → P |
| 어긋난 예측 Violated Expectation | P → -Q |
| 부인 Denial of Preventer | Q → -P |

## ■ 근접 관계

관계적 응집성의 종류 중 마지막으로 살펴볼 '근접 관계'는 Kehler(2002)에서도 유사 관계와 인과 관계에 비해 그 특징이 두드러지지 않고 명확하지 않다고 지적하고 있다. 그럼에도 불구하고 근접 관계의 설정이 필요한 까닭은 유사 관계와 인과 관계로도 해석되지 않는 관계적 응집성의 종류가 존재하기 때문이다. 그 예로 (28)을 살펴보도록 하자.

(28) 행사 시작을 알리는 음악 소리가 들렸다. 사회자가 마이크를 들고 인사말을 하기 시작했다.

(28)은 행사의 시작을 알리는 음악이 나오면서 사회자가 인사를 하기 시작한 상황적 공유를 바탕으로 관계적 응집성이 형성된 경우이다. 근접 관계는 이처럼 첫 번째 문장에 나타나는 상황의 변화가 두 번째 문장의 상황 변화의 계기가 되는 것을 일컫는다. 인과 관계와 비슷한 원인-결과로도 해석할 수 있는 여지가 있지만,

---

11) Kehler(2002:21)에서는 원인-결과를 Cause-Effect라고 표시하지 않고 Result라고만 명명한다. 관계적 응집성의 분류 기준으로 Cause-Effect를 사용했기 때문에 용어의 중복 사용을 피하고자 Result라고만 사용하고 있다. 본 연구에서는 분류 기준으로서의 Cause-Effect를 인과 관계라 부르고, Result는 원인-결과라고 번역한다.

특정한 사건이 발생하면서 시간적, 공간적 연계성으로 인해 또 다른 사건이 연달아 발생하는 경우를 말하는 점에서는 차이를 가진다. Kehler(2002)에서는 근접 관계의 하위 유형을 구분하고 있지 않지만, 본 연구에서는 근접 관계를 형성하는 데에 영향을 미치는 두 변인이 주로 시간과 공간이라는 점에서 <표 4>와 같이 근접 관계의 관계적 응집성의 종류를 나눠 살펴보고자 한다.

〈표 4〉 근접 관계의 관계적 응집성 종류

| 관계 | 제약 |
|------|------|
| 시간적 근접 관계 | $P_t \cap Q_t$ |
| 공간적 근접 관계 | $P_p \cap Q_p$ |

"철수가 식당에 들어갔다. 고기 굽는 냄새가 나서 삼겹살을 주문했다."에서는 '고기를 굽고 있는 식당'이 두 문장에서의 공통 분모가 되어 관계적 응집성을 형성하고 있다. '철수가 들어간 장소 = 고기 굽는 냄새가 나는 장소'의 관계가 형성됨으로써 전혀 다른 두 사건이 연결되는 것이다. 이처럼 근접 관계의 관계적 응집성 종류는 특정한 일이 벌어지는 때occasion를 공유하고 그러한 상황 자체가 어떤 일이 발생하는 계기에 영향을 미쳐 담화 조각 간에 연결 관계가 성립되는 경우를 가리킨다.

(29) 올해 휴가는 속초로 다녀왔다. 볼거리와 먹을거리가 많아서 친구에게도 추천했다.

(28)에서 시간적 유사성으로 인해 시간적 근접 관계가 형성되었다면, (29)에서는 공간적 공통성과 유사성으로 인해 근접 관계가 형성된 예이다. 볼거리와 먹을거리가 많은 장소는 앞 문장에 나왔던 속초이다. 행위가 일어난 장소의 공통점이

두 문장의 응집성을 형성하고 있는 것이다.

Kehler(2002)에서 유사 관계와 인과 관계의 하위 유형을 부호화한 것처럼 시간적 근접 관계는 'P$_t$ ∩ Q$_t$'로, 공간적 근접 관계는 'P$_p$ ∩ Q$_p$'로 나타내고자 한다. 'P$_t$'는 앞 문장에서 사건이 발생하는 시간을 나타내며, 'Q$_t$'는 후행문에서 사건이 발생하는 시간 간에 공통으로 속하는 교집합으로 인해 시간적 근접 관계가 생기는 경우를 가리킨다. 이때의 t는 time의 첫머리를 따온 것이다. 이와 마찬가지로 'P$_p$'는 앞 문장에서 사건이 발생하는 공간을 의미하며, 'Q$_p$'는 후행문에서 사건이 발생하는 공간이 갖는 공통점으로 인한 공간적 근접 관계를 나타낸다. 이때의 p는 장소를 뜻하는 place의 첫머리를 따온 것이다. 이러한 근접 관계는 시간적·공간적 연결점이 나타나야 하는 것을 전제로 하기 때문에 설명 담화보다는 시간적·공간적 변화가 잦은 서사 담화에 더 많이 나타날 것으로 예측된다.

## 3 연구를 위한 최적의 방법

### ■ 절차 및 분석 방법

본고와 유사한 주제를 다룬 한국어의 관계적 응집성에 관한 선행연구가 전무하고 기존의 응집성 관련 연구에서도 관계적 응집성의 형성 기제와 실현 양상을 분석한 연구가 없다는 점에서 적합한 연구 방법을 찾기 위해 고심하였다. 가설을 검증하는 방식이 아니라 학습자 언어의 특성이 반영된 학습자 언어 자료를 분석하여 관계적 응집성의 형성 기제와 그 실현 양상을 고찰하고자 하다 보니 양적 연구 방법보다는 질적 연구 방법이 적절한 연구 방법이라 판단되었다. 그런데 질적 연구 방법은 양적 연구 방법에 비해 객관성을 담보하기 어렵다는 한계를 가진다.

본 연구에서는 이러한 한계를 극복하고 질적 연구라는 이름 아래에 비체계적인 분석이 아니라 체계적인 절차와 방법을 적용하고자 여러 학문에서 공통적으로 적용되는 질적 연구 방법을 고찰하였다. 무엇보다도 가설을 설정하여 검증하는 방식이 아니라, 학습자가 직접 쓴 자료를 귀납적 방법으로 고찰하여 학습자 언어의 양상을 살펴보고자 하였으며, 그 안에서 발견되는 공통점을 도출하고자 하였다. 이러한 방식으로 분석한 학습자 자료를 토대로 관계적 응집성에 관여하는 형성 기제와 담화 표층으로의 실현 양상에 관한 개념화의 기틀을 제공하고자 했다.

근거이론은 수집된 자료로부터 체계적인 코딩을 통해 이론을 도출하는 방식을 취하는데, 기본적인 연구 절차는 연구자가 연구 문제를 해결하는 데에 적합한 연구 참가자를 선정하고, 그들로부터 자료를 수집하고 분석하는 방식으로 진행된다. 근거이론의 자료 분석과정으로 가장 많이 인용하는 분석 방식은 Strauss & Corbin(1998)의 3단계 분석 틀로 '개방 코딩, 축 코딩, 이론적 코딩'이다. 사전적 정의로 코딩은 '어떤 일의 자료나 대상에 대하여 기호를 부여'하는 것을 의미하는데, 근거이론에서의 코딩은 자료 분석을 위한 기호 부여의 의미도 가지지만 분석 그 자체를 뜻하기도 한다. 결국 근거이론에서는 개방 코딩 → 축 코딩 → 이론적 코딩이라는 세 번의 분석 절차를 통해 연구자가 수집한 자료를 체계적으로 검토하면서 분류하고 이를 토대로 새로운 개념을 만들게 되는 것이다. 그러나 이때의 새로운 개념이 거창한 이론이라기보다는 자료 분석을 통해 정립할 수 있는 개념 정도로 이해하는 것이 타당하다.

본 연구에서는 '도구 적합성 조사 및 자료 수집' 단계를 크게 2단계로 구분하여 실시하였다. 1차 자료 수집 단계에서는 학습자들이 생산한 문어 담화의 일차적 분석을 통해 그 가능 여부를 진단하고, 수집 도구의 적합성을 검토해 보기로 하였다. 이 단계는 자료 수집 도구의 적합성과 수집 절차를 검증하는 역할도 있었지만, 무엇보다도 연구 문제를 해결할 수 있는 실마리를 찾기 위한 분석 가능 여부를 검증하는 역할이 컸다. 이러한 배경에서 1차 자료 수집은 초급, 중급, 고급 학습자의 자료를 모두 수집하기보다는 습득의 중간적 성격을 보이는 중급 자료를 우선적으로 수집하여 분석하기로 하였다. 그리하여 1차 자료 수집에서 4급 학습자를 실험 참가 대상으로 하여 자료를 수집하였다. 중급 학습자의 자료는 초급에서부터 고급까지 이르는 발달 단계의 중간에 해당하며 초급 단계와 고급 단계의 중간 기준점 역할을 할 것으로 보았기 때문이다.

도구 검증을 한 이후에 2차 자료 수집 단계에서 본격적으로 자료를 수집하였고, 그 다음에 수집된 자료를 입력하여 전산 처리가 가능한 파일로 만들었다. 그리고 앞서 소개한 '개방 코딩, 축 코딩, 이론적 코딩'의 단계로 자료 분석을 실시하였다. 도명록(2015:2068)에 따르면 코딩은 "자료(근거)에서 지속적 비교를 통해 개념을 형성하고, 범주로 추상화하며, 범주, 개념 속성 등을 관계시키는 것"이다.

개방 코딩 open coding은 근거이론을 생성하기 위한 기초 단계로 수집된 자료로부터 특정한 개념을 밝히고, 개념들의 속성과 차원을 발견해 나가는 분석 과정이다. 축 코딩 axial coding은 개방 코딩에서 분석된 자료를 재조합하는 것으로 중심 범주를 기준으로 여러 하위 범주를 유기적으로 연결하는 단계이다. 이론적 코딩은 선택 코딩 selective coding이라고도 부르는데 축 코딩에서 도출된 범주들을 정교하게 통합시키면서 새로운 속성을 정립하여 이론을 정교하게 만들어 가는 과정이다(김석우·박상욱(2015:414-421).

근거이론 방법을 준용한 본 연구에서는 데이터 코딩이 연구의 성과를 좌우하는 중요한 요인이다. 체계적인 데이터 코딩을 실시하기 위해 NVivo 11 pro를 이용하였다. NVivo는 CAQDAS Computer-assisted Qualitative Data Analysis의 일종으로 대표적인 질적 연구 프로그램이다. 학습자 자료를 NVivo 프로그램과 엑셀 프로그램에 입력한 후, 관계적 응집성 종류의 사용 비율 등 기술 통계를 위한 간단한 계산은 엑셀 프로그램을 활용하여 분석하고, 관계적 응집성 종류의 사용 시 발견되는 주요 특성과 관계적 응집성 형성 기제에 관한 주요 특성을 중심으로 자료를 코딩하였다.

근거이론에 입각한 질적 연구 방법에서는 자료를 어떻게 코딩할 것인가가 상당히 중요한 문제이다. 박종원(2016:165)에 따르면 질적 연구에서 코딩은 대게 단어나 구로 정하는 말을 토대로 하거나, 시작적인 자료에 대한 요약, 현저하게 나타나는 내용, 본질 포착, 그리고 주의를 환기하는 속성을 상징적으로 할당한 것을 말한다고 한다. 따라서 그의 주장처럼 코딩은 "자료의 주요한 내용이나 본질을 대표"한다고 볼 수 있다. 그렇다면 무엇을, 어떻게 코딩해야 할 것인가에 대한 문제가 남는다. 본 연구에서는 코딩 방법에서 특정한 한 방법을 선택하기보다는, 열린 관점에서 여러 방법을 적용하여 개방형 코딩을 진행하였다. 아울러 본 연구의 구체적인 분석은 근거이론의 연구 절차를 준용하고, 코딩에 최적화된 질적 연구 프로그램인 NVivo를 활용하여 아래와 같은 단계로 분석하였다.

〈표 5〉 NVivo 활용 자료 분석 절차

| 1단계 | 자료 입력 |
|---|---|
| 2단계 | 노드 Nodes 만들기 |
| 3단계 | 속성 Classifications 만들기 |
| 4단계 | 단계 자료 세트와 자료 간의 관계 보기 |
| 5단계 | 모델 만들기 등 자료 통합 분석 |

NVivo 프로그램에서 자료를 분석할 수 있도록 기존에 입력된 자료 파일을 불러오거나 새롭게 입력하여 자료를 입력한다. 그 다음에 관계적 응집성과 관련한 특

징들을 블록으로 설정하여 노드를 만든다. 이 단계는 개방형 코딩을 진행하는 단계이며, 만들어진 노드를 바탕으로 속성을 만든다. 속성을 만드는 3단계는 축 코딩의 일환으로 볼 수 있다. 다음으로 단계 자료 세트와 자료 간의 관계를 살펴보아 이론화할 수 있는 모델을 만드는 5단계의 절차를 갖는다. 이때 이론은 관계적 응집성과 관련한 절대불변의 이론이라기보다는 자료를 분석한 본 연구자의 해석의 종합판이라고 볼 수 있다.

## ■ 연구 참여자

참가자는 초급 20명, 중급 16명, 고급 19명으로 총 55명이며, 그중 약 9%에 해당하는 5명만 남성이며, 나머지는 여성 참가자들로 구성되었다[12]. 학습자들의 연령은 89%인 49명이 20대였으며, 18세인 10대 학습자는 2명, 30대 학습자는 4명이었다. 한국어 평균 학습 기간은 초급은 약 7개월, 중급은 약 17개월, 고급은 약 19개월이었다.

〈표 6〉 연구 참가자 수

| 구분 | 등급 | 참가자 수(명) |
|------|------|--------------|
| 초급 | 2급 | 20(남성 1, 여성 19) |
| 중급 | 4급 | 16(남성 2, 여성 14) |
| 고급 | 6급 | 19(남성 2, 여성 17) |
| 총합 | | 55명 |

---

12) 여성이 남성보다 많은 양상은 대학 소재의 언어교육원 교육 현장에서 일반적인 현상이며, 본 연구에서는 성별 변인에 의한 영향 관계는 없다고 보고, 성별 균등 배분은 고려 대상으로 삼지 않았음을 밝힌다.

〈표 7〉 연구 참가자의 한국어 평균 학습 기간

| 구분 | 등급 | 한국어 평균 학습 기간 |
|:---:|:---:|:---:|
| 초급 | 2급 | 약 7개월 |
| 중급 | 4급 | 약 17개월 |
| 고급 | 6급 | 약 19개월 |

　　연구 참가자들의 쓰기 과업에 대한 심리적 부담감을 확인하고자 모어로 글쓰기를 할 때의 어렵다고 느끼는 부담감을 리커트 5점 척도로 표시하도록 하였다. 모어로 글을 쓰는 데에 어려움을 느끼지 않으면 1점, 별로 어렵지 않으면 2점, 보통은 3점, 매우 어렵다고 느낄 때에는 5점으로 표시하도록 하였다. 그 결과, 학습자들의 모어로 글을 쓸 때 느끼는 어려움은 평균 약 3.2점으로 도출되었고, 구체적인 양상은 아래 그림과 같다. 모어 글쓰기의 어려움을 '보통' 정도로 인식하는 학습자가 대부분이었지만 조금 어렵다고 응답한 학습자가 그 뒤를 따랐다. 이를 통해 학습자들이 모어로도 글을 쓰는 것에 대한 부담감이 있다는 것을 이해할 수 있었다.

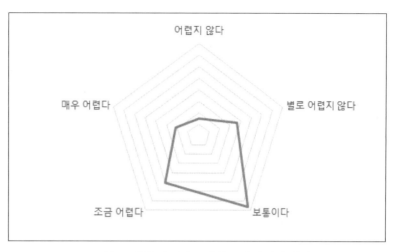

〈그림 1〉 학습자들의 모어 글쓰기에 관한 인식

■ 자료 수집 방법 및 도구

자유 작문은 학습자의 경험과 사고 활동을 극대화하여 수정 과정을 거치지 않고 자신의 생각을 자유롭게 표현하는 쓰기 활동을 말한다. 자유 작문을 통해 학습자는 언어를 창조적으로 사용하며 풍부한 언어 사용 경험을 쌓게 된다. 문법적 또는 수사적 제한이 없으며 학습자 스스로 내용을 구성하고 그 사이에 나타나는 쓰기 오류에 집착하지 않는다.13) 자유 작문을 할 때 학습자는 스스로 주제에 맞는 문장들을 연관성 있게 써야 하며 쓰려고 하는 내용과 사용하는 언어의 형식적인 특성이 잘 호응하고 있는지 고려해야 한다. 또한 자유 작문은 학습자의 경험과 개인적인 사고력으로부터 많은 영향을 받아서 학습자는 자유 작문 과정을 통해 가장 자연스럽게 자신을 표현할 수 있다는 장점을 가진다(이성준 2014:1166-1167).

---

13) 자유 작문이라는 개념을 제안한 Elbow, P.(1989)는 자유 작문을 즉흥적인 글쓰기라고 부르며 이 활동이 글쓰기 자체보다 필자의 생각이 무엇인지에 집중하여 그것이 보다 명확하게 드러나게 하는 방법이라고 주장한다.

본 연구에서는 중국어권 한국어 학습자가 생산한 설명적 문어 담화에서 관계적 응집성의 종류를 살펴보기 위해 자료 수집 도구로서 자유 작문 과제의 주제를 선정할 때 다음의 사항을 고려하였다. 첫 번째는 설명 담화의 특성을 관찰할 수 있는 주제라는 점이다. 양태영(2009:13)에서는 설명 담화를 "담화 생산자가 담화 수용자는 모르는 사물, 현상이나 사실 등의 정보를 전달하기 위해 쉽게 풀이"하여 쓴 것이라고 정의한다. 이러한 설명 담화의 특성을 구현할 수 있도록 어떠한 대상에 대해 설명하고 소개하는 정보 전달의 성격을 갖춘 내용을 선정하고자 했다. 두 번째 고려 사항은 초급, 중급, 고급 등 전체 숙달도에 적용할 수 있어야 한다는 점이다. 연구 질문 중의 하나인 숙달도에 따른 관계적 응집성의 사용 양상을 알아보기 위해 동일 주제를 주어서 자유 작문 과제를 수행하게 하였다. 이를 위해 학습자들에게 가까운 친숙한 주제를 선택하기로 하였다.

전 숙달도의 학습자가 쓸 수 있는 친숙한 대상으로 설명 담화의 특성을 담고 있는 주제를 선정하기 위해 연구 참가자가 서울에 거주하는 학습자라는 점에 착안하여 '한국의 수도인 서울을 설명하는 글쓰기'를 자료 수집 도구의 주제로 선정하였다. 선정된 주제의 타당성을 알아보기 위해 한국어 교육 경력이 5년 이상인 한국어 교사 3인에게 실험 주제로 학습자가 글을 쓸 수 있는지에 대해 조사하였고, 3인의 교사 모두 적합하다는 답을 주어 최종적으로 선정하게 되었다. 자료 수집 도구는 학습자에 대한 기본 정보를 묻는 것과 자유 작문 주제를 제시하는 것으로 구성되었으며, 기본 정보에 관한 질문은 '급(숙달도), 성별, 국적, 한국에서 산 기간, 현재 나이, 한국어를 공부한 기간, 한국어를 배우는 이유, 쓰기에 대한 생각'이다.

# 4 관계적 응집성 사용, 학습자와 모어 화자의 간격

## 4.1. 한국어 모어 화자 담화의 관계적 응집성

한국어 모어 화자의 자료로는 고등학교 국어과 교과서의 설명 담화를 선정하였다. 고등학교의 교육과정은 인문계 등의 보통교과와 실업고 등의 전문교과로 구분되는데, 고등학교(보통교과)의 국어과 교과서는 국정교과서인 한국사와 달리 수학, 영어처럼 검정도서에 속한다. (사)한국검인정교과서협회에 따르면 검정도서는 "교육부장관의 검정을 받은 교과용 도서로 민간인 또는 민간 출판사가 연구개발한 교과용 도서를 국가가 적합성 여부를 심사하여 합격된 교과용 도서[14]"를 말한다. 교육부에서 새로운 교육과정인 '2015 교육과정'을 2015년 9월 23일 고시하였지만, 그 적용은 2018년이어서 연구 시점에는 아직 새로운 교육과정은 나오기 전이었다. 그래서 본 연구에서는 연구 시점인 2015년~2016년에 사용하고 있는 교과서 중에서 채택 비율이 높은 (주)미래엔, (주)지학사, (주)천재교육에서 발간한 『국어 교과서 I』의 설명적 문어 담화를 연구자가 직접 전사하여 소규모 비교 분석 말뭉치를 구축하였다. 이들 교과서의 말뭉치 구축 어절 수는 다음과 같다.

---

14) 현재 우리나라의 교과서는 국정교과서와 검·인정교과서로 나뉘며, 검정제도를 운영하고 있다. 검정제도는 "교과서 저작에 국가가 간접적으로 관여하는 방식"을 가리키며, 민간출판사가 국가에서 발행한 교과서 '편찬상의 유의점'에 따라 교과서를 연구·개발하여, 검정심사를 통해 적합성을 인정받아야 하는 교과서 발행제도이다 (출처: http://www.ktbook.com/info/info_02_02.asp(한국검인정교과서협회-정보마당, 2019년 9월 30일 검색 결과)

〈표 8〉 고등학교『국어 교과서 Ⅰ』설명 담화 말뭉치 어절 수

| 구분 | 교과서명 | 어절 수 |
|------|---------|--------|
| A | ㈜미래엔((구)대한교과서) | 4,778 |
| B | ㈜지학사 | 5,270 |
| C | ㈜천재교육 | 6,879 |
| 총합 | | 16,927 |

〈표 9〉 고등학교『국어 교과서 Ⅰ』설명 담화 분석 대상 문장 수

| 구분 | 전체 문장 수 | 분석 대상 문장 수 |
|------|-------------|------------------|
| A | 371 | 295 |
| B | 378 | 317 |
| C | 558 | 478 |
| 총합 | 1,307 | 1,090 |

　국어과 교과서 중에서 고등학교 자료를 분석 대상으로 삼았는데, 그 이유는 1학년~9학년(초등학교 1학년~중학교 3학년)의 교과서는 의무 교육 기관에 해당하는 교육 내용으로, 학생들의 연령에 맞춰 담화 자료를 각색을 하는 경우가 많다. 반면 10학년에 해당하는 고등학교 국어과 교과서는 학생들의 연령에 따른 각색보다는 원전을 활용한 경우가 많다. 또한 10학년의 교과서는 의무 교육을 마친 사람을 대상으로 하므로, 한국어 학습자들이 학습의 목표로 삼을 수 있는 한국어 수준이라 판단되어 이를 비교 대상으로 삼았다. A, B, C 교과서의 총 1,090개 문장을 중심으로 문장 간의 관계적 응집성 종류의 사용 양상을 분석한 결과, 유사 관계가 80.5%로 압도적으로 많이 나타났다. 그 다음으로 19.1%로 인과 관계가 사용되었

으며, 근접 관계는 0.4%로 매우 미비하게 나타났다.

〈표 10〉 한국어 모어 화자 자료에서의 관계적 응집성 사용 비율

| 관계적 응집성 종류 | 사용 비율(%) |
| --- | --- |
| 유사 관계 | 80.5 |
| 인과 관계 | 19.1 |
| 근접 관계 | 0.4 |
| 총계 | 100 |

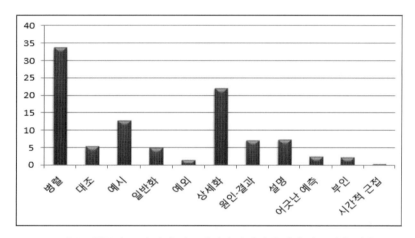

〈그림 2〉 한국어 모어 화자 자료에서의 관계적 응집성 세부 사용 비율

설명 담화에서 유사 관계가 가장 많이 사용된 것에는 설명 담화의 특성과 관련된다. 앞서 설명 담화에 관한 선행연구를 검토하면서 설명 담화를 '개념이나 사건 등 특정 대상에 대해 담화 수용자가 이해할 수 있도록 정보를 조직적으로 구성하여 제공하는 담화의 한 유형'이라고 정의한 바 있다. 설명 담화에서 글쓴이가 독자에게 말하고자 하는 개념이나 사건이 있다면, 담화 수용자가 그 개념과 사건을 이해할

수 있도록 설명 대상에 대해 지속적으로 풀어 쓰는 특성을 가진다. 반면에 인과 관계는 선행 문장과 후행 문장 간에 인과론적인 특성이 있다는 것인데, 설명적 문어 담화에서는 유사 관계에 비해 인과 관계의 사용이 많지 않다는 것을 보여준다.

근접 관계는 시간적 측면과 공간적 측면에서의 근접성으로 인해 관계적 응집성이 형성되는 경우인데, 설명적 문어 담화에서는 거의 사용되지 않는 것으로 나타났다. 설명 담화에서 담화 수용자가 이해할 수 있도록 정보를 조직할 때에는 개념에 대해 유사한 내용을 이어서 설명한다는 특성이 강한 것이지, 시간과 공간이라는 연관성으로 설명 대상에 대한 관계적 응집성을 형성하기가 어려운 것으로 보인다. 실제로 국어과 교과서 A와 B에서는 근접 관계가 전혀 쓰이지 않았고, C에서 미비하게 사용된 것으로 나타났다.

## 4.2. 학습자 담화의 관계적 응집성

총 55명의 학습자(2급 학습자 20명, 4급 학습자 16명, 6급 학습자 19명)로부터 수집한 자료를 문장 단위를 기준으로 앞서 분류한 관계적 응집성의 종류에 따라서 분석하였다. 문장 단위의 분석 대상은 2급 433개, 4급 260개, 6급 437개로 총 1,130 개이다.

〈표 11〉 학습자 전체 담화에서의 관계적 응집성 사용 비율

| 관계적 응집성 종류 | 사용 비율(%) |
|---|---|
| 유사 관계 | 83 |
| 인과 관계 | 16 |
| 근접 관계 | 1 |
| 총계 | 100 |

관계적 응집성의 전체 사용 종류 중에서 유사 관계는 83%에 이르고, 인과 관계는 16%, 근접 관계는 1%로 나타났다. 위 표와 같은 분석 결과를 통해 중국어권 한국어 학습자들이 생산한 설명적 문어 담화에서도 한국어 모어 화자 자료인 고등학교 국어과 교과서 말뭉치의 결과와 동일하게 유사 관계가 압도적으로 많이 사용된 것을 알 수 있다.

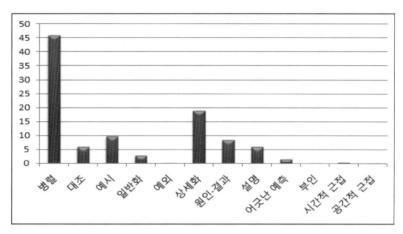

〈그림 3〉 학습자 전체 담화에서의 관계적 응집성 세부 사용 비율

병렬 관계가 많이 나타난 것과는 반대로 매우 낮은 비율이지만 예외 관계, 부인 관계, 시간과 공간의 근접 관계라는 관계적 응집성 종류도 나타났다. 이들의 사용 비율은 매우 낮아서 그래프 상에서는 거의 나타나지 않을 정도이다. 고등학교 국어과 교과서의 설명 담화에서도 예외 관계, 부인 관계, 근접 관계의 사용 비율은 매우 낮았으나, 학습자들이 생산한 설명 담화에서의 사용 비율은 현저히 더 낮게 나타났다. 특히, 예외 관계와 부인 관계의 사용량은 상대적으로 더 낮았다.

이와 같은 결과가 의미하는 바는 한국어 모어 화자들이 생산한 담화이거나 중국어권 한국어 학습자가 생산한 담화이거나 설명적 문어 담화에서는 특정한 관계적 응집성의 종류가 선호된다는 점이다. 물론 이와 같은 관계적 응집성의 종류가 설명적 문어 담화에서만 선호되는지에 관해서는 본 연구의 분석 결과만으로는 확답할 수 없으며, 다른 담화 유형과의 비교 연구가 필요하다. 이러한 양상이 담화 유형에 따른 것이 아니라 일반적인 담화에서 공통적으로 나타나는 것으로도 해석될 수 있기 때문이다. 게다가 본 연구에서는 담화 유형에 따른 차이를 연구 문제로 삼고 있지 않기 때문에 설명 담화에서 사용되는 관계적 응집성의 종류가 설명 담화에서만 나타나는 특징이라는 단정적인 결과를 도출할 수 없다. 그럼에도 불구하고 설명적 문어 담화에서 문장들이 연결될 때 나타난 관계적 응집성의 종류는 병렬 관계와 상세 관계 등 유사 관계의 관계적 응집성의 종류가 압도적으로 더 많이 사용된다는 점은 부인할 수 없을 것이다.

## 4.3. 학습자 담화와 한국어 모어 화자 담화에 나타난 관계적 응집성의 차이

한국어 모어 화자가 쓴 설명적 문어 담화로서 대표성을 갖는 고등학교 국어과 교과서 말뭉치와 학습자 담화 모두에서 관계적 응집성 종류는 '유사 관계 > 인과 관계 > 근접 관계'의 순으로 나타났다. 세부적으로는 '병렬 관계, 상세화 관계, 예시 관계'의 순으로 관계적 응집성의 종류가 많이 사용되었다. 그 다음으로 '설명 관계, 원인-결과 관계, 대조 관계, 일반화 관계'의 순으로 나타났다.

⟨표 12⟩ 한국어 모어 화자와 학습자 자료에서의 관계적 응집성 사용 비율 비교

| 대분류 | 사용 비율(%) 하위분류 | 한국어 모어 화자 자료 | 학습자 자료 |
|---|---|---|---|
| 유사 관계 | 병렬 | 33.7 | 45.9 |
| | 대조 | 5.4 | 5.9 |
| | 예시 | 12.8 | 9.7 |
| | 일반화 | 5.0 | 2.9 |

| | | | |
|---|---|---|---|
| | 예외 | 1.5 | 0.1 |
| | 상세화 | 22.1 | 18.9 |
| 인과 관계 | 원인-결과 | 7.1 | 8.4 |
| | 설명 | 7.4 | 5.9 |
| | 어긋난 예측 | 2.4 | 1.5 |
| | 부인 | 2.2 | 0.2 |
| 근접 관계 | 시간적 근접 | 0.4 | 0.4 |
| | 공간적 근접 | - | 0.2 |
| 총합(%) | | 100 | 100 |

<표 12>에서 볼 수 있는 것처럼 설명적 문어 담화에서 두 자료 모두 병렬 관계가 가장 많이 사용되었다. 그런데 학습자 자료가 모어 화자의 자료에 비해 병렬 관계가 12.2% 더 많이 사용되는 것으로 나타났다. 학습자 자료에서는 왜 병렬 관계가 이처럼 많이 사용되었을까? 필자는 그 해답을 병렬 관계 습득의 용이성에서 찾고자 한다. 관계적 응집성의 종류 중에서 병렬 관계가 먼저 습득된다는 점이다. 병렬 관계는 비슷한 개념이나 사건을 나열하는 것을 의미한다. 한 대상에 대해 비슷한 속성을 나열하는 방식이 학습자들이 쉽게 접근할 수 있는 관계적 응집성의 종류라고 볼 수 있다.

김영란·백혜선(2012)에서는 아동 언어 연구, 특수 교육 및 언어 치료, 한국어 교육 분야에서의 연구를 메타 분석하여 '한국어 모어 및 비모어 화자의 언어 습득 순서'에 대하여 검토하고 있는데, 연결어미를 중심으로 한 습득 순서를 고찰하면서 한국어 모어 화자와 한국어 습득자 모두 대등적 연결어미 '-고'를 수월하게 습득하는 것으로 나타났다고 보고한다. 문장 단위를 기준으로 한 결과와 연결어미 등 절을 기준으로 한 결과를 직접적으로 적용할 수는 없겠지만, 병렬 관계에 관한

습득의 용이성에 대해 관계적 응집성 측면에서도 시사하는 바가 있다고 할 수 있다. 연결어미 '-고'를 통해 실현되는 비슷한 개념이나 사건에 대한 나열이 학습자들이 비교적 쉽게 접근할 수 있는 담화 조각 간의 연결 방식이라고 볼 수 있기 때문이다. 습득이 먼저 이루어지기 때문에 그 사용 비율도 다른 관계적 응집성의 종류에 비해 더 높다고 할 수 있다.

## 5 숙달도에 따른 학습자의 관계적 응집성 사용

학습자들이 생산한 평균 어절 수를 검토하면 초급은 114.5개, 중급은 127.1개, 고급은 228.5개로 숙달도가 높아질수록 어절 수가 증가하고 있다. 반면 평균 문장 수는 중급 단계에서는 줄어들었다가, 고급 단계에서는 다시 늘어났다. 문장 수는 줄어들었지만, 학습자의 숙달도가 높아질수록 한 문장을 구성하는 어절 수는 많아지는 것을 통해, 학습자들의 숙달도와 어절 수는 비례하는 것을 확인할 수 있었다. 학습자 담화의 분석 대상인 '전체 문장 수'와 '전체 어절 수'를 해당 등급의 학습자 수로 나누어 '평균 문장 수'와 '평균 어절 수'를 구한 값은 아래 표와 같다.

〈표 13〉 1인당 평균 분석 대상 문장 수, 어절 수

| 구분 | 평균 문장 수 | 평균 어절 수 |
|------|--------------|--------------|
| 초급 | 20.4 | 114.5 |
| 중급 | 15.25 | 127.1 |
| 고급 | 21.79 | 228.5 |

중국어권 한국어 학습자들이 생산한 담화에서의 관계적 응집성 사용 양상은 모어 화자의 사용 양상과 유사하게 나타났다. 관계적 응집성 종류 중에서 유사 관계의 사용 비율이 압도적으로 높았으며, 그 다음으로 인과 관계의 사용 비율이 높게 나타났다. 반면, 근접 관계는 모어 화자의 자료에서처럼 거의 나타나지 않았다. 관계적 응집성 하위 종류의 사용 비율을 숙달도별로 살펴보면 흥미로운 차이점이 발견된다.

우선 공통적으로 초급, 중급, 고급 학습자의 자료 모두에서 '병렬 관계 > 상세화 관계 > 예시 관계…' 순으로 관계적 응집성의 종류가 사용되었다. 이는 한국어 모어 화자들의 대표적인 담화라 할 수 있는 국어과 교과서에서의 설명 담화에서의 관계적 응집성 종류의 사용 양상과 유사한 것이다. 그러나 숙달도가 높아지면서 병렬 관계는 그 사용량이 줄어들고 있고, 상세화 관계는 중급 학습자의 자료에서는 사용량이 줄어들었으나 고급 단계에서는 크게 증가한 U자형 곡선 발달 모습을 보이고 있다. 이와 반대로 예시 관계는 중급 단계에서 그 사용량이 증가하였다가 고급 단계에서는 다시 감소하는 추세를 보인다.

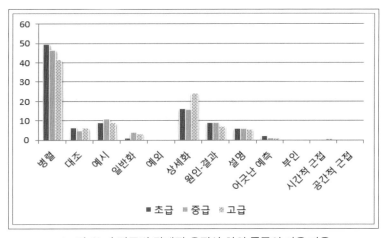

〈그림 4〉 숙달도별 관계적 응집성 하위 종류의 사용 비율

위 그림을 보면 관계적 응집성의 하위 종류별로 발달 양상이 다르다는 것을 예측해 볼 수 있다. 그래프의 모습을 보면, 숙달도가 높아질수록 그 사용량이 늘어난 것이 있는 반면에 줄어든 것도 있다. 병렬 관계는 숙달도에 상관없이 가장 많이 사용된 것으로 나타났지만, 병렬 관계의 발달 추이를 보았을 때에는 숙달도가 높아질수록 그 사용 비율은 줄어들고 있다. 병렬 관계의 사용량이 줄어들면서 반대로 병렬 관계 이외의 관계적 응집성 종류의 사용 비율이 높아지고 있다. 대표적으로 상세화 관계는 숙달도에 따라 그 발달 양상이 U자형 곡선을 보이며 고급 단계에서 많이 사용된 것으로 나타난다.

김봉순(1999, 2000)의 연구에서는 초등학교 2학년부터 6학년까지 학생을 대상으로 담화의 발달을 조사하면서, 상세화 관계를 가장 이해하기 어려워한다고 보고한 바 있다. 이러한 연구 결과는 배경 지식이 풍부해짐에 따라 설명 대상을 상세화하는 내용과 양이 분명하고 많아지기 때문인 것으로 해석된다. 이러한 해석을 참고하면, 위 그림에서 보이는 상세화 관계의 발달 양상은 한국어 학습자들의 숙달도가 높아질수록 설명 대상에 대한 구체적이고 상세한 설명을 덧붙이는 양상이 늘어나고 있다고 볼 수 있다. 담화의 이해와 마찬가지로 상세화 관계는 학습자가 가진 설명 대상에 대한 배경지식 등을 활용하여 충분히 그것을 표현할 수 있는 능력이 필요한 것이다. 정희모·김성희(2008), 박수경(2012)의 연구에서 우수한 필자는 화제와 연관된 어휘 수, 문장 수가 많다는 것을 보고하고 있는데, 학습자들의 숙달도가 높아질수록 설명 대상에 대한 상세하고 구체적인 내용을 담는 설명 능력은 발달하는 것으로 보인다.

반면에 '예외 관계, 어긋난 예측 관계, 부인 관계, 시간적 근접 관계, 공간적 근접 관계'는 학습자들의 숙달도가 높아도 그 발달이 어렵다는 것을 보여준다. 물론 이들 관계는 전체적인 사용 비율이 매우 낮기 때문에 숙달도별 발달 양상을 고찰하는 것이 쉽지는 않다. 그러나 한국어 모어 화자의 자료에 나타난 것에 비해 학습자의 자료에서 '예외 관계, 어긋난 예측 관계, 부인 관계'의 사용량이 낮게 나타난

점에서 쓰기 어려운 관계적 응집성의 종류로 파악된다.

앞서 예외 관계는 $p(p_1)$ and $-p(p_2)$ ; $q_i(a_i) \subset q_i(b_i)$의 관계로, 어긋난 예측 관계는 $P \rightarrow -Q$로, 부인 관계는 $Q \rightarrow -P$의 관계로 정리한 바 있다. 이들 모두 선행하는 명제에 대응하는 후행 명제는 반대의 속성을 가지고 있다. 담화 생산자와 수신자 모두에게 인지적 처리의 부담이 적은 기본적인 개념과 관계를 맺는 것이 아니라, 이와 반대로 상응하는 개념과 연관 관계를 맺기 때문에 그것을 이해하거나 생산하는 데에는 인지적 부담이 가중된다. 한국어 학습자들이 어려워하는 '예외 관계, 어긋난 예측 관계, 부인 관계'의 세 가지 관계적 응집성 종류 모두에서 기본 대응이 아니라 반대되는 속성과 대응된다는 공통점은 학습자들이 관계적 응집성의 사용 종류를 결정하는 데에 인지적 부담도 적용된다고 볼 수 있을 것이다. 관계적 응집성 습득을 다룬 여러 선행연구들에서는 인지적 처리의 부담이 적은 것에서부터 부담이 많은 것으로의 발달한다는 경향성을 보고하고 있는데, '예외 관계, 어긋난 예측 관계, 부인 관계'의 발달 양상도 그러한 경향이 발견된다.

그리고 '설명 관계'는 중급 단계에 이르러 미비하게나마 사용량이 증가하고 있었으나, 전반적으로는 큰 발달 양상이 나타나지 않았다. 그런데 모어 화자의 자료에서 설명 관계가 사용된 비율은 원인-결과 관계의 사용 비율과 유사한 점에서, 한국어 학습자들이 설명 관계를 적게 사용된 점에서 교육이 필요한 대상이기도 하다. 지금까지 살펴본 초·중·고급 학습자 자료를 분석하면서 관계적 응집성 종류의 발달 양상을 다음과 같이 4가지 유형으로 분류해 본다.

〈그림 5〉 관계적 응집성 종류의 유형별 발달 양상

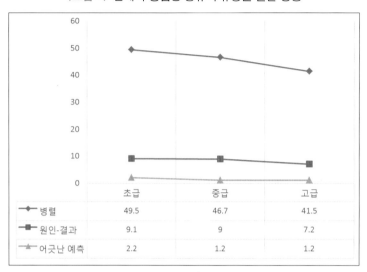

| | 초급 | 중급 | 고급 |
|---|---|---|---|
| 병렬 | 49.5 | 46.7 | 41.5 |
| 원인-결과 | 9.1 | 9 | 7.2 |
| 어긋난 예측 | 2.2 | 1.2 | 1.2 |

Ⅰ 유형

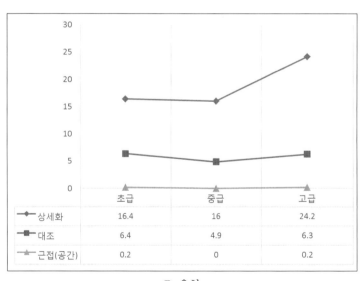

| | 초급 | 중급 | 고급 |
|---|---|---|---|
| 상세화 | 16.4 | 16 | 24.2 |
| 대조 | 6.4 | 4.9 | 6.3 |
| 근접(공간) | 0.2 | 0 | 0.2 |

Ⅱ 유형

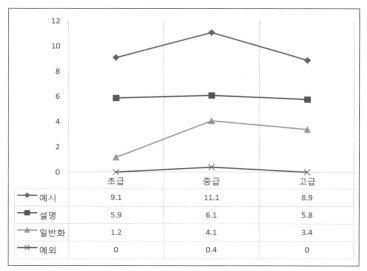

| | 초급 | 중급 | 고급 |
|---|---|---|---|
| ◆ 예시 | 9.1 | 11.1 | 8.9 |
| ■ 설명 | 5.9 | 6.1 | 5.8 |
| ▲ 일반화 | 1.2 | 4.1 | 3.4 |
| ✕ 예외 | 0 | 0.4 | 0 |

Ⅲ 유형

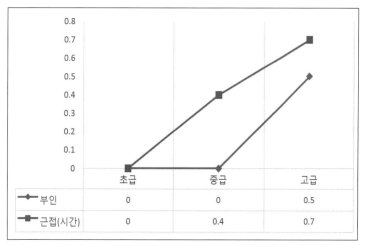

| | 초급 | 중급 | 고급 |
|---|---|---|---|
| ◆ 부인 | 0 | 0 | 0.5 |
| ■ 근접(시간) | 0 | 0.4 | 0.7 |

Ⅳ 유형

제 I 유형은 숙달도가 높아질수록 그 사용량이 줄어든 경우이다. 제 I 유형의 대표적인 관계적 응집성 종류로는 병렬 관계가 있다. 병렬 관계는 초급 학습자 자료에 나타난 관계적 응집성의 전체 사용 비율에서 약 50%를 차지하고 있었는데, 중급 단계와 고급 단계로 올라갈수록 그 비율이 낮아지고 있다. 한국어 모어 화자의 자료에서도 병렬 관계의 사용 비율이 가장 높았지만, 학습자의 병렬 관계의 평균 사용 비율인 45.9%보다는 약 12%가 낮은 37.7%였다. 초급 단계에서 병렬 관계가 과잉 사용되고 있었다면, 숙달도가 높아질수록 다른 관계적 응집성의 종류를 사용할 수 있는 능력이 향상되면서 병렬 관계의 사용 비율이 낮아진 것으로 보인다.

어긋난 예측 관계는 사용 비율이 워낙 미비하여 이러한 특성이 적용된다고 단정지을 수는 없겠지만, 원인-결과 관계도 다른 관계적 응집성의 종류에 비해 초급 단계에 쉽게 습득할 수 있는 개념적 관계로 이해된다. 김봉순(1999, 2000)의 연구에서 모어 화자들이 병렬·인과 관계를 상술 관계보다 더 이해하기 쉬워하고, 그 사용 빈도도 높다고 지적한 바 있는데 중국어권 한국어 학습자들도 병렬 관계와 원인-결과 관계에 대한 습득이 용이하다고 예측할 수 있겠다.

제 II 유형은 초급에 나타난 비율보다 중급의 사용 비율이 낮았다가, 고급 단계에서는 늘어난 것을 뜻한다. 이는 U자형 발달 곡선과 비슷한 양상을 보이는 것으로, 상세화 관계에서 대표적으로 나타났다. Lightbown(1985)에서는 학습자들의 발달 단계에서 초기 단계에서 오류의 수가 줄어드는 습득 양상을 보이다가 다음 단계에서 오류의 수가 크게 늘어나는 후퇴 양상을 보인 후에 다시 회복되는 'U자형 행동 발달U-shaped behavior development' 곡선을 보인다고 주장하였는데, 이 이론은 제2언어 습득 연구에서 널리 받아들여져 제2언어 습득 과정에서 흔히 발견할 수 있는 보편적인 양상으로 여겨진다.

그러나 U자형 곡선이 주로 오류 연구에서 많이 도출된 것에 비해, 본 연구에서 관심을 갖는 관계적 응집성 사용 양상은 오류가 나타난 비율로 볼 수는 없다. 관계적 응집성 사용 양상을 학습자 언어의 오류 연구에서 자주 발견되는 특성에 견줄 수는 없겠지만, 학습자 언어의 발달이라는 측면에서 생각해 볼 수 있는 문제이다. U자형의 발달 패턴이 관계적 응집성의 종류에도 나타난다는 점에서 발달 패턴의 유사성을 적용해 볼 수 있을 것이다. 상세화 관계가 동일한 대상에 대한 자세한 설명을 덧붙이는 관계라면, 병렬 관계는 대상에 대한 유사한 속성을 연결시키는 관계이다. 중급 단계에서 한국어 능력이 향상되면서, 초급 단계에서 충분하게 설명하지 못했던 대상을 구체적으로 풀어쓸 수 있는 상세화 능력이 발달해 가는 것을 확인할 수 있다.

제Ⅲ유형은 제Ⅱ유형과 반대로 역U자형 발달 곡선인 종형 모형으로 중급 단계에서는 해당 관계적 응집성 종류의 사용 비율이 높아졌는데, 고급 단계에서는 다시 낮아진 특성을 보인다. 예시 관계, 설명 관계, 일반화 관계에서 이러한 특성이 보였으며, 아주 미비하지만 예외 관계에서도 이러한 종형 모형의 발달 양상이 나타났다. 관계적 응집성 종류에 관하여 역U자형 발달 패턴을 해석하기란 쉽지 않은 일이다. 특히, 설명 관계는 중급에서 증가한 사용량이 매우 미비한 한계가 있다. 그러나 예시 관계와 일반화 관계가 초급 단계보다는 중급 단계에서 높게 나타난 것을 통해 중급 단계에서 가장 발달한 관계적 응집성의 종류라고 예측해 볼 수 있겠다.

반면 제Ⅳ유형은 제Ⅰ유형과는 반대로 학습자의 숙달도가 높아질수록 관계적 응집성의 사용 비율이 높아진 것으로, 학습자의 한국어 능력이 향상되면서 나타나는 예측 가능한 기본적인 유형이라고 볼 수 있겠다. 부인 관계와 시간적 근접 관계의 사용 양상에서 이 유형이 발견되었다. 이 둘의 사용 비율이 워낙 낮기 때문에 자세한 분석을 하기는 어렵지만 숙달도가 높아지더라도 학습하기 어려운 관계적 응집성의 종류로 해석된다.

# 6 제안과 전망

지금까지 한국어 모어 화자의 설명적 문어 담화와 중국어권 한국어 학습자의 설명적 문어 담화에 나타난 관계적 응집성 종류의 사용 양상을 고찰하였다. 한국어 모어 화자의 자료로는 고등학교 '국어과 교과서 Ⅰ' 3종에 수록된 설명 담화로 말뭉치를 구축하였고, 중국어권 한국어 학습자 2급, 4급, 6급 총 55명을 대상으로 '서울의 수도인 한국을 설명하는 글쓰기' 자료를 수집하여 설명 담화 유형에서 선호되는 관계적 응집성의 종류가 존재한다는 것을 살펴보았다.

그 결과 한국어 모어 화자와 한국어 학습자 자료 모두에서 유사 관계의 사용 비율이 압도적으로 높았으며, 그 다음은 인과 관계, 근접 관계의 순으로 나타났다. 그중에서 근접 관계는 거의 나타나지 않았는데 이를 통해 설명 담화라는 유형이 선호하는 관계적 응집성의 종류가 있다는 것을 확인할 수 있었다. 특히, 국어과 교과서 말뭉치에는 다양한 주제의 여러 담화가 포함되어 있는데, 주제적 속성과 상관없이 설명 담화라는 담화 유형에서 관계적 응집성의 종류 중에서 선호되는 종류가 있다는 점은 흥미로운 결과이다. 이는 결국 각 담화의 유형별 관계적 응집성의 사용 종류를 특화할 수 있다는 것으로, 이러한 대상이 한국어 학습자들에게 필요한 교육 항목이 될 수 있다는 점에서 의미하는 바가 크다.

중국어권 한국어 학습자의 설명 담화와 모어 화자의 설명 담화에서 관계적 응집성이 사용된 종류를 고찰한 결과, 한국어 모어 화자가 쓴 설명적 문어 담화로서 대표성을 갖는 고등학교 국어과 교과서 말뭉치와 학습자 담화 모두에서 관계적 응집성 종류는 '유사 관계 > 인과 관계 > 근접 관계'의 순으로 나타났다. 세부적으로는 '병렬 관계, 상세화 관계, 예시 관계'의 순으로 관계적 응집성의 종류가 사용되었다. 그 다음으로 '설명 관계, 원인-결과 관계, 대조 관계, 일반화 관계'의 순으로 나타났다. 중국어권 한국어 학습자의 숙달도별 관계적 응집성 하위 종류의 사용 비율도 '병렬 관계 > 상세화 관계 > 예시 관계…' 순으로 나타났다. 이러한 결과는 한국어 모어 화자들의 대표적인 담화라 할 수 있는 국어과 교과서 설명 담화에서의 관계적 응집성 종류의 사용 양상과 유사한 것이다.

관계적 응집성의 하위 종류별로 발달 양상이 다르게 나타났는데, 병렬 관계는 숙달도가 높아질수록 그 사용 비율은 줄어들었다. 병렬 관계의 사용량이 줄어들면서 반대로 병렬 관계 이외의 관계적 응집성 종류의 사용 비율은 높아졌다. 한국어 학습자들의 숙달도가 높아질수록 설명 대상에 대한 구체적이고 상세한 설명을 덧붙이는 능력이 발달하면서, 상세화 관계의 사용 비율도 증가하였다. 반면에 '예외 관계, 어긋난 예측 관계, 부인 관계'는 선행하는 명제와 후행하는 명제 간의 관계가 반대의 속성을 가져 인지적 처리의 부담이 된다는 점에서 발달이 미비한 것으로 나타났다.

이를 바탕으로 학습자들의 숙달도별 발달 양상을 4가지의 유형으로 정리하였다. 제Ⅰ유형은 숙달도가 높아질수록 그 사용량이 줄어든 경우로 병렬 관계가 대표적이다. 제Ⅱ유형은 초급 단계에서 사용된 비율보다 중급 단계에서의 사용 비율이 낮았다가, 고급 단계에서 늘어난 것을 뜻한다. 이는 U자형 발달 곡선과 비슷한 양상을 보이는 것으로, 상세화 관계에서 대표적으로 나타났다. 제Ⅲ유형은 제Ⅱ유형과 반대로 역U자형 발달 곡선인 종형 모형으로 중급 단계에서는 해당 관계적 응집성 종류의 사용 비율이 높아졌는데, 고급 단계에서는 다시 낮아진 특성을 보인다. 제Ⅳ유형은 제Ⅰ유형과는 반대로 학습자의 숙달도가 높아질수록 관계적 응집성의 사용 비율이 높아진 것이다. 이 유형의 경우 한국어 발달의 기본적인 속성을 보이는 것이라 할 수 있으나, 매우 낮은 비율을 나타낸 점에서 발달이 더디게 이루어지고 있는 모습을 보였다.

이와 같은 분석 결과를 통해 설명 담화에서 빈번하게 사용되는 특정한 관계적 응집성의 종류가 있다는 것을 관계적 응집성 사용 종류 분석 결과를 통해 알 수 있었다. 본 연구는 담화의 핵심 요소인 응집성에 관한 분석을 체계적으로 시도한 점에서 의의를 가지며, 무엇보다 학습자들의 담화 능력 향상에 기여할 수 있는 관계적 응집성의 특성과 학습자들의 발달 양상을 밝힌 점에서 교육에 시사하는 바가 크다고 할 수 있겠다.

주지하다시피 실제 한국어 자료에서 관계적 응집성이 어떻게 사용되고 있는지를 파악하기란 어려운 일이다. 설명 담화에서의 관계적 응집성에 관한 선행연구가 전무한 상태에서는 더더욱 그것을 파악하기가 어려웠다. 그러나 본 연구는 담화 표층의 응결장치에 주목하여 지시적 응집성의 관점에서 집중된 논의에서 벗어나, 담화 내부의 유의미한 연결 관계인 관계적 응집성으로 연구 영역을 확대한 의의를 가진다. 담화 표층의 응결장치를 분석하더라도, 담화 내부의 의미적·화용적 연결 관계를 전제로 한 점에서 차이를 보인다.

그러나 본 연구에서 관계적 응집성에 관한 다양한 논의를 미처 다루지 못해 아쉬움이 남는 부분이 있다. 관계적 응집성의 종류를 문장을 기준으로 살펴보았는데, 절 단위와 문단 측면에서의 분석도 추후 연계하여 이루어질 필요가 있다. 담화 조각별 연결 관계를 다양하게 분석한다면, 관계적 응집성의 실체를 파악하는 데에 큰 도움이 될 것이다.

본 연구에서는 관계적 응집성의 사용 종류와 형성에 관여하는 맥락을 거시적으로 구분하고 그 양상을 살펴본 점에서는 의의를 갖지만, 세부적인 변인에 대해 살펴보지 못한 한계를 가지고 있다. 이는 관계적 응집성에 관여하는 요인이 복잡하게 얽혀있고, 매우 광범위하다는 점 때문이며 추후 본 연구를 바탕으로 세분화하여 구체적으로 살펴볼 수 있을 것이다. 본 연구에서는 한국어 교육에 적용하는 시작점으로 관계적 응집성의 종류를 제한적으로 살펴보았으나, 앞으로 관계적 응집성과 관련하여 다양하고 심도 깊은 논의가 이루어지길 기대한다.

## ■ 참고 문헌

고영근(2000). 「텍스트과학과 문예학」, 『텍스트언어학』, 8, 한국텍스트언어학회, 1-24.

고영근(2011). 『텍스트과학』, 파주: 집문당.

김봉순(1999). 「설명적 텍스트 구조의 이해력 발달 연구: 초등학교 2학년부터 6학년까지」, 『읽기수업방법』, 25-66, 초등교육학회편, 서울: 박이정.

김봉순(2000). 「학습자의 텍스트구조에 대한 인지도 발달 연구 – 초 중 고 11개 학년을 대상으로」, 『국어교육』, 102, 한국국어교육연구회, 27-85.

김석우·박상욱(2015). 『교육연구방법론』, 서울: 학지사.

도명록(2015). 「근거이론의 한국 행정 이론의 형성 가능성: Strauss의 패러다임 모형에 대한 비판적 고찰」, 『한국행정학회 하계학술대회』, 한국행정학회, 2119-2132.

박나리(2009). 「학술논문에 나타난 응집성(coherence)과 응결성(cohesion)의 사상(mapping) 양상」, 『국어학』, 56, 161-189.

박수경(2012). 「외국인 유학생의 한국어 작문에서의 단락 조직화 양상 연구: 상위학습자와 하위 학습자의 작문 비교를 중심으로」, 『이중언어학』, 48, 이중언어학회, 85-107.

박정준(1994). 「프레임, 스크립트 이론과 텍스트 정보처리과정」, 『텍스트언어학』, 2, 한국텍스트언어학회, 61-107.

양태영(2009). 「설명텍스트 분석을 활용한 한국어 쓰기 교육 연구」, 상명대학교 대학원 박사학위논문.

이선영(2013). 「한국어 교육 연구에서의 응집성(coherence) 개념에 대한 고찰」, 『국제한국어 교육학회 국제학술발표논문집』, 국제한국어 교육학회, 416-426.

정희모·김성희(2008). 「대학생 글쓰기의 텍스트 비교 분석 연구: 능숙한 필자와 미숙한 필자의 텍스트에 나타난 특징을 중심으로」, 『국어교육학연구』, 32, 국어교육학회, 393-426.

Ariel, M. (1990). *Accessing NP antecedents*. London: Routledge.

Ariel, M. (2001). "Accessibility theory: An overview." *Text representation: Linguistic and psycholinguistic aspects*, 8, 29-87.

Elbow, P. (1989). "Toward a phenomenology of freewriting." *Journal of Basic Writing*, 8(2), 42-71.

Givón, T. (1983). *Topic continuity in discourse: A quantitative cross-language study (Vol. 3)*. John Benjamins Publishing.

Grimes, J. E. (1975). *The thread of discourse (Vol. 207)*. Walter de Gruyter.

Grosz, B. J., & Sidner, C. L. (1986). "Attention, intentions, and the structure of discourse." *Computational linguistics*, *12*(3), 175-204.

Halliday, M. A. K. & Hasan, R. (1976). *Cohesion in English*, London: Longman.

Hobbs, J. (1979). "Coherence and corefcrence." *Cognitive Science*, *3*, 67-90.

Kehler, A. (2002). *Coherence, Reference and the Theory of Grammar.* California: Center for the Study of Language and Information.

Lightbown, P. (1985). "Great expectations: Second language acquisition research and classroom teaching." *Applied Linguistics*, *6*, 173-189.

Mann, W. C., & Thompson, S. A. (1986). "Relational propositions in discourse." *Discourse processes*, *9*(1), 57-90.

Petöfi, J. S. (1983). "Text, signification, models, and correlates." *Psycholinguistic studies in language processing*. Berlin, de Gruyter, 266-298.

Sanders, T., & Maat, H. P. (2006). "Cohesion and coherence: Linguistic approaches." *reading*, *99*, 440-466.

Sanders, T., Spooren, W. & Noordman, L.G.M. (1992). "Toward a Taxonomy of Coherence Relations." *Discourse Processes*, *15*, 1–35.

Strauss, A., & Corbin, J. (1998). Basics of qualitative research: Procedures and techniques for developing grounded theory.

**박선희**

우리는 '아, 그… 그거 있잖아.'라는 말을 들을 때면, '이거 있잖아'와 다르다는 것을 금방 알아차린다. 그러나 한국어를 배우는 외국인 학습자들은 그렇지 않다. 어떨 때는 '이'를 쓰고, 어떨 때는 '그'를 쓰고, 거기다 더 복잡하게도 '저'도 있다. 지시어가 무엇을 가리키는지에 대한 그 의미 기능 간의 관계에 대해 외국인 학습자들은 이해하기 어렵다. 그러나 그것을 단순히 지시어의 문법적 설명만으로는 해결할 수 없는 문제이다. 형태는 단순히 형태에 그치지 않고, 의미 기능을 가질 때 비로소 제 역할을 하기 때문! 형태와 기능의 미묘한 관계는 아직도 풀어야 할 숙제거리가 남아 있다. 흥미로운 연구들이 모인 이 책이 그 시작점이 되어 더 많은 연구들로 이어지기를 바란다.

**이정란**

TV에 나오는 외국인들이나 한국어를 배우는 학습자들이 의사소통 하는 것을 보면 정말 몇 개 안 되는 어휘나 문법만으로도 능숙하게 한국인과 소통하는 경우를 종종 목격한다. 어쩌면 말들을 그렇게 잘하는 것인지 저절로 미소가 나온다. 그러나 반대로 분명 더 많은 어휘를 알고 문법도 제대로 사용하는데, 이상하게도 기분이 나쁘고 무례하게 느껴지는 경우가 있다. 이들의 차이는 어디에서 비롯된 것일까? 과연 의사소통을 잘 한다는 것은 어떤 의미일까? 많은 어휘와 문법을 아는 것만으로는 의사소통능력을 갖추기에 충분하지 않을 수 있는 것이다. 이러한 관심에서 출발한 연구가 박사학위 논문이 되었다. 이 연구 한 편으로 그 해답을 찾을 수는 없겠지만, 같은 문제의식을 갖고 있는 연구자들의 연구 성과가 모여 그 길을 한 걸음씩 만들어 갈 수 있을 것이라 믿는다. 그리고 이 책이 그 길의 출발점이 되기를 기대한다.

**이민경**

한국어를 굉장히 잘한다고 느껴지는 외국인들을 보면, 어쩜 그렇게 말을 잘하는지 신기다. 그들이 말하는 것을 찬찬히 살펴보면, 친구들이랑 편하게 말할 때에는 구어적 표현을 쓰고, 발표할 때에는 어디에서 배웠는지 문어적 표현을 잘 구별하고 있다는 생각에 절로 웃음이 나올 때가 있었다. 그런 외국인 학습자들을 보면서 그들의 한국어 수준이 높아질수록 이렇게 상황에 맞는 옷을 잘 입는 능력이 중요하다는 것을 느낀다. 텍스트를 텍스트답게 만드는 것은 우리가 만나는 모든 한국어 학습자들에게 아주 중요한 부분일 텐데, 이왕이면 구어 텍스트는 구어 텍스트답게, 문어 텍스트를 문어 텍스트답게 만들 수 있다면 금상첨화일 것 같다. 대용을 문장이 아닌 텍스트 차원으로 넓혀 구어, 문어 텍스트에서의 사용 양상을 집중 분석한 본 연구의 결과가 부디 한국어 교재 및 교육 현장에 기여하는 한 알의 씨앗이 되기를 바라본다.

**황선영**

1급 수업 시간에 위치와 관련된 어휘를 가르친 후, 듣기 문제를 풀게 한 적이 있었다. 두 사람의 통화를 듣고 열쇠의 위치는 찾는 문제였다. 학생들과 같이 듣기 파일을 듣는데, 갑자기 전화한 사람이 '컴퓨터 오른쪽을 보세요'라고 하는 것이 아닌가. 그 순간 정답을 어떻게 설명해야 할지 머릿속이 복잡해지기 시작했다. 컴퓨터를 기준으로 하면 정답은 그림의 ①이 되었고, 전화 받는 사람을 기준으로 하면 ②가 되어야 했기 때문이다. 이와 비슷한 상황은 우리의 일상생활에서 자주 일어난다. 만약 선생님이 칠판과 교탁 사이에 서 계신다면 선생님은 교탁 앞에 계신다고 해야 할까? 아니면 교탁 뒤에 계신다고 해야 할까? 이와 같이 고정적인 의미를 갖는 어휘나 표현이 화자의 주관적 관점에 따라 다른 것을 의미하게 되는 현상은 전세계 언어에서 공통적으로 나타난다. 그러나 발화의 기준점을 어디로 삼는지는 언어문화권에 따라 차이를 보인다. 그렇다면 한국어 교실에서는 한국어 화자들이 선호하는 방식을 알려줘야 하지 않을까? 이 책을 시작으로 맥락에 따라 비고정적으로 해석될 수 있는 항목에 대한 연구가 활발해지기를 기대해 본다.

**하지혜**

어느 날 한창 수업 중에 한 학생이 손을 들고 말했다. "선생님, 쓰세요" 표기법이 궁금했던 것이다. 잘 배운 학생이었다. 자신의 요구를 어법에 맞게 잘 표현했으므로. 그러나 과연 이 학생은 의사소통에 성공한 것이라 할 수 있을까? 교사와 학생 간의 의사소통 상황에서 '-(으)세요'라는 표현이 적절한 요청 표현일지 생각해 볼 때 학생은 의사소통에 성공적이지 못 했다. 이를 극복하기 위해서는 어떻게 해야 할까? 여러 사람들과 관계를 맺는 실제 생활에 긍정적으로 영향을 주기 위해 언어 사용에 초점을 맞추는 것이 답이 되지 않을까? 이러한 궁금증, 그리고 그 필요성에 대한 인식. 더 나아가 교재와 같은 구체적인 교육 내용으로의 반영을 꿈꾸며 연구를 진행했다. 이 책을 계기로 이와 같은 꿈을 담은 한국어 교육 내용의 또 다른 변화를 불러오는 바람이 불기를 기대해 본다.

**이보라미**

고급 학습자가 쓴 글을 보면 어떻게 수정해주어야 할지 막막할 때가 있다. 분명 문법과 어휘는 크게 고칠 데가 없었는데, 뭔가 어색하고 앞뒤 말이 맞지 않았다. 도대체 무엇이 문제일까? 이 고민에 대한 답을 찾아 가다, 담화의 응집성에 이르렀다. 학습자들이 문법과 어휘를 아는 것이 물론 중요하지만 과연 그것만으로 글을 잘 쓸 수 있다고 장담할 수는 없을 것이다. 모어 화자인 우리도 글을 쓸 때면 식은 땀이 난다. 여러 차례 읽고, 또 읽으면서 앞과 뒤가 매끄럽게 연결되도록 고치고 또 고친다. 이처럼 앞과 뒤의 매끄러운 연결은 응집성과 깊은 관련이 있다. 응집성은 눈에 보이는 것이 아니어서, 마치 비밀 상자를 열어보는 것과 같은 느낌을 준다. 한 편의 논문으로 그 비밀 상자를 열었다고 할 수는 없겠지만, 상자를 열 수 있는 열쇠의 한 부분이 되기를 바라본다. 상자에서 쏟아질 그 많은 보물들이 벌써부터 기대된다.

**이해영**

　　이해영 교수는 이화여대 국제대학원 한국학과 소속으로 이화여대 한국문화연구원장을 맡고 있으며, 외국어교육 특수대학원 원장직과 언어교육원 원장직을 역임하였다. 이중언어학회장과 이중언어학회 편집위원장을 역임하는 등 각종 학술 활동을 활발하게 하고 있다. 또한 교육부 정책자문위원회, 문화체육관광부 국어심의회, 한국어교원자격심사위원회 등의 정부 단체 위원으로 활동하였으며, 교육부로부터 2013년 교육공적개발원조(ODA) 유공자 표창, 2019년 재외교육기관 해외 한국어 보급 유공자 표창을 받은 바 있다. 주요 연구 분야는 제2외국어로서의 한국어 습득으로서 담화 분석, 비교문화적 화용, 다문화, 교재 개발이며, 이와 관련한 다수의 논문과 저서가 있다.

**박선희**

　　박선희 교수는 이화여대 국제대학원 한국학과 소속으로 외국어교육특수대학원 부원장을 역임하고, 이중언어학회 편집이사 등으로 활동하고 있다. 외국어 또는 제2언어로서의 한국어 습득 연구와 국내·국외에서 한국어 교육과 한국어 교사 양성에 힘을 써왔다. 한국어 교수와 관련하여 미국 듀크대학교와 하와이대학교에서 특수 목적 한국어, 영어권 교포학습자들을 위한 교과 과정 및 자료 개발 작업을 해 왔다. 주요 연구 분야는 제2언어 형태·통사 습득으로 다양한 언어권의 학습자들의 시제, 상, 양태 범주, 조사 습득과 이에 대한 교수 방안 등을 포함하며, 다수의 논문이 있다.

**이정란**

　　이정란 교수는 현재 한국학중앙연구원 한국학대학원 글로벌한국학부에 재직 중이다. 학습자들의 의사소통능력 발달에 관심을 갖고 연구를 하고 있으며, 한국어 교재 개발에도 힘쓰고 있다. 한국어 교사들이 각자의 현장에 적합하게 결과를 응용하여 적용할 수 있는 기초 연구 분야 확장에도 관심이 많으며, 교재 개발 및 화용과 관련한 여러 편의 논문이 있다.

**이민경**
　이민경은 이화여대 언어교육원 한국어교육부 특임교수로 이화여대 외국어교육 특수대학원 한국어교육학과 교수를 겸하고 있다. 다양한 한국어 교재 개발에 집필 가로 참여하였으며, 국제한국어교육학회 출판이사를 역임하는 등 학회 활동 등을 통해 한국어 교재 개발과 한국어 교육의 발전을 위해 노력하고 있다. 주요 연구 분야는 제2외국어로서의 한국어 습득으로서 담화, 한국어 교수법 및 한국어 교재 개발이다.

**황선영**
　황선영 교수는 숭실대학교 베어드교양대학에 재직 중이다. 이전에는 이화여대 언어교육원에서 전임강사로 근무했으며, 이화여대 국제대학원, 외국어교육특수대 학원 등에서 강의를 해 왔다. 대학 부속 기관 교재뿐 아니라 학문 목적 한국어 학습자, 청소년, 재외 동포 등 다양한 학습자를 대상으로 하는 다수의 교재를 집필 한 바 있다. 주요 연구 분야는 화용 습득, 비교문화적 화용, 한국어 교육을 위한 담화 분석으로 이와 관련된 여러 편의 논문이 있다.

**하지혜**
　하지혜는 이화여자대학교 한국문화연구원 상임연구원으로 이화여자대학교 교 육대학원, 국제대학원, 스크랜튼대학에서 주로 강의를 하고 있으며 경희대학교, 세종대학교, 고려사이버대학교, Middlebury College 등에서도 강의 활동을 하면서 한국어 교육에 힘을 보태고 있다. 이전에는 연세대학교 한국어학당에서 한국어

강사로서의 경험을 쌓았다. 주요 연구 분야는 제2외국어로서의 한국어 습득, 비교 문화적 화용, 한국어 교육 문법으로 이와 관련한 연구 활동을 하고 있다.

**이보라미**　　이보라미는 국립국어원 학예연구관으로 한국어진흥과에 근무하고 있다. 한국어 학습자들의 제2언어 습득에 관심을 가지고, 특히 담화와 관련한 활발한 연구를 진행하고 있다. 또한, 한국어 교육 정책 담당자로서의 경험을 바탕으로 한국어교육 정책과 한국어 교육자료 개발, 한국어 교원 양성과 관련한 분야에 관심을 가지고 있다.

1. <언어적 장치의 화용적 특징, 공손성>은 박사학위 논문인 「현대 한국어 활용 어미의 의미와 부담줄이기의 상관성(이해영, 1996)」을 수정한 것임.

2. <영어권 한국어 학습자의 지시어 의미 기능 습득>은 박사학위 논문인 「영어 권 한국어 학습자의 지시어 의미 기능 습득 연구(박선희, 2007)」를 수정한 것임.

3. <한국어 부사어 위치에 대한 화용론적 해석과 학습자의 이해>는 박사학위 논문인 「영어권 한국어 학습자의 부사어 위치 및 어순 습득 연구(하지혜, 2016)」를 수정한 것임.

4. <직시의 관점에서 본 중국어권 한국어 학습자의 시제 습득>은 박사학위 논문 인 「중국어권 한국어 학습자의 시제 습득 연구: 직시와 직시적 투사를 중심으 로(황선영, 2017)」를 수정한 것임.

5. <문법 능력과 화용 능력의 발달 관계>는 박사학위 논문인 「한국어 학습자의 양태 표현 습득에 나타난 문법 능력과 화용 능력의 발달 관계 연구(이정란, 2011)」를 수정한 것임.

6. <중국어권 한국어 학습자의 구어, 문어 텍스트에 나타난 대용의 응결장치>는 박사학위 논문인 「구어와 문어 텍스트에 나타난 중국어권 한국어 학습자의

응결장치 연구(이민경, 2016)」를 수정한 것임.

7. <한국어 학습자 설명 담화에서의 관계적 응집성>은 박사학위 논문인 「중국어권 한국어 학습자 설명 담화의 관계적 응집성 연구(이보라미, 2016)」를 수정한 것임.

## 관계적 응집성(Relational Coherence)

관계적 응집성은 최소한 절들로 구성된 담화 조각이 연결될 때, 연결 선상에서의 의미 관계에 주목한 것으로 담화 수용자의 인지적인 담화 표상의 연결성을 뜻한다. 담화 조각 간의 그 내부적 관계가 담화 표층의 언어적 요소를 통해 구체화되는 특성을 가진다고 보고 있다. 관계적 응집성과 반대되는 지시적 응집성의 측면에서는 언어적 표지가 분석의 전제 조건이 되지만, 관계적 응집성에서는 언어적 표지는 필수적인 대상이 아니라 관계적 응집성의 관계를 살펴보는 데에 도움을 주는 보조 대상으로 인식한다.

## 담화 구조 가설(Discourse Hypothesis)

담화 구조 가설 연구는 담화 구조, 즉 전경과 배경에 따라 시제, 상 형태소를 다르게 사용한다는 것이다. 담화 구조 가설에 따르면 학습자들이 전경에서 과거 시제를 두드러지게 사용하고, 배경에서는 현재 시제나 진행상을 높은 빈도로 사용할 것이라고 예측한다. 담화 구조 가설은 기존의 탈문맥적 환경에서 논의되어 오던 학습자의 시제 습득을 담화적 맥락으로 끌어냈다는 데 큰 의의가 있다. 그러나 연구자에 따라 전경과 배경의 구분 기준이 다르며, 무엇을 전경으로 삼을지는 화자의 관점 및 발화의 목적 등에 따라 달라질 수 있다는 점에서 비판을 받기도 한다.

## 대용(Substitution)

'대용'은 발화 현장에 있는 대상이나 텍스트 앞이나 뒤에 나오는 언어 요소를 되풀이하지 않고 '대용어'라는 짧은 형식으로 대신하는 현상이다. 대용은 어느 언어에서나 볼 수 있는 보편적인 현상으로 언어를 경제적으로 간편하게 사용하기 위해 마련된 장치라고 할 수 있다(양명희 1998:9). 대용어는 대용의 기능을 담당하는 어휘로, 대용의 응결장치로 역할을 한다. 한국어 대용어를 분류해 보면, 지시사가 선행된 '이것, 그것, 저분' 등과 같은 지시 대용어와 지시사가 선행되지 않는 '곳, 것, 분'과 같은 비지시 대용어로 분류할 수 있다.

## ≫ 문법 능력(Grammatical Competence)

문법 능력이란 음운적, 어휘적, 형태적, 통사적, 의미적 언어 규칙을 이해하고 이를 사용할 수 있는 능력을 말한다. 의사소통 능력 모델에서는 문법 능력에 대해 설명하고 있는데, Hymes(1972)에서는 문법 능력이라는 용어를 사용하지는 않았지만, 표현이 문법적으로 맞는지에 대한 판단과 그 표현이 의미적으로 문제없이 사용될 수 있는지에 대한 판단력이라고 설명하고 있다. 이후 Canale과 Swain(1980), Canale(1983)에서는 문법 능력을 어휘, 단어 구성, 문장 구성, 발음, 철자, 언어학적 의미 등과 같은 언어적 규칙에 대한 능력이라고 설명한 바 있으며, Bachman(1990), Bachman & Palmer(1996)에서도 어휘적, 형태적, 통사적, 음운적 지식과 같은 능력들로 구성되어 있는 언어 사용법에 포함되는 능력이라고 설명하였다. Savignon(1997)에서도 큰 이견 없이 언어의 어휘적, 형태적, 통사적, 음운적 특징을 인지하고 단어와 문장을 구성하기 위해 이 요소들을 조작하는 능력이라고 제시하고 있다.

## ≫ 시상 가설(Aspect Hypothesis)

Andersen(1991)은 Vendler(1957)의 용언 구분을 [±동작성 dynamic], [±종결성 telic], [±순간성 punctual]과 같은 의미론적 자질을 기준으로 하여 '상태동사state, 행위동사activity, 완성동사accomplishment, 달성동사achievement'의 네 가지 동작류 Aktionsart로 구분하였고, 이를 제2언어 습득 이론에 적용하였다. 즉, 시상 가설은 동작류에 따른 시제 습득을 다룬 이론으로 용언이 내재적으로 가지고 있는 의미인 동작류에 따라 시제 형태소 습득의 속도에 차이가 있을 것이라고 예상한다.

Shirai(1991), Anderson & Shirai(1996), Bardovi-Harlig(1999, 2000)에서 정리된 시상 가설의 전체 내용은 다음과 같다.

가. 과거 시제는 완성동사/달성동사에 먼저 나타나서 궁극적으로는 행위동사와 상태동사로 확산된다.

나. 완료와 미완료를 구분하는 언어에서, 미완료 과거는 완료 과거보다 뒤늦게 나타나고 미완료과거는 상태동사에서 시작해서 행위동사로 그 다음에 완성동사, 마지막으로 달성동사로 이행한다.

다. 진행상이 있는 언어에서, 진행상 표시는 행위동사에서 시작해서 완성과 달성동사로 확장된다.

라. 진행상 표지는 상태동사로 잘못된 과잉 확대가 되지 않는다.

(박선희, 2009b:141-142)

## ≫ 응결장치(Cohesive tie)

응결성을 구체적으로 실현하는 언어적 장치들로 텍스트의 응집성을 강화하는 언어적 기제다. Halliday & Hasan(1976)은 응결장치 cohesive tie를 '응결성의 한 예 또는 응결적으로 관련된 요소들의 출현'이라고 하였다. Beaugrande & Dressler(1981)는 '텍스트에서 이미 사용된 구조와 패턴이 어떻게 다시 사용, 수정, 압축될 수 있는가를 보여 주는 장치가 응결장치라고 하였다. 고영근(2011:99)에서는 응결성은 텍스트다움의 언어적 조건인데 이것은 텍스트를 묶는 언어적 기제인 응결장치에 기대어 확보된다고 하였다. 또한 이기갑(2006:134)은 응집성을 가진 담화는 그 결속성이 형태적으로 반영되기도 하는데, 이처럼 형태적으로 응결성을 보여 주는 일련의 표현들을 응결장치라고 하였다. 즉, 응결장치는 텍스트에 포함되어 있는 언어 표현들을 연결함으로써 텍스트의 응결성을 실현하는 언어적 장치라고 할 수 있다.

## ≫ 응집성(Coherence)

응집성 coherence은 담화 내부의 유의미한 연결 관계를 말하는 것으로, 담화 표층의 연결 관계를 나타내는 응결성cohesion과는 구별된다. 인지언어학을 기반에 둔 Hobbs(1985), Sanders, Speeren & Noordman(1992)와 같은 학자들은 응집성을 관계적 응집성과 지시적 응집성으로 구분하기도 한다.

'coherence'와 'cohesion'의 번역어로 학자들마다 다양한 용어를 사용한다. 전자를 '응집, 응집성, 일관성, 통일성, 결속성, 결속 관계, 내용적 결속성'으로 후자를 '결속, 결속성, 결속 기제, 응결성, 응집성, 구조적 결속성' 등 다양한 번역어가 사용되고 있다. 텍스트언어학 등 언어학적 입장에서는 '한국텍스트언어학회'에서 정리한 '응집성'과 '응결성'이 일반적으로 받아들여지고 있는데, 국어교육에서는 국어과 교육과정에 사용된 용어로 'cohesion'을 '응집성'으로 'coherence'는 통일성 혹은 일관성이라고 사용하고 있다. 이는 윤석민(2011:69)과 박진용(2013:71)에서 지적하듯이 'coherence'와 'cohesion'을 분리하지 않았던 Halliday & Hasan(1976)의 견해를 따른 것으로 보인다. 한국어 교육에서는 coherence에 주목한 연구에서는 응집성과 응결성이 사용되고 있는 추세이며, 일부 쓰기 교육과 관련한 연구에서는 논리적 흐름을 강조하는 측면에서 일관성, 통일성 등의 용어가 혼재되어 사용되기도 한다.

## 》 의사소통 능력(Communicative Competence)

'의사소통 능력'이라는 용어는 Hymes (1972)에서 처음 제기되었다. Chomsky는 인간의 언어 능력competence을 언어 수행performance과 구분하여 설명하면서 언어 능력을 문법적 지식으로만 한정하였다. 이후 Hymes (1972)에서는 Chomsky가 제시한 언어 능력의 개념을 비판하면서, 언어 능력 개념을 특정 상황에 적절하게 언어를 구사하고 이해하는 데 관여된 모든 능력으로 확대시키고 이를 '의사소통 능력communicative competence'이라고 명명하였다. Hymes(1972)에서는 의사소통 능력을 '암시적인 지식tacit knowledge과 사용 능력ability for use 모두에 의존하는 것'이라고 정의하였다. 그 이후 의사소통 능력에 대한 개념은 Canale과 Swain (1980), Canale(1983), Bachman(1990) 등을 거치며 더욱 세분화되어 제2언어 습득 연구에 적용되었다.

## 지시적 응집성(Referential Coherence)

응집성에 대하여 관계적 응집성과 다른 입장을 취하는 것으로, 작은 언어 단위들이 같은 대상을 지시하기 위해 연결되는 방식에 주목하고, 담화 내에서 반복적으로 나타나는 요소에 관심을 가진다. 반복적으로 나타나는 패턴이나 반복적인 것을 다르게 표현하는 방식을 주된 연구 대상으로 삼고 있다. 이는 담화 표층의 연결 방식에 주목한 것으로 담화 표층의 연결 관계를 나타내는 응결성 cohesion과 같은 유사한 맥락이라고 볼 수 있다.

## 직시(Dexis)

어떠한 발화는 누가 말했는지, 언제, 어디에서 말했는지와 같은 발화 맥락을 알아야 발화의 의미를 정확하게 해석할 수 있다.

가. 나는 지금 여기에서 너를 기다려.
나. 선영이는 2018년 5월 31일에 의대 정문에서 의현이를 기다려.

(나)는 누가, 언제, 어디에서 발화했는지에 따라 해석이 달라지지는 않는다. 그러나 (가)는 누가, 언제, 어디에서 발화했느냐에 따라 발화의 의미가 달라지며, 여기에서 '나'는 화자를, '너'는 청자를, '지금'은 발화가 이루어진 특정 시간을, '여기'는 발화가 일어난 특정 장소를 가리킨다. 따라서 화자가 누구인지, 언제 발화가 이루어졌는지를 알아야 발화의 의미가 명확해진다. 이와 같이 언어적 요소가 발화 맥락에 직접적으로 의존하며 연결되는 현상을 직시 deixis라고 한다.

직시는 '가리키는 것 pointing' 혹은 '지시하는 것 indicating'이라는 뜻의 'deiknumi'라는 그리스어에서 온 용어로 발화 상황 속의 요소가 언어로 기호화되거나 문법화되는 방법과 관계가 있고, 발화를 해석하기 위하여 발화 맥락을 파악하는 방법을 다룬다(Levinson, 1983:54). 전통적으로 직시는 인칭 직시 person deixis, 시간 직시 time deixis, 장소 직시 place deixis로 구분되었고, 이후 담화 직시 discourse deixis와 사회적 직시 social deixis가 추가되었다(Lyons, 1977, Fillmore, 1975).

## ≫ 직시적 투사(Deictic Projection)

　　직시는 발화 맥락에 따라 해석이 달라지므로 발화 해석을 위해서는 화자가 어디에 중심을 두고 발화했는지, 즉 직시의 기준점 deictic center이 어디에 있는지 파악해야 한다. Bühler(1934:149)는 '여기-지금-나ich-jetzt-hier'가 직시적 중심을 이룬다고 하였고, 이 세 표현을 원점origo라고 하였다. 이러한 '여기-지금-나' 체계는 직시의 기준점이 일반적으로 화자에 있다는 것을 의미하며, 직시는 자기 중심적인 방법으로 구성된다. 그러나 의사소통 시 화자는 다른 대화 참여자의 입장에서 직시적 표현을 사용하기도 한다. 이와 같이 화자가 직시의 중심을 바꾸어 발화하는 현상을 직시적 투사라고 한다. 일상생활에서 직시적 투사는 자주 일어난다. 시차가 있는 나라에 살고 있는 사람에게 전화할 때 'Good morning'이라고 인사할지 'Good evening'이라고 할지 결정해야 하는 일은 종종 발생하는 일이다.

## ≫ 텍스트(Text)

　　텍스트text라는 단어는 라틴어 동사 texere에서 파생된 것으로 '직물, 조직'을 뜻한다. 일반적으로 텍스트를 문자 언어, 담화discourse를 음성 언어로 구별하는 경향이 있는데, 텍스트에 구어와 문어를 모두 포함시킨 연구 역시 많다. Halliday & Hasan(1976:1)은 텍스트를 '구어든 문어든 길이에 상관없이 실제 사용 중인 언어 단위 또는 의미 단위'라고 하였으며, Brinker(1992:13)는 '문자로 구성된 서사적 언어형성물뿐 아니라 구두적 발화이기도 하다'고 하였다. 국내 연구로 김용도(1996:12)는 텍스트가 매체적 특성으로 구어와 문어의 양면성을 갖는다고 하였으며, 고영근(1999)은 '텍스트는 사람이 어떤 의도를 가지고 산출하는 언어적 표현이라고 규정하였다. 텍스트란 '문장을 기본 단위로 하여 화자 또는 필자와 청자 또는 독자 간의 의사소통에 사용되는 형식적, 의미적으로 결속되어 있는 연속체'라고 할 수 있다.

## ≫ 화용 능력(Pragmatical Competence)

화용 능력은 '의사소통 맥락에 맞게 적절한 언어 사용을 할 수 있는 능력'을 의미한다. 연구자에 따라 화용 능력을 좁은 범위로 설명하기도 하고, 보다 넓은 범위로 설명하기도 한다. 처음 의사소통 능력에 대해 언급했던 Hymes(1972)에서는 화용 능력이라는 용어를 사용하지는 않았지만 의사소통 능력 중 발화 상황에 적절한지, 어떤 표현이 허용될 수 있는지 등을 판단할 수 있는 능력을 포함하여 설명하였는데, 이러한 능력을 화용 능력이라고 볼 수 있을 것이다. Canale & Swain(1980)과 Canale(1983)의 의사소통 능력 모델에서는 '사회언어학적 능력'이라는 용어로 설명하고 있는데, 이 연구에서는 사회언어학적 능력을 대화 참여자의 지위, 상호작용의 목적, 상호작용의 개념이나 관습과 같은 맥락적 요소들에 의존한 다른 사회언어학적 맥락에서 적절하게 발화를 생산하고 이해하는 능력으로 설명하고 있다.

Bachman(1990)에서는 다른 연구들보다 조금 더 넓은 범위로 화용 능력을 설명하고 있다. Bachman(1990)에서는 언어 능력의 하위 요소로 조직적 능력과 화용 능력을 설정하였다. 화용 능력은 다시 언표내적 능력과 사회언어학적 능력으로 세분화된다. 언표내적 능력은 언어의 다양한 기능에 대한 것으로, 관념적 기능ideational functions, 조작적 기능manipulative functions, 발견적 기능heuristic functions, 상상적 기능imaginative functions을 수행할 수 있는가에 대한 것이다. 여기에서의 언표내적 능력은 언어의 여러 기능을 조작하는 능력이고, 사회언어학적 능력은 구체적인 언어 사용 맥락에서 선호되는 언어 형태를 사용할 수 있고, 주어진 상황에 적절한 발화가 무엇인지를 인지하며, 발화의 비유적 표현 등을 이해할 수 있는 능력이다. Bachman(1990)에서의 화용 능력은 Canale과 Swain(1980), Canale(1983)에서의 담화적 능력과 사회언어적 능력에 해당하는 것이다.

## ≫ 담화 완성형 테스트(DCT, Discourse Completion Test)

상황에 관한 설명, 어떻게 반응할 것인지에 관한 도입으로 구성하며, 구어와 문어로 모두 수집이 가능하다. 상황과 연계된 변인 통제가 가능하며, 모어 화자 혹은 다른 그룹과의 비교가 쉽다. 그러나 발화 사건speech event의 상호작용적 측면을 살펴보기 어려우며, 실제 언어 태도를 반영하지 못하고 학습자들이 생각하는 태도를 반영한다는 한계를 가진다. 또한, 학습자의 모어로 제시하지 않은 이상, 숙달도가 낮은 학습자에게 적합하지 않으며, 참여하지 않는opting out 태도를 보여주는 것에서 신뢰도가 낮을 수 있다.

> * 수집 방법이 더 궁금하다면 아래 논문을 참고!
> 이해영(2003). 「일본인 한국어 고급 학습자의 거절 화행 실현 양상 연구」, 『한국어교육』, 14(2), 295-323.

### ■ (변형된) 담화 완성형 테스트

담화 완성형 과제를 수정한 것으로, 직접 담화를 완성하여 쓰는 대신 다지선다형으로 작성하는 방식이다. 이 문항들은 담화 완성형 과제와 마찬가지로 상황 설명을 제시한 후, 주어진 상황에 적절한 발화를 보기에서 선택하도록 할 수 있다.

회사에서 <u>부장님</u>이 당신에게 일을 맡기며 오늘 퇴근 전까지 끝내달라고 합니다. 그런데 당신은 다른 일도 하고 있었기 때문에 부장님 일을 오늘까지 끝낼 수 없습니다. 어떻게 말하겠습니까?

① 지금 다른 일을 하고 있어서 오늘은 못 하는데요.
② 지금 다른 일을 하고 있어서 오늘은 못 할 건데요.
③ 지금 다른 일을 하고 있어서 오늘은 못 할 것 같은데요.
④ 지금 다른 일을 하고 있어서 오늘은 하고 싶지 않은데요.
⑤ 적절한 답이 없음

⇨ 위 답을 선택한 이유는 무엇입니까?(여러분 나라 말로 써도 됩니다)
_____

(변형된) 담화 완성형 테스트의 예

* 수집 방법이 더 궁금하다면 아래 논문을 참고!
이정란(2011). 「한국어 학습자의 양태 표현 습득에 나타난 문법 능력과 화용 능력의 발달 관계 연구」, 이화여자대학교 박사학위논문.

## ≫ 유도 활동(Clinical elicitation activities)

참여자들이 주제나 미리 정해진 목표에 도달하기 위해 서로 대화를 주고 받는 대화 과제conversation task나, 면접자가 참여자에게 그들의 삶, 경험, 태도 등을 물어보는 사회언어학적 인터뷰sociolinguistic interviews 방식 등을 말한다. 대화 과제는 대칭적·비대칭적 역할 배치에 관한 연구가 가능하며, 상호작용 측면(예: 대화 구조 및 조직 등)을 관찰할 수 있는 장점을 가진다. 그러나 조사하고자 하는 대화 행위의 범위가 한정되며, 실제 언어 태도를 반드시 반영할 필요가 없으므로 학습자들의 상호작용에서 의미 있는 결과를 도출하기 어려운 단점이 있다.

* 수집 방법이 더 궁금하다면 아래 논문을 참고!
이해영·황선영·노아실·사마와디강해(2016). 「비교문화적 화용론의 관점에서 본 태국인 한국어 학습자의 사과 화행 연구」, 『한국어교육』, 27(3), 295-323.

## ≫ 자유 말하기(Free Talking), 자유 작문(Free Composition) 과제

실험 참여자가 주어진 주제에 대해 자유롭게 담화를 구성하게 하는 방식으로, 자기 스스로 담화를 생성할 수 있게 하는 도구이다. 두 과제의 예시를 제시하면 아래와 같다.

---

&lt;자유 말하기 과제&gt;

1. 과제 유형: 말하기
2. 주제: 내가 가장 돌아가고 싶은 때
   ※ 아래의 내용을 포함하여 말하되 이 외에도 다른 내용을 추가해도 됨

   | ① | 언제로 돌아가고 싶은가? |
   | ② | 그때로 돌아가고 싶은 이유는 무엇인가? |
   | ③ | 그때로 돌아가면 무엇을 하고 싶은가? |

3. 시간: 5분
   ※ 5분 분량으로 말할 내용을 머릿속으로 먼저 정리한 후 녹음할 것
      녹음 시 절대 쓰거나 메모한 것을 보지 말 것

---

&lt;자유 작문 과제&gt;

1. 과제 유형: 쓰기
2. 주제: 내가 가장 돌아가고 싶은 때
   ※ 아래의 내용을 포함하여 쓰되 이 외에도 다른 내용을 추가해도 됨

   | ① | 언제로 돌아가고 싶은가? |
   | ② | 그때로 돌아가고 싶은 이유는 무엇인가? |
   | ③ | 그때로 돌아가면 무엇을 하고 싶은가? |

3. 분량: 원고지 600자 이상 쓸 것
   ※ '-ㄴ/는다'로 쓸 것

---

\* 수집 방법이 더 궁금하다면 아래 논문을 참고!
이민경(2016). 「구어와 문어 텍스트에 나타난 중국어권 한국어 학습자의 응결장치 연구」, 이화여자대학교 박사학위논문.

■ (제한된) 자유 작문 과제

　상황 인식에 따른 담화·화용적 차이를 알아보는 방식으로 유사한 두 상황을 제시하여 제한된 상황 설정에 대한 말하기/작문 자료를 수집하는 방법이다. 예를 들어, 학습자가 한국어 모어 화자와 같은 방식으로 시제를 사용하는지 알아보기 위하여 직시적 투사가 일어날 수 있는 두 가지의 상황을 제시한다. 첫 번째 상황은 화자의 경험이 주제가 되므로 직시의 중심이 화자에 놓일 가능성이 높을 것으로 예상되는 상황이다. 이와는 반대로 두 번째 상황은 청자의 생일이 담화의 주제가 되므로 직시의 중심이 청자에게로 옮겨갈 것으로 예상되는 상황이다. 이때, 상황 인식에 따른 시제 사용의 차이를 보는 데 목적이 있으므로 대화 상대자에 대한 변인을 통제하고자 상황 1과 상황 2의 대화 상대자는 동일 인물로 설정한 특징을 가진다.

[생산 과제 1]
<상황 1> 엽서 쓰기: 이번 주(10월 1일~10월 5일)에 프랑스 파리를 여행하고 있습니다. 10월 3일(오늘)에 파리에서 친구에게 여행에서 있었던 일에 대해 써서 엽서를 보내려고 합니다. 친구는 엽서를 10월 7일 경 받을 것으로 예상됩니다.

[생산 과제 2]
<상황 2> 음성 메시지 남기기: 미국으로 유학 간 친구에게 생일 축하 메시지 남겨 주세요. 오늘이 친구의 생일입니다. 그런데 한국은 친구 생일 날(오늘) 밤 9시이고, 친구가 유학 간 미국은 친구 생일 날(오늘) 아침 8시입니다. 생일 파티, 생일 케이크에 대해 물어보세요.

* 수집 방법이 더 궁금하다면 아래 논문을 참고!
　황선영(2017), 「중국어권 한국어 학습자의 시제 습득 연구: 직시와 직시적 투사를 중심으로」, 이화여자대학교 박사학위논문.

## ■ 문법성 판단 테스트

문법의 형태·통사적 특징들을 정확하게 표기한 문장과 오류를 포함한 문장을 섞어 제시한 후 연구 참여자들에게 정오를 판단하게 하는 유형이다. 문항의 실제 예를 제시하면 다음과 같다.

| |
|---|
| 1. 민지 씨는 내일 회사에 출근해야 해.　　　　　　（　　） |
| 2. 저도 영화배우처럼 예쁘고 싶어요.　　　　　　　（　　） |

문법성 판단 테스트의 예

> \* 수집 방법이 더 궁금하다면 아래 논문을 참고!
> 이정란(2011), 「한국어 학습자의 양태 표현 습득에 나타난 문법 능력과 화용 능력의 발달 관계 연구」, 이화여자대학교 박사학위논문.

## ■ 담화·화용론적 능력 판단 테스트

한국어 학습자의 문법적 능력뿐만 아니라 담화·화용론적 능력을 판단하기 위해 문법성 판단 테스트를 변형하여 적용할 수도 있다. 예를 들어, 부사어 어순에 대한 이해 정도를 살펴보기 위한 것으로 '문장 내 부사어 위치 찾기' 평가와 '상황에 맞는 부사어 위치 찾기' 평가를 실시한다. 평가지 유형 1은 통사론적 층위의 한국어 부사어의 위치를 어느 정도로 이해하는지 평가하기 위한 것으로 부사어의 위치 특성과 문장 구조를 고려하며, 그 예는 아래와 같다.

| 문제 1) 말할 때, 제시된 단어가 들어갈 수 있는 위치를 <u>모두</u> 고르세요. (　　　) |
|---|
| 많이 ① ∨　　　친구를　　　② ∨　　　사귀고　　　③ ∨　　　싶어요　　　④ ∨ |
| 1-1) 선택한 위치 때문에 의미가 달라진 문장이 있습니까? 네 (　)，아니요 (　) |

평가지 유형 1 문항 예시

평가지 유형 2는 대화 상황에서 화자의 의도에 의한, 즉 담화·화용론적 맥락에 따른 부사어 위치의 이동을 어느 정도로 이해할 수 있는지 살펴보기 위한 것으로 혼동 문항이 포함된다.

---

※아래 문제를 읽고 답하세요.

> 상황) 나는 마리아와 같이 발표를 준비하고 있습니다. 마리아는 자꾸 날짜를 미루기만 하고 준비를 안하려고 합니다. 나는 <u>**오늘은 꼭 준비를 해야 한다**</u>고 생각합니다.

1) 내가 어떻게 말하면 가장 좋을까요? (　　　)
① 오늘 해야 돼.
② 해야 돼, 오늘
③ 둘 다 상관 없다.

2) 위 문제에서, ①과 ②의 의미가 다르다면, 어떻게 다른지 쓰세요.
①은 _____
②는 _____

평가지 유형 2 문항 예시

---

\* 수집 방법이 더 궁금하다면 아래 논문을 참고!
하지혜(2016), 「영어권 한국어 학습자의 부사어 위치 및 어순 습득 연구」, 이화여자대학교 박사학위논문.

## ■ 선다형(Multiple Choice Questions)

학습자들이 인식하는 정도를 알아보는 방식으로 한 가지의 옳은 것만을 고르게 하는 문법성 판단 테스트와 다르게 가능한 여러 가지의 답을 선택하게 하는 설문 조사 방식으로 선택한 이유에 대한 답변도 같이 조사할 수 있다. 답변은 한국어뿐만 아니라 학습자의 모어로 작성하게 할 수 있다.

| A: 지난 주말에 뭐 했어? |
| --- |
| B: 친구랑 도서관에 가서 시험 (a) <u>공부했어.</u> (b) <u>공부해.</u> |

1) 위 대화에서 B의 밑줄 친 부분에 들어갈 수 있는 말을 고르세요.
   ① (a)만 가능  ② (b)만 가능  ③ (a), (b) 모두 가능  ④ (a), (b) 모두 불가능

선다형 문항 예시

2) 1)에서 그렇게 선택한 이유에 대해 써 주세요.
_____

선다형 선택 답변 이유 조사 문항 예시

> \* 수집 방법이 더 궁금하다면 아래 논문을 참고!
> 황선영(2017). 「중국어권 한국어 학습자의 시제 습득 연구: 직시와 직시적 투사를 중심으로」, 이화여자대학교 박사학위논문.

## ≫ 역할극(Role plays)

대화가 포함된 가상의 상황이 주어지고 그 안에서 가상적인 역할을 수행하면서 발생하는 담화를 수집하는 방식이다. 한 언어 상황에서도 다양한 대화 행위를 관찰할 수 있다는 장점을 가지며, 대칭적·비대칭적 역할 배치에 관한 연구가 가능하다. 또한, 대화 구조 등의 상호작용 측면을 관찰할 수 있다. 그러나 참여자들이 실제 대화에서 어떻게 말할지에 관한 상상을 바탕으로 한 것이므로, 학습자들이 놓일 실제 상황은 그들이 상상했던 역할과 다를 수 있다는 한계를 갖는다. 또한, 언어적 측면의 행위 결과에서 연구에 필요한 실제적인 담화 자료를 얻지 못할 수도 있다.

> \* 수집 방법이 더 궁금하다면 아래 논문을 참고!
> 이민경(2012). 「역할극을 활용한 한국어 말하기 교육 방안: 『이화 한국어』를 중심으로」, 『국제한국어교육학회 추계학술발표논문집』, 333-338.

## 회상법(Recall protocols)

참여자들에게 특정 상황에서 행했던 기억을 물어보는 조사 방식이다. 목표어에 대한 자연스러운 자료data를 제공받으나, 실제 상황에서 어떻게 이야기했는지에 관한 정확한 기억을 이끌지 못할 수 있다. 상호작용적 측면에서 검토할만한 충분한 자료를 제공하지 못하는 한계도 가진다.

> \* 수집 방법이 더 궁금하다면 아래 논문을 참고!
> 이보라미·수파펀분룽(2012). 「태국인 한국어 학습자의 텍스트 응집성 인식 양상 연구」,
> 『이중언어학회』, 48, 181-205.

## 자기 보고(Self-report)

담화 참여자들은 자신이 산출한 담화에 대해 직접적인 평가를 하는 방법으로, 동시에 생각한 내용을 말을 하면서 보고하거나(예: think aloud protocols) 인터뷰 혹은 일기 등을 통해 회상할 수 있다. 자신 스스로의 담화 생산 활동과 상호작용하는 것으로, 다른 자료로부터 해석할 수 있는 제3자적 입장을 갖기도 한다. 그러나, 담화·화용적 특징에서 실제로 수행된 자료를 제공하지 않으며, 동시에 진행되는 자기 보고는 일상적인 화용적 태도를 간섭하게 되는 한계를 가진다.

> \* 수집 방법이 더 궁금하다면 아래 논문을 참고!
> 이보라미·수파펀분룽(2012). 「태국인 한국어 학습자의 텍스트 응집성 인식 양상 연구」,
> 『이중언어학회』, 48, 181-205.

# 외국인 학습자들의 한국어 담화·화용 연구
문법의 경계 넓히기

**1판 1쇄 발행** 2018년 4월 7일
**1판 2쇄 발행** 2019년 11월 15일

**지은이** | 이해영, 박선희, 이정란, 이민경, 황선영, 하지혜, 이보라미
**펴낸이** | 김진수
**펴낸곳** | 한국문화사
**등 록** | 제1994-9호
**주 소** | 서울특별시 성동구 광나루로 130 서울숲 IT캐슬 1310호
**전 화** | 02-464-7708
**팩 스** | 02-499-0846
**이메일** | hkm7708@hanmail.net
**웹사이트** | www.hankookmunhwasa.co.kr

ISBN 978-89-6817-621-0  93710

· 이 도서의 국립중앙도서관 출판예정도서목록(CIP)은 서지정보유통지원시스템 홈페이지
(http://seoji.nl.go.kr)와 국가자료공동목록시스템(http://www.nl.go.kr/kolisnet)에서
이용하실 수 있습니다.(CIP제어번호: CIP2018010217)